谨以此书献给中国人民政治协商会议成立70周年

共识凝聚力量

——一个政协委员的履职报告

朱永新　著

山西出版传媒集团　山西教育出版社

图书在版编目（CIP）数据

共识凝聚力量 ：一个政协委员的履职报告 / 朱永新著. — 太原 ：山西教育出版社，2019. 9
ISBN 978 - 7 - 5703 - 0559 - 9

Ⅰ. ①共… Ⅱ. ①朱… Ⅲ. ①中国人民政治协商会议—工作—文集 Ⅳ. ①D627 - 53

中国版本图书馆 CIP 数据核字（2019）第 186131 号

共识凝聚力量：一个政协委员的履职报告

GONGSHI NINGJU LILIANG：YI GE ZHENG-XIE WEIYUAN DE LÜZHI BAOGAO

出版统筹 潘　峰
责任编辑 樊丽娜
复　　审 李梦燕
终　　审 潘　峰
装帧设计 王耀斌
印装监制 蔡　洁

出版发行 山西出版传媒集团 · 山西教育出版社
（太原市水西门街馒头巷 7 号　电话：0351 - 4729668　邮编：030002）
印　　装 山西新华印业有限公司
开　　本 720 × 1020　1/16
印　　张 31
字　　数 485 千字
版　　次 2019 年 9 月第 1 版　2019 年 9 月山西第 1 次印刷
书　　号 ISBN　978 - 7 - 5703 - 0559 - 9
定　　价 98.00 元

2018年3月10日，代表民进中央在人民大会堂做大会发言

• 2018-03-30　民进中央在四川开展“加强乡村治理，实现乡村振兴”大调研

• 2018-05-16　随全国政协在广西就“建立深度贫困地区脱贫的长效机制”开展调研

· 2018-07-01　在中缅边境开展“从替代种植到替代经济”调研

· 2018-07-23　带领调研组进行 “推进科尔沁沙地全域治理”调研

· 2018-09-25　在新化县开展“对贫困县办教育实行兜底保障”调研

· 2018-10-22　在通道县进行“推进教育扶贫财政保障的供给侧结构性改革”调研

· 2018-10-22　在通道县进行“推进教育扶贫财政保障的供给侧结构性改革”调研

· 2018-11-07　在云南红河州进行“农村中小学师生阅读亟须改进”调研

· 2018-12-18　在成都进行“加强幼教师资培养”调研

· 2018-12-25　做客人民网接受访谈

序　言

蔡达峰①

作为向人民政协成立70周年献礼的作品，永新同志的文集《共识凝聚力量——一个政协委员的履职报告》即将出版。它给我样稿，嘱我写序，我深感荣幸。我俩相识已久，经历相近，都当过高校教师、教务处处长，对教育工作有深切的感受；都是民进会员，同在民进中央任职，对党派工作有深切的感受；都是十一、十二届全国政协委员，对政协工作有深切的感受。所以，我很容易理解他为事为文的不易，很感佩他出色的能力和成果，我是要向他学习的。

他曾鼓励我，把担任政协委员期间的履职文稿整理结集，争取纳入全国政协主编的《政协委员履职风采》丛书，并为我联系了有关部门。但我尝试写了半篇自述，就半途而废了。一方面，觉得文稿不够多，十年政协委员，平均每年两三件议案或书面建议，都是短文而已，实在微不足道，倒是有些惭愧和自责。另一方面，觉得写自述太费时间，回忆往事，总结认识，都要挖空心思、搜肠刮肚，写得很慢，实在是积累不足，不够用功。看了永新的大作，我那半途而废的决策，还算是明智的，至少避免了献丑。

仅仅在2018年里，永新所写的文稿，所做的演讲，所成的作品，洋洋洒洒，提交了13件提案，出版了10卷本的《见证十年——一个民主党派成员见证的中国民主政治进程》、《创新教育才能创造未来——朱永新教育讲演录》、《回家》和外文版的《中国教育思想史》《朱永新教育小语》等，主编的10卷本《中国教育改革大系》荣获第四届中国出版政府奖，参加或主持了政协、党派和学术等各项工作，在大量的会议、调研等活动中积极发言，这才叫丰富的成果。

显然，他不仅勤思，而且勤写；不仅善作，而且善成。我想，这得益于他善于融会贯通、统筹兼顾，把政协、党派和学术工作有机结合、相互促进，拓宽了

① 蔡达峰：全国人大副委员长、民进中央主席。

视野，丰富了情怀，促进了思考，也获得了更大更多的建言机会；这得益于他长期博览群书，高效阅读，他是阅读活动的大力倡导者和实践者，迷恋书，酷爱读，信息在阅读中交汇，灵感在阅读中涌动，思想在阅读中操练，所以才有敏锐的眼光，敏捷的思路，善于发现问题，很快形成看法，总是有事情可说，有东西可写；这得益于他对事业的真诚热爱，对政协、党派和学术工作，他都很热心、很上心，正是对事业的热情，才有对自我的要求，才有不竭的动力，诚如他在前言中所说，“一年来，如何才能更好地履行委员职责，如何才能用提案和行动共同履职，我一直在思考与践行”；这得益于他始终勤奋努力，“坚持每天5点左右开始阅读写作”，这是很难能可贵的习惯，这种旺盛的精力，不仅要有体能上的支撑，还需要高度的自觉和坚强的毅力。

“时光从不辜负任何真诚的努力”，这是永新的实践体会，也是对我的启迪。只有真诚的努力，才会不辜负时光，我要以此自勉。

前言

时光从不辜负任何真诚的努力

——我的2018年委员履职报告

在十三届政协一次会议的闭幕式上，汪洋主席给全国政协委员布置了一个“委员作业”，要求我们在2019年政协大会报到时：“不仅能提出好的提案，也能用自己的实际行动交上一份好的履职报告。”

作为政协的一名老委员，同时作为新一届政协的常委和副秘书长，这句话不是一句外在的号召，更是自我的要求，一直在我心中回响。一年来，如何才能更好地履行委员职责，如何才能用提案和行动共同履职，我一直在思考与践行。

回望这一年的履职路，不敢奢谈成绩，只是未敢懈怠、不知疲倦地一路耕耘着。这一年的委员生涯，是一丝不苟地向生活学习、向专家学习的过程，用心向人民、向政协交出一份认认真真的作业。

在全国政协十三届一次会议上，我代表民进中央做了题为《发挥中等职业教育在脱贫攻坚中的特殊作用》的大会口头发言，提出了实施“中职教育扶贫国家工程”“集中连片贫困地区中职教育能力提升计划”和“东西部中等职业教育协作计划”等建议，受到了与会委员的好评，引起了关注。

这一年，我以个人名义或联名的形式提交提案13件，内容涉及教育、阅读、文化等方面，其中关于“建立国家阅读节，把全民阅读提升为国家战略”“用制度去‘文山’填‘会海’”等多件提案受到媒体关注，各类媒体发表相关报道数十篇。

这一年，我个人出版的10卷本编年体参政议政录《见证十年——一个民主党派成员见证的中国民主政治进程》正式发行。这是迄今为止国内第一套原生态全景式介绍人大代表和政协委员个人履职的书籍，全国政协何维副主席称这套书为“一部民间两会史”，邵鸿副主席评价这套书是“代表委员的履职教科书”。

这一年，我积极参加全国政协的各种会议。每一次会议都精心准备发言，积极参与讨论，贡献自己的智慧。

6月29日，参加全国政协教科卫体委员会举行的“民办教育发展问题及对策”对口协商座谈会，并且做了促进民办教育健康发展的发言。我在发言中建议国家税务总局尽快对营利性民办学校执行什么样的税收政策提出方向和基本要求，保障民办学校分类登记、分类管理这一重大改革的顺利实施，同时加快《民办教育促进法实施条例》的修订和出台工作，以稳定和提振民办教育举办者的信心。

7月10日，在全国政协专题协商座谈会上，我做了《完善技能形成制度　助力制造强国建设》的发言。我在发言中引用了民进中央近年来的调研成果，提出技能劳动者短缺、技能水平不高、供给与需求不匹配已成为困扰制造业发展的三大难题，建议进一步完善技能形成制度，助力制造强国建设。发言全文刊发在《人民日报》《人民政协报》等重要媒体。

9月29日至30日，我应邀参加全国政协召开的习近平总书记关于加强和改进人民政协工作的重要思想理论研讨会，在会议上就探索政协协商与基层协商有机衔接，深入推进协商民主广泛多层制度化发展的问题做了发言，受到了与会人员的好评，发言内容先后被《人民政协报》和《中国经济社会发展论坛》等多家媒体刊发。

10月12日，我参加由全国政协民族与宗教委员会和民进中央联合举办的“加强国家通用语言文字普及，促进各民族交往交流交融”双周协商座谈会，在会上做了《在民族地区全面推进“学前学会普通话”》的发言，建议将民族地区普通话从学龄前学起作为一项国家战略，从现在开始、从目前的学龄前娃娃抓起，逐渐减少存量，不断扩大增量，最终实现全面普及普通话、促进各民族交往交流交融。

这一年，我参加或主持的调查研究工作也深入各地，开展得比较丰富扎实。

5月14日至18日，参加了全国政协副主席汪永清率领的全国政协社会和法制委员会调研组，深入广西百色市田东、德保、靖西3县（市）就“解决深度贫困地区脱贫问题”开展专题调研。我们调研组深入到3县（市）的9个村，到30户贫困群众家中走访调研，详细了解群众生产生活情况，实地查看村小学、卫生室建设运转情况。每到一村，都随机召开基层干部群众座谈会，面对面听取扶贫干部、乡村干部、贫困户和脱贫户的意见建议，了解、掌握了不少第一手情况，每天晚上还花两到三个小时召开调研组内部研讨会，总结交流当天调研情况并深入讨论，不仅掌握了大量一手资料，也进一步丰富了调查研究的具体方法。

7月26日至29日，参加了全国政协副主席卢展工率领的全国政协社会和法制委员会调研组，就“健全志愿服务管理体制，形成全民参与的良好局面”在黑龙江开展调研，并出席调研组在哈尔滨召开的座谈会。在调研中发现，虽然我国志愿服务随着经济社会发展积极推进，但仍然面临着法治化、社会化、信息化、常态化等方面的不足，成为制约志愿服务向更大规模更广领域推进的短板。

11月19日至27日，参加全国政协副主席马飚率领的代表团访问秘鲁和智利。这是我第一次参加全国政协的外事访问活动，收获颇多。其中感受最深的是与秘鲁全国协商组织的交流。这是一个成立于2002年、具有秘鲁特色的全国性统一战线组织，其宗旨是通过对话协商，凝聚各方共识，更好地制定国家政策，保障国家包容、公平、可持续发展和良好治理。它是秘鲁政府动员各方力量推进国家重要议程的一个机制，该组织的秘书长介绍说，这个组织的规则是所有讨论的政策在全体人员未达成一致意见前不能公开，核心在于赢得共识。

除此之外，我在民进中央分管参政议政工作，更多的调查研究是在日常的工作之中进行的。这一年，我先后参与了民进中央“完善乡村治理体系”年度重点调研和“民主党派基层组织参与基层社会治理”课题调研，并且带队赴滇调研中缅边境替代种植情况，到内蒙古通辽开展“科尔沁沙地综合治理调研”，带队在河南省新乡市、云南省元阳县和建水县开展脱贫攻坚民主监督对比调研，先后去四川、湖南、河北、河南、江苏、黑龙江、云南、内蒙古、江西、广西等地开展调查研究，提交了一批调研报告和政策建议。

除了调查研究之外，我也积极参加全国政协和地方政协举办的培训活动。先后三次为全国政协举办的政协委员培训班（北戴河、青岛）做关于委员履职与参政议政的讲座。同时，应云南省政协、唐山市人大之邀，做关于如何当好政协委员和做好参政议政工作的专题讲座，受到与会者的高度评价，许多政协委员认为讲座内容“解渴”“实用”。

作为政协的兼职副秘书长，我积极参加秘书长工作会议以及相关工作会议，做好全国政协与民进中央之间的桥梁，及时沟通信息，把全国政协的工作部署向民进中央主要领导报告，落实相关的各种安排。5月8日，作为民主党派兼职副秘书长的唯一代表，我应邀参加了在内蒙古自治区召开的全国地方政协秘书长工作会议，并在会议上做了题为《人民政协是民主党派的辽阔天地》的发言，介绍了自己如何做好党派与政协之间的桥梁，如何发挥党外副秘书长的作用的情况。

这一年，我们民进中央积极配合政协的工作部署，在提案撰写、大会发言、专题协商会、常委会，以及反映社情民意信息、民主监督等方面也做了不少具体工作。在全国政协十三届一次会议上，民进中央提交了党派提案43件，民进组提案7件。其中《关于构建产业扶贫“新生态”的提案》《关于大力发展0—3岁婴幼儿托育服务的提案》《关于加快冰雪体育人才培养的提案》等15件被列为重点办理提案，名列各党派前茅。民进提交的反映社情民意信息达500多条，被采纳和总分位列各民主党派中央和全国工商联第2名。

这一年，民进中央在参政议政部门建设和队伍建设方面也有了进一步加强。我们坚持每月部门例会制度，带领全部门一起研究谋划工作，坚持做到事前有计划、事中有跟进、事后有总结，扎实推进各项工作开展。同时着力加强对全会相关业务的培训，先后举办民进全国参政议政调研工作培训班、脱贫攻坚民主监督工作培训班、脱贫攻坚民主监督社情民意信息工作培训班等，为民进全国参政议政战线工作人员及会员提供丰富实用的培训内容。

这一年，我仍然勉力推进着新教育实验。以新教育十大行动、五大课程，在基础教育、农村教育等较薄弱领域，和广大一线教师孜孜不倦地共同耕耘，这是我多年以来，以实际行动撰写履职报告的一种方式。

这一年，新教育实验区校继续蓬勃发展，截至目前已经有146个实验区、4200余所学校、490万左右的师生参与实验，成为国内规模最大的民间教育实验。4月，全国新教育实验区工作会议在江苏如东隆重召开。7月，全国新教育实验第十八届研讨会在成都成功举办，我代表研究院做了《科学教育照亮求真创新之路》的主报告。9月28日孔子和苏霍姆林斯基诞辰日，2018年领读者大会暨CBBY阅读年会在北京举行，我在开幕式上做了题为《我为什么喜欢儿童文学》的讲演。11月，2018年新教育国际高峰论坛在福建厦门隆重举行，我做了《人文教育温暖幸福完整家园》的主旨发言。

新教育实验在课程研发方面也取得重要进展。新生命教育研究所的《教师读本》正式出版，新科学教育研究所与远播教育研究院合作开发的新教育STEAM项目圆满完成第一期项目，新艺术教育研究院研发的新教育视觉艺术课程初步成型，同时与苏州新区签约于2019年举办“新少年国际艺术教育节”暨新艺术教育节。新阅读研究所研发的《中国中小学生学科阅读书目》进展顺利，《中国领导干部基础阅读书目》和《中国大学生基础阅读书目》的研制工作初步完成。

新教育继续受到广泛关注，新教育实验荣获基础教育国家级优秀教学成果一等奖。新教育研究院被网易教育评为2018年“年度教育创新团队”。著名报告文学作家傅东缨撰写的长篇报告文学《极目新教育》由人民文学出版社正式出版，被评为8月的《光明书榜》的十本著作之一。著名教育家刘道玉先生评论认为，“新教育实验，是目前中国规模最大、参与人数最多、效果最为显著的一次民间教育科研实验”。法文版的《中国新教育》一书正式出版，前法国驻华大使顾山和法兰西学院终身通讯院士董强教授分别撰写了推荐序言。《中国教育报》发表国家督学成尚荣先生的文章《突破关键因子，闪耀素质教育之光——我眼中的新教育实验》，评价认为：“新教育的一系列关键因子和系列行动，让教育的理想主义扎扎实实地落在大地上，让素质教育在整体推进中有突破，在突破中整体向前，行程中一直闪耀着素质教育之光。”

这一年，我的学术研究工作也取得了较为丰富的成果。在紧张的工作之余，我仍然坚持每天5点左右开始阅读写作，《创新教育才能创造未来——朱永新教育讲演录》由人民教育出版社正式出版。以“新教育·回家”为主题的《回家》新书（大象出版社）发布会在苏州举行。《新教育年度主报告（2014—2018）》由山西教育出版社正式出版。日文版的三卷本《中国教育思想史》、韩文版和尼泊尔文版的《朱永新教育小语》、蒙古文版的《中国教育思想史》等外文版图书陆续出版发行。我主编的10卷本《中国教育改革大系》荣获第四届中国出版政府奖（中国新闻出版领域的最高奖项）。

习近平同志在看望参加全国政协十三届一次会议的民盟、致公党、无党派人士、侨联界委员时指出，中国特色社会主义进入新时代，要求我们坚定不移巩固和发展中国共产党领导的多党合作和政治协商制度。要用好政党协商这个民主形式和制度渠道，有事多商量、有事好商量、有事会商量，通过协商凝聚共识、凝聚智慧、凝聚力量。

的确如此，在当下，共识凝聚的力量，是我们的信息时代的人们最需要的力量。

所谓共识，是指我们各行各业、各有不同的人群，对同一件事情，通过彼此的沟通与磨合，最后形成的认识。

人类迄今所创造的知识，已经呈现出信息大爆炸的趋势。在这个多元化时代里，不同的框架体系之下，有着不同的正确知识，但不同的人依据这些知识行动时，往往会互相冲突。

就像是寓言故事里的那样，天鹅、大虾和梭鱼都拼命拉着车。可是，天鹅想往云里钻，大虾弓腰使劲往后靠，梭鱼则一心想往水里跳……齐心协力，前者是前提，后者是结果。不能齐心，必然力不能协，行动自然事倍功半，甚至导致失败。所以，如果不是共识，仅仅是正确的认识，未必会成为群体行动的力量。

人们为什么无法形成共识？最根本的还是沟通交流不够。虽然我们并不是天鹅、大虾、梭鱼那样天生不同，虽然我们同为人类，有着最根本的共同追求，但是，如果不能在共同追求的道路上，达成精神上的共识，行动时互相掣肘，也只是徒然消耗了彼此的力量。

盲人摸象的故事，在现代人眼里早已经被解读为一个笑话。可直至今日，这样的事情仍然时有发生。如果只是守着自己的那一份认知，哪怕再独特再高明，也只是盲人摸象。共识，则是一头大象。它不可能由某一个人完整地勾勒出来，而只可能通过群体的智慧，在时光中，由行动逐渐雕琢。

共识是综合了各方的认知，能够在最大程度上避免盲人摸象的错误。因此，真正的共识，能够形成精神上的同心圆，本身就具有强大的力量。所有的共识，都意味着凝聚更多的力量。

抗日战争时期，有了保家卫国的共识，国共才能一致抵御外敌。解放战争时期，中国共产党与各民主党派有了建立新中国的共识，才能团结一致奔向光明。改革开放初期，有了实践是检验真理的唯一标准的共识，才能突破“两个凡是”的藩篱，实现了从站起来到富起来的目标。

生活在今天，我们早就习惯了民意一次又一次的汹涌，犹如潮水一般，滔滔不绝。这些潮水既可以发挥强大的动力发电，也可能在泛滥中产生破坏。而恰恰是共识，既能够成为汇聚更多潮水来发电的动力，又能够成为防止洪水泛滥的智慧堤坝。

信息碎片化、利益多元化是我们这个时代的特征。它同时也给形成共识造成了障碍。如何通过各种沟通协商的机制，让不同的利益主体在关键问题上形成共同的认识，通过共同的认识汇聚更多的力量，是我们这个时代的重要课题。

作为全国政协委员，如何更好地让自己的声音更大程度地代表共识，从而汇聚更多力量?

我们虽然代表着各种人群的利益诉求，但是共和国的整体利益是我们的最大利益，画出最大的同心圆是我们共同的心声。在两会的舞台上，需要我们起到上传下达的作用，需要我们通过协商达成共识，需要通过共识来凝聚力量。委员的使命之一，正是以形成共识为己任。每一位委员代表通过自己专业上的不同认识，通过对民间走访摸到的一手信息，通过对具体问题进行的深入调研，就能够把自己变成形成共识的一个个小小枢纽。

共识凝聚力量，这，首先应该成为政协委员的共识。真正的共识，必然是民间官方不同声音的结合，必然是科学人文不同专业的组合，必然是激进保守各种心态的平衡，必然是四面八方各种力量的汇聚。因共识而行动，中国梦将会书写最美的新篇章。

时光从不辜负任何真诚的努力。在新的一年，我会继续努力，按照“懂政协、会协商、善议政”的要求，继续以思考和行动呈交自己的履职报告，做一名真正合格的政协委员，无愧于政协委员的光荣称谓。

目录

年度提案

参政之声

调研随笔

议政网事

媒体关注

两会手记

每年的两会，是中国人的政治春节，也是中国民主政治舞台上最为浓墨重彩的盛装演出。许多精彩的场面，许多难忘的瞬间，许多感人的事件，我们都是见证人。把见证书写下来，就成为历史的记录者。有人曾经评论说，我的记录本身就是一部“民间的两会史”。那么，我愿意继续做好这个民间的两会“史官”。

一滴水折射出的春之光辉

——春天的约会之一

2 月 28 日　星期三　阴

早晨 5：15 起床工作。发微博时注意到，昨天的微博访问量突破了 25 万。

每年的这个时间，已经开始进入“两会时间”了，新任政协委员前天已经开始培训学习，老委员也于今天开始到驻地报到。而媒体也开始了紧锣密鼓的宣传报道。

今天的《人民政协报》发表了记者贺春兰的长篇专访《又到春天，又到履约时———全国政协常委、民进中央副主席朱永新的“两会见证”访谈》。她在开篇写道：“全国两会与国家、与每一个老百姓的命运相牵。一个个春天，全国人大代表和全国政协委员来到北京共商国是。全国人大代表和全国政协委员的履职过程，直接参与并见证了我国选举民主和协商民主的实践。他们在教育上的鼓与呼，也直接推进并见证了我国教育决策科学化、民主化的进程。”

关于 2018 年 3 月出版的《见证十年—— 一个民主党派成员见证的中国民主政治进程》丛书，记者问：“怎么想到要出这样的书？你个人认为意义何在?”

我讲述了自己前几年到哈佛考察的故事。当时在哈佛大学图书馆我看到自己写的《我在政协这五年—— 一个民主党派成员见证的中国民主政治进程》一书，问管理人员，为什么会采购这样的书？管理员回答说："我们更关注个案，通过一个人的窗口，可以看到一个世界。"

我国虽然有现任全国人大代表和全国政协委员5000多名，但是这样深入细致参与并记录两会的并不多见。个人的手记与媒体的新闻具有不同特点，有个人的观察和思考。而且素材具有连续性，可以作现场的比较。如他们会研究中国人如何开两会，两会程序、内容有什么特点，代表委员最关心哪些问题等。

记者又问："外界常常质疑，中国的人大和政协究竟能否发挥实质的作用。你的实际体验呢？从政协到人大再到政协，你已经有15年的参政历程，15年来，在教育方面，你的参政成就体现在哪里？"我以免费义务教育政策的出台为例，说明人大代表这些委员并不像过去有人说的那样"举举手，拍拍手"，"不说白不说，说了也白说"。

全国人大代表周洪宇在2003年全国两会上提出"农村义务教育应免费"。2005年，我也在全国政协提交了《关于全面推进农村免费义务教育，落实义务教育经费的财政分担机制的提案》。当然，同时很多代表和委员也都强力呼吁。当年中央和地方财政就安排专项资金70多亿元，对592个重点贫困县1700万名贫困家庭学生免除学杂费、免费提供教科书和补助寄宿生生活费，还为中西部地区1700多万名贫困家庭学生免费提供教科书。2006年，我所在的苏州市率先实行了区域内义务教育全免费。2007年，中共中央一号文件宣布全免农村义务教育学杂费。2008年，我又提出建立起一套分类指导的城市免费义务教育机制的政协提案。2008年7月30日，国务院常务会议决定，从2008年秋季学期开始，在全国范围内全部免除城市义务教育阶段学生学杂费。对享受城市居民最低生活保障政策家庭的义务教育阶段学生，继续免费提供教科书，对家庭经济困难的寄宿学生补助生活费。

当然，我们不能把这一类政策的出台完全归功于人大代表和政协委员的建议与提案，但是，我们的呼吁至少对于推进政策的出台起了一定的作用。

记者问："十八大以来，对参政者有无新的要求和挑战？你最突出的印象和感受是什么？"

我的感觉是要求更高了，舞台更大了，领域更广了，也更加制度化了。2月6日下午，习近平总书记同各民主党派中央、全国工商联负责人和无党派人士代表座谈并共迎新春时说，中国特色社会主义进入新时代，多党合作要有新气象，思想共识要有新提高，履职尽责要有新作为，参政党要有新面貌，引导广大成员增进对中国共产党和中国特色社会主义的政治认同，使新时代多党合作展现出勃勃生机。在过去的5年中，中共中央先后颁发了《中国共产党统一战线工作条例》《中共中央关于进一步加强中国共产党领导的多党合作和政治协商制度建设的意见》等一系列文件，从制度层面明确了政党协商的地位与作用，同时把脱贫攻坚民主监督的任务交给民主党派，对参政党和人大代表、政协委员来说既是挑战更是机遇。

记者的最后一个问题是："你与一线教师始终保持着密切的联系，你如何看待公办教师离职现象？听说你最近在写一本关于未来学校的书，未来的学校是什么样的，能否消解这个问题。"我告诉她，在教育学界我不是最有学问的人，但是是离一线老师最近的人。在社会多元化、互联网改变一切的今天，公办教师离职并不奇怪。未来教育将是一个"能者为师"的时代，时时处处可以学习的"泛在学校"将会出现，这就是我说的未来学习中心，政府购买教育服务业将成为常态。所以，应该用互联网思维重新思考教育，一个新的教育图景才能出现。

采访还就我参政议政过程中的一些体会，我的提案产生的过程，我与网友的互动，我与学生的关系，我的教育情怀等问题进行了交流。这也是今年两会媒体上对我的第一篇采访报道。想起我的回答中说到通过一个人的窗口看见一个世界，忽然想起"一滴水折射太阳的光辉"的比喻，倒也的确有一定道理。

非常巧合的是，今天《人民政协报》同一个版面发表了汤素兰委员的文章《十年参政，为孩子鼓呼》，汤委员是著名的儿童文学作家，也是民进组的政协委员。这样的一滴又一滴水，汇聚的就是海洋了。

上午10点，与北京新图画教育科技有限公司的董事长王庚飞先生夫妇、北京中学的余国志博士等交流艺术教育的问题。年前在天津大学冯骥才文学艺术研究院见到了他们，介绍了新教育实验在艺术教育方面的思考和探索，恰好他们也在进行培养儿童艺术思维方面的研究与实践。针对我国艺术教育应试化的弊端，如何强化学生的艺术素养，训练学生的艺术思维，我们达成了共识和合作的意向。

下午，列席政协第十二届全国委员会第七十一次主席会议。根据十二届常委会第二十四次会议的授权，这次会议主要研究全国政协十三届一次会议的有关筹备工作。会议审议通过了全国政协十三届一次会议主席团、常务主席、主席团会议主持人和大会秘书长、副秘书长名单（草案）；全国政协十三届一次会议预备会议日程；全国政协十三届一次会议提案审查委员会人选建议名单（草案）；全国政协十三届一次会议分组办法（草案）和委员小组召集人名单（草案）；全国政协十三届一次会议秘书处机构设置和工作任务（草案）。会议决定将上述有关草案分别提请全国政协十三届一次会议预备会议和全国政协十三届一次会议主席团第一次会议审议。会议推举俞正声主席在全国政协十三届一次会议上做常委会工作报告、万钢副主席做提案工作情况的报告，确定王国庆担任全国政协十三届一次会议新闻发言人。

今天的主席会议是本届政协的最后一次主席会议。俞正声主席在讲话中高度肯定了五年来全国政协的工作，指出全国政协紧密团结在以习近平同志为核心的中共中央周围，始终坚持中国共产党的领导，坚持人民政协性质定位，坚持围绕中心、服务大局，坚持团结和民主两大主题，坚持发挥政协委员主体作用，在历届政协奠定的良好基础上，坚持在继承中发展、在发展中创新，形成了团结民主、务实进取、蓬勃发展的新局面，彰显了中国特色社会主义制度的优势和特点，在党和国家事业中发挥了不可替代的重要作用，做出了重要贡献。

同时也要求大家“以敬终如始的精神把工作完成好，为十二届政协工作画上圆满的句号，为人民政协事业的继往开来做出应有贡献”。

晚上回家处理民进中央在全国政协十三届一次会议上的大会发言、联组发言等事宜，修改提案。又到春天履约时，进入两会时间以后，工作节奏会更加紧张。

11 点休息。

没有硝烟的民生之战

——春天的约会之二

3月1日　星期四　晴

早晨5点10分起床。本想继续整理今年两会准备提交的提案，可昨天晚上同事告诉我，每天在微博连载的“新父母晨诵”只剩下两篇存货了，亟须新的稿件。于是抓紧时间读《杜威教育文集》的第三卷。

第三卷主要由杜威在中国的五大讲演组成，包括《社会哲学与政治哲学》《教育哲学》《思想之派别》《现代的三个哲学家》《伦理讲演纪略》，曾经汇编成为《杜威五大讲演》出版。其中教育思想最集中地反映在《教育哲学》的讲演之中。

60岁那一年，在五四运动爆发前4天，杜威来到中国。从1919年4月30日到1921年8月2日，杜威在华两年半的时间，足迹遍布中国13个省市，做了200多次讲演。在中国教育历史上，一个国外著名教育家如此长时间高频率在华活动和讲演，可谓空前绝后。正如胡适在杜威离开北京时说的那样：“自中国与西洋文化接触以来，没有一个外国学者在中国思想界的影响有杜威这样大的。”

讲演录与其他著作的不同，就在于逻辑不一定非常严密，口语化比较明显，当然也更加通俗易懂。昨天晚上读完了第一部分，早晨写作相对也比较轻松一些，完成了一周的晨诵任务。

上午9点接受《人民教育》杂志副主编李帆的采访，两会期间，《人民教育》就教师问题做一个专题，约好上午半小时的电话采访，结果讲了近一个小时。

今年两会，民进中央拟提交的提案中有一个《关于多措并举支持传统地方戏曲长远发展的提案》，参政议政部门的同志一直建议我去看看离会中央不远的“九天星”。于是利用上午的时间，我与参政议政部的副部长姜其和、焦静同志去位于北京798艺术核心区的九天星韵（北京）文化发展有限公司考察。

2006年全国两会期间，民进中央和民进湖南省委会主委谢勇分别递交了《关于抢救、整理、传承“中国地方戏曲精品折子戏”的提案》和《关于抢救、整理、传承精品折子戏，建立保护基地的提案》，其中明确提出了戏曲进校园的倡议。九天星湖南分公司作为提案的执行、实践团队，经过10年的不断探索，找到了一条以少年儿童喜闻乐见的动漫形式与传统戏曲文化相结合的道路，创造性地研发出了中华优秀传统文化传承新模式——“戏曲动漫”。目前，戏曲动画创作已经涵盖了中国戏曲的270多个剧种和1000个剧目，并且形成了以“戏曲动漫”为核心，以传统文化动漫制作、动漫教材及绘本、动漫大课堂、教师培训、学生培训服务五部曲的传统文化进校园的传承模式。该模式已经走进全国十多个省市的几千所中小学校，受到了同学和老师们的欢迎，成为中华优秀传统文化启蒙教育的先行者。

在参观了公司的展厅、舞台、艺术影院、戏曲主题密室逃脱、录音棚、研发空间等以后，与刘董事长和艺术总监李建凤等进行了交流。他们告诉我，“九天星”创作的《中国戏曲经典原创动画》先后入围了“中国文化艺术政府奖首届动漫奖最佳新媒体动漫作品奖”和“国家动漫精品工程新媒体动漫奖”等多个奖项，同时两度入选国家的“弘扬社会主义核心价值观动漫扶持计划”。他们还排练了《三岔口》《三打白骨精》等动漫亲子互动体验剧，在国家大剧院、北京园博园、东方梅地亚中心等地演出；编撰了小学1—6年级的《戏曲》动漫版教材和包括中国主要地方戏曲的图画书。2017年9月，在文化部和湖南省教育厅的支持下，开展了国内首次高规格、大规模的“音乐教师传统戏曲素养”教学培训，300多名中小学和幼儿园教师参加了为期9天的培训。

但是，在这个过程中也遇到了不少问题。如全国许多地方的戏曲尤其是小的剧种已经处于濒危状态，他们在抢救的过程中就发生过多起老艺人去世的情况；如地方戏曲剧团演出任务繁重，无法完成戏曲进校园的任务；如文化部门与教育部门职责不清晰……由于找不到合适的载体，有些地方戏曲进校园活动反而让学生丧失了对戏曲的兴趣。刘董事长讲了一个学校的故事，说老师带学生看了一出两个小时的地方戏曲，学生好不容易耐心看完，然后表示这一辈子都不会再看了。所以，戏曲如何进校园？如何找到中小学生喜闻乐见的方式进校园？如何加强教育部门与文化部门的合作？如何发挥地方戏曲剧团在进校园过程的积极性等，仍然需要进一步探索，仍然有建言献策的空间。

下午 4 点半，在全国政协金厅参加政协十三届一次会议秘书处工作会议，审议《中国人民政治协商会议第十三届全国委员会第一次会议选举办法（草案）》，研究政协十三届一次会议期间会外活动安排等事项。张庆黎副主席兼秘书长主持会议。

晚上回家继续整理修订提案。今年准备继续就“建立国家阅读节，深化全民阅读”进行呼吁外，还将提出实施“乡村教育振兴行动计划”、建立中国教育博物馆、保障学生和教师休息权、推进“高铁阅读”、完善国家儿童营养战略等 12 个提案。

每年两会前总是非常忙碌的。关注、跟进一年的问题，将在这段时间提交。这不仅是精力上的自我挑战，更是一场民生之战。眼下正如战斗前的备战，虽然没有硝烟和枪炮声，但是紧张的程度不亚于战斗进行时的状态。提案不仅是提交问题，更要提供解决方案，只有准备充分，才能稳操胜券。

晚上 11 点休息。

文字的脚印记录参政议政之路

——春天的约会之三

3月2日　星期五　晴

早晨4：50起床。对于我个人来说，这几天已经进入了“两会时间”。5：09发出第一条微博“叶圣陶教育箴言”和元宵节的特别晨诵。对今年两会准备提交的提案和大会发言稿进行最后的修订。

上午9点，司机来接我的时候，带来了新鲜出炉的十卷本《见证十年——一个民主党派成员见证的中国民主政治进程》，这是昨天晚上出版社通过高铁“快运”专门送来的一套样书。虽然事先编辑发来过每本书的封面，但是抚摸着飘着墨香的新书，心中还是充满欣喜。每年两会用心记录的文字，汇集在这里，就像一个个脚印，记录的正是这十年来我的参政议政之路。

10点在民进中央机关接受媒体集体采访。2月26日，民进中央王刚副主席主持召开了与媒体座谈暨两会新闻通气会，会上重点介绍了民进中央拟提交全国政协十三届一次会议的提案的基本情况。今年两会民进中央拟向全国政协十三届一次会议提交大会发言3件，党派提案44件。其中，体现民进教育文化出版主界别特色的提案16件，包括教育类10件、文化类4件、出版类2件，占提案总量的三分之一；在围绕党和国家中心工作、反映百姓关注热点问题方面，提交经济类提案 10 件、科技医卫类提案 8 件、资源环境类提案 6 件、政治法治类提案 4 件。

按照惯例，今天上午我从参政议政的角度对民进的重点提案进行介绍并回答记者的问题。今年我们重点推荐了三个提案。一个是根据去年民进中央大调研的成果撰写的《关于缓解制造业技能人才短缺问题的提案》，一个是民进中央科技医卫委员会提供的《关于大力发展 0—3 岁婴幼儿托育服务的提案》，一个是民进中央人口资源环境委员会提出的《关于多管齐下推进科尔沁沙地综合治理的提案》。两个“老阵地”，一个“新领域”。

宣传部黎晓英副部长对我说，没有想到，今天来的记者特别多。新华社记者史竞男、中央电视台新闻频道记者潘虹旭、中央电视台农业频道记者姚雷、《新华每日电讯》记者完颜文豪、《人民日报》（海外版）记者叶晓楠、《人民政协报》记者吕巍、《中国教育报》记者董鲁皖龙、《中国青年报》记者陈婧、《科技日报》记者唐婷、《团结报》记者万李娜、中国教育电视台记者张晓瑜、中青网记者杨青山和刘钊，以及安利项目负责人、义工网总监等参加座谈会。不仅来的记者多，问题也特别多，虽然限制每个人只能问一个问题，但座谈会还是持续了近两个小时。

正如我预计的那样，大家最关心的提案仍然是与民生密切相关的 0—3 岁婴幼儿托育问题。调查表明，0—3 岁婴幼儿的照料问题已经成为社会关注的热点问题，88.15% 的家庭和 54.31% 的“二孩”家庭有托育服务的需求，83% 的人希望政府出台行业标准，推动托儿机构的建设。目前缺乏明确的监管部门，也没有严格的专业人员准入标准和相关监管制度，服务质量参差不齐。民进中央的提案就此问题提出了相关建议。

有不少媒体记者是老朋友了，每年两会都采访过我，自然也非常想了解我今年两会准备的提案。我告诉大家，会继续关注全民阅读问题，呼吁建立国家阅读节、推动“高铁阅读”；会呼吁进一步落实八项规定，去“文山”填“会海”；会关注师生的休息权、儿童营养等问题。因为下午要从驻地出发去大会堂，交流到 12：00 只好就此打住了。

下午 1：50 从驻地赶往人民大会堂，3：00 参加中国人民政治协商会议第十三届全国委员会第一次会议预备会议。

会议由十二届全国政协主席俞正声主持，以举手表决等方式，审议通过了政协第十三届全国委员会第一次会议主席团、主席团会议主持人和秘书长名单，政协第十三届全国委员会第一次会议议程和日程以及政协第十三届全国委员会第一次会议提案审查委员会名单。三项议程结束以后，新当选的政协十三届一次会议主席团会议主持人汪洋走上主席台，向全场2108位十三届全国政协委员鞠躬致意，全场报以热烈掌声。接着，汪洋与在主席台就座的十二届全国政协副主席一一握手，并来到主席台中间与十二届全国政协主席俞正声亲切握手，新老交替的刹那成为历史的定格。

俞正声在预备会议结束时的讲话中，代表十二届全国政协向新一届政协全体委员和主席团成员表示热烈的祝贺和崇高的敬意，并祝愿全国政协十三届一次会议取得圆满成功，希望新一届全国政协在以习近平同志为核心的中共中央坚强领导下，在习近平新时代中国特色社会主义思想指引下，承前启后、继往开来，携手新时代，创造新辉煌，书写人民政协事业发展新的历史篇章，为决胜全面建成小康社会、夺取新时代中国特色社会主义伟大胜利、实现中华民族伟大复兴的中国梦做出新的更大贡献。

预备会议结束以后，全国政协十三届一次会议主席团成员移师西大厅参加主席团第一次会议，主席团会议主持人汪洋主持会议。

会议审议通过了政协第十三届全国委员会第一次会议主席团常务主席名单、政协第十三届全国委员会第一次会议各次全体会议执行主席和主持人名单、政协第十三届全国委员会第一次会议分组办法和委员小组召集人名单、政协第十三届全国委员会第一次会议副秘书长名单、政协第十三届全国委员会第一次会议秘书处机构设置和工作任务。我们十二届政协的副秘书长全部成为本次会议的副秘书长。

汪洋在讲话中要求主席团成员不辜负中共中央的信任和嘱托，切实把思想和行动统一到中共中央对会议的要求上来，尽心履职尽责，准时参加会议，认真阅读文件，严格遵守纪律，发挥模范作用，开好这次会议。

会议结束以后返回驻地，路上用了一个多小时。稍事休息，晚餐以后，6：30

又乘车去全国政协参加委员小组召集人会议。

晚上8：00，全国政协第十三届全国委员会第一次会议委员小组召集人会议准时举行。潘立刚常务副秘书长主持会议，通报了大会的主要安排。大会秘书长张庆黎在讲话中强调了本次大会的特殊意义，希望大家充分认识到这次会议是深入学习习近平新时代中国特色社会主义思想和中国十九大精神的一次重要会议，是决胜全面建成小康社会关键时期召开的一次重要会议，是推动新时代人民政协事业发展的一次重要会议。同时也是五年一次的换届大会，政治性更强，议程安排更多，工作任务更重、要求更高，希望大家务必精心组织、周密安排，确保各项工作有力有序有效推进。

会议结束以后，在返回的路上看到车窗外的一轮明月，想起了今天晨诵的那首诗：

有灯无月不娱人，
有月无灯不算春。
春到人间人似玉，
灯烧月下月如银。
满街珠翠游村女，
沸地笙歌赛社神。
不展芳尊开口笑，
如何消得此良辰。

诗的作者是明代苏州画家、书法家、诗人唐寅，不免联想起曾经生活和工作了30年的第二故乡苏州，也想起了在那里的许多人和事。

明天就是政协大会开幕的日子了。每年的两会，作为中国政治生活的一件大事，也是我们每位代表委员参政议政的“良辰”啊。

工作再忙事情再多，不能忘记锻炼。我越来越体会到，只有适当的运动，才能保证足够的精力。晚上9：10跑步半个小时。回来以后修订大会发言稿，一直到11：00左右。洗漱，休息。

用数字讲述五年政协的故事

——春天的约会之四

3月3日　星期六　雾霾

每年两会期间，好像生物钟也记住了以往的时间，比平常大概早一个小时醒来。4：30起床开始工作。继续修改党派中央的大会发言稿，发言的题目和内容一直在变化，改得也比较辛苦。真是台上几分钟，台下无数功夫啊。

早晨8：10去人民教育出版社，参加第十一届北京长江教育论坛。每年两会召开前的3月3日上午，长江教育研究院都要在北京举行论坛，发布年度《教育关键词》《中国教育指数》和《教育政策建议书》。因为周洪宇教授是民进湖北省委会主委，也是多年的好朋友，我几乎每年都来参加。会议上见到了顾明远、谈松华、曾天山、杨东平、蒋国华、杨银付等老朋友。

会议由人民教育出版社党委书记郭戈博士主持，湖北长江传媒集团有限公司副总裁那拓祺、人民教育出版社社长黄强、华中师范大学副校长彭南生等先后致辞，周洪宇对《教育政策建议书》做了详细介绍。他提出，中国教育进入了高质量发展新时代，要将提高质量和促进公平同时作为教育政策的核心价值取向。新时代如何建设教育强国，关键是提高国家的教育能力。在十条具体建议中，前五条分别是从创新、协调、绿色、开放、共享的五大理念论述，后五条重点阐述了投入、教师、信息化、立法和领导问题。

在论坛的第二阶段，我在发言中就教育扶贫、教育能力和未来教育三个问题发表了看法。

我提出，教育扶贫是脱贫攻坚的重要组成部分，当前的教育扶贫，更多的是保证义务教育阶段学生不辍学、保证贫困学生顺利就读、保证高等教育贫困学生得到资助，但教育扶贫的深意不止于此。目前教育扶贫在“扶智”和“扶志”上还没有找到更好的办法。尤其是农村的中等职业教育目前还比较薄弱，需要探索中心城市中等职业教育和农村中等职业教育对口合作等新路子，更好地推动中等职业教育发展。

在教育能力问题上，我认为，国家教育治理体系和国家教育治理能力是一个问题的两个方面，但体系更重要，因为体系是更宏观的战略性问题，能力是把体系具体化的操作性问题，二者之间的关系可以进一步地探讨。

关于未来教育，我认为未来教育不仅仅是技术的问题，人工智能、大数据等会对教育产生冲击和影响，但是如果没有教育结构性的变化，这些影响不会发挥根本性的作用。从面向未来的角度来说，中国教育需要结构性的改革，这也意味着要突破现在的学校教育体系乃至传统的教育制度和教育体系。

因为下午要参加全国政协十三届一次会议，发言结束以后匆匆忙忙赶回驻地，没有机会聆听顾明远、谈松华等前辈专家的高见，很是遗憾。但行囊里满满地装了许多图书和资料，有洪宇签名的《中国教育黄皮书》和近800页的《陶行知研究在海外》，有杨东平先生送我的《从应试教育突围——我国中小学生“减负”问题研究报告》，有人民教育出版社出版的《教育公平论》和《2018年重点图书推荐目录》等。邹海燕副总编还送来获得中国最美图书的《炫彩童年》等一批儿童图书，可谓满载而归。

回驻地以后处理邮件。午餐。休息20分钟。

下午1：50，车队从驻地出发去人民大会堂。不到半个小时就到了广场。按照与中央电视台《新闻联播》记者的约定，在人民大会堂台阶前的旗杆下进行采访。就五年来取得的历史性辉煌原因何在，五年来民进中央在参政议政、民主监督、参加中国共产党领导的政治协商等方面做了哪些工作，这次两会带来了什么提案等问题，谈了自己的看法。

下午3点，习近平等党和国家领导人步入主席台，会议在雄壮的国歌声中准时开始。大会主席汪洋主持会议。应出席委员2158人，实到2149人，出席率有可能创了历史新高。

会议的第一项议程是俞正声主席代表中国人民政治协商会议第十二届全国委员会常务委员会做报告。他在报告中指出，中共十八大以来的五年，是党和国家发展进程中极不平凡的五年。政协全国委员会及其常务委员会全面贯彻中共十八大和十九大精神，深入贯彻习近平新时代中国特色社会主义思想，坚持团结和民主两大主题，围绕中心、服务大局，把坚持和发展中国特色社会主义作为巩固共同思想政治基础的主轴，完善协商议政格局，强化民主监督职能，拓展团结联谊工作，加强履职能力建设，推动人民政协事业在继承中发展、在发展中创新，开拓了团结民主、务实进取、蓬勃发展的新局面，彰显了中国特色社会主义制度的优势和特点，在党和国家事业中发挥了不可替代的重要作用、做出了重要贡献。

俞主席从八个方面全面总结了五年来全国政协的工作。我印象最深的是他在报告中用了大量数字讲述政协的故事。

如在总结围绕“十三五”规划制定和实施献计出力方面，用3个月时间就规划制定问题密集开展56次议政活动，召开专题议政性常委会议集中献计献策，形成专题报告。紧扣深化供给侧结构性改革，分8次深入13个省区调研。

如在总结瞄准全面深化改革和全面依法治国重大任务精准建言方面，开展了185次视察调研和协商议政活动，报送了74份专题报告和信息。针对东北三省工业转型升级难点问题，由3位副主席带队，分16个子课题，深入22个市地、87家企业座谈讨论，形成专题报告，并召开专题协商会集中提出建议。

再如在坚持履职为民、保障和改善民生方面，抓住涉及人民群众切身利益的实际问题，开展了171次视察调研和协商议政活动。

特别值得一提的十二届政协创建的双周协商座谈会制度，五年举办了76次，选择切口小、社会关注度高的具体问题议深议透，已成为政协协商民主经常性平台和重要品牌。五年来有1635名政协委员、2.85万人次参加各类视察考察调研、协商会议活动。

在强化政协民主监督职能，发挥协商式监督特色优势方面有新作为。视察调研的监督性议题逐年增加，由2015年的12项占11%，发展到2017年的20项占28%。如2017年“实施精准扶贫中存在的问题和建议”专题议政性常委会议前，6位副主席带队、101名委员参加，随机走访、进村入户，以全面调研和专题调研两轮调研压茬进行为主干形式，以问卷调查为典型支撑，辅以分析24个贫困县财政支出情况专项调研和有关地方政协协同调研，着力解剖麻雀、发现问题；会上多角度分析论证，集中提出意见；会后继续跟进促进落实，取得了非常好的效果。

在对外友好交往方面，组织114个团组出访，接待66个团组来访。全国政协现与149个国家的292个机构和15个国际性或区域性组织建立了联系。

在提高提案质量和提案办理质量方面，五年来共收到提案2.9万件，立案2.4万件，办复率99%。在抓好政协委员队伍建设方面，五年来举办委员特别是新任委员学习研讨班、报告会等32次，1万余人次参加。

这些实实在在的数字，让我们看到了政协五年来围绕中心服务大局做的实实在在的工作。俞主席接着谈了五年工作的体会。主要有五个方面：一是坚持中国共产党的领导，二是坚持人民政协性质定位，三是坚持围绕中心、服务大局，四是坚持团结和民主两大主题，五是坚持在继承中发展、在发展中创新，六是坚持发挥政协委员主体作用。

这些体会也是用实实在在、生动活泼的语言加以总结，好懂好记，富有哲理。如在讲述坚持一致性和多样性统一时，俞主席说，一致性是共同思想政治基础的一致、多样性是利益多元和思想多样的反映，要“在坚持一致性中尊重多样性，在包容多样性中寻求一致性，找到最大公约数，画出最大同心圆。要不忘老朋友，结交新朋友，多交挚友和诤友，把更多的人团结在中国共产党周围”。在讲述协商民主时，俞主席说，要把协商民主贯穿履行职能全过程，“坚持协商就要真协商，坚持商以求同、协以成事，弘扬民主精神，践行协商理念，营造良好氛围，让委员愿讲话、敢讲话、讲真话，提倡热烈而不对立的讨论、真诚而不敷衍的交流、尖锐而不极端的批评，努力增进共识、促进团结”。

报告的最后部分，俞主席对今后的工作提出了建议，也对新当选的委员提出了要求，他希望大家“切实加强自身建设。强化委员意识，把责任扛在肩上，把事业放在心上，全面增强履职本领，提高政治把握能力、调查研究能力、联系群众能力、合作共事能力，坚持不懈改进作风，有效履行委员职责”。报告结束以后，他向台下台上的委员和领导人鞠躬致谢，长时间的热烈掌声，一直等他回到座位才渐渐停息。

第二项议程是万钢代表十二届全国政协做提案工作报告。按照惯例，政协的提案工作报告是由继续在下一届政协担任领导职务的民主党派副主席来做，记得五年前2013年的换届会议，也是万钢副主席做的提案工作报告。万钢副主席的报告言简意赅，就十二届政协期间提案工作的总体情况、提案工作的发展与创新以及对今后工作的建议三个问题做了阐述。不到8页的内容，半个小时完成。

会议结束以后回驻地。浏览今天的《人民日报》《光明日报》《中国教育报》等近十种报刊。今天的《中国教育报》发表了记者董鲁皖龙的报道《全国政协委员、民进中央副主席朱永新：“中国制造2025”呼唤高技能人才》，昨天上午的采访内容今天就见报了。两会期间，每个人都像上紧了发条，在各自的岗位上奔忙。晚上7：00，《新闻联播》中有我下午接受的采访，许多朋友看见了很快发来短信祝贺。

晚上继续读《杜威教育文集》第三卷，锻炼半小时。11：00休息。

以零容忍面对“文山会海”

——春天的约会之五

3月4日　星期日　晴

早晨5：30起床。读《中国人的历史：诸神的踪迹》。这本书是旅法学者申赋渔所著，是一本关于中国神话的儿童读物。我们关于神话的知识大部分来源于成语，如开天辟地、女娲补天、大禹治水、后羿射日等，而历史书籍中关于上古历史的记载往往语焉不详。通过上古神话来理清上古的历史，把中国神话与西方神话进行对比考察，是这本书的一个特点。用文学的笔法生动形象地讲述每个神的故事，像看小说一样读历史，是这本书的第二个特点。而用一句话概括每个神话人物的基本特征，更是这本书的“绝活”。如第三章《神农》，“他尝遍了百草，咀嚼每一根草都是一次冒险”；第四章《黄帝》，“他是中国人的精神图腾，他一次次鼓动起中国人身上的勇气”；第九章《舜》，“最后的禅让，是人性的高贵还是万般无奈”；第十章《禹》，“他到过的地方，比大地的尽头还要遥远”；第十六章《周公》，“他用‘礼’‘乐’试图建立一个美好长存的‘乌托邦’”；第十七章《周穆王》，“他几乎走到了世界的尽头，他把这个世界连成了一个巨网”。有人评价说：“这本书好像是一部镜头感非常强的纪录片，生动清晰地描绘出中国诸神的谱系，一步步带着孩子们追寻神的踪迹，追寻中国人的根。”这是作者《中国人的历史》系列的开篇，希望他也能够像易中天一样，写出一部不一样的中国史。

6：20开始发微博，写两会手记。

上午9：00参加民进组的小组讨论。虽然不少新委员是第一次参加两会，但是讨论依然非常热烈。刘新成常务副主席等17位委员先后发言。大家一致认为，俞正声代表十二届政协常委会所做的工作报告是一个具有很强政治性、时代性、人民性和创新性的好报告，对五年工作的总结系统全面、实事求是，对五年工作体会的概括提纲挈领、深刻精辟，对今后工作的建议高瞻远瞩、切实可行。

民进天津市委会主委张金英自称是“三新”委员：新主委、新委员，还是新任天津市政协副主席。因为兼任监察局局长，她关注的重点是政协的民主监督工作。她认为政协的民主监督做到了监督有计划、有题目、有载体、有成效。将监督有效地纳入会议、视察、提案、专题调研、大会发言、社情民意中，发挥了协商式监督的特色优势。

内蒙古自治区政协副主席、民进内蒙古自治区委主委郑福田对五年来政协发挥委员的主体作用印象深刻，他自己就先后参加了多次调研和双周协商座谈会。这些活动使委员的能力在原来基础上进一步增强、参政议政的主观能动性和正能量得到充分发挥。

新疆师范大学副校长牛汝极是参政议政的专家，他的多项提案和社情民意信息得到国家领导人的批示，个人提案获得了全国优秀提案。他对政协的调查研究工作提出了三点建议：一是要选择切口小的题目，把问题议深议透；二是要着力把问题找准、原因理清、建议提实；三是选题上更关注不平衡不充分的发展问题。

民进上海市委会副主委胡卫，民进海南省委会主委、省政协副主席史贻云，民进重庆市委会主委、市政协副主席陈贵云，民进安徽省委会主委、省政协副主席李和平，民进河北省委会副主委、文化厅厅长张妹芝，民进湖南省委会主委潘碧灵，清华大学教授罗永章等都是老委员。他们先后充分肯定了报告内容的五个特点：一是政治坚定，加强了党对政协的领导；二是大局意识；三是以人民为中心；四是创新性非常突出；五是重视对实践经验的总结。他们表示，作为一个老委员，要以新姿态理解和把握习近平思想，在政协的舞台上发挥应有的作用。

民进贵州省委会主委、省政协副主席左定超委员认为，俞正声同志做的报告集政治理论、担当、情怀为一体，文风朴实，文字流畅生动。建议新一届政协进一步加强对地方政协工作的指导，加强协商民主制度建设，形成完整的制度程序，厚植民主从人民群众中生长出来的土壤，使以人民为中心的发展思想真正体现在全心全意为人民谋福祉上。

民进广西区委会主委、自治区人大常委会副主任杨静华是新委员，她希望自己能够在四个方面有所作为：一是在推进国家治理体系和治理能力现代化建设中有所作为，把边疆少数民族地区的社会治理问题通过政协的平台反映和呼吁。二是在推进社会的全面进步和人民的全面发展上有所作为。三是在深化人民政协理论建设上有所作为。四是希望探索政协委员非职业化履职和开展经常性工作有机统一。

王伟明委员是民进组最年轻的新委员，作为来自中药行业的专业人士，她特别关注健康中国建设，她表示要把青少年疾病预防作为未来调研的重点，对儿童和青少年健康生活习惯的养成和教育做一些提案。

民进黑龙江省委会主委、省政协副主席张显友，民进湖南省委会副主委、省社会主义学院院长雷鸣强，民进福建省委会主委、福州市副市长严可仕三位都是新委员，他们在发言中表示，作为一名新委员感到本领的恐慌，希望虚心向老委员学习，进一步强化委员意识，全面增强履职能力。改进作风，有效履行职责，努力成为一名合格的委员。

担任小组讨论主持人的民进中央副主席姚爱兴，用政治性、时代性、人民性、创新性和时效性概括了他学习报告的体会，引起了与会委员的强烈共鸣。

上午最后一位发言的是民进中央常务副主席刘新成委员。他十年前曾经担任过政协委员，在担任了两届人大常委以后再次回到政协。他在发言中说，俞正声同志的报告是一个非常朴实的报告。报告在对五年政协履职的回顾中，在对这五年政协制度建设、格局建设的总结中，讲政治、讲改革、讲理论，使报告本身成为一个对中国特色社会主义民主制度具有说服力的阐释。

他对报告有两点特别深刻的印象：第一，从理论和实践的角度对政协做了更加清晰的性质定位：即政协不是权力机构，而是协商平台，不决策，只讨论。这个定位使政协的氛围更宽松和民主，更有利于党和政府决策。第二，协商中不回避重点、热点、难点，不回避矛盾，讨论的议题不限于经济、社会，也包括政治领域，协商范围的扩大、不回避矛盾的协商对于推进社会主义的民主意义重大。

他在发言中也对十三届政协提出了希望：提升“制度效能”。即充分发挥我国多党合作和政治协商制度的优势，充分提升政协的效能，使政协通过“协商于前”“监督于后”的机制，在国家治理体系中，真正扮演“不可替代”的角色。

上午的讨论非常踊跃，不知不觉就到了午餐的时间。

两会期间，总书记和中央领导到各个界别小组看望委员并参加讨论，也是每年的惯例。因为下午中共中央政治局常委韩正要到民革、民进组看望委员并参加联组讨论，会中央安排我做发言，所以中午还要做一些功课。

下午2：50左右，韩正同志来到昆泰宾馆，在我和民革中央原副主席、全国政协副秘书长何丕洁的引导下直接进入会场。在和发言席的委员们一一握手以后，开始了联组讨论。10位委员先后发言。我做了一个《以“零容忍”推文山填会海》的发言。我在发言中提出，中央八项规定实施五年来，规范出访活动、厉行勤俭节约、狠刹公款吃喝、抵制公款节礼，让人民群众看到了实实在在的成效和变化。唯独“文山会海”在一段时间里稍有收敛，便“旧病”复发，且有愈演愈烈之势。一些地方、一些部门甚至用“文山会海”代替实际工作。

我在发言中分析了为什么“文山会海”之风难刹原因：一是没有硬标准。什么文件该发或不该发，什么会该开或不该开，答案并不明确。思想上稍一放松，就容易多开会多发文。二是没有硬处罚。三是可以避追责。用文件落实文件、以会议贯彻会议，成为追责的挡箭牌，成了一些官员稳妥的工作选择。最后提出了重申精简会议标准、推动“无会周”“无会日”等制度建设、用新技术改进开会方式、改变工作作风和评价标准等建议。希望要以“零容忍”的态度搬文山填会海，让各级领导干部腾出时间，弯下身子为百姓多干点儿实事。

最高人民法院副院长、民进中央副主席陶凯元，上海交通大学副校长、民进中央副主席、上海市委会主委黄震，福建省社科院院长、民进中央原副主席张帆也分别做了发言，题目分别是《全面彻底打赢脱贫攻坚战重在统一思想　深化政策扶志扶智》《关于树立正确的成才观　大力发展职业教育的建议》《乡村振兴首先要人才振兴》。

韩正同志对每位发言的同志都做了回应。对我的发言，他说：“永新同志，我和你的感受一样，文山会海有许多机制上的问题。我们要共同努力，为基层同志创造良好的环境。”

晚上看《新闻联播》，了解到今天下午习近平、李克强等中央领导也到了政协的其他界别组看望委员、参加讨论。习近平总书记在民盟、致公党、无党派人士和侨联的联组会上发表了重要讲话。总书记指出，中国共产党领导的多党合作和政治协商制度作为我国一项基本政治制度，是中国共产党、中国人民和各民主党派、无党派人士的伟大政治创造，是从中国土壤中生长出来的新型政党制度。

我个人理解，总书记是从三个角度来论述什么是新型政党制度。第一个是从“利益代表”的角度。新型政党制度是马克思主义政党理论同中国实际相结合的产物，能够真实、广泛、持久地代表和实现最广大人民的根本利益，以及全国各族各界的根本利益，努力避免旧式政党制度代表少数人、少数利益集团的弊端。第二个是从制度功能的角度。新型政党制度，把各个政党和无党派人士紧密团结起来，为着共同目标而奋斗，努力避免一党缺乏监督或者多党轮流坐庄、恶性竞争的弊端。第三个是实际效果的角度。新型政党制度通过制度化、程序化、规范化的安排集中各种意见和建议，推动决策科学化民主化，努力避免旧式政党制度囿于党派利益、阶级利益、区域和集团利益决策施政导致社会撕裂的弊端。

“履不必同，期于适足；治不必同，期于利民。”其实，世界上没有哪一种制度是最好的，但是肯定有一种制度是最适合某一个国家在某一个发展阶段的。作为多党合作制度的参与者，中国几十年发展的实践和经验，已经用事实让人民体会到了中国政党制度的优越性。

总书记在讲话中还特别强调了协商民主的问题，希望各民主党派和无党派人士要做中国共产党的好参谋、好帮手、好同事，增强责任和担当，共同把中国的事情办好。要用好政党协商这个民主形式和制度渠道，有事多商量、有事好商量、有事会商量，通过协商凝聚共识、凝聚智慧、凝聚力量。

从十八大报告，到三中全会，到人民政协成立65周年大会，总书记多次对协商民主做了阐述。积极推进协商民主，当一个好参谋、好助手、好同事，不断提高协商建言的质量和水平。在决胜全面建成小康社会、打赢三大攻坚战中做出贡献，不仅是中国共产党的事情，也是我们民主党派的责任和使命。

晚上8：00，参加中国教育三十人论坛第二届学术委员会会议。与清华大学钱颖一教授、华东师范大学袁振国教授、21世纪研究院院长杨东平教授、山东省教育厅巡视员张志勇先生、论坛秘书长马国川先生等，在一家酒店的咖啡厅交流中国教育三十人论坛的定位与发展问题。从2014年第一届中国教育三十人论坛举办以来，论坛的影响力越来越大，以“引领性、桥梁性、跨界性”而称誉教育界，对教育决策发挥了作用。下一步，论坛将进一步加强专业性、前瞻性、专题性，发挥论坛引领教育思想、影响教育政策、推进教育研究的作用。

回到驻地，已经是11：30了。抓紧洗漱，12点休息。

六十二次掌声的嘉奖

——春天的约会之六

3月5日　星期一　晴

早晨6：10起床。昨天晚上开会，比平时休息得晚了一些，早晨相应就起来晚了一些，就感觉早上时间格外短。依然是雷打不动地写手记、发微博。

今天是农历二十四节气的惊蛰。一雷惊蛰始。自古有“春雷响，万物长”的谚语，从今天开始，农民也开始了一年的忙碌。今天即将召开的开幕式，又何尝不是一声春雷呢？就像在早晨“新父母晨诵”中说的那样：当你坐在餐桌前，你曾想到过耕种者吗？你觉得怎样做才不会“方惭不耕者”呢？生命如同一片田野，一年四季生长着万物。在这一声春雷的召唤下，你打算如何耕种自己生命的庄稼呢？你准备播下什么？如何耕耘？

早晨7：50出发去人民大会堂。8：20在人民大会堂再次接受中央电视台关于新型政党制度问题的采访。昨天晚上临时接受会中央领导的任务，仔细阅读了总书记关于新型政党制度与协商民主的相关论述，也看了一些西方政党制度的文献。事先工作人员告诉我，在大会堂二楼的“江山如此多娇”前就可以见到央视的记者，果然一上楼就见到了他们。采访很顺利，

10 多分钟就结束了。越是简短的讲话越难，要精炼而准确。

上午 9：00，十三届全国人大一次会议在国歌声中开幕。主席团常务主席栗战书主持会议。他宣布会议有四项议程：听取国务院总理李克强关于政府工作的报告，审查国务院关于 2017 年国民经济和社会发展计划执行情况与 2018 年国民经济和社会发展计划草案的报告，审查国务院关于 2017 年中央和地方预算执行情况与 2018 年中央和地方预算草案的报告，听取全国人大常委会副委员长兼秘书长王晨关于中华人民共和国宪法修正案草案的说明。

每年人大开幕式的重头戏就是总理的工作报告。这份报告是对过去一年的总结，对新一年工作的部署。今年是换届之年，更有对过去五年工作的回顾与总结。

报告的第一部分是对过去五年工作的回顾。总理骄傲地说，这五年是经济社会发展取得历史性成就、发生历史性变革的五年。五年来，经济实力跃上新台阶。国内生产总值从 54 万亿元增加到 82.7 万亿元，年均增长 7.1%，占世界经济比重从 11.4% 提高到 15% 左右，对世界经济增长贡献率超过 30%。五年来，居民收入年均增长 7.4%，超过经济增速，形成世界上人口最多的中等收入群体。五年来，高速铁路运营里程从 9000 多公里增加到 25000 公里，占世界三分之二。五年来，我国科技创新由跟跑为主转向在更多领域并跑、领跑，成为全球瞩目的创新创业热土。五年的工作亮点纷呈，代表委员回报以一次次掌声。

报告的第二部分是 2018 年经济社会发展总体要求和政策取向。总理提出，今年发展的主要预期目标是：国内生产总值增长 6.5% 左右；居民消费价格涨幅 3% 左右；城镇新增就业 1100 万人以上，城镇调查失业率 5.5% 以内，城镇登记失业率 4.5% 以内；居民收入增长和经济增长基本同步。接下来，总理送出了一个个实实在在的民生大礼包：

——加大网络提速降费力度，实现高速宽带城乡全覆盖，扩大公共场所免费上网范围，明显降低家庭宽带、企业宽带和专线使用费，取消流量“漫游”费，移动网络流量资费年内至少降低 30%。

——深入推进“互联网 + 政务服务”，使更多事项在网上办理，必须到现场办的也要力争做到“只进一扇门”“最多跑一次”。

——再为企业和个人减税 8000 多亿元，促进实体经济转型升级，着力激发市场活力和社会创造力。

——为市场主体减轻非税负担3000多亿元，不合理的坚决取消，过高的坚决降下来，让企业轻装上阵、聚力发展。

——稳步提高居民收入水平。继续提高退休人员基本养老金和城乡居民基础养老金。合理调整社会最低工资标准。完善机关事业单位工资和津补贴制度，向艰苦地区、特殊岗位倾斜。

——提高个人所得税起征点，增加子女教育、大病医疗等专项费用扣除，合理减负，鼓励人民群众通过劳动增加收入、迈向富裕。

——提高基本医保和大病保险保障水平，居民基本医保人均财政补助标准再增加40元，一半用于大病保险。扩大跨省异地就医直接结算范围，把基层医院和外出农民工、外来就业创业人员等全部纳入。

——创建全域旅游示范区，降低重点国有景区门票价格。

——国家科技投入要向民生领域倾斜，加强雾霾治理、癌症等重大疾病防治攻关，使科技更好造福人民。

——巩固蓝天保卫战成果，二氧化硫、氮氧化物排放量要下降3%，重点地区细颗粒物（PM 2.5）浓度继续下降。

——创新食品药品监管方式，注重用互联网、大数据等提升监管效能，加快实现全程留痕、信息可追溯，让问题产品无处藏身、不法制售者难逃法网，让消费者买得放心、吃得安全。

——启动新的三年棚改攻坚计划，今年开工580万套。加大公租房保障力度，对低收入住房困难家庭要应保尽保，将符合条件的新就业无房职工、外来务工人员纳入保障范围。

——改善供水、供电、信息等基础设施，新建改建农村公路20万公里。稳步开展农村人居环境整治三年行动，推进“厕所革命”。促进农村移风易俗。健全自治、法治、德治相结合的乡村治理体系。

——减少农村贫困人口1000万以上，完成易地扶贫搬迁280万人。

——进城落户1300万人，加快农业转移人口市民化。优先发展公共交通，健全菜市场、停车场等便民服务设施。有序推进“城中村”、老旧小区改造，完善配套设施，鼓励有条件的小区加装电梯。

——多渠道增加学前教育资源供给，运用互联网等信息化手段，加强对儿童托育全过程监管，一定要让家长放心安心。

这些含金量很高的大礼包，得到了代表委员一次次热烈的掌声。我统计了一下，先后有62次之多，其中有两次是因为总理语速快，没有停顿而很快停息的，也有是代表委员热烈的掌声打断了总理的讲话的。特别是移动网络流量费用至少下降30%的承诺，赢得了两次掌声。当总理大汗淋漓地做完报告时，热烈的掌声更是长时间经久不息，一直到他返回座位。

接着是审查国民经济和社会发展计划报告和预算报告，按照惯例是书面审议。最后一项议程是听取王晨关于宪法修正案草案的说明。

上午的会议整整3个小时，我印象中是历次两会开幕式时间最长的一次。回到驻地，已经是12：40了。

午餐以后想休息一会儿，躺在床上却无法入眠。

下午3：00参加民进讨论。姚爱兴副主席主持讨论。张震宇委员率先发言。他继续为总理的民生大礼包点赞，同时建议报告应对如何推动高质量的创新，推动创新的提质增效方面，提出更深入的意见与建议。

鲁修禄委员是广东省民进主委、环保厅厅长，他的发言自然离不开老本行。他从生态文明建设方面的亲身经历得出结论：过去五年，是生态文明建设和环境保护最好的五年。他在发言中说，广东过去五年的实践证明，坚持“绿水青山就是金山银山”，就是坚持高质量发展，实现环境保护和经济发展共赢。广东GDP接近9.1万亿元，增长率超过7.5%，第三产业超过第二产业。工业增加值增加7.6%，先进制造业增长10.3%，高耗能增长0.6%。从环境上看，产业结构在2017年发生历史性变化。以大气PM 2.5为例，珠三角广东全域达到国家二级标准。广州首次摸杆达标。事实证明环境质量和经济发展是不矛盾的，是互利共赢的。他也就大气污染防治提了两点建议：一是建议国家加大科学指导，科学研究。二是在各大区域内建立联防联控体系，进一步改善环境保护机制。

与鲁修禄一样，云南省民进主委、副省长李玛琳也是新委员。曾经担任卫计委主任的她，关注的是基本医疗保障体系建设问题。她深有体会地说，过去一年，所有公立医院都取消了药品加成，减轻了人民群众负担。过去五年，云南在重大传染病发病率上都低于全国平均水平，人均寿命提高了4.61岁。她提出了三点建议：一是推动农村各项事业全面发展，报告中没有看到乡村公共事业，比如卫生、教育和文化的表述，建议政府加大对农村医疗卫生服务体系的投入；二是幼有所育，应该鼓励在现有单位拿出场地，引入社会力量，方便职业妇女带着孩子去上班；三是边缘贫困户很难享受到政策，他们易对政策产生不公平的想法，建议国家高度重视，帮助他们更好的发展，帮他们通过脱贫攻坚享受更好的生活。

民进杭州市委会主委、副市长谢双成是老委员，原来在社会科学界，这次转到民进组。他说，过去五年工作不平凡、不寻常、不容易。作为答卷人，政府交出了优秀答卷。中国经济不仅给中国老百姓带来幸福，而且为世界经济做出贡献，成为世界经济发展的稳定器和压舱石。他的具体建议是进一步大力发展数字经济和湾区经济。他提出，数字经济，美国达到10.8万亿美元，世界第一，中国22万亿人民币，稳居第二，但是数字经济发展不平衡。城市之间无序竞争、盲目竞争，希望加强国家层面的统筹，对数字经济有发展区域规划、产业规划，形成良好的竞争，使中国数字经济保持快速发展。同时，数字经济和湾区经济要有效结合。湾区主要是粤港澳大湾区，现在能不能建立第二个、第三个国家层面的湾区经济，如建设杭州湾数字经济大湾区。这个湾区有很多优势：一是区位优势，是长江三角洲都市群的重要城市。二是港口优势，任何一个世界级大湾区都有一个港口的自然资源禀赋，有宁波舟山港。三是政策优势，“最多跑一次”是浙江率先提出来的。让不需要跑的在网上办理。杭州2018年提出移动办事系统。四是人才优势，2017年杭州人才净流入量城市排名第一。建议把建立杭州湾数字经济大湾区上升为国家战略。

国家知识产权局副局长何志敏是连续三届的全国人大代表，这次从人大转到政协。他介绍说，世界创新指数，我们从33位跃升到22位，意味着创新型国家基本建成。这个指标是由100多个单项指标组成的。万人有效发明专利虽然有差距，但从1.7件到9.8件本身是了不起的进步，全球创新的拉动有30%靠中国。他也提出了两点建议：一是要进一步提升发展的质量。在质量和效益方面要下功夫。我们的总量大，但是基础性技术还有待提升。商标很多，真正有影响力的品牌还有限。二是进一步加强知识产权保护。目前惩罚性赔偿力度不够，还欠缺知识产权基本法，地理标志、商业秘密都没有立法。有了法还要执法必严。

张涛委员也是从人大代表转为政协委员。作为一名多项专利发明人，他说，自己体会到从跟跑到并跑领跑，感受非常强烈。他有两个建议：一是科技人才参加国际会议不要和普通人出国一样管理，二是建立研发资源和研究文献科技资料的云共享平台。

民进湖南省委会主委潘碧灵已经是第11次参加两会。他很有感触地说，听了报告11次，这次报告数据和工作成就还是让我感到很振奋。过去5年的成就是巨大的，全方位的，深层次的，根本性的。作为省环保厅的掌门人之一，他的建议也是不离本行：一是加快推进生态文明建设的体制机制改革，解决九龙治水的问题。二是污染治理攻坚战要全方位全覆盖，在水、土壤、海洋生态环境方面继续推进。向深层次推进，不仅是对企业治理，也包括对源头防治、交通结构、产业结构的治理。比如汽车污染，从汽车设计的时候就把标准建立起来。三是继续加大生态环保的投入，没有大投入，要打赢环保攻坚战是不可能的。

第一次参加两会的新委员雷鸣强对报告的印象是政治上有高度、民生上有温度、改革上有深度、政府实干有精度。他提出了修改报告的三条建议：一是发挥大文化、大教育在乡村振兴的作用，应该写进报告中的乡村振兴部分。二是报告的文化部分在“为人民过上美好生活提供丰富精神食粮”中加上“优质”二字，同时选几个高品质文化生活具体项目。三是报告中教育部分提出要着力解决中小学生课外负担，应该是课业、课外负担两者都要减轻，增加动脑动手实践课业的内容。

民进中央副主席、最高人民法院副院长陶凯元说，她对报告中印象最深的是两个方面，一是国家对创新驱动发展战略的推动和抓实，二是中国大国外交取得的成就和命运共同体的提出令人骄傲。两会前，由十九届中央深改组第一次会议通过的《关于加强知识产权审判领域改革创新若干问题的意见》的印发，实现了知识产权审判的“中国梦”。随着祖国的强大，中国的声音将越来越强大，民进作为参政党，应该在新时代做出新贡献。她的建议是两条：第一，科技进步的贡献率应该由什么组成，如何统计出来的？不是很清楚，建议借鉴一些发达国家的做法，将知识产权贡献率作为一个统计指数。第二，十八届四中全会对依法执政和法治政府提出了全面权威的阐述，建议报告与其保持一致。

最后一位发言的是民进贵州省委会主委、省政协副主席左定超。他介绍说，当前贵州全省牢记习近平总书记嘱托，守好生态和发展底线。把党中央决策部署落细落实，开花结果。精准扶贫工作得到全国大力支持，贵州举全省之力，效果非常好。啃硬骨头难度也是空前。短板在教育，希望中央大力支持，从幼教到高职教开展义务教育，避免脱贫后返贫的问题。为每一户培养一个接受高职教育的人员，同时支持乡村产业发展，让农民有稳定收入。

会议结束以后去附近的爱慕大厦，参加北京苏州商会举办的《巧夺天工——王丽华刺绣艺术展》。北京苏州商会的创会会长张荣明先生也是爱慕的董事长，这位苏州老兄为人低调厚道，有着浓厚的家乡情结与文化情怀，每年都要在两会期间举办苏州工艺美术和文化遗产的展览。这次展览的是王丽华的作品。我虽然在苏州工作了很多年，但过去对这位刺绣艺术家关注不够。其实，她也是一位出道较早的刺绣大师。她的作品《孙中山先生肖像》《台湾猕猴》《犀尊》《千手观音》《藏童》《翠玉花插》《错银铜油灯》《追篮》等，曾经在国家级展览上屡获金奖，三次获得中国“百花杯”金奖，四次获得“中国工艺美术大师精品展会”金奖。

在简短的开幕式以后，我和北京的几位领导和艺术家参观了展览，的确名不虚传。她的刺绣与我过去看到的苏绣颇不相同，有自己独特的艺术风格，她独创的“八工针法”，针法灵动活泼，色彩丰富饱满，明暗效果强烈，蕴含着多动的三维空间，用来表现铜锈等具有很强的艺术效果，她绣制的文物青铜器、玉器等，比照片更有立体感，很是震撼。

晚上6：30回到驻地。7：00网络出现了一点故障，乘驻地工作人员赶来修理的时间，正好看《新闻联播》。我代表民进中央谈总书记关于新型政党制度的采访，在今天的《新闻联播》中播出。

晚上抓紧时间写手记和《新京报》的专栏文章。两会写专栏，是一种幸福的烦恼。看到媒体的文字多少有些成就感，而限时限刻的交稿，则需要牺牲许多做其他事情的时间。这几年两会，甚至连看望代表委员中的老朋友，都挤不出时间。

晚上10：30浏览今天的报纸。我的好几篇文章在不同的媒体上发表。《人民日报》的“名家笔谈”发表了《赶赴一场“春天的约会”》，《光明日报》的“代表委员手记”发表了《明天的责任，在今天你我肩上》，《中国教育报》的“代表委员声音”发表了《迎接“人机共教”新时代》，《新京报》则同时发表了两篇文章，一篇是“两会日记”的专栏文章《用数据讲述政协的故事》，一篇是“观察家·代表委员议政录”的《要切实保障好学生和教师的休息权》。《中国教育报》还发表了记者的专访《实施乡村教育振兴行动计划》。网络媒体也发表了一些关于我的提案的报道，“中国网·教育频道”再一次推出了我的“两会手记”专栏。

正如我在今天的《人民日报》所说的那样：在两会上，媒体也是一道美丽的风景线。媒体架起了代表委员与人民群众的桥梁，代表委员在想什么，代表委员说了什么，通过媒体让更多的人知晓。媒体架起了代表委员与政府间的桥梁，媒体的聚焦，媒体的关注，让代表委员的意见能更好地被政府部门知晓。媒体也架起了代表委员之间的桥梁，别人在做什么、想什么，联手去做、共同去想、一起来说，“1+1>2”的效应就会产生。因为媒体的参与，“春天的约会”才成为13亿多人共同瞩目的节日；因为媒体的关注，智慧的声音才成为政府行稳致远的动力之一。

晚上11：00休息。

阅读节是精神生活的春节

——春天的约会之七

3 月 6 日　星期二　晴

早晨 4：10 醒来。

在床上读李辉先生前不久送我的《行将消失的中国景象》。这是英国作家阿瑟·亨利·希思在一百多年以前写下的文字，陈海燕翻译。1890—1910 年期间，他来到中国旅行，记录下他看到的哈尔滨、奉天（现为沈阳市）、北京、南京、汉口、上海、苏州、杭州、香港、广州等风土人情，书中的二十余幅粉画都是作者自己沿途的写生。通过这些文字与图画，我们得以远望百年之前的中国，重温远去的场景。不幸而被他言中的是，其中的许多风景，的确已经消失了。李辉先生是一位有心人，他收藏了许多西方人所写关于中国的书。他在序言中说："站在书架前，一本本中国亲历记，排列成行，穿过百年云烟，与我面对。"透过这些书，他仿佛看见了一代又一代西方人走进中国的图像。"传教士、探险家、旅行家、考古学家、商人、外交官、记者、作家、画家……每个人都有自己的中国想象，每个人都有自己的中国故事。他们伴随中国历史前行，甚至参与中国历史的创造。种种不同的体验与叙说，让曾经神秘的中国，渐渐变得清晰，变得具体，变得不再陌生、不再遥远。"

所以，他决定翻译其中的一些著作，并且以《寻找中国》的丛书陆续出版。他说，走进中国，发现中国，是西方人的亲历记，更是中国融入世界的行程。

读书半小时以后起床工作，发微博，其中有多条“两会进行时”与大家分享我的两会见闻与思考。

继续整理手记。昨天的手记竟然达到了6000多字。

上午9点参加民进组讨论。民进中央副主席张雨东主持会议。会议继续讨论《政府工作报告》。民进中央原副主席、著名文学评论家张帆委员第一个发言。他说中国的发展与改革开放有密切关系，改革开放释放了制度红利，能够发挥更大的能量。

朱晓进提出：中国现代化的关键在乡村的现代化，乡村振兴的奋斗目标就是乡村的现代化。关键在于充分激发起农民的内生动力，我们的一个重要工作就是唤起农民的责任感。要让教育成为实施乡村振兴战略的“新动能”，让农村教育助推乡村的产业振兴，让公平教育使农村孩子有“平等机会”成就人生梦想，发展农村“大教育”提升农民精神风貌。要让文化成为实施乡村振兴战略软动能，充分发挥文化软实力在乡村治理中的作用，发挥文化在提升农民精神风貌方面的作用。

蔡秀军委员建议继续深化供给侧改革；及时解决信息化大数据互联互通不够和信息孤岛问题；把“最多跑一次”作为政府提高办事效率、治疗懒政的良方，在全国推广。

罗黎辉委员的建议是希望政府工作报告要对未来五年如何贯彻十九大精神推进政府工作有大体的谋篇布局的建议。

史贻云委员建议加快我国种业创新的步伐，他认为种业发展事关国家安全，也事关农业发展质量和农业现代化。我们在种业的科技创新方面仍有很多短板，不少动植物种苗还受控于人，如海南的虾种问题就一直未能解决。他还建议加强海洋强国建设，在建设国家高质量实验室过程中，将深海科技创新纳入进去。

焦斌龙提出，推进区域协调发展，仅有基础设施不够，还要在科技新兴产业、改革试点等方面进行倾斜支持。扶贫要做好产业规划，防止同质化、低端化。要加大易地扶贫搬迁力度，坚持搬迁不举债原则，要对老年人等特定人口因户施策，逐户保障。

潘碧灵委员呼吁国家重视洞庭湖的水环境治理、土壤和重金属治理。汤建人委员建议报告在强化民生领域要加上关爱失独家庭的生活。

黄震委员强调用先进的教育理念和思想改造我们的教育，满足老百姓对于美好生活的需求。

郑福田委员呼吁振兴乡村战略要关注文化问题，保护18亿亩耕地质量红线。胡卫委员期待“十三五”期间思想再解放，改革再深化，开放再扩大。

刘新成委员在发言中谈了自己的两点体会：一是政府有很强的执行力。报告中所说的工作和成绩，都是按照十八大以来设定的方案推进的，一步步得到了实现。默克尔曾经说过，中国有相对长期规划，能够一步步落实，她在几百万人口国家都很难做到。这体现出我们的制度优势。二是报告中提出中国坚定不移推进经济全球化。战略是对的，符合时代需要，同时也符合中国发展需要。但是也应该看到，整个世界并不是推动经济全球化最好的环境，21世纪初反全球化浪潮非常强烈。过去几十年许多发展中国家饱受西方“新自由主义”主导的全球化之害，我们要坚定不移地推动经济全球化，虽然有很大的困难，但我们要充分说明我国倡导的全球化跟当年里根和撒切尔鼓吹的全球化有什么不同，必须说清楚。我们提出建设人类命运共同体，还要进一步解释怎么摆脱冷战思维，我们和西方的二元价值观有什么不同，不仅讲清楚道理，而且跟我们的实践相结合，我们的措施怎么体现这个理念。这个和构建人类命运共同体怎么协调，才能推动这个战略实现。有学者说过当今世界上谁占领道德制高点谁就能取得先机。我们提出要发好中国声音讲好中国故事。讲好并不容易，讲不能自说自话，要有说服力，要高度重视。战略有了，策略要研究。

上午的讨论像往常一样热烈，由于各地电视台到会场拍摄本省、市、自治区委员的发言镜头，许多委员中间“加塞”发言。

中午稍事休息，1：20起来撰写《中国教育报·理论周刊》的约稿，就《政府工作报告》的教育部分做一些解读。

下午2：30接受《中国食品报》记者罗晨关于儿童营养与“食育”的采访。我在访谈中谈到，新教育实验的生命教育理论认为，人的生命可以分为自然生命、社会生命和精神生命三个维度——自然生命与生命的长度有关，社会生命与生命的宽度有关，精神生命与生命的高度有关。食育既是生命长度中的重要部分，也与生命高度息息相关。目前的中国食育还没有达到其应该达到的受重视程度。但同时，社会各界对食育的关注度日益提高，尤其是民间组织、各种公益项目的广泛参与，为食育理念的传播和推广起到非常积极的作用。建议尽快出台国家层面的、科学的食育标准，同时鼓励社会力量积极探索实践食育理念，在现有基础上不断改进完善，尽可能根据儿童大脑成长和身心发展规律找到适合中国国情的食育之路。他们报纸的总编辑李振中是民进会员，亲自联系我希望“开一个小灶”，只好答应他的采访安排。

下午 3 点继续参加民进组讨论。大家的发言依然热烈，好几位委员预约也没有轮上。下午的讨论有教育部、文化部、新闻出版广电总局、知识产权局的领导到小组听取意见。

陈贵云委员第一位发言，就进一步做好小学全科教师培养工作提出建议。他提出，2013 年，教育部在几个省开始全科教师的试点，实践中发现几个问题：一是全科师范生，教师资格证没有全科教师这个类别。二是师范院校办学没有标准，究竟培养哪些方面的能力没有要求。三是实际操作中男女生比例不均衡，重庆招 2000 人，只有 300 多名男生。基础教育阶段男教师太少不利于孩子身心健康。四是还有违约现象。希望教育部尽快拿出意见，明确全科教师的性质与标准，在教师法、教师资格认定方面也应有相关规定。同时适当延长实习期，将学制延长为五年等。

牛汝极委员结合自己在南疆喀什地区驻村了解到的情况，就南疆地区推广普通话问题做了发言。他认为，南疆之所以贫困人口多，贫困程度深，一个重要原因是基础教育阶段普通话教育不到位。为什么会这样？一是教师素质普遍不达标；二是教育体制的制度设计有问题，现行的“双语教育”模式，很多学生直到高中毕业也张不开嘴讲普通话；三是普通话的地位和作用在民族区域自治地方长期被矮化、弱化。他提出，我们不能只强调语言的文化属性，而忽视了语言的资源属性和工具属性。讲好普通话是做合格中国人的前提，也是摆脱贫困的必备条件。建议：一是突破认识误区和障碍，在教育部的指导下推动新疆以“普通话教育”为目标的教育体系大改革；二是广泛动员鼓励吸引内地教师到南疆支教或工作；三是加大年度扶贫资金中用于教育和培训经费的力度；四是调动激发广大少数民族群众学习普通话的主体性和积极性。

雷鸣强委员对教育和文化部门提出了建议：一是希望文化部、教育部深度参与乡村振兴的行动计划，二是推动戏曲进校园。同时建议适时修订党和国家的教育方针，增加“教育为中华民族复兴服务”“培养创造和享受文明幸福的中国人”的表述。

汤建人委员对发展青少年足球，黄震委员对加强高校学生思想工作，左定超委员对支持贵州高等教育和加强农家书屋管理，朱晓进委员对公共文化云平台建设，张震宇委员对修改中小学教师职称评定办法，胡卫委员对中小学减负问题，张显友委员就哈尔滨之夏音乐会，董玉海委员就职业教育产学结合等问题提出了意见和建议。

焦斌龙委员在发言中说，随着城镇化进程的加快推进，越来越多的村庄消失。为保护乡村文化，国家启动了中国民族民间文化遗产保护工程和传统村落保护工程，但范围过窄，没有将消失乡村包含进来。建议在全国启动消失乡村文化记忆工程，留下消失乡村的文化记忆，留住消失乡村的乡愁。具体操作办法：可以在消失的村落原址上建造纪念碑，开展消失乡村史料整理工作，将大型乡村改造事件纳入地方志编纂内容，鼓励各地各城市设立城乡博物馆等。

我也做了一个预约发言。我在发言中谈到，要防止走效率优先的老路，政府还要把公平放在首位。目前，城乡教育差距还很大。基础教育追求分数，大学围绕排名榜转，存在效率优先的冲动。学前教育、特殊教育、职业教育的资源配置仍然不够。师范院校对学前教师的培养数量不够，要发挥重点大学培养教师方面的主力军的作用。

早晨收到中国学前教育学会会长、南京师范大学虞永平教授的邮件，希望我能够对《政府工作报告》中“运用互联网等信息化手段，加强对儿童托育全过程监管，一定要让家长放心安心”的表述提一下学前教育专业人员的意见。他们认为，“运用互联网等信息化手段，加强对儿童托育全过程监管”，是损害广大幼儿园教师的尊严的。一个不被别人信任的职业不可能吸引优秀人才入职，一个被监控的职业不可能有积极性、创造性和奉献的精神。虐童行为不是因为监控不够，而是因为幼儿园职业吸引力不够，地位待遇不高，教师合格率太低，教师专业水准下降。在下午的发言中，我介绍了虞永平教授的观点，得到大家的强烈共鸣，许多人建议以社情民意的方式尽快向中央反映。

同时，我重点就“推进全民阅读”问题提出了建议。记得 2015 年 3 月 15 日李克强总理在人民大会堂与中外记者见面并回答提问时曾经说过一段非常感人的话：“书籍和阅读可以说是人类文明传承的主要载体。就我个人的经历来说，用闲暇时间来阅读是一种享受，也是拥有一种财富，可以说终身受益。我希望全民阅读能够形成一种氛围，无处不在。我们国家全民的阅读量能够逐年增加，这也是我们社会进步、文明程度提高的十分重要的标志。把阅读作为一种生活方式，把它与工作方式相结合，不仅会增强发展的创新力量，而且会增强社会的道德力量。这也就是为什么我两次把‘全民阅读’这几个字写入《政府工作报告》的原因，明年还会继续。”在 2016、2017 年的《政府工作报告》中，我们都看到了“推进全民阅读”的字样，唯独今年不见了，所以我在发言时建议继续把“推进全民阅读”写进今年的报告中。

关于全民阅读的问题，我今年准备了两个提案。一个是《关于建立国家阅读节，深化全民阅读的提案》，一个是《关于推进“高铁阅读”的提案》。

在《关于建立国家阅读节，深化全民阅读的提案》中，我提出：节日的本质就是对应平常的日子，把日常生活中重要的部分提升为一种仪式。国家阅读节是一种最简便有效的扩大对阅读的宣传，加强影响力、提高重要性的最好做法。就像每年有元旦、有春节一样，阅读节也要一方面和世界接轨，一方面强化主体特征。就像两会是中国人的政治春节一样，国家阅读节也应该成为中国人的精神春节，让增强文化自信和阅读推广工作相辅相成，不可分割。让国家阅读节成为阅读推广工作的龙头，夯实国家文化软实力的根基，传播当代中国价值观念，展示中华文化独特魅力，提高国际话语权。

在《关于推进“高铁阅读”的提案》中，我提出：高铁不仅仅是一个交通的工具，也是传播文明与文化的载体。从国际惯例来看，地铁一直是各国尤其是发达国家图书和报刊销售的主要场所，一些重要的畅销书和有影响力的报刊，都不会放弃地铁这样重要的传播渠道。“高铁时代”下，高铁成为老百姓生活的一部分，目前高铁上提供的阅读材料十分有限，质量和数量有待提升，在高铁上借鉴国际地铁推广阅读的做法具有十分重要的意义。

非常巧合的是，今天《人民政协报》议政版整版发表了记者吕巍的文章《阅读，我们一起攀高的梯——全国政协委员、民进中央副主席朱永新访谈》。

吕巍在文章中说：“提起阅读，不能不提的人便是朱永新。他的一句‘一个人的精神发育史就是他的阅读史，一个民族的精神境界取决于这个民族的阅读水平。’这句话戳中了这个时代的问题，也激活了人们的思考与共识。他是全民阅读的‘呼’者，更是‘行’者。”很喜欢“呼”与“行”的说法。

在这篇采访中，我回顾了自己这些年来为全民阅读做过的一些事情——

从1993年，我担任苏州大学教务长开始，就采用推荐书目等方式，在全校推动阅读。当时还推出了一个“本科四年读20本世界名著，考试合格者才毕业”的制度。

从1995年开始，我就组织苏州大学的教授和全国的知名学者进行中小学生和教师阅读书目的研究与推广工作，邀请于光远、李政道、张中行、钱仲联等国内著名院士、学者近四十人担任顾问。

2002年，新教育实验在苏州昆山玉峰实验学校正式启航。这个实验一开始就推出了“六大行动”，位于六大行动之首的是：营造书香校园。我对我的新教育同仁说，即使新教育其他事情什么都没有做，能够真正地把阅读做好，能够通过学校的阅读来撬动中国全社会的阅读，它的贡献也就非常了不起了。

2003年，我成为全国政协委员。在这一年的两会上，我正式提出了建立“国家阅读节”的提案。同时，提出了新教育关于阅读的几个主要主张：一个人的精神发育史就是他的阅读史，一个民族的精神境界取决于这个民族的阅读水平，一个没有阅读的学校永远也不可能有真正的教育，一个书香充盈的城市才能成为真正的精神家园。

2011年11月，新教育亲子共读中心在北京成立，后更名为新父母研究所。以推广亲子共读为主要任务的新父母研究所，先后在全国30多个城市建立了“萤火虫工作站”，直接汇聚着近3万名父母。以“点亮自己，照亮他人”为宗旨的萤火虫精神，帮助数万父母、孩子点亮了阅读的心灯。

2012 年，中央电视台举行全国十大读书少年评选，海选产生的 30 个候选人中新教育的孩子 17 名，最后获奖的十大少年中，新教育的孩子有 6 名。阅读，让这些孩子的生命变得美好，孩子将让我们的世界变得美好！来自新疆的初中生赛普丁说："朱老师说一个人的精神发育史就是他的阅读史，我要说，我的阅读史就是改变我自己的家族和民族的历史！"

2016 年 9 月 28 日，新阅读研究所在国家图书馆举行了首届"领读者大会"，成立了由全国阅读推广机构和推广人组成的"领读者联盟"，用民间的方式进一步推进全民阅读。

2017 年 3 月，我担任主编的"新阅读译丛"首批图书《造就美国人》等正式出版，这套文库计划陆续引进国外阅读方面的理论研究与实践探索的优秀著作，为国内全民阅读提供借鉴。

从 2003 年两会开始，一直到今年，我连续十六年在全国人大和全国政协呼吁建立"国家阅读节"，把全民阅读作为国家战略，提出几十个关于阅读的提案建议，如建立国家阅读基金，成立国家阅读推广委员会，加强社区图书馆建设，把农家书屋建在村小，给实体书店免税，国家领导人带头做阅读的模范，规范中小学图书馆图书采购招标等等，记录着我这些年为阅读的鼓与呼。

十六年过去了，虽然"国家阅读节"的提案没有成为现实，但我并不孤单，就拿全国政协委员来说，十二届的邬书林、聂震宁、赵丽宏等委员，以及王安忆、张抗抗等委员，一直与我一起呼吁全民阅读，推动建立"国家阅读节"。我与新教育同仁、与诸多阅读推广的行动者们一起欣慰地看到，阅读的理念已经被更多的人接受，全民阅读的氛围越来越浓厚，阅读率连续下降的趋势也得到遏制。据不完全统计，全国已有 400 多个城市设立了城市读书节，如苏州、深圳等地的读书节已经发展成为城市的重要文化活动。许多城市和学校也像我们所提议的那样，把每年的 9 月 28 日孔子诞辰日作为自己的阅读节、阅读日。全民阅读促进条例的出台和公共图书馆法的颁布也表明，一系列重大举措正在推动着全民阅读向纵深发展。

而在新教育学校，书香校园已经是一道美丽的风景。比如湖北随县于 2011 年成为新教育实验区，以书香校园建设为抓手一直推进，教育质量逐步在随州市崭露头角并步入前列：中考文化课总分优秀率和平均分全市排名前10位的学校，随县均占据8所；排名前20位的学校，随县均占据16所，全县23所初中全部排名前30位。比如安徽霍邱新教育实验区，通过新教育实验，通过书香校园建设，外出读书的孩子纷纷回到了家乡。类似这样的新教育实验区域、学校、个人的阅读故事和取得的成绩，还有很多很多。

节日不是形式，是仪式。作为民俗的春节，是我们日常生活的春节，阅读节就是精神生活的春节。为阅读鼓与呼，以更有力的仪式庆典，让阅读扎根于生活、更深入人心，还需要继续努力。

晚上见了几位苏州文化、体育界的领导。我准备带着我的小书《回家》回苏州做一个小活动，与他们交流一下。8：30回到驻地，继续赶写《追寻公平而有质量的教育——解读2018年李克强〈政府工作报告〉》和《新京报》的专栏文章。11：30休息。

以委员身份阅读生活

——春天的约会之八

3月7日　星期三　晴

早晨4：10醒来。与平时不同的是，进入两会时间以后，早晨醒来就再难以入睡了。

在床上翻阅前几天国家教委原副主任柳斌送我的《心航集》。柳斌先生是我非常尊敬的长者。他多次说过，作为农家子弟，自己的初心只是想做一名教师，没有想到命运的阴差阳错让他成为高官。记得20世纪80年代初期，我们在江西参加全国统编教材的时候，他曾经以副省长的身份看望我们。后来他进京担任国家教委副主任，在任内首提“素质教育”，深刻影响了中国的教育。他是中文系出身，写得一手好字。我曾经向他讨过墨宝，邀请他为新教育实验题写了“过一种幸福完整的教育生活”。

看了这本书才知道，没想到他还是一位才华横溢的诗人，写了数百首诗词。他在诗中怀念童年的生活：“自幼爱农舍，至今念桑麻。”在诗中与王维对话：“蛙蝉鸣幽谷，日月照松林。举步云浸履，静坐忽闻琴。”在诗中写三峡风景：“神女莫恋纤夫曲，拦江一坝改乾坤。”在诗中为教育鼓与呼：“求真求是兴科教，莫使庸人误后人。”很喜欢他在这本书自序中的一首诗《空山鸟语见性灵》："老病方觉健是宝，始悟惜体胜惜金。是非名利俱抛却，养生之本在养心。春去莫愁时弄剑，秋来随兴漫抚琴。策杖攀登石引路，扶岩释倦风洗尘。悠然自乐君知否，空山鸟语见性灵。"

美中不足的是，这本书中的诗歌，用的是启功体印刷。前几天拿到书时我就问过，为什么不用他自己的书法呢？他的书法刚健有力，自成一体，颇有风格。他回复了四个字："悔之晚矣。"但愿重印时能够见到柳主任自己书写自己的诗词。

4：50 起床工作。发微博 12 则。写两会手记"将阅读进行到底"，讲述自己多年来为全民阅读鼓与呼的故事。

上午 9：00 参加民进组小组会议，讨论宪法修正案草案。22 位委员先后发言。大家一致认为，宪法修改是以习近平同志为核心的党中央从新时代坚持和发展中国特色社会主义全局和战略高度做出的重大决策，也是推进全面依法治国、推进国家治理体系和治理能力现代化的重大举措。通过修改宪法，把党的十九大确定的重大理论观点和重大方针政策载入根本大法，必将为新时代坚持和发展中国特色社会主义提供有力的宪法保障，是国家政治生活中的一件大事。

中午吃饭的时候，牛汝极委员建议我去办理一张国家图书馆的政协委员阅读卡，他告诉我，国家图书馆为每位委员已经办好了阅读卡，只要填写一张申请表，即刻就可以拿到卡，非常方便。国家图书馆是亚洲最大的公共图书馆，馆藏文献资源总量达 3768. 62 万册（件），提供使用中外数据库达 255 个。虽然我多次去国家图书馆，但一直没有办理一张阅读卡。于是到服务台去办理，不到五分钟就拿到了卡。

从 1998 年开始，国家图书馆即为参加两会的代表委员参政议政提供文献信息保障，成为国家图书馆履行立法决策服务职能的重要组成部分。现在，这项职能已经明确写入了前不久通过的公共图书馆法。

2018 年是国家图书馆开展两会服务 20 周年。据国图的同志介绍，他们围绕 2017—2018 年期间与国民经济和社会发展密切相关的热点、焦点问题以及两会审议议题，结合十九大报告的新提法、新举措，展开文献收集和整理工作。除了大会审议的 9 个议题之外，重点遴选了"加快建立多主体供应、多渠道保障、租购并举的住房制度”“科学规划粤港澳大湾区建设”“高起点、高质量编制好雄安新区规划”“推动新一代人工智能发展”等23个热点专题做了文献研究；同时，围绕“实施乡村振兴战略”“向深度贫困地区聚焦发力，打好精准脱贫攻坚战”等6个专题，以观点摘编的形式编制了《国家图书馆两会专题文献信息专报》，通过人大代表服务平台和政协委员服务平台发布，为会议期间的两会代表、委员提供详实而深入的专题信息服务。从广义而言，委员的阅读分为两种：一种是书本上的精神世界，一种是沸腾的生活本身。通过手头的这张政协委员阅览卡，我们可以非常便捷地使用国家图书馆的资源与服务，借阅纸质文献，远程访问数字资源，访问全国政协网站的国家图书馆政协委员服务平台等。

中午补了一觉，经过一个小时的休息，身体恢复了不少元气，神清气爽。

下午3：00继续参加民进组讨论，又有20多位委员先后发言。我在发言中特别谈到了这次宪法修正案把宪法宣誓制度入宪，把“法律委员会”更名为“宪法和法律委员会”的意义。认为这有利于促使国家工作人员树立宪法意识、恪守宪法原则、弘扬宪法精神、履行宪法使命，也有利于彰显宪法权威，激励和教育国家工作人员忠于宪法、遵守宪法、维护宪法，加强宪法实施。建议宪法修正案正式通过以后，要全面贯彻实施，在中小学校加强宪法教育，在全社会加大宪法宣传力度，以宪法修改为契机把全面贯彻实施宪法提高到一个新的水平。

下午4：00讨论结束以后，接受中央人民广播电台记者曾艺馨关于减负的采访。我提出，减负不是为减负而减负，要研究减负以后怎么办，把属于学生的时间还给他们，让他们做喜欢做的事情，学习他们喜欢学习的内容，培养他们的个性和创造力，才是减负的题中之义。

晚上6：30参加民进中央主席会议。7：00参加民进中央常委（扩大）会。按照惯例，每年两会期间总要召开党派中央主席会议和常委会，学习贯彻两会精神，部署全年的相关工作。而每次两会的换届之年，总要召开常委会的扩大会议，民进会员中出席两会的人大代表、政协委员列席参加，新老代表委员讲话，介绍履职情况，交流参政议政体会。会议就学习贯彻习近平新时代中国特色社会主义思想和中共十九大精神，开展“不忘合作初心，继续携手前进”主题教育活动等进行了部署，全国人大代表马玉霞、李莉，全国政协委员景喜猷、王伟明做了发言。最后蔡达峰主席讲话，希望与会的代表委员认真学习总书记关于“四新”（多党合作要有新气象，思想意识要有新提高，履职尽职要有新作为，参政党要有新面貌）的讲话精神；学习贯彻好两会精神，履行好代表委员职责；开展“五一口号”发布70周年和改革开放40周年纪念活动，不忘初心，牢记走中国特色社会主义道路的使命；学习贯彻民进十二大精神，开展主题教育和主题年活动等。

会议开得很紧凑，不到一个小时就结束了。

9：00之后去健身房锻炼30分钟，大汗淋漓。

晚上9：45回房间，根据会议要求对提案进行最后的加工。11：00休息。

跑好中国发展的马拉松

——春天的约会之九

3月8日　星期四　晴

早晨5：30起床。发微博12则。昨天微博阅读量超过22万人次。写两会手记。今天是国际劳动妇女节，发“新父母晨诵”祝福妇女朋友和伟大的母亲们。一位母亲抚育的是自己的孩子，千万个母亲抚育着一个民族的未来。

早晨7：50从驻地出发去人民大会堂。不到半个小时顺利到了人民大会堂。利用休息的时间请几位熟悉的委员为阅读节的提案签名。

上午9：00举行十三届政协一次会议的第二次全体大会。刘奇葆主持会议，首先向全体女委员、女同志表示节日的祝贺。国务委员郭声琨以及中共中央、国务院有关部门的负责同志参加会议，听取委员的发言。

上午会议的第一项议程是听取政协第十二届全国委员会副主席兼秘书长张庆黎做关于中国人民政治协商会议章程修正案（草案）的说明。

接着是13位委员的大会发言。

中共中央政策研究室副主任张季委员主要讲了如何以习近平新时代中国特色社会主义思想为指导，坚持全面深化改革的问题。他指出：40年前，中共十一届三中全会吹响了我国改革开放的号角，中国经济社会从此步入快车道。5年前，中共十八届三中全会明确了全面深化改革总目标，改革进入波澜壮阔新征程。4个月前，中共十九大再次吹响改革集结号，习近平总书记在3万多字的报告中，讲“改革”70多次，涉及改革举措158项。“坚持全面深化改革”成为十九大最强音。他对如何做好改革提出了四点建议：一是聚焦重点，绘好改革施工图。二是凝聚共识，打好改革攻坚战。三是坚持问题导向，开创改革新局面。防止神仙打仗百姓遭殃、中梗阻和利益固化等现象。四是正面引导，宣传改革好经验。要努力传递改革“好政策”、传播改革“好声音”、传诵改革“好故事”，不断焕发改革的精气神。

接着，民革中央专职副主席兼秘书长李惠东委员就“加强西北区域统筹协调 推进‘一带一路’建设”，全国社会保障基金理事会理事长楼继伟委员就“供给侧结构性改革要破除传统思维”，陕西省政协副主席、民盟陕西省委会主委张道宏委员就“久久为功 打赢蓝天保卫战”，上海市政协副主席、民建上海市委会主委周汉民委员就“大力推动创业投资 促进科技型中小企业发展”，大唐集团公司董事长陈进行委员就“建设中国特色现代国有企业制度 推进国有企业公司治理现代化”，浙江省工商联主席、富通集团有限公司董事长王建沂委员就“优化营商环境，激发民营企业家活力”，武汉市政协主席胡曙光委员就“长江大保护亟待推行‘硬约束’”，广东省政协主席王荣就“支持粤港澳联手打造世界级大湾区”等做了发言。

国务院发展研究中心副主任王一鸣委员的发言围绕“确立竞争政策的基础性地位”提出了一些建议，释放了国家希望“通过强化竞争倒逼企业提高产品和服务质量，让落后企业退出，让优质企业成长，真正让市场‘说了算’”的信号。他建议要进一步打破垄断，放开石油、天然气、电力、铁路、民航、电信等行业的准入限制，加大金融、教育、文化、医疗等服务业领域的开放。主张全面放开市场准入负面清单制度，清单以外的让各类市场主体自主进入，公平竞争。并提醒关注新兴产业“赢者通吃”带来的问题，建议制定新兴产业监管规则，引导和促进新兴产业健康发展。

民建中央原副主席宋海委员在发言中提出，目前地方政府债务带来的财政金融风险已经成为当前经济运行中最主要的风险之一，一些地方政府举债规模较大，举债主体多样、隐蔽性强，必须“多措并举化解地方政府债务风险”。

每年政协大会发言中，都会有一些最基层的委员讲述他们的故事。比如今年来自海南省白沙黎族自治县打安镇副镇长、田表村党支部书记、村委会主任羊风极委员，一身民族服装、一口当地方言，一开口就引起了委员们的热烈掌声。他说：“村里的乡亲们一再吩咐我向大家问声好！”接着讲述了他1998年当选村党支部书记以后，带领乡亲们种橡胶，办合作社，发展生态农业，发展农村电商，搞乡村旅游的故事。在他看来，乡村振兴就是“党的好政策加上好的产业”，就是党员群众团结一心加油干！他相信：“只要我们跟党走，幸福的生活就会像万泉河水一样长！”

上午最后一位发言的是清华大学中国与世界经济研究中心主任李稻葵委员。他用跑马拉松来比喻中国经济的发展，指出我国经济从2018年到2050年要跑一个马拉松。“怎样才能跑得好、跑得漂亮，怎样才能实现我国经济的平稳、可持续、高质量发展呢?”他提出了三点建议：一是绝不摔跤、崴脚、岔气，严防重大波折。这个重大波折一方面可能来自金融风险。因为我国实体经济负债规模较大，而且隐含较多的不良负债；金融资产的流动性太强，现金、银行存款和理财产品的总量已经大约172万亿人民币，与GDP相比超过200%。这些随时可变现的资产会导致整体金融体系的稳定性较差。另一方面可能来自我国经济的供应链对外依赖度非常高。一些重要的上游产品，包括芯片、原油、天然气，高度对外依赖而且来源比较集中。二是要边跑边提前补水，不断提前解决一些制约未来发展的两个基本问题。一个是劳动力素质问题。建议加大教育投入，尤其初中以及高中阶段基础性教育，不仅提高数理化等硬知识，更重要的是人工智能和技术所难以复制的人文社会等综合软素质的提高。另一个是人口老龄化问题。建议鼓励老年人自愿参与社会劳动，化压力为动力。三是要利用好马拉松路线上的上坡、下坡，善于用好正常的经济波动。就像一个优秀的马拉松选手那样，上坡时减速、调呼吸，下坡时加速、调肌肉。经济形势好的时候，加强监管，帮助金融体系“排毒”，提高效率；当经济不好的时候，多做一点公共投资，多补短板。

一个好的大会发言，能够把复杂的问题简单化，把学术性的问题通俗化，用比喻，摆数据，讲故事。李委员的发言就是这样的一个好发言。

中午11：30回到驻地。稍事休息以后用午餐。浏览今天的报纸，《中国教育报》的教育科学版发表了我解读《政府工作报告》关于教育问题的论述的文章

《追寻公平而有质量的教育》，《人民政协报》选刊了我的几篇两会日记。这些天繁忙的会议之余，争分夺秒的劳作变成了与大家分享的成果，很是欣慰。

下午3：00参加民进组会议，讨论政协章程修改草案。大家的发言仍然比较踊跃，一致认为修改后的章程把中共十九大提出的重要思想和观点、重大判断和举措，把十八大原来以习近平同志为核心的中共中央关于人民政协工作的重要决策部署，以及人民政协理论创新、实践创新和制度创新的成果纳入进来，具有很强的政治性、指导性和操作性。

对这次政协章程修改，我有几点特别深刻的印象。一是全国政协高度重视，成立了以俞正声主席为组长的章程修改小组，2017年年初就开始全面启动，广泛听取意见，收到各方面的书面反馈意见1895条，梳理合并以后仍然达到324条，吸收采纳了其中的275条。二是指导思想更加全面清晰，新修订的章程把科学发展观、习近平新时代中国特色社会主义思想纳入人民政协的指导思想，同马克思列宁主义、毛泽东思想、邓小平理论、“三个代表”重要思想写在一起，确立为人民政协的指导思想，具有非常重要的现实意义和深远的历史意义。三是人民政协的特点更加明显，新修订的章程增加了社会主义协商民主的内容，充实了统一战线和民族、宗教关系的内容，增加了人民政协的四项工作原则，进一步界定了政治协商、民主监督、参政议政职能的内涵，增加了制定年度协商计划、完善协商议政格局的内容，增加了委员和会徽两章，使政协的特点更加明显，内容更加丰富。

如果说我们的经济是在跑马拉松的话，其实我们的政治、教育、文化等也都是在跑一场新的马拉松。中国特色的社会主义协商民主，是中国共产党与各民主党派、无党派人士共同创造的民主形式，在跑好中国发展的马拉松的过程中，需要发挥出独特的不可替代的主要作用。

晚上9：00锻炼一小时。读《去学校化社会》一书。这是当代世界著名社会批评家、教育思想家、“去学校化运动”代表人物伊利奇的代表作品，前不久在网上买了一本，两会前又收到译者吴康宁教授的签名本。虽然以前通过其他著作读到了伊利奇的一些论述，但一直没有系统地读他的著作。要研究未来教育和未来学校，这是一本绕不过去的书。

11：00休息。

好提案凝聚着众人的汗水与心血

——春天的约会之十

3月9日　星期五　雾霾

早晨5：20起床。发微博10余则，除了平常的“新教育晨诵”“童书过眼录”“新父母晨诵”等常规内容外，通过“两会进行时”介绍我的两会见闻与思考，也是最近的必修课。

继续读《去学校化社会》。我非常惊讶的是，伊利奇在20世纪70年代就提出了“学习网络”的概念。他认为一个好的教育制度应该具有三个目标：“第一，向所有希望学习的人提供其一生中任何时候均可使用的学习资源；第二，让所有希望与他人分享自己的知识的人，都能找到想从他们那里学到这些知识的人；第三，向所有希望公开提出争议的人提供表达的机会。”在他看来，学习是一个人一生的事情，政府应该向所有人提供平等的教育机会和教育资源，任何人在任何地方任何时候都可以得到这些资源。这是机会与资源的公平性。而对于那些希望与别人分享自己的知识和思想的人，也可以非常方便地找到愿意跟随自己学习的人。这将是一个“能者为师”的新时代。同时，应该平等地为所有人提供公开表达自己意见的机会和舞台。也许，这就是未来教育的样子。

上午9：00参加民进组讨论。因为今天是大会提交提案的截止日，主持人先将民进界别组拟提交的提案向大家通报。本来几分钟就可以搞定的事情，没有想到，委员们如此“较真”，经过一个多小时的讨论，才基本上形成共识。

提案撰写是委员履职的主要途径之一。一个高质量的提案往往是经过了大量的调查研究才能够完成的。前两天听说了一个非常感人的故事：两位全国政协委员花了5年时间，跟踪北京50个工地、73个工伤维权案例，最终完成一份关于建筑业农民工工伤维权的提案，帮助近4000万建筑农民工实现了工伤保险全覆盖。

提案也是民主党派参政议政的主要工作之一。民进中央今年共收到提案素材稿200余份，主要来自民进29个省级组织和9个专门委员会，以及参政议政特邀研究员、参政议政合作平台、社情民意信息转化等方面。经过参政议政部门初评修改、专家研讨论证等程序，形成了提交全国政协十三届一次会议的党派提案45件。

从提案内容来看，体现民进教育文化出版主界别特色的提案16件。其中，教育类10件，主要涉及职业教育、0—3岁托育、课程建设与考试改革、产教融合，以及教师队伍建设等问题；文化类4件，涉及网络视听产业监管、地方戏曲发展、博物馆文化推广等问题；出版类2件，涉及加快媒体融合、优质民营图书出版企业发展等问题。此外，围绕“三大战役”等党和国家中心工作、反映百姓关注的热点问题方面，我们还提交经济类、科技医卫类、资源环境类和政法类的若干提案。在两会前夕，我还召开了一个媒体见面会议，介绍了民进中央今年的主要提案。

按照以往的惯例，我们从素材稿中选择了19份提案，准备作为民进界别组的提案上交。没有想到，大家认为其中的部分提案质量不高，“不能够代表民进参政议政的水平”。许多委员从提案的名称到内容一一评论，提出了修改意见。罗黎辉委员更是提出应该规范民进组提案的产生与提交的程序，希望在两会前就能够把拟提交的提案发给委员，给大家比较充分的时间审阅研究，到会议上表决通过。最后，通过表决的方式，产生了界别组的7个提案。

今年我个人提交了13个提案，与往年基本持平。原来只准备了7个左右的提案。其中两个是关于阅读的，一个是《关于建立国家阅读节，深化全民阅读的提案》。阅读节的提案已经提了15年，今年继续提，是因为我坚持认为全民阅读是一个国家最基础、最廉价、最有效地提高国民素质的路径。每一年总要选择一个不同的角度讲述阅读节的价值和意义。另外一个是《关于推进“高铁阅读”的提案》。由于经常乘坐高铁，看到睡觉者、聊天者、看手机者众多，而阅读者甚少。这两个提案受到了媒体和委员的关注，其中阅读节的提案，有超过100位政协委员参加了联署。许多人问我：“这么好的建议，为什么还没有采纳呀？”

今年的提案中有几个是在调查研究中基层反应比较强烈，我自己感受也特别深的。如《关于用制度去“文山”填“会海”的提案》，很多基层干部都反映现在会议太多，用会议落实会议，用文件贯彻文件的情况普遍。有些干部对我说，他们不是在开会，就是在去开会的路上。有些人反映，电视电话会议省里已经开到了县一级，市里、县里还要重复看，同样的会议要参加三四次。甚至连中小学学校的校长，一年也有200个以上的会议。我组织参政议政部信息处的同志讨论研究，写出了这个提案。

再如《关于保障学生和教师休息权的提案》，最近几年每到节假日都有学生和教师反映他们的休息时间被剥夺了。如今年2月8日早晨河南省商丘市夏邑县高级中学一名同学给我留言，反映他们学校春节期间搞“冬令营”（其实就是强制性补课）。他在信中说：“我的父母常年在外打工，快过年了，他们满心欢喜地回来，我却不能陪他们，您能理解这种感觉吗？我有过请假不去的想法，但是学校给我们说，不参加补课，下学期就不给予分班或者分到普通班，我们只能乖乖地参加所谓的冬令营，我们年前补课到腊月二十七才能回家，在家待不了几天，年后初五又得回去继续上课，我的爸爸妈妈年后就要继续外出打工了，我真的很想他们，希望您可以帮帮我们……”在脱贫攻坚民主监督的过程中，也有许多教师反映，他们整个暑假被政府抽调做材料、搞台账，休息时间也得不到保障。这个问题提出来后得到社会的广泛关注，腾讯视频有一个我的提案采访《剥夺了学生的休息权就是剥夺了老师的休息权》一周时间就已经有2.3亿次播放量。

今年的提案中，也有几个是受到委托，我自己也非常认可的。如《关于建立中国教育博物馆的提案》。在2月份，中国教育学会原会长顾明远先生联系我说，两会即将召开，他希望教育界的代表委员能够呼吁一下，建议建立中国教育博物馆。这个问题，他在2011年曾经给总理写过信，前几年也给刘延东副总理反映过。顾先生把当年给总理的信也转发给我，为我们撰写提案提供思路。

再如《关于完善国家儿童营养战略的提案》，前年我带领中国教育政策研究院的同事们去陕西师范大学调研时，专家们就用大量数据说明了儿童早期营养的意义以及我国农村儿童营养不良的问题。当时我就把这个问题作为提案的素材，一直在收集相关的资料。去年了解到哈佛大学的相关研究成果和中国发展研究基金秘书长卢迈等人的探索，觉得这个问题应该引起重视。正在准备提案的过程中，中国教育三十人论坛的秘书长马国川先生告诉我，安利公益基金会的同志想与我见面讨论儿童营养问题。于是就有了今年的这个提案。

《关于完善融合教育支持体系的提案》也有类似的故事。2016年，我参加了多次全国政协组织的特殊教育重点调研活动，在俞正声主席主持的第58次双周协商座谈会上，重点就加强融合教育问题做了发言。春节以后《人民政协报·教育在线周刊》的主编贺春兰告诉我，有一些心智障碍孩子的家长想找我反映他们的困难。与他们深入交流以后，更强化和坚定了我关于融合教育的主张。

《关于加快〈心理师法〉立法的提案》则是我的学生帮助一起完成的。我是20世纪80年代中国最早的一批心理咨询工作者，也曾经撰写过学校心理咨询和咨询心理学方面的著作，虽然现在不从事这方面的工作，但一直关注着相关进展。自从人社部门取消心理咨询师的培训与考核以后，我国心理咨询与心理治疗基本处于无人管理的状态，我的两位学生，北京大学心理咨询中心的徐凯文博士和苏州大学心理咨询中心的陶新华博士向我反映，认为亟须制定和颁布《心理师法》，规范相关的从业行为等。这个提案反复讨论，数易其稿，到截止日的早晨才最终定稿。

此外，今年的提案还有《关于编好中小学校建设标准，促进教育均衡发展的提案》《关于切实解决中小学大班额问题的提案》《关于进一步推进家校合作共育的提案》《关于加强幼儿教师培养的提案》《关于实施“乡村教育振兴行动计划”的提案》等，也都是在工作和研究的过程中发现问题、研究问题、探索解决问题的方法而逐步形成的。

我曾经说过，真正的提案其实并不是写出来的，而是走出来的。每个提案背后，几乎都有一个感人的故事，都有参与者的汗水与心血。

上午会议有一半的时间用来讨论提案问题。接着继续讨论政协章程修改草案。

会议结束以后回机关处理文件和报刊。一周没有去办公室，各种材料已经堆满了办公桌。

下午1：50出发去人民大会堂。3：00列席全国人大全体会议，听取周强院长做《最高人民法院工作报告》和曹建明检察长做《最高人民检察院工作报告》。“两高”的报告每年听，感觉是工作越来越努力，越来越关注“公平正义”，越来越直面热点难点问题，成绩单也是越来越丰满。所以，会场上的掌声也越来越多。记得我刚刚成为人大代表的那一年，“两高”报告时不仅没有什么掌声，还丢了好多票。可见，现在的代表委员对司法工作满意度显著提高了。

因为是换届之年，报告的内容比往常要多一些，以往一般不到20页，今年因为要讲五年的工作，所以两个报告都达到了23页。加上后面的注解说明，最高院的报告是79页，最高检的报告则是87页。而且都配了二维码，扫一扫可以阅读各种视频资料等，内容非常丰富。会议开了两个多小时。回到驻地，已经差不多6：00了。

团中央未来网的记者部部长杨佩颖和摄像记者已经早早在驻地等候，就儿童阅读与教育问题对我进行采访。她准备了整整两页的问题，连珠炮地提问，一直到近7：00。

晚上浏览今天的报刊。处理邮件。写两会手记。11：00休息。

办好离贫困人口最近的教育

——春天的约会之十一

3 月 10 日　星期六　晴

早晨 4：15 醒来。4：30 起来工作。发一组“两会进行时”的微博，读《去学校化社会》。

昨天晚上中央电视台新闻频道的潘虹旭来信说今天要来采访民进中央关于 0—3 岁幼儿托育的提案。她告诉我，央视今年采取了大屏连小屏的播出方式，电视与手机互动，在网络上征集了许多问题。早晨 8：15，他们就来到了我们的会议现场。

8：40 左右采访结束，来到会场等候开会。《中国青年报》的记者孙庆玲抓住空档对我进行了采访，就中小学生的课业负担等问题进行了交流。显然，这个问题已经成为今年的热门话题。

上午 9 点，民进组的讨论正式开始。尚勋武委员打了头炮。他谈到，过去五年“两高”的工作符合人民意愿，纠正了很多冤假错案。十八届四中全会以后，司法领域改革很大，取得了很高的成就。他建议涉及知识产权的经济犯罪案件不宜采取长期羁押手段，可采取取保候审等方法。

接着，张震宇、潘碧灵、严可仕、罗永章、黄震、杨静华、栾新、汤建人、陈贵云、姜军、鲁修禄、牛汝极、谢双成、胡卫、何志敏、李玛琳、左定超等17位委员先后发言，就严把外部力量插手经济纠纷案件的批捕关和审判关，大力提高对生态环境领域的公益诉讼工作，加强国际合作、对“走出去”的企业提供法律援助，在高科技领域方面高度重视间谍活动，加大处罚诋毁社会主义核心价值观的行为的力度，加大对于弱势群体的法律援助，尽快出台校园欺凌的司法解释，加大对传销和“医闹”的打击力度，化解法、检人员工作压力，加大宪法宣传力度，诉讼语言的统一，打破公安与税收数据壁垒，提升司法智能化水平，重视律师在促进公正司法当中的作用，保护犯罪嫌疑人的权利，化解案件受理量激增和审判力量不足的冲突等问题，提出了许多切实可行的建议。

下午1：50出发去人民大会堂。下午2：30，我们参加大会发言的14位委员来到湖南厅集中，杨小波副主任就发言需要注意的问题做了说明，希望大家精神抖擞，讲出委员精气神。

下午3点，政协十三届一次会议第三次全体会议准时开始，主席团执行主席陈晓光主持会议，中宣部部长黄坤明、中央统战部部长尤权以及中共中央、国务院有关部门的负责同志参加会议。

大会的第一场发言是围绕经济建设与生态文明建设主题。今天第二场则是围绕政治、文化、社会、教育、医疗卫生等领域展开的。九三学社中央常务副主席邵鸿委员第一位发言。今年是中共中央“五一口号”发布70周年。他重点围绕《纪念“五一口号”，开创多党合作和人民政协事业新局面》做了发言。中国劳动和社会保障科学研究院副院长莫荣委员就实现高质量就业面临的四大挑战做了分析，并且提出了相关建议。

第三位发言的是江西省政协主席姚增科。他的发言针对形式主义、官僚主义问题提出了尖锐批评，认为关键在于聚焦“关键少数”抓落实。他在发言中开门见山地说，党的十八大以来，全面从严治党成效卓著，八项规定改变中国，纠正“四风”深得民心。同时也应该看到，虽然享乐主义、奢靡之风明显刹住了，但形式主义、官僚主义在一些地方仍然顽固存在，“把中央精神挂在嘴边，热热闹闹造声势，扯着嗓子喊落实，结果就是不落实”，严重影响党群关系，损害党和政府的公信力，可谓是“烦死人”“气死人”“累死人”。

他在发言中具体罗列了许多现象：如有领导只知道用开会、发文件方式抓工作，“甚至到了不开会、不发文件不知道咋工作的地步”。检查下面的工作也是看发了多少文、开了多少会、出了多少简报。有领导写文章、做报告刻意堆砌大而空、假而虚的词汇，讲成绩“依靠领导”，讲不足“缺少领导”，讲打算“加强领导”，就连被“传染”的一些乡村干部，也满口大话空话，像“卖瓦盆的，一套又一套”。有领导“信奉无过便是功，为了不出事，宁可不干事”，尤其是面对需要冒风险、担责任、得罪人的事，能躲就躲，能拖就拖。还有领导与企业家相处时，为显示所谓“清白”，该见的人不见，该办的事不办，“爱惜的是羽毛，贻误的是良机，扭曲的是清新型政商关系”。他讲述的每一个现象委员们都很有同感，不时用掌声附议。

他提出了三点建议，一是扎实开展“不忘初心，牢记使命”的主题教育，解决好“我是谁，为了谁，依靠谁”的政治立场问题；下大功夫改进领导干部调查研究，保证能真正沉下去解剖麻雀、找准问题、总结经验、谋得实招，用以指导实践、推动工作。二是完善领导干部考核评价体系和防错容错纠错机制，建立健全省市县乡村五级一把手述职制度，把接受群众评议作为刚性要求。大胆使用靠得住、敢担当、能改变一个地方面貌的干部，形成“唯实、务实、落实”用人导向，为担当者担当，为负责者负责。三是对形式主义和官僚主义来一场深入革命，向文山会海持续“亮剑”。对高调表态、光说不练、责任撂荒、欺上瞒下者，抓住典型，较真执纪，铁面问责，公开曝光，发挥警示教育作用。

我是第四个发言。虽然对发言内容早已烂熟于心，但因为时间的严格限制，仍然不敢离开稿子自由发挥。我的发言题目是经过上下几次反复商量才确定的，《发挥中等职业教育在脱贫攻坚中的特殊作用》，这与民进的界别特色有关，也是我们去年大调研和脱贫攻坚民主监督过程中发现的问题。我在发言中说，教育扶贫肩负着双重任务：扶智与扶志。教育扶贫的投入具有生产性，中等职业教育在脱贫攻坚中投入产出比最高，是离农村贫困人口距离最近的教育类型。国际经验表明，一个国家较低的社会阶层从职业教育中获益越多，工业水平就越高；职业培训越普及，收入最低的就业者在社会总收入中所占比例就越高。

中等职业教育在脱贫攻坚中本应大有作为。但从我们的调研情况看，其作用远远没有得到充分发挥。一是贫困地区中职学校办学基础薄弱。普遍规模较小、课程内容陈旧、实训设备老化、师资质量不高，无法满足生产实践和劳动市场变化的需求，一些学校还在学习早被市场淘汰多年的落后技术。二是吸引力不足，贫困家庭选择中职学校的意愿不强。三是发达地区优质中职教育资源未能发挥帮扶贫困地区作用。

我在发言中提出了实施“中职教育扶贫国家工程”等三点建议。希望通过职业学校给学位、企业给岗位、财政综合保障“三管齐下”，把建档立卡贫困家庭中的“两后生”（初、高中毕业未能继续升学的劳动力）和未完成学业但有就业潜力的青壮年送进中职学校学习。免除贫困学生在中职学校期间的学习费用、生活费用，并给予其家庭一定的生活补助，做到“一人入学，一家脱贫”。扶贫对象毕业后，做好就业指导和服务，加强跟踪管理，确保长期稳定就业，避免因失业返贫。同时，通过“集中连片贫困地区中职教育能力提升计划”和“东西部中等职业教育协作计划”。鼓励发达地区挖掘职教资源，对口帮助贫困地区的中职院校提升办学水平，面向对口扶贫地区建档立卡的贫困家庭定向招生，使学生掌握当地产业发展急需的职业技能或流入地就业岗位急需的职业技能，从而实现稳定就业。

接着，北京市通州区人民法院民事审判第一庭庭长李迎新委员就“新时代司法体制改革的新期盼”，农工党中央专职副主席兼秘书长曲凤宏委员就“打赢精准健康脱贫攻坚战”，民盟江西省委会主委刘晓庄委员就“让乡村文明蔚然成风”，天津市副市长曹小红委员代表农工党中央就“打好全面消除血吸虫病攻坚战”，北京市东城区史家教育集团校长王欢委员就“家庭、学校、社会形成三方合力、增强‘减负’获得感”，中国和平统一促进会香港总会常务副会长屠海鸣委员就“增强中华文化海外传播实效”，交通运输部安全总监成平委员就“更好推进国家海上救助体系建设”，中国伊斯兰教协会会长杨发明委员就“坚持我国伊斯兰教中国化方向”，台盟中央专职副主席杨健委员代表台盟中央就“加强两岸人才交流，推动两岸融合发展”等问题先后发言。

他们的发言也给大家留下了深刻的印象。如北京的审判长说她和她的同事们2017年人均结案563件，我们在车上议论说，差不多平均每个工作日要审理两个案件，中国的法官实在是太辛苦了。再如江西的刘晓庄委员介绍说，一些乡村赌风陋习难除，搓麻来点“小意思”，打牌加点“兴奋剂”，结果“打工挣钱一年，一夜全部输完”，大家一致认为脱贫攻坚是一个长期的工作，如何提高农民的素质，仍然任重道远。这也是办好离贫困人口最近的教育的题中应有之义。

每年大会发言的最后一位，总是经过千挑万选的。正能量，吸引人，是基本要求。记得前几年我的一篇《人心就是力量》也曾经被选为压轴的发言。今年的压轴发言是我国第一位航天英雄杨利伟委员。他的发言题目是《实现梦想要靠不怕牺牲的奋斗》。他讲述了航天员们为国家舍小家，不畏艰难、不怕牺牲的许多感人故事，如在超重训练中，“航天员要在时速100公里的离心机中飞速旋转，相当于体重8倍的负荷压在身上，人的脸会被拉变形，眼泪不由自主往外流，眼前发灰、发黑，甚至意识丧失，危及生命。航天员一手拿着操作器、一手拿着报警器，只要感到不能坚持就可以报警中止实验。可直到今天，没有一个航天员按响过这个报警器”。2003年10月15日“神舟”五号发射当天早上，“在火箭加速上升时，产生了与人体内脏频率相近的共振，而这种情况是在前期实验中无法检测到的，我感觉五脏六腑都要碎了，恐怕要牺牲了。我盯着计时器，算着时间，心想就算是牺牲了也要记录下这个过程，供科研人员今后改进。持续了26秒共振之后，飞船飞出大气层，整流罩打开，阳光照射进来，我不由得眨了一下眼睛，就听到地面指挥大厅里有人喊：‘你看，他还活着！他的眼睛在动！’”

再如在执行“神舟”七号任务中，翟志刚、刘伯明出舱时舱门几次都难以打开，轨道舱又突发火灾报警，地面指挥员明确航天员根据实际情况，临机决断。他们以“哪怕回不去，也要让五星红旗在太空高高飘扬”的决心果断出舱，最终把中国人的脚步首次留在了太空。短短的七分钟发言，八次热烈的掌声。我注意到，包括我自己在内的许多委员都热泪盈眶。当杨利伟最后说完“党的十九大提出了建设航天强国的宏伟目标，我们航天员将继续以不怕牺牲的奋斗精神，为实现中华民族新时代的飞天梦想，向空间站、向月球、向宇宙更高更深更远的地方不断起航”这句话时，全场更是爆发出经久不息的掌声。

大会结束以后，我们14位发言的委员合影留念。我也乘机追了一把星，与杨利伟委员合影。

下午大会结束以后赶回驻地。在途中接到了江苏省政协原主席蒋定之委员的短信。他说："永新，你的大会发言说了一个很要害的问题。"

因为晚上有会议，抓紧时间晚餐，10 分钟不到吃完。

晚上 6：20 出发去全国政协。晚上 7：45 参加政协大会的秘书处工作会议，讨论大会的政治决议稿。每年全会的政治决议，都是凝聚大会共识与会议成果的重要文件，起草组的同志在广泛吸收委员讨论意见以后，形成初稿，秘书处讨论以后还要提交会议主席团以及各小组继续征求意见，最后在大会闭幕式表决通过。秘书处的各位同志字斟句酌，充分发表了意见。

晚上 9：00 左右回到驻地。去健身房运动近一小时。我一直认为工作再忙，事情再多，运动和阅读不能忘，一动一静，让身体和大脑保持活力。

晚上继续写两会手记。11：00 休息。

书包如何轻起来?

——春天的约会之十二

3 月 11 日　星期日　晴

早晨 5：35 起床工作。依旧是完成每天的功课，发“两会进行时”和“新教育晨诵”等微博。

读法国学者伊丽莎白·德·丰特奈的《你了解动物朋友吗》(奥萝尔·卡里亚斯绘、丁虹惠译)。这是我非常喜欢的一套儿童哲学读本“思考的魅力”中的一本。这套书是法国的一些哲学家、教育家和画家历时 10 年为儿童精心创作的哲学普及读本，通过写小书，把深奥的哲学用生动现象、浅显易懂文字讲述给孩子听。这本关于动物的书，作者原来是一位大学教授，写这本书的时候，她隐居在一个乡村，成天“待在一群可爱的动物中间，每每看着它们亮晶晶的眼睛，哲学的思维总一次次占据我的思想、我的灵魂”。

虽然黑格尔曾经说，密涅瓦的猫头鹰只有到了夜晚才会歌唱，潜台词是每个人的哲学思考也只有到了人生后半段才会形成。但他认为，哲学不是玄学，也不是只对成年人才有用的学问。在儿童成长的过程中，会遇到很多问题，也会经历很多事情和困惑，“比如上学、游戏、考试、交朋友……这时候，哲学思考就可以帮助你们解除困惑，让内心变得强大”。其实，儿童是天生的哲学家，正如儿童是天生的诗人一样。亚里士多德和柏拉图都认为，当一个人对外部世界产生好奇心的时候，他就开始成为哲学家了。儿童是对世界充满了好奇心的。我想，这就是法国的哲学家们为什么愿意为孩子们写这样的小书，法国为什么从小学开始就要学习哲学的原因所在。

作者告诉孩子，与动物相处的时候，人们总是时而觉得与它们很亲近，时而又觉得它们难以理解。人们经常会把自己的观点和情感加在动物身上。其实，动物是我们生活中常见的朋友，是一种“有生命和活力的生物”，但也是一种特殊的存在。作者在这本书里详细介绍了关于动物的种种传说与学派，研究了动物的语言、思考、情感等问题，讨论了人类应该与动物如何相处等问题。作者在全书的结尾部分指出，野生动物应该被看作人类遗产来保护，就像保护古老的城池和历史遗迹一样，“人类没有权利挥霍这种遗产，因为我们有义务保护好地球的原本面貌，将地球资源留给我们的子孙后代！”

读这套写给孩子的书，我心中充满着感动。它包括了思考、共存、勇敢、友情、自我、爱情、生命、存在、守时、公正、沟通、社会、分寸、个性、职业、自由、融合、差异、和平、审美、视野、戏剧、艺术、运动等 24 个主题，每个主题都用有趣生动的书名来引起孩子的兴趣。如关于“思考”的这本书书名是《哲学家与狗的对话》；关于“勇敢”的主题，书名是《我们为什么会害怕大怪兽》；关于“生命”的主题，书名是《我不想变老》等。

我一直期待，我们国家也有大学者沉下心来为小孩子写一些学术启蒙读物，其价值毫不亚于写科学论文。

今天政协会议休会一天。以往政协会议经常安排在 3 月 8 日休息，今年因为是换届之年，议程也相对较多，比以往会期延长了两天，休息日也改为今天。

每年的休息日一般也无法休息。我经常会用这样整段的时间接受一些需要时间较多的采访。今天也早就约好《人民日报》政文部的教育记者赵婀娜做一个新媒体的直播《新时代孩子们的书包如何轻起来》，他们做了一个非常漂亮的预告，在微博等进行了宣传。

上午 8：45 从驻地出发，9 点半前准时到达人民日报社。与新媒体部的刘晓鹏副主任交流人民日报“中央厨房”和新媒体部的有关情况。

10：00访谈准时开始。婀娜是非常有经验的主持人，对教育的问题也非常熟悉。我们讨论的话题也是今年的热门话题。今年两会，“减负”被正式写入《政府工作报告》，这标志着，中小学生课外负担重的问题将成为政府下大力气解决的重点问题。

我在访谈中谈到，“减负”是个老问题，是教育的顽疾、痼疾，长期以来没有得到有效根治，是因为其成因复杂。而越是复杂，就越需要仔细分析，牵住“牛鼻子”。

首先，从政府的角度来看，教育资源尤其是优质教育资源仍然供不应求，是重要原因。学校之间、城乡之间、地区之间还不够均衡，父母让孩子“上好学”的强烈愿望与教育发展不平衡、“好学校”供给不充分的矛盾，使受教育的美好愿望异化为了“不能输在起跑线上”的教育焦虑，纷纷将孩子送到县城、大城市的学校中去，导致了大班额的问题。同时，社会上的用人观和分配制度也是重要原因。单位招聘有学历门槛，很多单位在招聘时明确要求博士生、硕士生，甚至限定学校的排名和档次；不同学历、不同背景的人收入差距过大，这都在一定程度上加重了父母们的教育焦虑。

从社会层面来看，公众的教育素养相对缺乏，也是重要原因。什么是好的教育？是为了考取一个好的分数，上一所好的学校？还是为了让人的发展更完善、更幸福，更好地成为他自己？当没有看清楚、想明白这些问题的时候，教育的过程就容易被异化，异化为流水线式的工业化生产，异化为用“别人家的孩子”来评价自己的孩子的盲从。很多恐慌其实是人为制造出来的。因此，提升整个社会，尤其是父母的“教育素养”，是当下最迫切的工作之一。

当然，学校评价缺乏科学有效的标准，很多学校依然将关注点放在分数上、作业上、训练上，校外的培训和补习机构又没有摆正自身定位，未能做到和学校差异化发展，充分发挥素质教育和满足学生个性化需求的需要，也都成了学生负担过重的重要原因。

找到原因，就要对症施治，系统推进。一方面，要强化义务教育均衡发展，提升优质教育资源的覆盖，按照《政府工作报告》提出的“发展公平而有质量的教育”方向去努力；另一方面，要引导包括学校、校外辅导机构在内的多元教育主体定位清晰、相互补充、错位发展、有机结合，最终形成一个好的教育生态，充分满足学生的个性化和差异性需求。每一位老师、每一位父母也都能在承认孩子差异性和多样性的基础上，鼓励孩子成为“最好的自己”，鼓励孩子将自身价值和潜能充分挖掘，做到“真正发现孩子”。

婀娜问我对“减负”是否有信心，我回答说：“随着整个社会教育素养的提升，随着人工智能等科学技术在教育中的应用，随着新的教育生态和学校形态的出现，在各方共同努力下，‘减负’的目标是能够实现的，幸福完整的教育生活也将成为现实。”

这些都是一直萦绕于心、反复思考的问题，整整一个多小时的时间，采访一气呵成。

人民日报社的直播结束以后，又直接去了人民网。前些年，每年两会期间都会做客人民网的强国论坛解读《政府工作报告》，最近几年一方面人民网的人员变动较大，一方面自己两会期间的安排较多，联系相对少了一些，但是，对人民网的邀请，还是有求必应，再忙也要挤时间的。两会开始不久，人民网的黄玉琦就约我去做一个访谈。为节约时间，我把两个访谈的时间尽可能安排到了一起。

中午 12：00 进入人民网的直播间。按照事先的访谈提纲，本来以为主要是围绕《政府工作报告》关于教育公平与质量的关系，以及我今年的两会提案展开，没有想到，聊了一会儿也回到了学生课业负担上面。

12：40 访谈结束。回家取一些生活用品。抓紧时间写两会手记。这几天会议的时间比较多，又冒出来一些采访，只能够见缝插针地写作。一直到晚上 9：00 才把这几天的手记以及《新京报》的专栏文章写完。发现上午的视频直播，点击观看的人次已经超过了 150 万。看来，孩子们的书包没有轻下来，全社会人们的心中都沉甸甸的。

跑步 40 分钟。读完《大学的终结》。前年在美国买了这本书的英文版，准备翻译这本书，没有想到这么快就出版了。

晚上 11：00 休息。

乡村振兴，关键在人

——春天的约会之十三

3 月 12 日　星期一　严重雾霾

早晨 3 点多醒来，一看时间还早，继续休息。5 点起床工作。发微博，发现昨天微博点击量超过了 30 万人次，达到 308551 人次。估计是最近人民日报的微博视频和腾讯的视频访谈等带动了访问量。

整理昨天读完的《大学的终结》笔记。这本书的英文原名是《The End of College》，前年去美国时买了这本书。这本书是从高等教育的角度看未来教育的发展问题的，其中一个重要的概念是“泛在大学”。作者认为，随着数字化学习环境的蓬勃发展，丰富的教育资源可以在全球任何一个角落获得，而且免费享用。所以，未来的“泛在大学”将面向所有人开放，“大学录取”这一概念将成为历史。“未来的学生将不会在其童年时光为了进入那屈指可数的几所精英学校而挤破脑门。他们的教育将来自无数的机构，这些机构在学识上各有所长。”在“泛在大学”，入学是终身制的，这是现代生活的基本生活方式。也就是说，未来的学习是从摇篮到坟墓的不间断的学习，在各个教育阶段以及工作与学习之间，没有截然不同的鸿沟。为了写作《未来学校》这本书，我准备了三年的时间，看了

100 多本相关的著作。一直在思考，未来的教育究竟应该是什么样子？如何为今天的各种教育问题寻求新的解决方案？

早晨 7：30 返回驻地。准备今天上午的发言。按照惯例，政协有半天时间是委员围绕本组关心的社会热点问题进行讨论，同时邀请相关部委领导参加讨论。在商量本组议题的时候，大家一致建议围绕民进的老阵地教育文化问题，结合乡村振兴战略，就“如何发挥教育文化在乡村振兴战略中的作用”进行讨论。

上午 9 点，民进组讨论在张雨东副主席的主持下准时开始。文化部公共文化司司长张永新、教育部基础教育一司副司长俞伟跃、教育部基础教育司义务教育处副处长陈文涛等列席会议听取意见。

昨天下午全国人大通过了宪法修正案，不少委员在发言中谈到了其历史意义与现实价值，认为宪法修正案的通过，对于完善中国特色社会主义法制体系，对于建立法治国家、全面依法治国意义重大，表示要带头尊崇宪法、学习宪法、执行宪法、宣传宪法。

来自上海的胡卫委员第一个发言。他建议要制定乡村公共教育服务标准。现在乡村发展空心化严重，农村教育投资不小，但是很多政府投资的学校变成养殖场。要通过结对办法，先进地区把农村地区、薄弱地区的教育发展带动起来。现在农村空心化，而城市优质学校人满为患，资源的合理配置很重要。他提出要加强家庭建设。现在青壮年都外出务工，留下的是破碎的家庭。随着精准扶贫农村产业升级，要大力呼吁农村完整家庭的建设。父母对孩子的陪伴和沟通，是教育中不可或缺的。他呼吁建立乡村治理体系，鼓励有文化的青壮年回到农村，乡村建设的关键在人。

张显友在发言中提出，要让农村娃接受学前教育，要有一个解放农村老奶奶的工程，让农村边远地区的孩子们上幼儿园，解放农村老人。

郑福田委员提出，乡村振兴战略要关注乡村文化问题。现在旧的文化已经瓦解了，新的文化还没有建立，要重视乡村文化重构的顶层设计。

陈贵云委员建议处理好乡村振兴与城市化之间的矛盾。他提出，人才不愿回乡的根本原因在于公共服务不均等。只有解决了这个矛盾，人才、资金、资本才会愿意下乡。

说到乡村振兴的人才问题，委员们都打开了话匣子。雷鸣强委员讲述了他自己的家乡洞庭湖乡村的故事，乡村人才流失，空心化问题严重。如何振兴，他认为文化、教育是乡村振兴的基础工程。文化振兴可以固本铸魂，凝神聚气。教育振兴可以启智育人、强筋健骨。文化教育要共通共享，培养能扎根在农村的文化团队。

在南疆挂职了一年多的牛汝极委员，结合南疆乡村的实际，认为首先需要破解的难题就是人才和教育资源短缺的问题。他提出，农民的素质以及农业农村的各方面人才远远不能满足乡村全面振兴的需要。所以如何吸引、培育各种人才弥补人才的缺口，提高农民素质，是乡村振兴需要破解的最大难题。以南疆莎车县某乡为例，该乡有 12 个村，有 2420 户 10562 人，其中，贫困户 1002 户，贫困人口 3878 人，贫困人口占全乡总人口的 36.7%。贫困人口中，小学文化程度 1534 人，占贫困人口的 40%；初中文化程度 1490 人，占贫困人口的 38%。南疆村干部能用普通话交流的人不多，贫困人口中勉强能用普通话进行交流的占 3%—4%。

牛委员提出，在新疆，乡村振兴的出路在于以“访惠聚”驻村工作队为基地，推动城市的文化教育下乡村。首先是推进人才下乡带动普通话教育下乡，尽快提高广大村民的普通话水平。其次是通过优质文化教育产品下乡村，提高乡村基础教育阶段的教育质量，减少差等生（20 分以下学生）的产生。三是通过红色文化、国家文化、中华文化的内容进南疆学校和教室，推进社会主义核心价值观进学生头脑。四是通过 19 个援疆省市的帮助，利用内地成熟的中等职业技术类信息音像制品，提高职业技术教育水平。五是唤醒乡村潜能，激发农民自己的文化创造力，挖掘好本地传统文化资源（如歌舞杂技、手工艺制作、饮食产品、沙漠旅游观光等），带动文化产业发展，乡村振兴最终还要靠产业的发展带动，推进农村新产业新业态新模式，孕育乡村发展的新动能。依托农村绿色生态、乡土文化等特色资源，促进农业与旅游、教育、文化、健康、养老等产业对接，开发农业多种功能，发展休闲农业、养生农业、创意农业等新产业新业态。这一切的基础，都在于人。

云南省副省长李玛琳委员结合她分管的工作，就充分发挥地方食品安全标准制定在农业产业发展的带动作用，在边境地区实施“国门文化建设工程”“国门医院建设工程”“国门学校建设工程”等问题提出了意见和建议。其中特别强调了乡村医疗卫生人才队伍建设的问题。

她提出，中央一号文件指出要强化乡村振兴人才支撑，加强农村专业人才队伍建设。文件中提到多种专业人才，但没有提到乡村医师。健康乡村建设是专业性很强的工作，要由受过专业化训练的乡村医师来完成。目前，西部地区行政村卫生室具有中专以上学历的乡村医师比例不足2/3，有大专以上学历的很少，有本科学历的、受过全科以上培训的凤毛麟角。云南一些山区的乡镇卫生院至今都没有一个全日制本科毕业的医学生。乡村医师队伍的现状难以满足健康乡村建设的需要。

她建议，国家要高度重视乡村振兴战略中乡镇卫生院和村卫生室医师队伍建设，大力推行乡镇卫生院的医师“县管乡用”，村卫生室的医师“乡管村用”。在边远贫困地区、边疆民族地区和革命老区继续实施特岗医师计划、农村订单定向医学生培养和全科医师培训计划，并加大对上述专业人才的岗位补贴，让人才不仅下得去，而且留得住。在支持乡镇卫生院和村卫生室改善条件时，要对边远贫困地区、边疆民族地区和革命老区进行倾斜，帮助这些地区尽快补齐基础设施不足的短板，让乡村医师在基层能有基本的诊疗条件，能发挥好作用，“用得上”。同时，要加大对乡村医疗卫生机构信息化的统筹规划和投入。目前国家人口健康信息化规划到2020年只实施到县。信息技术特别是远程诊疗是下沉城市优质医疗卫生资源最经济、最快捷的办法，也是解决乡村医疗卫生人才队伍短期不足的有力措施。建议国家在乡村振兴战略中同步实施“远程诊疗乡乡通”工程，利用信息技术迅速将城市优质医疗卫生资源下沉到乡村，尤其是远离城市、交通不便的乡村。

朱晓进委员也从人的角度提出：实施乡村振兴战略，关键在农民，关键在充分激发起农民的内生动力。要有效地激发农民建设乡村的内生动力，首先需要唤醒农民的角色意识、自主意识，要让广大农民对乡村振兴有认同感、归属感和责任感。要实现乡村农业产业振兴，需要大量的从事农业产业的人才，同时，有更多的农民通过职业教育学会从事农业产业的本领，并能够就地就业创业，助推乡村农业产业的发展。同时，要通过发展乡村“大教育”提升农民精神风貌，引导农民群众自立自强、向上向善。广大农民由内心生发出的生活热情和热爱家乡、心系乡土的热忱，一定会转化为农民为振兴乡村而努力奋斗的精神“新动能”。要发挥“乡贤文化”在乡村治理中的“情治”功能。在漫长的中国乡村发展进程中，乡贤们一直是乡村社会运转、风习教化传承、乡里公共事务管理中的一支重要力量，由此而形成的乡贤文化，发挥了连接故土、维系乡情的精神纽带作用。乡村振兴需要一批有奉献精神的乡贤，他们作为从乡村走出去的精英，他们或以自己的经验、学识、专长、技艺、财富以及文化修养反哺桑梓、泽被乡里，或返乡直接参与乡村建设和治理，他们身上散发出来的文化道德力量可教化乡民、温暖故土，对凝聚人心、促进和谐、营造“乡情”氛围大有裨益。

我也就乡村建设中的人才问题做了发言。因为有文化部和教育部的领导参加讨论，特别希望他们能够把民进组对于《政府工作报告》的两个修改意见带回去。两个建议是“一增一减”，即在总理的《政府工作报告》的文化部分增加“推进全民阅读”这句话，同时删除“运用互联网等信息化手段，加强对儿童托育全过程监管”这句话。

我认为，关于乡村振兴的人才问题，目前派工作队是一个好办法，但是这不是一个长久之计。可以将工作队的好办法拓展开去，邀请城里的退休教师、医务人员、研究人员、退休干部下乡，当老师、做医生、搞科技，成为比较稳定的工作队成员。以这个乡村振兴的“银发工程”，让退休科技、教育、文化人员这一宝贵的闲置资源，到乡村再立新功。贫困地区大部分都是有山有水、风景好的农村，可以允许退休人员带着老伴一起去，政府给补贴，管住房。一两年以后愿意继续留下来的，加大政策支持力度。同时，鼓励有经验的本土老干部，回到原籍去工作。鼓励领导干部充分发挥资源优势，为家乡服务。

主持人张雨东委员最后总结说，乡村振兴归根结底还是生产力的发展问题。我们国家地域辽阔，各地情况不同，国情非常复杂，农业的发展模式到底选哪一种，需要因地制宜。要进一步明确乡村振兴的生产力发展方向、路径和目标，是乡村振兴规划首要应该解决的问题。吸引人才参与乡村振兴，是问题的关键。

委员们的发言一如往常非常热烈，得到了部委同志的充分肯定和赞许。在交流意见时，文化部的张永新司长和教育部的俞伟跃副司长都表示，委员们的意见中肯，符合实际，富有启发性，深受鼓舞。同时他们对部委在实施乡村振兴战略中正在做和将要做的工作向委员们进行了介绍，并表示会将委员们提出的意见建议带回去进行认真研究、归纳梳理、逐条落实。

上午会议讨论结束以后，接受中国健康传媒集团的《中国医药报》记者陆悦的采访，介绍新教育实验《新生命教育》教材研制情况以及其中关于“食育”的相关内容。

中午午餐以后稍事休息。下午1：30出发去全国政协。

下午3：00列席政协第十三届全国委员会第一次会议主席团常务主席会议第一次会议。主席团会议主持人汪洋主持会议，会议审议了政协第十三届全国委员会第一次会议选举办法（草案），政协第十三届全国委员会主席、副主席、秘书长、常务委员建议人选名单（草案），政协第十三届全国委员会第一次会议关于常务委员会工作报告的决议（草案），政协第十三届全国委员会第一次会议关于中国人民政治协商会议章程修正案的决议（草案），政协第十三届全国委员会第一次会议政治决议（草案）。4：00接着参加主席团第二次会议审议，审议上述各项草案。

下午5：00左右会议结束。乘车回驻地。下午5：40左右回到驻地。参加民进中央文化艺术委员会的工作会议。文化艺术委员会的主任、副主任和委员中有多位政协委员，河北省文化厅厅长张妹芝，北京大学教授张颐武，湖南社会主义学院院长雷鸣强，中国歌舞剧院副院长徐丽桥，中国曲艺家协会副会长、苏州评弹团副团长盛小云，大连京剧院院长杨赤等，利用晚餐的时间聚在一起，讨论文化委员会的工作安排。在谈到今年文化委员会的调研题目时，盛小云提出要重视艺术人才的培养规律，现在进入剧团一般都需要本科学历才能入编，但是学历越高往往表演水平越相对不足。艺术表演人才一是需要童子功，二是需要不断线，在表演过程中不断磨炼。杨赤院长也认为这个问题应该引起关注。委员们连吃饭的时间都利用起来讨论，让我非常感动。人是事之本。无论乡村振兴，还是艺术强盛，都离不开人，关键都在人。

下午7：00左右，苏州电视台的陈子丹、蒋俊男等四位记者专程赶来采访。

这帮年轻人非常用心，带来了刚刚上市的青团子和一盒鸡头米，让我想起了“莼鲈之思”的典故。访谈从我的两会提案开始，一直到中小学生的减负问题、苏州的文化底蕴问题、苏州未来教育发展的问题等，我谈了许多自己的想法和建议。一晃来到北京已经是第十一个年头了，但是好像一直没有离开苏州。每周的《姑苏晚报》专栏，都是我心灵的一次还乡。而每年两会期间，苏州的记者们，也经常会把我的音像带回家乡。

晚上9：00开始锻炼45分钟。读“思考的魅力”系列的另外一本书《性别与平等》，译者是我的朋友、新阅读研究所所长梅子涵教授的女儿梅思繁。

晚上11：00休息。

为机构改革“瘦身”叫好

——春天的约会之十四

3月13日　星期二　雾霾

早晨4：50起床。5：00准时在新浪发出了第一条微博。写两会手记。准备晚上人民网的采访。会中央宣传部的同志告诉我，两会期间，人民网将对各民主党派的参政议政情况进行采访。虽然情况比较熟悉，还是要做点功课。

上午9：00参加小组讨论，审议各项决议草案、选举办法草案、候选人名单草案，推举监票人，观看选举办法的介绍录像。

中午接受《中国教育报》记者张东的电话采访，就我国教育的对外开放问题谈了半个小时左右。改革开放以来，我国教育在“走出去”和“引进来”两个方面都得到了显著的发展。在“走出去”方面，我国已成为全球最大的留学生生源国，2016年出国留学人数已达到54.5万人。而且，出国的留学生也呈现低龄化的趋势。“走进来”的开放程度也在进一步提升。我国已成为亚洲最大的留学目的国。2016年，来华留学人员44.3万人，来自全球205个国家和地区，而且到中国高校和科研机构工作的国外专家学者也越来越多。但应该看到两者之间的逆差仍然很大。

下午3：00参加民进组讨论《中华人民共和国监察法（草案）》（以下简称“监察法”）和国务院机构改革方案。最高人民法院副院长、民进中央副主席陶凯元主持下午的讨论。监察局副局长出身的民进天津市委会主委张金英首先从专业的角度解读了监察法。她介绍说，监察法2016年就开始制定，2017年开始征求意见，在北京、山西、天津进行了试点。监察法的制定，有四点重要意义，一是事关全局的政治体制改革，由过去的行政权、立法权、司法权三权变为行政权、立法权、司法权、监察权四权。二是监察制度的顶层设计。三是加强党对反腐败工作的统一领导。四是实现对所有行使公权力的公职人员监督的全覆盖。对于监察机关的监督，主要是加强内部监督。制定监察法对推进国家治理体系改革和治理能力的现代化具有重要意义。

杨静华委员表示，监察法对公权力的监督进行了全覆盖，体现了依规治党和依法治国的高度一致、党内监督和国家监察的有机统一，拓宽了人民监督权力的途径。胡卫在发言中说，监察法反映了党对腐败的零容忍，通过立法把党对反腐败工作集中统一领导的体制固定下来，创造性整合了反腐败资源。

委员们在发言中也提出了一些具体建议。如胡卫委员建议要充分保护当事人合法权益，体现人权尊重和人本光辉；重视监察官队伍建设，以高素质监察官保证监察办案质量；全覆盖不留死角，包括民主党派中有公权力的人，党派成员不能置身事外。李和平委员建议要加强对监察机构和监察人员的监督，避免权力滥用等等。

对于这次机构改革的方案，委员们也给予了高度评价。何志敏、陈贵云、李玛琳、潘碧灵、左定超、李和平、雷鸣强、鲁修禄等委员先后发言。何志敏委员说，监察委员会的建立使国家治理体系从一府两院变为一府一委两院，对确保国家长治久安和加强党的领导十分必要。对于国务院机构改革方案，他说，国家知识产权局重组，较好地解决了以往分散管理的难题，体现了中央对知识产权工作的高度重视。建议接下来在制定政府部门机构的三定方案时，要理清交叉职能，如商务部承担的“双打”工作应该划给国家知识产权局。

改革开放以来，我国已经进行了七次规模较大的政府机构改革。每次两会换届之年，机构改革方案总是会议的焦点之一，也是代表委员关注的热点问题。我亲历了其中的三次改革。第一次是我刚刚担任全国政协委员的2003年，这次只是组建了国资委和银监会，设立了商务部和食品药品监督管理局，撤销了国家经贸委和对外贸易经济合作部等，国务院29个组成部门经过改革调整为28个。第二次是我转任全国人大代表的2008年启动的，这次力度相对较大，组建了工业和信息化部、交通运输部、人力资源和社会保障部、环境保护部等，减少了4个国务院正部级机构。第三次是我再次回到政协的2013年，这次改革中继续推进“大部制”，组建了国家卫生和计划生育委员会、国家食品药品监督管理总局、国家新闻出版广电总局，重新组建了国家海洋局、国家能源局等，正部级机构减少了4个，其中组成部门减少2个，副部级机构增减相抵数量不变。

相对而言，这次机构改革是我担任人大代表、政协委员这些年以来“瘦身”力度最大的一次。国务院正部级机构减少8个，副部级机构减少7个，涉及15个部级机构改革、调整，也被视为“改革开放40年来历次机构改革中最有远见和魄力的方案”。

其实，这次改革的目标远远不是为了“瘦身”，而是为了更好地加强党的领导，转变政府职能，提高行政效率，进一步推进国家治理体系和治理能力的现代化。

有两点印象特别强烈。一是尽可能减少政出多门、多头管理、工作交叉、责任不明、推诿扯皮的现象，动了许多部门的“奶酪”。如新组建的农业农村部，除了原农业部之外，也将国家发改委、财政部、国土资源部、水利部等多部委的相关涉农职能一并纳入。原来涉农的经费，相当多的部分是发改委、财政部等安排的。而原农业部“渔船检验和监管整理”职责则划入交通运输部。

二是总揽全局、协调各方、系统性优化，把党的领导体系、政府治理体系、武装力量体系、群团工作体系等统筹安排。这次机构改革不再局限于在国务院或者行政层面的机构改革和职能优化，而是涉及党、政府、军队、事业单位、群团、社会组织等全方位的机构改革。如新组建的退役军人事务部，就综合了原民政部、人社部、中央军委政治工作部、中央军委后勤保障部等有关职责。

当然，改革不是一蹴而就的。中国特色社会主义本身就是人类历史上从未有过的新的探索和新的创造，一方面我们要借鉴所有文明的成果，另一方面我们也要在实践中创造真正适合我们国情的治理体系，为决胜全面建成小康社会、开启全面建设社会主义现代化国家新征程、实现中华民族伟大复兴的中国梦提供有力的制度保障。

下午6：00左右，接待凤凰卫视深圳新闻部的主管罗羽鸣。前年末在深圳大梅沙论坛认识了她，她的敬业与专业给我留下了深刻印象，在我推荐下成为我们民进的会员。今年是改革开放40周年，作为地处改革开放最前沿的深圳的媒体，如何深度挖掘题材？我们就此进行了许多交流。

晚上7：00，人民网理论频道的编辑万鹏来现场采访，就民进中央今年两会的提案，以及年度大调研的准备等情况进行了专题访谈。

晚上8：40去酒店健身房运动50分钟左右。

两会期间，民进组与文艺组的政协委员住在同一个酒店，一起开会和生活。有幸得到成龙先生的赠书《成龙：还没长大就老了》。特别有意思的是，书的作者之一朱墨和我儿子同名，也是一位“80后”。成龙先生送了两本，其中一本可以让儿子珍藏。我也送了一本我自己的《见证十年》请成龙先生雅正。睡前翻阅成龙的这本书，最感叹的是他149篇的一句话“序言”，看得出他的人缘之好，创意也别出心裁。

晚上11：00休息。

《见证十年》：为教育改革鼓与呼

——春天的约会之十五

3月14日　星期三　雾霾

早晨5：00起床。发两会的相关微博，写两会手记。赶《中国教育报》关于《见证十年》一书的约稿。

早晨7：30从驻地出发去全国政协。9：00列席政协第十三届全国委员会第一次会议主席团常务主席会议第二次会议。在汪洋的主持下，听取了中共中央书记处书记、中央统战部部长尤权关于政协第十三届全国委员会主席、副主席、秘书长、常务委员候选人名单（草案）讨论情况的说明，审议了全国政协十三届一次会议提案审查委员会主任李智勇关于政协第十三届全国委员会第一次会议提案审查委员会关于提案审查情况的报告（草案），听取了全国政协十三届一次会议副秘书长潘立刚关于政协第十三届全国委员会第一次会议分组会议情况的综合汇报。接着参加主席团第三次全体会议，审议通过了选举办法，以及相关人选、决议草案，决定将相关草案提请闭幕会表决通过。

下午3：00在人民大会堂参加第四次全体会议，选举政协第十三届全国委员会主席、副主席、秘书长和常务委员。汪洋以全票当选为新一届全国政协主席，十二届全国政协主席俞正声专门赶来祝贺，两位主席亲切握手，正式完成新老交替，会场上响起了热烈的掌声。其他24位副主席和300名常务委员也顺利当选。

回到驻地，已经是6：00左右了。晚餐以后与一位专程赶来的东北委员谈民办教育的问题。这位颇有成就的企业家近年来开始关注和投入教育，有一些困惑。我一直认为，中国民办教育还是需要支持和鼓励，一方面要吸引更多的民间资本和民间智力进入民办教育领域，另一方面要鼓励民办教育用更加长远的眼光、更加宽阔的胸怀办教育。

晚上8：00，《经济观察报》的深度调查部主任、书评主编刘玉海专程过来就《见证十年》进行采访。

在今年两会召开前夕，我的10卷本《见证十年——一个民主党派成员见证的中国民主政治进程》由山西教育出版社正式出版了。

有人把它视为一部记录中国协商民主，记录全国人民代表大会制度和政治协商制度的著作。如农工党常务副主席何维就认为，它是一套反映社会主义协商民主实践的生动“民载”史料。

有人把它视为一本人大代表政协委员的履职“教科书”，如何参加两会，如何写建议与提案，如何调查研究，如何“善思敢言”。九三学社中央常务副主席邵鸿就认为，这是一套“很好的示范和教材”。《中国政协》的编辑告诉我，她专门给今年的新委员送了一些我的书。

当然，教育工作者恐怕会把它视为一套为中国教育建言谋策的书籍。这套书，记录了我作为教育工作者所经历的中国教育改革与发展，记录了我作为中国的人大代表和政协委员为中国教育鼓与呼，记录着我对于教育问题的思考，对于中国教育改革与发展的思考。这也是山西教育出版社出版这套著作的重要原因。

《见证十年》中全面记录着十年来我一共提交的154个建议与提案，其中，90%以上都是关于教育的。在政协工作上，教育是我用心用力最多的领域，一方面因为教育事关每个人，一方面因为我自己的教育情结，一方面更是为了建议和提案保持专业水准。

在教育领域中，阅读问题、教师问题、农村教育问题是我长期关注的三个重点，十年来，关于阅读提交了31份建议和提案，关于教师提交了18份建议和提案，关于农村教育提交了30份建议和提案，占了总数的一半左右。虽然不可能所有建议和提案都能被相关部门采纳，但是，我非常高兴地看到，我关注的这三个领域这些年都有了长足的发展。

这些年来，全民阅读得到了全面深入的推进。2008年，我在担任全国人大代表的第一年，就提出了《关于推进全民阅读，建立社会主义核心价值体系的建议》，明确提出社会主义核心价值体系和共同思想基础的形成，必须从阅读开始。同时提出建立国家阅读节、大力发展公共图书馆、建设“书香校园”等具体建议。此后的每年两会上，又陆续提出了把全民阅读作为国家战略、建立国家全民阅读基金、建立国家全民阅读委员会、全民阅读立法等一系列建议与提案，其中有些提案已经被采纳，有些正在推进之中。如全民阅读促进条例已经由国务院法制办审议通过，公共图书馆法也于2017年正式颁布，全民阅读的指数也在稳步提升。遗憾的是成立国家阅读节的提案还没有被采纳，我们仍然在继续呼吁。

这些年来，教师队伍建设不断取得新进展。2008年全国两会期间，我就一口气提了《关于保障教师休息权的建议》《关于慎重解决代课教师问题的建议》《关于改革农村教师编制工作的建议》《关于免费师范教育政策应向地方师范院校倾斜的建议》等四个建议，在以后的各次会议上，又先后提出过《关于尽快出台〈中小学离岗代课教师经济补偿及养老保险补缴管理办法〉的建议》《关于县域内义务教育阶段教师、校长轮岗交流的提案》《关于加强县级教师培训机构建设的提案》《关于学前教育教师编制改革的提案》《关于促进优秀教师流向基层和薄弱学校的提案》《关于借鉴重庆、广东经验，妥善解决代课教师问题的建议》《关于尽快解决国企办职、成、幼教退休教师待遇问题的建议》等等。其中大部分建议和提案都得到了落实。一些建议在今年中共中央、国务院颁发的《关于全面深化新时代教师队伍建设改革的意见》中也得到了落实。

这些年来，农村教育得到更多关注。关注教育公平，推进区域教育的均衡发展，也一直是我参政议政、建言献策的着力点。如2012年全国两会期间，我就提出了“关于加强农村寄宿制学校管理的建议”“关于加强西部农村校外住宿生安全工作的建议”“关于利用社会智力资源支持农村边远地区教育的建议”“关于妥善解决农村‘撤点并校’遗留问题的建议”“关于完善外来务工人员子女就学政策的建议”等五个建议案。此后，又提出过解决农村大学生就业难、改善农村小规模学校办学条件、大力发展农村和边远地区普惠制幼儿园等许多建议与提案。其中大部分都得到有关部门的重视，先后出台了一些政策性文件给予解决。

当然，我们不能把相关政策法规的出台完全归功于人大代表和政协委员的建议与提案。但是，蝴蝶效应告诉我们，微小的个体也可能引发意想不到的巨大反应，每一个代表委员都是汪洋中的一滴水，我相信，我们的呼吁对于推进政策的出台也起了一定的作用。

我在《见证十年》这套书的序言中说：“十年，在一个人的生命历程中，是一段漫长的岁月。这样一段时光，如果恰逢了一个伟大民族的复兴，将会给个体的这段时光镀上璀璨的光芒。十年，在一个国家的历史长河中，只是一个短短的瞬间。这样一段时光，如果缔造着一个伟大民族的崛起，这段时光将具有非同凡响的力量。”

我告诉记者，今天下午我又有幸继续当选为新一届的政协常委，我仍然会用心地记录我的政协生涯，仍然努力地为教育建言。我知道，见证，不仅是见证，更是为了建设。我们的呐喊，本身就是一种行动，也是参与，也是建设。

采访进行了近两个小时。晚上10：00左右参政议政部姚立迎副部长来商量两会重点提案等问题。

晚上11：00处理2017年民进中央年鉴的选文。11：40休息。

闭幕式上留下的委员“作业”

——春天的约会之十六

3月15日　星期四　晴

早晨5：00起床。完成每天的必修功课——发微博、写手记。

昨天下午在会场等候开会的时候，看到了霍金去世的有关消息。这位传奇科学家17岁进入牛津大学，21岁时被诊断患有一种罕见的运动神经元疾病，医生告知他的生命只有两至三年。但是，他竟然神奇地带着这种疾病生活了50多年。尽管关于霍金的理论仍然有许多不同的看法，但是他对科学的探索，对未知世界的好奇，对生活的乐观，与疾病的抗争，都是值得称颂的。

他说，“如果生活不好玩，那就悲惨了”“知识的最大敌人不是无知，而是对知识的幻觉”。他对于人类的未来的担忧：“我们面临因为贪婪和愚蠢而自我毁灭的危险。在一个污染日益严重，越来越拥挤的小星球上，我们不能继续只顾自己。”他鼓励人们自立自强：“我发现，总的来说，人们是愿意帮助别人的。但你应该通过做到最好来鼓励他们，让他们觉得，他们帮助你的努力是有价值的。”

的确，在当代科学家中，很少有像他这样引发社会大众想象力，引发大家对宇宙的遐想的人。对于霍金的去世，媒体和网友感叹道，“最接近外星人的地球人走了”“他回到了星辰宇宙”“时间永留简史”。

8：20 出发去人民大会堂。9：30 政协大会的闭幕式准时开始，习近平等党和国家领导人参加会议。会议通过了政协第十三届全国委员会第一次会议关于常委会工作报告的决议、政协章程修正案的决议、提案审查委员会关于提案审查情况的报告以及会议的政治决议。

在完成了各项议程后，汪洋做了一个充满激情而又有新意的讲话。他指出，中国共产党领导的多党合作和政治协商制度是我国的一项基本政治制度，是中国共产党、中国人民和各民主党派、无党派人士的伟大政治创造，是从中国土壤中生长出来的新型政党制度。中国人民政治协商会议这个庄严的名称，清楚地界定了它的性质和作用。在十三届全国政协即将履职之际，我们必须从一开始就清醒地把握这个名称，知道这项制度赋予我们的使命。

汪洋指出，今年是全面贯彻中共十九大精神的开局之年，是决胜全面建成小康社会、实施“十三五”规划承上启下的关键之年，也是十三届全国政协履职的起步之年。目标越伟大，任务越艰巨，就越需要凝聚人心和共识、汇聚智慧和力量。希望大家认真学习贯彻中共十九大精神，把习近平新时代中国特色社会主义思想作为统揽各项工作的总纲，坚持中国共产党的领导、坚持人民政协性质定位、坚持大团结大联合、坚持发扬社会主义民主，携手新时代、落实新部署，发扬优良传统、忠实履职尽责，奋力谱写新时代人民政协事业发展的新篇章。

他特别给大家留了一个新修订章程实施第一年的“委员作业”，希望大家在明年大会报到时，“不仅能提出好的提案，也能用自己的实际行动交上一份好的履职报告”。

其实，汪洋“留作业”不是第一次。2009 年春节前，时任中共中央政治局委员、广东省委书记的他，就给回家过年的省委办公厅的党员干部布置了一道特别的“春节假期作业”，要求他们以“为什么有的工作落地有声，有的工作雷声大雨点小”为题，到基层调研寻找答案。春节长假一结束，29 名年轻干部就带着回乡调研后写好的“春节假期作业”接受检查。

是的，政协委员不仅是荣誉，更是责任。明年两会报到的时候，我们能够交出一份怎样的履职报告，怎样出色地完成这份特殊的“作业”呢？

闭幕式结束以后，按照惯例是全体委员的合影。今年的合影吸取了以前的经验教训，安排得比较科学合理、紧凑高效。半个小时左右的时间就完成了2000多人的大合影。至此，整个十三届一次全国政协会议圆满地画上了句号。

我特别关心会议期间统计的各种数据。用数字看两会，是一个特别的视角。如除了国家领导人分别到现场提取大会发言、参加联组讨论外，邀请了有关人士列席旁听3012人次，其中中共中央国务院103个部门和单位负责同志有427人次。国务院办公厅和“两高”派员参加小组讨论，覆盖58个委员小组。

会议收到提案5360件，经过审查，立案4438件，合并处理88件，不予立案834件，转为意见和建议777件。在立案提案中，经济建设方面的提案1613件，占36.35%；政治建设方面的提案437件，占9.85%；文化建设方面的提案336件，占7.57%；社会建设方面的提案1446件，占32.58%；生态文明建设方面的提案403件，占9.08%。从9号下午5点提交提案截止到昨天，只有短短5天时间，提案审查委员会要处理完成5360件提案，其任务之艰巨可想而知。

大会的会风会纪也是可圈可点。五次全体大会出席率均在97.45%以上，开幕式的出席率达99.58%，创有统计以来最高纪录。会议期间，实现了违纪违规问题反映、意见箱问题反映、监督电话问题反映三个“零报告”，体现了会议的风清气正。

从大会的媒体报道来看，也是规模空前。3300多名中外记者对大会进行了充分报道，149个国家和地区直播了大会开幕式，首次开启的“委员通道”举办了3场，33位政协委员讲述自己的故事，展现了委员风采。

下午3：00出发去全国政协。4：30参加政协第十三届全国委员会常务委员会第一次会议。会议审议通过了政协第十三届全国委员会常务委员会第一次会议议程；听取了全国政协副主席兼秘书长夏宝龙做的关于政协第十三届全国委员会常务委员会关于设置专门委员会的决定（草案）的说明，关于政协第十三届全国委员会各专门委员会主任、副主任名单（草案）的说明。会议只有短短的十多分钟，结束以后回到驻地。

晚上与几位民进的地方主委谈起上午的闭幕式，大家都觉得这次会议开得非常成功。印象特别深刻的是汪洋主席给大家留的新修订章程实施第一年的“委员作业”，大家都在思考怎样在明年大会报到时，“不仅能提出好的提案，也能用自己的实际行动交上一份好的履职报告”。

利用晚饭后的时间整理读书笔记。会议期间用零零碎碎的时间读完了《瑟谷学校传奇》第Ⅰ卷和第Ⅱ卷。第Ⅰ卷《童年的王国》是毕业生关于他们的校园生活回忆录，第Ⅱ卷《瑟谷学校毕业生》是毕业生讲述学校对自己离开学校以后的生活与学习、工作的影响。这所20世纪60年代创办的学校，打破了传统学校的格局，尊重学生的自由天性，尊重学生的选择自由，没有班级、没有课程、没有考试，自主学习是它的基本特征。但是，学生却获得了最大的成长。也许，其中已经孕育了未来学校的精神。

晚上9：20，收到《中国青年报》记者蒋肖斌发来的采访文章初稿，利用半个小时左右的时间认真阅读，对个别细节进行了简单修订。

两会的这些天，工作强度比较大，今天总算可以喘口气了。不过，正因为各项事务多，回望刚刚过去的这些天，才觉得格外紧凑充实。一天又一天，总觉得时光流逝得匆忙。回头看去，一个个的脚印，终归会慢慢汇总为一条路径。紧锣密鼓的相聚相商之后，是更多平常的日子，那才是持续关注、调研、探索和耕耘的时间。一个人，一个机构，乃至一个国家，都是如此。

10：00正准备洗漱休息时，收到《经济观察报》吕玉海的采访稿邮件，希望明天上午返回。于是抓紧修订其中的一些细节，一直到11：30。

年度提案

每年的政协会议，提案不仅是委员履职的重要成果，也是媒体和社会关注的焦点。忙碌了一年，调查研究，参观考察，座谈交流，往往就是想在这个时候交上几份有分量的提案。提案能不能采纳，能不能成为新闻的热点，并不重要。重要的是，我们是不是真正用心了，提案是不是真正反映了方方面面关切的问题，抓住了社会发展的关键问题。

关于用制度去“文山”填“会海”的提案

案由：

“文山会海”之疾由来已久，颇为群众所诟病。中央八项规定实施五年来，狠刹公款吃喝、抵制公款节礼，让人民群众看到了实实在在的成效和变化。但唯独“文山会海”在一段时间里稍稍有所收敛后，便旧病复发，且愈演愈烈。据《人民日报》2017年6月报道，一个乡镇干部2016年全年开了280多场会，平均一个工作日超过一个会。镇里到县城有两小时的车程，来回路上就得半天，再加上开会半天，一天开一个会，基本上就没时间干别的工作了。“文山会海”成了阻塞基层干部联系服务群众的“最后一公里”。

究其原因，主要有以下几个方面：

一是没有硬标准。八项规定要求“要精简会议活动，切实改进会风”“要精简文件简报，切实改进文风，没有实质内容、可发可不发的文件、简报一律不发”但是，什么文件该发，什么文件不该发，什么会该开，什么会不该开，并不容易辨析，并不像“1+1=2”那样答案明确，稍一放松，该发不该发的文件都发了，该开不该开的会议都开了。

二是没有硬处罚。从中央到地方，在反“四风”案例中，多数是党员干部吃拿卡要、不作为慢作为等，对“文山会海”

的案例通报却是极为罕见。这就不难想见，没有案例的警示威慑，部分领导干部依然把八项规定当成耳旁风，只要不贪污不腐败，开开会、发发文也无伤大雅。

三是可以避追责。以“文山会海”落实指示精神，就是一些领导干部怕脚踩“红线”、触犯规则；怕外界曲解、惹上麻烦；怕承担连带责任。避险不担当，考核要政绩，谁也不想犯上“走岔道”的错误，谁也不愿背上“不作为”的评价。于是，投入“文山会海”便成了一些官员稳妥的工作选择。

“文山会海”是披着干工作漂亮外衣的另一种意义上的不作为、乱作为，在很大程度上影响了各级干部的工作状态和生活质量，在一定程度上影响了改革发展的进程。纵容“文山会海”，实质是干部思想作风的错误引导，是对中央八项规定和反对“四风”选择性地落实和有意无意地抵制，严重影响党和政府在人民群众中实事求是、真抓实干的形象。

建议：

一、重申精简会议标准，加大问责力度。凡能用小型调度会、协调会、现场会解决的问题，不再召开大会；凡内容相近或会期相近、参会人员大部分相同的会议要合并召开；凡能通过电文办理的不再开会；可以召开电视电话会议的不集中开会。全局性会议一般不超过半天，各部门工作会议和电视电话会议不超过两个小时。同时，加强对各级党政机关开会发文的督查力度，严厉处罚、问责乱开会和乱发文的现象。要以“零容忍”的态度面对“文山会海”，要像开展反腐败斗争一样力度不减，节奏不变，不见成效，决不收兵；不见巩固，决不罢手。

二、制度规范，设置“无会周”“无会日”。逐步推广湖北宜昌市夷陵区委的做法，将“无会周”制度化。确定每月的第一周为“无会周”。也可借鉴20世纪80年代河北正定县的做法，规定一周有一两天为“无会日”，“无会日”一律不得开会，违反者通报批评。

三、从根本上改变传统考评标准。要彻底改变以往的以开了多少会、发了多少文件来评价工作成绩的做法，改由以工作完成实绩进行考评，从而促进干部作风从“注重形式”向“真抓实干”转变，工作方法由“简单贯彻”向“提高执行力”转变，政府职能由“管理为主”向“服务为主”转变。要让制度去保障工作落到实处，让例会去督促、检查工作落实成效。

四、运用高科技，改变开会方式。需要大范围传达的内容，采用云视频会议，组织各级相关人员统一收看，不再层层开会、层层传达；需要不同区域落实的内容，尽量采取电话会议或视频会议，减少舟车劳顿。

建议办理部门：中央深改办

关于实施“乡村教育振兴行动计划”的提案

案由：

乡村振兴战略的实施，基础在教育。乡村学校是村庄的灵魂，乡村的精神寄托在于乡村学校，乡村文化的传承也依靠乡村学校。振兴乡村教育是实施乡村振兴战略的必由之路。乡村教育不振兴，就难以实现乡村整体的振兴，难以从根本上提高贫困人群脱贫的内生动力和发展能力。

目前，乡村教育存在较多问题，已经成为制约乡村振兴的重要因素。主要表现在以下几个方面：

一是乡村学校的定位不清。在城乡一体化的过程中，乡村教育资源配置处于劣势，乡村教育处于应试水平低下和素质教育缺乏的双重矛盾之中，教育质量不高导致生源不断流失。其中重要的问题就是乡村教育的定位不准，我们习惯于用城市学校的标准去衡量、评价乡村教育，乡村教育的目标是为了“逃离”乡村，缺乏对乡村教育的本质研究和准确定位，曲解了城乡教育一体化的实质。

二是乡村教育难以留住人。乡村教育发展的核心在于留住人，一要留住学生，二要留住老师。但是，学生随着家庭的迁移大量流往市、县、镇，乡村教师流失问题依然严峻。

三是技能人才培养与乡村发展需要不匹配。乡村振兴战略的实施需要大批懂农业、爱农民、爱农村的专业人才，而目前在唯学历、重文凭、不重技能的大环境下，歧视农业技能劳动者的状况十分普遍，导致没有人愿意学农。在我去调研的云南昭通农校，其农林类专业即使联办专科也无人问津，不得不裁撤或合并，而同时当地万名劳动力中只有 0.067 个技术人员，涉农人才严重匮乏。

建议：

一、根据乡村的特点，构建异于城市教育的“自然—人文—灵活—小规模”的乡村教育。乡村教育不应该照搬城市教育，应该拥有自身的独特内涵、价值、文化性格和表现形式。国家教育行政部门应该研究乡村教育特点，准确定位乡村教育发展方向，明确乡村教育的培养目标。将乡村学校的重建置于优先地位，在制度、人才、财政上给予优先而合理的安排和配置。

二、切实为乡村教育提供保障，在留住人上下功夫。在留住学生方面，要办好一批优质的基础教育学校，依托乡土文化、社会与自然，建筑起温馨的校园，形成有本土特色的校园文化，吸引儿童回乡就学；在中考改革中注意向乡村学校倾斜。在留住老师方面，大幅度提高乡村教师岗位的薪资水平和社会保障条件；设置乡村教师高级教师与特级教师的专门岗位；有计划地培养、培训一批本土教师，强化教师的地域认同、文化认同与身份认同；为乡村教师开辟多元发展空间，激励教师对教育事业的追求。

三、大力发展涉农中等职业教育。中等职业教育是离乡村、农民最近，短期培养大批涉农人才最可行的教育供给。发展好中等职业教育中的涉农专业，发挥中等职业教育的涉农培训，对培养大批用得上、留得住的乡村实用人才，培养有文化、懂技术、会经营的新型职业农民，都具有可预期的效果。

建议办理部门：教育部、人力资源和社会保障部

教育部关于政协十三届全国委员会第一次会议第4250号（教育类412号）提案答复的函

朱永新委员：

您提出的《关于实施“乡村教育振兴行动计划”的提案》收悉，经商农业农村部，现答复如下：

一、关于准确定位乡村教育发展方向、明确乡村教育培养目标的问题

国家高度重视乡村教育发展，在制定乡村教育发展的政策文件时，充分考虑了农村、边远、民族等因素。2016年，国务院印发《关于统筹推进县域内城乡义务教育一体化改革发展的若干意见》（国发〔2016〕40号），提出了十项改革措施，要求消除义务教育城乡二元结构壁垒，加快推进县域内城乡义务教育学校建设、教师编制、生均公用经费基准定额、基本装备配置标准“四统一”和“两免一补”政策城乡全覆盖，解决“乡村弱、城镇挤”问题。2018年，国务院办公厅印发《关于全面加强乡村小规模学校和乡镇寄宿制学校建设的指导意见》（国办发〔2018〕27号，以下简称《指导意见》），强调聚焦破解城乡义务教育发展不平衡不充分的突出矛盾，切实解决两类学校发展滞后问题，对全面加强两类学校建设做出部署，提出到2020年基本补齐两类学校短板、进一步振兴乡村教育的总体目标，努力为乡村学生提供公平而有质量的义务教育，要求优先发展农村义务教育，公共资源配置对两类学校重点保障，特别是在教育经费投入、教师编制、岗位结构、职称评聘、绩效工资等方面向两类学校倾斜，突出了问题导向，从基层学校最迫切需要解决的问题出发，提出了相应的政策措施。

下一步，教育部将联合有关部门，结合乡村特点和实际，切实落实好乡村教育建设发展有关工作。

二、关于办好优质基础教育学校问题

《指导意见》强调，要全面提升两类学校的教育质量，在改善办学条件、强化师资队伍、加强经费保障的基础上，还从健全管理制度、推进“互联网+”教

育发展等方面提出了一系列措施。一是发挥中心学校统筹作用。推进乡镇中心学校和同乡镇小规模学校一体化办学、协同式发展、综合性考评，实行中心学校校长负责制；将中心学校和小规模学校教师作为同一学校的教师“一并定岗、统筹使用、轮流任教”；统一中心学校和小规模学校课程设置、教学安排、教研活动和教师管理；统筹加强控辍保学工作，落实目标责任制和联控联保工作机制。二是完善育人模式。充分发挥小规模学校小班教学优势，突出因材施教。发挥寄宿制学校全天候育人和农村教育资源的独特优势，合理安排学生在校时间，丰富校园生活。密切家校联系，完善家访制度，形成家校育人合力。进一步完善农村留守儿童教育关爱体系，加强对留守儿童受教育全过程的管理，优先满足他们的寄宿需求，配齐照料留守儿童生活的必要服务人员。加强民族地区寄宿制学校管理，积极开展有利于促进民族团结和融合的教育教学活动，引导学生在学校生活、学习中广泛使用国家通用语言文字。

您的建议，有利于提升基础教育学校办学质量。下一步，教育部将进一步推动全面提升两类学校教育质量，改善办学条件、规范管理，促进基础教育学校的建设发展。

三、关于提高乡村教师待遇的问题

国家重视提高和改善乡村教师工资待遇：一是按照现行工资政策，在列入执行艰苦边远地区津贴范围县市区工作的教师享受艰苦边远地区津贴。二是义务教育学校教师在绩效工资总量核定时，对农村学校特别是条件艰苦学校给予倾斜。三是从 2013 年开始实施集中连片特困地区乡村教师生活补助政策。四是从 2015 年起实行的乡镇工作补贴将乡村教师纳入其中，并向条件艰苦的偏远乡镇和长期在乡镇工作的人员倾斜。2015 年 6 月，国务院办公厅印发《乡村教师支持计划（2015—2020 年）》，进一步要求逐步形成“越往基层、越是艰苦，地位待遇越高”的激励机制，各地依法依规全面落实对贫困地区乡村教师各项补助政策。2018 年 1 月，中央 4 号文件明确要求，要大力提升乡村教师待遇，深入实施乡村教师支持计划，关心乡村教师生活，认真落实艰苦边远地区津贴等政策，全面落实集中连片特困地区乡村教师生活补助政策，依据学校艰苦边远程度实行差别化补助，鼓励有条件的地方提高补助标准，努力惠及更多乡村教师。

教育部将进一步指导督促地方落实好教师待遇保障有关工作。

四、关于职称评审向乡村教师倾斜的问题

国家有关部门制定了一系列对乡村教师倾斜的职称评审政策。2015 年，人力资源社会保障部、教育部联合印发《关于深化中小学教师职称制度改革的指导意见》（人社部发〔2015〕79 号，以下简称《指导意见》），要求各地制定中小学教师具体评价标准条件要综合考虑乡村小学和教学点实际，对农村教师予以适当倾斜，稳定和吸引优秀教师在边远贫困地区乡村小学和教学点任教。在乡村学校任教（含城镇学校教师交流、支教）3 年以上、经考核表现突出并符合具体评价标准条件的教师，同等条件下优先评聘。2017 年人力资源社会保障部、教育部联合印发《关于做好 2017 年度中小学教师职称评审工作的通知》（人社部发〔2017〕67 号），鼓励有条件的地区单独建立农村和艰苦边远地区中小学教师职称评审委员会或评审组，进行单独评审。在实际工作中，各地均出台了向乡村教师倾斜的措施，对乡村中小学教师不作外语成绩、计算机应用、发表论文的刚性要求。在 2018 年中小学教师职称评审工作的通知中也提出，继续向农村和艰苦边远地区倾斜，对“定向评价、定向使用”的基层中小学高级专业技术岗位实行总量控制、比例单列，不占各地专业技术高级结构比例。

下一步，教育部将指导地方落实好职称评审向乡村教师倾斜有关政策。

五、关于教师培养的问题

党的十八大以来，教育部深入贯彻落实党中央、国务院部署，多措并举精准施策，加强乡村教师队伍建设，乡村教师“下得去、留得住、教得好”的局面正在形成。在乡村教师培养方面，近年来，在部属师范大学师范生公费教育政策的示范引领下，全国有 28 个省份采取公费培养、学费返还、定向培养等方式实施地方师范生公费教育政策，每年吸引 4.1 万名高校毕业生直接到农村中小学任教。采取推荐免试攻读教育硕士专业学位研究生方式，每年为农村学校培养约 1000 名高素质中小学教师。在乡村教师培训方面，充分发挥中小学教师国家级培训项目的示范引领作用，加大乡村教师的培训力度。“国培计划”自 2015 年起调整实施范围，集中支持中西部乡村教师校长培训，采取顶岗置换、送教下乡、网络研修、短期集中、专家指导、校本研修等多种方式，建立乡村教师常态化培训机制。2015—2017年，共培训乡村教师校园长540余万人次。制定乡村教师校园长培训标准，推动各地创新乡村教师校园长培训模式，结合本地实际按需施训。推动教师培训学分管理，推动落实包括农村教师在内的五年一周期全员培训制度。

下一步，教育部将进一步推进乡村教师培养培训工作，不断提升教师队伍整体素质。

六、关于涉农中等职业教育的问题

教育部高度重视农业职业教育工作，积极推进涉农专业开设。《中等职业学校专业目录（2010年修订)》设置了现代农业技术、设施农业生产技术、观光农业经营、农村电气技术等相关专业。新修订的《普通高等学校高等职业教育（专科）专业目录（2015年)》设置了作物生产技术、种子生产与经营等19个农业类专业。2014年，教育部联合原农业部印发《中等职业学校新型职业农民培养方案试行》，规定新型职业农民中等职业教育分为种植、畜禽养殖、水产养殖、农业工程和经济管理5个专业类，每个专业类包含若干专业方向，并可根据农业产业和农村经济社会发展需要以及各地农业农村人才培养特点进行动态调整。各地根据实际情况，制定专门规划和切实可行的具体政策，开展形式多样的农业职业教育。2015年6月，教育部、人力资源社会保障部共同出台《关于推进职业院校服务经济转型升级面向行业企业开展职工继续教育的意见》（教职成〔2015〕3号)，推动职业院校开展企业职工继续教育，提高包括农民工在内的企业职工文化知识水平和技术技能水平，推进和谐劳动关系建设，促进大众创业、万众创新，服务好新常态下行业企业的转型升级。第三方数据显示，2016年高职院校为社会提供的技术培训超过1300万人次，校均超过1万人次，160余所院校培训量超过2万人次。据统计，2016年全国普通高校、职业院校和成人学校共完成各级各类岗位证书培训达1535万人次，其中包括面向农民工和农村转移劳动力的培训。

下一步，教育部将加快推进新一轮中等职业学校专业目录修订，进一步完善中职涉农专业设置。同时，进一步推动职业院校学历教育与培训并举并重，在涉农专业领域，充分发挥职业院校资源优势，加强职业培训，促进新型职业农民培育。

感谢您对教育事业的关心和支持！

关于建立中国教育博物馆的提案

案由：

教育博物馆具有文物收藏、科学研究和社会教育三种基本功能。具体而言，建立国家教育博物馆的教育价值、社会价值和文化传播价值可以分述如下：

首先，建设中国教育博物馆能够温故知新，促进人们在教育上继往开来的探索。对以往教育遗产和教育发展历程的整理、保存和研究，使我们对教育的发展历程和精神实质、对教育与社会和文化发展的关系、对现代教育的本质与发展趋势有更深刻和清醒的认识，有助于我们在现有教育发展基础上，进一步思考与促进当今教育的改革与发展。

其次，建设中国教育博物馆是当代中国制度自信、文化自信的体现。中华民族千年来的教育历史、记忆，将集中展示于教育博物馆中，是鲜活的历史再现，将产生积极的社会效应，让国人和世界各国的人们从根本上了解、认识中国教育，认识中国教育的传统，了解中华文化传承的历史，进而更能深入地了解中国文化的底蕴，这也将有助于增强国人特别是年轻一代的民族自豪感、文化自信与文化自觉，进一步增强道路自信、理论自信和制度自信。

再次，通过博物馆的传播教育功能，可以更好地展示和传播新时代中国教育发展的理念，发挥对社会良好的引导作用，凝聚全社会对中国教育发展的共识，共同创造中国特色社会主义教育文化。

目前，国内仅在部分地区建立了教育博物馆和教育专题博物馆，能够整体上呈现中国教育传统和中国教育全貌的、综合性的国家级教育博物馆一直都是空白，与我国作为全球教育大国的地位十分不相称。为此，建议尽快建立中国教育博物馆。

建议：

一、合理规划建设中国教育博物馆

做好筹备、规划、选址等工作，在北京尽快建立一座综合性的、国家级的中国教育博物馆。同时，由于教育内涵十分丰富，文物资料众多，建议利用现有资源，在各地选址改扩建专题分馆，如学校教育分馆、教育家纪念分馆、教科书分馆等等。

二、发挥好中国教育博物馆的功能

在建设教育博物馆的过程中，应注意做好中国教育的梳理、归纳和研究工作，将多种具有史料价值，包括与教育相关的实物聚合起来，从不同的侧面生动地记录教育的历史，通过运用现代科技手段展示出来。建立一支懂教育兼通博物馆学的专业人才队伍，发挥好博物馆的社会教育功能。在教育博物馆建好后，除了陈列展览外，还可以举办讲座，出版藏品研究专著和相关教育书籍、图录、期刊，举办夏令营等，立足于博物馆的藏品，通过各种教育项目对博物馆的主题进行阐释。

建议办理部门：国家发展和改革委员会、国家文物局、教育部

教育部关于政协十三届全国委员会第一次会议第3972号（教育类369号）提案答复的函

朱永新委员：

您提出的《关于建立中国教育博物馆的提案》收悉，经商国家文物局，现答复如下：

一、认真研究关于建立中国教育博物馆的意见建议

近年来，我部陆续收到一些专家学者关于建立中国教育博物馆的建议，专家学者从不同角度分别提出了意见建议，我们对这些意见建议进行了归纳整理，主要内容如下：

（一）建立中国教育博物馆的意义和作用。建立中国教育博物馆有利于加强教育文物资料、教育文化遗产的发掘、保护；有利于加强教育历史研究，展示中国教育文明和传播新时代中国教育发展。

（二）中国教育博物馆的定位和功能。建议中国教育博物馆作为国家级专业博物馆，应是一个集教育展览、信息交流、学术研讨和咨询服务等功能于一体的公益性机构，应建设成为教育文物收藏中心、教育文化展示中心、国际教育交流中心。

（三）中国教育博物馆的建设方式。在选址上，中国教育博物馆选址首选是北京，如北京选址有困难，也可选址在其他地区。在建设方式上，一是新建中国教育博物馆，二是以现有的孔庙和国子监等教育类博物馆为基础进行筹建，加挂“中国教育博物馆”牌子，再从政策、经费、项目上予以大力支持。在筹建主体上，有的建议由北京市人民政府为筹建主体，有的建议由教育部牵头成立前期论证工作组，启动论证和报批工作。在构成方式上，建议采取一馆多址模式，在北京建设总馆，以组建联盟的方式邀请各地教育博物馆参与，在各地建设地区冠名馆、遗址性分馆、专业性分馆、专门领域分馆、校史馆等。同时，应用虚拟现实等数字化、智能化技术手段，创建数字化中国教育博物馆。

二、现有相关博物馆有关情况

我们了解了与中国教育博物馆相关的国家级行业博物馆、教育类博物馆的情况。

（一）国家级行业博物馆。经向国家文物局了解，截止到2016年底，全国登记注册的博物馆4800余家，中央单位举办或参与举办的冠“中国、国家、中华”字样事业单位法人行业国有博物馆19家。有一些部委建立了行业博物馆，如自然资源部建立的中国地质博物馆，农业农村部建立的中国农业博物馆，中国人民银行总行的中国钱币博物馆，国家民委建立的中国民族博物馆。

（二）已建成教育类博物馆。初步了解，大致有以下几类：1. 专题性博物馆。如中华职业教育社、吉林省教育厅、长春市政府共建的职业教育博物馆（坐落于吉林工程技术师范学院）。2. 地区性博物馆，如苏州教育博物馆。3. 遗址性博物馆，如南京的科举博物馆、重庆的抗战教育博物馆。4. 高校博物馆。

（三）国外国家级教育博物馆情况。有一些国家设立了国家级教育博物馆，集中展示教育成就和创新成果，如法国于1879年建立了国家教育博物馆，美国于1990年建立了国家教育博物馆，澳大利亚于1996年建立了国家教育博物馆。

三、中国教育博物馆设立需开展的主要工作

我部积极与国家文物局等单位沟通，了解、梳理博物馆设立的政策、程序等内容。

（一）申请设立事业单位。《博物馆条例》规定：国有博物馆的设立依照有关事业单位登记管理法律、行政法规的规定办理，并应当向馆址所在地省级人民政府文物部门备案。根据《事业单位登记管理暂行条例释义》规定：名称冠“中国”“全国”“国家”“中华”等字样的事业单位，应当报国务院批准。根据上述规定，设立中国教育博物馆应由举办者按程序申请设立事业单位，冠名须报国务院批准。

（二）建设博物馆馆舍。按照基本建设项目建设程序和规定，以新建方式建设博物馆馆舍，需由举办者向土地、规划部门申请用地和规划选址，向投资主管部门申请安排建设资金和项目审批。以调整现有建筑用途方式建设博物馆馆舍的，需与相关部门协调。

（三）文物征集。《博物馆条例》规定，博物馆可以通过购买、接受捐赠、依法交换等法律、行政法规规定的方式取得藏品，不得取用来源不明或者来源不合法的藏品。建立中国教育博物馆需广泛征集、系统整合教育文物资源，充实馆藏文物。

（四）建立博物馆运行管理机制。根据《博物馆条例》相关规定，应当制定博物馆章程，完善博物馆法人治理结构，建立健全有关组织管理制度。

综上，建立中国教育博物馆流程复杂，涉及机构设置、人员编制、经费支持等多项保障政策，工作环节较多、程序复杂，需要在各方面条件基本成熟的情况下稳妥推进。

感谢您对教育工作的关心和支持！

关于保障学生和教师休息权的提案

案由：

都说中国的孩子是世界上最辛苦的群体，每周从周一到周五要在学校完成长时间的学习，回家完成大量家庭作业，周末还有奥数班、特长班等一系列课外辅导任务。

过重的学业负担导致中小学生的休息权被剥夺，对少年儿童的身心健康带来严重负面影响，部分地区甚至出现了因节假日补课而产生的学生群体性事件。

与此同时，教师的休息权同样得不到保障。学生每天在校的时间都是老师的工作时间，而在上课以外，老师课前认真备课少不了，课后还要批改作业、家访、辅导差生。有些教师为了完成工作任务，还不得不将在学校里没有完成的事情带回家，几乎所有教师都是用休息的时间去完成相关工作的。寄宿制学校从早自习到晚自习，教师都要陪着学生，除了完成教学工作外，还要承担对学生生活的照料任务。

在教学之外，教师还承担了很多额外压力，包括准备各类检查评估材料、写论文评职称、学生安全保障等，甚至有些老师还承担着政府分派的结对扶贫任务，这些任务大多要在工作时间外完成。去年暑假就有不少教师反映被乡镇抽调去做脱贫攻坚的台账。许多教师的休息权被无形剥夺了。

建议：

休息权是一项基本人权，是我国宪法以及劳动法律、法规赋予劳动者的一项基本权利，学生和教师的休息权理应得到保障，为此我们建议：

一、加强教育督导，严格依法治教

把中小学生在校时间、课后作业量纳入教育督导范围内，加强督导，严禁中小学校违规补课，对违规补课的学校，扣除该校教师该年度绩效工资，校长一律停止职务。在优化督学的同时，加强督导机构的督政职能，消除地方政府强加给学校的不合理的非教育负担。同时，依法规范校外培训机构的办学行为。

二、采取措施切实降低中小学生学业负担

首先，要引导全社会形成正确的教育观和人才观，进而在义务教育减负提质上形成改革共识。其次，深入推进教育领域综合改革，快速推进义务教育均衡发展；大力促进民办教育发展，满足社会多样化的教育需求；推进教育管理体制改革，把转变政府职能与落实学校办学自主权相结合，实施管办评分离，实行教育家办学。三是全面推进义务教育评价机制改革。评价要弱化区分度和选拔性，要牢固树立把每个学生培养成合格公民的教育目标，使中小学教育对学生的全面发展负责而不是只对分数负责，对学生的终身负责而不是只对眼下负责，对所有学生负责而不是只对升入名校的学生负责。四是深入实施课程、教材和课堂教学改革。根据学生生理、心理发展规律和认知水平确定合理的课程体系，对不同课程中重复出现的知识点和内容加大研究整合力度，减少课程内容，降低课程基准难度，使绝大多数学生都能基本掌握。对不同学习能力的学生可通过分层次、分难度教学，实行课标保基础、难度看个人，真正做到因材施教。严格按照课标编写教材，禁止超越课程标准的内容进入教材。

三、减少一线教师的非教学任务

首先要尊重教育、尊重教师，改革学校和教师考评制度。教育主管部门必须制定合理的学校和教师评价标准，尊重学校教育主体性质，剔除与教育教学关联不大的考评细则，加大对教育教学的实质性评价占比。各级部门应关心关注教师群体，合理分配工作，明确工作量标准，科学配置师资，减少额外非教学任务摊派，让教师全身心投入教学核心，把更多的时间和精力用于备课、教研、培养学生以及自身的专业发展。其次要通过政府购买服务的方式，聘请一定数量的工勤人员，完成校园安全、宿舍管理、学生餐管理等非教学任务，让一线教师从这些琐碎的非教学事务中解放出来，休息权得到保障。

建议办理部门：教育部

教育部关于政协十三届全国委员会第一次会议第 3122 号（教育类 304 号）提案答复的函

朱永新委员：

您提出的《关于保障学生和教师休息权的提案》收悉，现答复如下：

加强学生休息权督导、采取措施切实降低中小学生学业负担、减少一线教师的非教学任务等建议，聚焦了当前基础教育领域热点难点问题，具有很强的现实性和针对性。您的建议和我们当前工作的思路举措总体上是一致的。

一、关于对学生休息权加强督导事宜

教育部始终高度关注学生的身心健康，注重促进学生德智体美劳全面发展。近年来把中小学生在校时间、课后作业量纳入了教育督导范围。2012 年，印发了《关于进一步加强中小学校督导评估工作的意见》，要求各地“认真履行对学校教育教学质量进行督导评估的法律职责”，坚持以学生发展为本的评估原则，把合理安排学生作息和锻炼作为评估的重要内容，把教育教学工作是否适应学生发展需要作为衡量学校办学水平的主要标准，引导学校遵循教育教学规律和学生身心发展规律，为每个学生提供适合的教育。2013 年 9 月，《国务院教育督导委员会办公室关于印发〈中小学校责任督学挂牌督导办法〉的通知》（国教督办〔2013〕2 号），明确把对学校依法依规办学、学生课业负担情况作为责任督学经常性督导事项。2018 年 2 月，国务院教育督导委员会办公室印发《〈对省级人民政府履行教育职责的评价办法〉实施细则》（国教督办〔2018〕2 号），明确把维护师生合法权益、减轻学生课业负担作为考核的重要内容，督促省级人民政府全面履行减负的教育职责。今后，教育部将从督政、督学、评估监测三个方面，进一步加强对学生休息权的督导检查，切实促进学生全面发展。

二、关于开展校外培训机构专项治理工作事宜

为切实降低中小学生学业负担，教育部联合有关部委大力开展校外培训机构专项治理。2018 年 2 月，教育部会同民政部、人力资源和社会保障部、原国家工商总局联合印发了《关于切实减轻中小学生课外负担开展校外培训机构专项治理行动的通知》，明确了校外培训机构治理的重点和治理步骤。半年来，通过明确地方责任部门和人员、分省派出联络员、开展专项督查、规范竞赛活动、推动行业自律等多种措施，指导各地加快专项治理，各省均已出台了专项治理实施方案，取得了重要阶段性成效。截至 8 月 20 日，全国已摸排培训机构 38.2 万家，其中发现问题 25.9 万家，按照边摸排边治理的原则已经整改 4.5 万家。专项治理工作摸排阶段任务已基本完成，同时启动了治理整改工作。为建立长效机制，在广泛调研的基础上，教育部联合有关部门起草了《关于规范校外培训机构发展的意见》（以下简称《意见》），7 月 6 日习近平总书记主持中央深改委第三次会议审议通过了这个《意见》，8 月 7 日已经以国务院办公厅名义印发。下一步教育部将根据《意见》持续做好校外培训机构的治理工作。

三、关于采取措施降低中小学生学业负担事宜

国家对降低中小学生学业负担始终高度关注，多措并举综合施策。一是引导社会形成科学理性的人才观和教育观。教育部一直把全面贯彻党的教育方针、促进学生德智体美劳全面发展作为教育的根本宗旨，加强宣传引导，突出育人目标，淡化考分和升学率，引导社会树立“适合孩子的教育才是最好的教育”的正确观念，为教育发展营造良好的外部环境。二是大力推进教育均衡发展。2013 年，国家启动义务教育发展基本均衡县（市、区）（以下简称县）督导评估认定工作。截至目前，全国有 2379 个县义务教育发展实现基本均衡，占全国总县数的 81%。11 个省（市）整体通过评估认定。五年来，各地推进义务教育均衡发展投入不断增加，义务教育学校特别是农村义务教育学校的面貌得到较大改善，优质教育资源覆盖面逐步扩大，人民群众满意度不断提高。三是促进民办教育健康有序发展。国家鼓励社会力量兴办教育，促进教育体制机制创新，推进民办学校分

类管理改革，扩大教育服务有效供给，满足人民群众多样化、选择性教育需求。最近，教育部会同有关部委制定了《民办教育促进法实施条例（修订草案）》，正在广泛征求意见，将进一步完善民办学校设立与审批制度、保障民办学校办学自主权、规范办学行为，促进民办教育持续健康发展。四是完善义务教育评价机制。为促进义务教育质量提升和素质教育实施，教育部于 2015 年起在全国范围内开展了国家义务教育质量监测。重点监测学生学业质量的同时，对课业负担情况也进行监测，对课程、教师、教学和学校管理等影响义务教育质量的相关因素进行分析，为准确把握我国义务教育阶段学生学业水平及教育教学状况，合理有效地降低中小学生学业负担提供参考依据。下一步教育部将继续做好相关工作，切实降低中小学生学业负担。

四、关于减少一线教师非教学任务事宜

教育部始终把加强教师队伍建设摆在突出位置，努力减少一线教师的非教学任务，不断改善教师的职业状态。您提出改革学校和教师考评机制、通过购买服务聘请工勤人员的建议，具有较强针对性。我们将进一步采取措施、推动落实。关于学校考评机制，2017 年，教育部颁布《义务教育学校管理标准》，针对义务教育学校管理工作特点，以学生和教师为中心设置了六项管理标准，推动义务教育阶段学校依法办学、科学管理。目前，我们正在起草《中小学校管理评价办法》，将教育教学作为对学校管理水平评估的主要内容，充分尊重学校教育主体地位，突出对教育教学的实质性评价。通过评估，引导中小学校建立现代学校制度，遵循教育规律，激发办学活力，提高教育教学质量。关于教师考评制度，2018 年 2 月，中共中央、国务院印发《关于全面深化新时代教师队伍建设改革的意见》，对深化中小学教师考核评价制度改革提出了明确意见，要求进一步完善职称评价标准，建立符合中小学教师岗位特点的考核评价指标体系，坚持德才兼备、全面考核，突出教育教学实绩，引导教师潜心教书育人；加强聘后管理，激发教师的工作活力；完善相关政策，防止形式主义的考核检查干扰正常教学；不简单用升学率、学生考试成绩等评价教师；实行定期注册制度，建立完善教师退出机制，提升教师队伍整体活力；加强中小学校长考核评价，督促提高素质能力，完善优胜劣汰机制。关于聘请工勤人员以减轻教师非教学工作，2014 年 11

月，教育部会同中央编办、财政部印发了《关于统一城乡中小学教职工编制标准的通知》（中央编办发〔2014〕72号），强调在统一中小学教师编制标准、盘活编制存量、优化编制结构的同时，鼓励有条件的地方探索把一般性教学辅助和工勤岗位不再纳入指导目录，逐步压缩非教学人员编制，相应适当降低教职工编制核定标准。下一步，教育部将贯彻落实国家相关政策和文件要求，进一步推动中小学校和教师考核评价制度改革，完善教职工管理制度，加强教师队伍建设，为办好人民满意的教育提供坚实支撑。

感谢您对教育事业的关心和支持！

关于编好中小学校建设标准，促进教育均衡发展的提案

案由：

出台普通中小学校建设标准是推动学校标准化建设，促进教育资源均衡配置的有效手段，是推动城乡义务教育一体化发展，让每个孩子都能享有公平而有质量的教育的基础保障。因此，必须慎重编写，标准既要体现作为全国性标准的严肃性和规范性，又要兼顾不同区域经济社会发展的特点，还要为学校的特色化发展留足空间。

建议：

一、根据区域自然条件和经济社会发展水平的差异，设定两到三级标准。我国幅员辽阔，各地的具体情况千差万别，全国实施单一标准（指标）比较困难，建议设定两到三级（高低两级或者高中低三级）标准（指标），适应不同区域的具体要求。但是在一个区域内（省域或市域），必须坚持同一个标准（指标）。

二、建议每个具体标准（指标）都设定最低线和最高线。最低线是底线标准，新建学校必须达到，而现有未达标学校也要通过改造达到标准要求；最高线是封顶线，是公办学校不能超越的上限，借以避免一些地方利用财政资金修建奢华学校和贵族学校，加剧教育资源的不均衡。可以就生均占地面积、生

均建设面积、生均建设成本三个方面，提出上线标准。

三、标准中规定内容不易过细过全，要为地方和学校的特色化发展留足空间。标准作为教育部门的指导性和规范性文件，必须明确学校必配用房和选配用房的关系，规定好人均面积和一些必配的项目，把一所学校运行所必需的场所明确规定下来；而选配项目只需明确选配的原则和比例，选配的细节，包括名称、具体面积、用途等，交由地方和校长来按需确定。应尊重地方的特点和自主权，探索出适合本地教育发展的学校建设方案。省级人民政府可根据标准出台实施办法。

四、标准必须体现新的理念，具有前瞻性。首先要强调安全。从选址开始，标准中应该明确学校的服务半径，建设方面要从消防、卫生等方面综合考虑。其次要强调绿色。学校建筑要节能环保，易于分解和组装，从而适应区域生源变化带来的校舍需求变化，还要适应未来学习方式的转变。首先要考虑到当前面临的新的建设需求：一是信息教学环境的建设要加强。二是综合化、跨学科、实践化的项目学习环境的建设要加强。三是适当减少单一学科学习场所的配置，适当增加学科整合或者综合性的学习场所配置。此外，未来学校可能成为向社区开放的学习中心，为适应人人学习、处处学习、随时学习的需要，学校图书馆、体育场馆等可向公众开放的设施，应该更多考虑到未来的需要。

五、标准出台前要做好测算、试点、意见征集工作。标准正式出台前，应该对我国当前现有中小学的总体达标情况进行评估：如果将未达标的学校全部改造达到标准要求，需要财政投入多少资金，进而论证标准的可行性。也可以选几个地区先行试点，根据试点情况再做进一步修改调整。还可以把标准草案向社会公开，广泛征集意见，进行补充修订。

六、要注意不同标准体系之间的一致性。标准中涉及的具体指标参数，应该与教育部已经出台的各项相关标准（体系）具有一致性和可兼容性，以便于地方操作。例如，标准应与义务教育均衡发展验收的标准相配合，与设备仪器标准也要兼容（新制定的标准要为设备仪器等留出足够的存放和使用空间）。尤其要注意的是，标准要考虑到我国有六三学制和五四学制两种学制，应该适应不同学制的地区和学校。

建议办理部门：教育部、住建部

关于切实解决中小学大班额问题的提案

案由：

伴随着我国城镇化进程的快速推进，大量农村人口向城镇转移，使得城镇学校快速扩张、超负荷运行，一些地方甚至出现超过百人的班额。“超大班额”“超大规模学校”在许多地方已成为义务教育重要的甚至是主导的存在形态。大班额教学使得中小学生在拥挤的教室中利用短缺的教育资源进行学习和生活，严重影响了中小学生的全面发展，阻碍了素质教育的推行，成为制约我国基础教育质量提高的瓶颈问题。

教育资源配置不均衡，“择校热”是产生城镇学校大班额问题的根本原因。随着义务教育的普及，人们追求的不再是“有学上”，而是“上好学”。但是在我国城乡二元经济结构下，也存在着城乡二元教育体制。长期以来由于政府教育投入不足，城乡教育发展不均衡，优质教育资源相对较为短缺，远远不能满足社会所需。优质教育资源的稀缺与社会需求扩大间的矛盾突出，引发择校难题，从而形成了城镇学校大班额现象。

建议：

一、严格限定班额，严格规范办学

加强教育督导，严格限定班额。教育部最近已经出台文件规定年内消灭66人以上大班额，但能否真正落实仍然需要加强检查和督导。要将学校的规模和班额变化情况纳入学校督导的责任范围，开设举报热线、网络平台等鼓励人民群众对相关违规情况进行举报，并明确规定各级政府、教育行政部门及其行政领导管理和监督不力须承担的后果。对超过教育部限定班额的学校进行限期整改，通过新建、改扩建学校增加优质教育资源供给，有效化解大班额的难题。严格规范办学，义务教育实施就近入学，教育主管部门要向社会公布学校招生计划及情况，建立学校招生范围动态调整机制，坚决遏制由违规择校带来的大班额现象。

二、推动城乡义务教育一体化发展，深化义务教育均衡发展

站在城乡义务教育一盘棋的高度上，突出城乡一体化发展的总体思路，以"教育均衡发展"和"提升教育质量"为首要目标，统筹城乡教育资源配置，合理规划学校布局建设，努力形成城乡一体的区域义务教育发展新格局。

在城市，及时出台和调整相关政策，以保证城镇的扩张与义务教育的承接能力协调一致，做到学校建设与城市建设同步发展，避免教育需求向大城市优质学校过度集中。完善城市教育设施配套建设土地划拨政策，制定将住宅配套建学校改建商品房的惩处措施，出台从土地出让金中预留教育建设经费的政策等，突破城市教育公共设施建设面临的政策瓶颈。

在农村，积极推进农村学校布局适度集中、确保办学水平，与办好农村小规模学校双管齐下，促进农村学校布局设置与城镇化的良性互动。通过与城市优质学校建立一对一帮扶关系等手段，切实提升农村学校教育质量。

三、研究制定科学的城乡义务教育布局标准，做出全局性、前瞻性的布局规划

由教育部牵头，协同国家发改委、人社部、财政部等部门，共同研究制定《城乡义务教育学校布局实施标准》，对学校服务半径、选址安全性、班级规模与学校规模、师资和硬件设施配置等进行规范。所制订的标准应充分体现地区差异性，充分考虑乡村文化保护与传承因素；对于边境地区，还应将国土安全作为学校布局的重要考量因素。

地方政府应本着"高端统筹　全域一体"的原则，制订全局性、前瞻性、系

统性、协同性的布局规划和实施方案。第一，紧密结合本地城乡经济社会发展，科学预测人口和教育需求发展趋势。第二，将学校布局规划与地方行政区划、市政发展规划等统筹考虑，协调推进。地方行政区划和市政发展规划调整时，应由教育部门牵头，协同规划学校布局。第三，学校布局规划及调整应优先满足学生和父母对于上学便利的需求，兼顾各方利益主体的合理诉求。

建议办理部门：教育部

教育部关于政协十三届全国委员会第一次会议第 3121 号（教育类 303 号）提案答复的函

朱永新委员：

您提出的《关于切实解决中小学大班额问题的提案》收悉，经商国家发展改革委、自然资源部、住房城乡建设部，现答复如下：

中小学大班额问题，是当前教育资源短缺失衡的集中反映，直接影响学生身心健康和发展质量，是当前我国推进义务教育城乡一体发展、提高优质均衡水平的重点攻坚任务之一。按照党中央、国务院决策部署，根据《国务院关于统筹推进县域内城乡义务教育一体化改革发展的若干意见》（国发〔2016〕40 号）要求，教育部、中央编办、国家发展改革委、财政部、人力资源社会保障部、自然资源部、住房城乡建设部等部门全力以赴、通力合作，坚持多管齐下、综合施策、标本兼治，推动各地在解决大班额问题方面取得了显著成效。据统计，2017 年义务教育大班额比例下降为 10.1%、超大班额比例下降为 2.4%，相比 2015 年，全国大班额数量减少了 25%，超大班额数量减少了 50%，是近 10 年来下降幅度最大的一年。

一、优化学校规划布局，扩大城镇教育资源。这是切实解决大班额问题、加快缓解“城镇挤”现象的重要基础。一是同步建设城镇学校，按照城镇化进程，部署各地调整完善土地利用总体规划，多措并举盘活用地存量，切实保障学校建设用地。严格建设项目规划许可管理，配套学校建设必须与住宅建设首期项目同步规划、同步建设、同步交付使用，未按规划配建学校的不得进行竣工验收。据有关督查报告，全国90%的县区基本做到了按照城镇化规划和常住人口规模编制城镇义务教育学校布局规划，70%的县区基本做到了配套学校建设与住宅建设首期项目“三同步”。当前，教育部正在编制城乡统一的《普通中小学建设标准》，对学校规模和班额人数、学校布局、校址选择等进一步作出明确规定。新标准将实现城市与农村标准统一，实现基本保障与特色需求统一；我们也会认真研究您提出的“高端统筹　全域一体”“保证城镇的扩张与义务教育的承接能力协调一致”“积极推进农村学校布局适度集中与办好农村小规模学校双管齐下”“注重合理体现地区差异性”等富有见地的具体建议。

二、实施农村教育底部攻坚，推进城乡学校一体发展。消解“城镇挤”现象，必须解决“乡村弱”问题。我们主要从以下方面着力：一是强化重要保障，加快推进“四个统一、一个全覆盖”，着力破除城乡二元结构壁垒。制订城乡统一的学校建设标准、教师编制标准、生均公用经费基准定额标准、基本装备配置标准，实现“两免一补”政策全覆盖。二是聚焦核心任务，补齐乡村教育短板。加大农村教育投入力度，农村普通小学、初中生均教育经费支出保持较快增长，2017年分别达到1.14万元、1.55万元，比2012年分别增长59.3%、61.9%。推进农村学校标准化建设，全国832个贫困县的10.3万所义务教育学校办学条件达到“底线要求”，占94.7%。国务院办公厅印发了《关于全面加强乡村小规模学校和乡镇寄宿制学校建设的意见》（国办发〔2018〕27号），教育部全面部署推进，力争2020年全面补齐乡村小规模学校和寄宿制学校“短板”。扎实推进基本均衡评估，全国2379个县通过了义务教育基本均衡发展督导评估认定，占比达81%。三是抓好关键之举，着力加强乡村教师队伍建设。中共中央、国务院印发了《关于全面深化新时代教师队伍建设改革的意见》，特别是对加强乡村教师队伍建设做出全面部署。深入实施乡村教师支持计划、农村教师特岗计划、“国培计划”，创新乡村教师补充机制，深入推进县域内教师交流轮岗，推动城镇优秀教师、校长向乡村学校流动，大力提升乡村教师待遇，明确乡村教师享受乡镇工作补贴，全面落实集中连片特困地区乡村教师生活补助政策和艰苦边远地区津贴政策。

三、强化政府统筹和综合施策，加快实现既定目标任务。一是全力推动目标落实。从实际出发分省提出消除大班额工作目标，指导各地以县为单位制定专项规划并报教育部备案，确保全国2018年底基本消除66人以上超大班额（控制在2%以内）、2020年底基本消除56人以上大班额（控制在5%以内）。二是强化政府主体责任。认真落实省级人民政府履行教育职责评价办法，加大督政力度，夯实地方各级政府义务教育管理责任，强化各级政府加大工作统筹力度。教育部明确要求各地落实消除大班额的时间计划，强化督导督查，实行工作台账销号制度，定期通报各省份消除大班额进展情况，并建立了约谈制度。2018年7月6日，教育部对工作进展缓慢的河北、河南、湖北、湖南、贵州省和兰州市进行了正式约谈。加快城镇学校建设，加强部门协调，设立“绿色通道”，缩短审批立项流程，认真落实小区配建规划，保障足够学位供给。三是强化学校办学管理。深入推进义务教育免试就近入学改革，要求小学、初中严格按国家规定班额标准招生，防止城镇学校产生新的大班额；适当稳定乡村生源，合理分流学生，缓解城镇学校就学压力。

推动城乡义务教育一体化发展，提高农村义务教育水平，是以习近平同志为核心的党中央根据新时代我国经济社会主要变化做出的一项重大战略决策部署。全面消除中小学大班额现象，时间紧迫、任务繁重，但关键是要抓住“推进城乡义务教育一体化”这一根本。我们将继续努力！

感谢您对教育工作的关心和支持！

关于进一步推进家校合作共育的提案

案由：

家庭教育是教育的重要组成部分，得到了全社会的重视，党和政府为此进行了多方部署，推出了诸多举措。2015 年春节团拜会上，习近平总书记就注重家庭、家教与家风建设做了重要讲话。2016 年 12 月 12 日，习近平总书记在接见全国文明家庭代表时，再次重申家庭和家庭教育的重要性，指出："家庭是社会的细胞。家庭和睦则社会安定，家庭幸福则社会祥和，家庭文明则社会文明。我们要认识到，千家万户都好，国家才能好，民族才能好。"

注重家庭与家庭教育，当然离不开家校合作共育。尤其是在信息时代，学习的方式产生了重大而深刻的变化，以网络的运用为特征，"慕课""翻转课堂"等各种学习方式，让家庭教育发挥着越来越重要的作用。家校合作探索也成为席卷全球的一种教育改革方式。

自改革开放以来，党和政府不断加强相关制度建设，先后出台了一些政策、法律、规章制度，为深化家校合作共育提供了政策依据与规范操作方法。

全国妇联、教育部门与社会各界在家校合作方面做了大量工作，创造了很多成功的经验。但是，相关的专业机构在对家校合作共育的研究和探索中发现，家校合作等工作的成绩的背后，也隐藏着一些问题。

第一，家校合作相关部门职能交叉，导致基层学校的工作负担加重。上面千条线，下面一根针，落实同一项家校合作的工作，学校却需要面对不同机构的督导，浪费了双方的人力物力。

第二，家校合作的事务管理多，专业服务少。家庭教育毕竟是一项重要的教育，是需要专业知识才能有效推进的。目前全社会家庭教育专业从业者数量远远不够满足学校的需求，因此家校合作的推进中，缺少相关的专业服务，而沦为简单的学生父母配合学校工作。

第三，家校合作的工作内容多，工作人员少。家庭教育是学校教育的有效补充，而且面对千家万户的家庭教育所遭遇的问题，比学校教育所面临的问题更复杂，因此真正推动过程中，需要开展的工作相当繁多。但一般学校都没有针对家校合作的人员配备，客观原因限制，难以真正落实诸多工作。

建议：

第一，支持民间的家校合作机构。如成立以专业机构为龙头，倡导学校之间自愿组合的合作联盟的方式，进行资源共享、行动互惠，深入推进家校合作。家庭教育必须每天坚持，但又不像学校教育那样有一群专职人员。成立合作联盟的方式，可以有效地互帮互助：共同组织家庭教育活动，让活动更为持续深入；共享专家培训的资源，促使家校合作从管理型向内涵型转变；以父母中的榜样互相濡染带动更多家庭，让家校合作的工作主体从教师向父母转变等等。各类主管部门通过对联盟的管理，可以更为有效地对家庭教育工作进行督导，又不会加重基层学校的负担。鼓励相关科研机构对于家校合作联盟给予学术支持。

第二，加强家庭教育专业人才的培养。在家庭教育的培训上，应该划分出不同层级，为普通父母提供普及型培训，在面向普通父母的培训中，发现学习能力强、学习态度好、有志于家庭教育的人士，进行深度培训、强化培训，从而把这一批人引入家庭教育工作中，成为家庭教育知识的普及推广者、一线传播员。

第三，加大对贫困偏远地区家校合作的专业支持。教育扶贫的基础之一，就是帮助贫困家庭的家庭教育，从儿童营养到教育常识，都需要更多的专业支持。同时加强各类媒体的广泛宣传与家庭教育知识普及工作。我国有着大量留守儿童，但是，这只是增加了家校合作的难度，而不是无法开展家校合作。越是贫困偏远地区，家庭教育的意识、理念和方法，正是制约教育提升的关键。面对这个群体，我们应该更多地与各类公益机构合作，共同推进家校合作的科学化、高效化，同时通过媒体宣传，普及和强化全社会的家校合作意识。

建议办理部门：全国妇联、教育部

全国妇联关于政协十三届全国委员会第一次会议第3698号（教育类334号）提案答复的函

朱永新委员：

您提出的《关于进一步推进家校合作共育的提案》收悉，经商教育部，现答复如下：

您在提案中，对进一步推进家校合作共育提出的三点建议对推动家校合作，提升家庭教育从业人员专业水平，改变家庭教育发展不平衡问题具有很强的指导意义。

近年来，全国妇联、教育部等部门结合自身的职能，以习近平新时代中国特色社会主义思想为指导，深入贯彻落实党的十九大精神，紧紧围绕立德树人根本任务，积极推动家庭教育事业发展，为推进家校合作共育打下了良好的基础。

一、加强家校合作共育的政策指导

全国妇联、教育部、中央文明办等9部门共同印发了《关于进一步加强家长学校工作的指导意见》，教育部印发了《关于建立中小学幼儿园家长委员会的指导意见》《关于加强家庭教育工作的指导意见》等一系列文件，在这些文件中明确要求巩固发展学校家庭教育指导服务阵地，在中小学、幼儿园、中等职业学校建立家长学校，城市学校建校率达到90%，农村学校达到80%。要求中小学、幼儿园、中等职业学校把家长学校纳入学校工作总体部署；明确各地教育行政部门在强化工作职责、发挥家长委员会作用、办好家长学校、统筹利用社会资源、加强队伍建设等方面的任务要求；要求中小学幼儿园帮助和支持家长学校组织团队，聘请专业人士和志愿者，设计较为具体的家庭教育纲目和课程，开发家庭教育教材和活动指导手册。2017 年，教育部印发《中小学德育工作指南》，再次明确将家庭教育纳入学校德育工作体系，加强学校对家庭教育的指导。

二、促进家庭教育工作队伍专业化发展

《关于指导推进家庭教育的五年规划（2016—2020 年）》中，明确提出了“进一步提高家庭教育指导专业化水平”目标。明确重点任务是在发展壮大家庭教育专职工作者队伍、专家队伍、志愿者队伍、“五老”队伍基础上，进一步制定家庭教育指导者专业标准和培训规划。全国妇联大力推动家庭教育工作队伍专业化发展，开展家庭教育指导者培训，培训家庭教育专兼职工作者和骨干志愿者超过 583 万人次，有的地方还将家庭教育指导能力素质培训纳入相关部门干部培训中，初步形成了一支有爱心、懂专业的家庭教育指导服务队伍。全国 229067 个行政村和 66910 个城市社区建立了家庭教育志愿者队伍，23 个省区市建立了省、市、县三级家庭教育讲师团，成为家庭教育指导活动开展的一支重要力量。教育部在人才培养、学科设置、继续教育等方面积极鼓励和支持家庭教育专业化发展。支持有关学位授予单位在“教育学”一级学科下，自主设置“家庭教育学”二级学科，开展研究生人才培养工作。全国很多高校也设立了家庭教育专业（或研究方向），培养家庭教育专门人才。支持和鼓励有条件的高校积极申报“家庭教育”本科专业，开设家庭教育相关课程。充分发挥高校的资源优势，选派优秀教师担任未成年人校外教育辅导员，参与家庭教育工作。

三、促进家庭教育均衡协调发展

《关于指导推进家庭教育的五年规划（2016—2020 年）》中，明确“促进地区间家庭教育工作均衡发展”“强化特殊困境儿童群体家庭教育支持服务”的重要任务。近年来，全国妇联及相关部委大力推进家庭教育资源均衡配置，依托远程教育、移动互联网指导服务平台等，为资源匮乏的地区提供优质的家庭教育资源。目前全国有家庭教育报纸刊物 1880 种，广播电视栏目 1057 个，网上家长学校 17015 个，家庭教育短信微信服务平台 64758 个，受益家长 1. 88 亿人次，做到了电视上有影、广播上有声、报纸上有字、手机上有信，初步形成了全媒体、广覆盖的家庭教育宣传服务网络。鼓励家庭教育相关社会工作服务机构以及家庭教育志愿者、“五老”队伍等深入贫困地区，开展家庭教育指导服务。在6个省区市146个村和社区探索开展的儿童早期家庭教育指导服务项目，组织开展亲子活动、家长课堂、家访服务33万次。

下一步，全国妇联、教育部将按照中央的统一部署，以习近平新时代中国特色社会主义思想为指导，以培育和践行社会主义核心价值观为根本任务，着力长效化、制度化、科学化、规范化推进家庭教育发展，在构建政府主导、部门协作、家长参与、学校组织、社会支持的家庭教育工作格局上下功夫，在积极推动家庭教育立法，完善家庭教育相关政策上下功夫，在发挥家长学校等家庭教育指导服务站点以及网络新媒体作用、为家长提供更为便捷的家庭教育指导服务上下功夫，推进家庭教育事业实现新发展。

关于加强幼儿教师培养的提案

案由：

近年来，党和国家高度重视学前教育发展，《国家中长期教育改革和发展规划纲要（2010—2020年）》《国务院关于当前发展学前教育的若干意见》的出台，和两期“学前教育三年行动计划”的实施使得我国学前教育发展取得了历史性的成就。2016年，学前三年毛入园率已经达到了77.4%，提前完成了《纲要》中提出的2020年70%的目标，去年提出的第三期学前教育行动计划更是将2020年的毛入园率目标提高到85%，学前教育将继续大踏步前进。

学前教育高速发展的背后，师资队伍跟不上，幼儿教师培养存在的问题也不断显现。首先是师资缺口巨大。根据教育部的统计，目前我国幼儿教师的缺口为70万，预计到2020年，考虑到全面“二孩”政策的影响，要达到毛入园率85%的目标，幼儿教师的缺口为100万，有一些地区甚至出现了政府建好幼儿园，却因为没有教师无法正常开班的状况。其次是幼儿教师培养的能力不足，层次偏低。当前我国幼儿教师的培养能力为每年60万人，其中超过半数是来自中等职业学校。以中部某人口大省为例，该省2018年按1∶15生师比测算，需专任幼儿教师14万人，缺额为6万人，而该省2018年学前教育专业的毕业生总数只有 1.4 万人，即使全部补充到幼儿教师队伍中去，也还有 4.6 万的缺口。这 1.4 万毕业生从结构来看，69.6% 来自中职院校，仅有 11.4% 拥有本科及以上学历，整体培养层次偏低。

建议：

教师是发展教育的第一资源，幼儿教师是当前制约学前教育发展的重要瓶颈，为了实现我国学前教育发展的目标，我们建议发挥国家重点师范院校在培养学前教育阶段教师方面的主力作用，切实加强幼儿教师的培养。

一、扩大幼儿教师的培养规模

充分发挥各类有培养能力的高校的作用，提升幼儿教师的培养能力。首先要发挥六所教育部直属师范院校（国家队）的引领示范和带动作用，将目前六所院校总共 600 人/年的培养能力至少翻一番；其次要发挥地方师范院校的骨干作用，地方师范院校应该成为培养本地幼儿教师的主力军；第三是有条件的高职院校要进一步扩大幼儿教师的培养规模，其他有开办学前教育专业条件的综合性大学也要参与到幼儿教师的培养中来。而中职院校将逐步退出幼儿教师的培养，改为培养幼儿保育人员。因为从国际经验来看，幼儿教师至少应该取得大专以上学历，来确保工作的专业性。

二、严格控制培养质量

幼儿教师是一个专业性非常强的职业，要对幼儿的生理心理有深入了解，需要良好的师德，也要掌握一定的技能，不是所有学校都有开设学前教育专业的能力。扩大幼儿教师培养规模不意味着降低质量，尤其是高等院校新开设学前教育专业绝不能降低门槛。要严格落实 2017 年教育部颁布的“学前教育专业认证标准”，尤其是要确保实践环节的有效。

三、对中西部贫困地区等学前教育普及程度较低的区域加大政策倾斜力度

对中西部贫困地区等学前教育普及程度较低的区域来说，要实现 85% 的目标压力更大，为此建议出台专门的政策。例如实施“定向培养”或“委托培养”等方式，根据当地幼儿教师的需求确定招生名额，由当地教育部门在本地挑选有志从事学前教育的学生送到培养院校进行专门培养，毕业后回到生源地区从事学前

教育工作；通过减免学费、奖助学金、贷款优惠等方式鼓励学生报考学前教育专业；参照特岗教师的补充机制，实施农村幼儿教师特岗计划等。

建议办理部门：教育部

教育部关于政协十三届全国委员会第一次会议第3153号（教育类320号）提案答复的函

朱永新委员：

您提出的《关于加强幼儿教师培养的提案》收悉，经商财政部，现答复如下：

一、关于幼儿教师的培养规模和质量

近年来，教育部一直重视幼儿园教师培养工作。一是支持高校增设学前教育专业。根据《幼儿园教师专业标准（试行）》《教师教育课程标准（试行）》等，指导高校设置本、专科学前教育专业，要求专业人才培养方案所必需的专职教师队伍及教学辅助人员，本科专业需报教育部备案，专科专业按照国家控制专业需报教育部审批，严格控制办学条件不达标、办学水平较低的院校随意增设学前专业，把好教师入口关，切实保证学前教育专业人才培养质量。2017年，新增72所高校举办学前教育专科专业。二是实施卓越幼儿园教师培养计划。遴选确定南京师范大学、长沙师范学院、山东女子学院等20所院校承担卓越幼儿园教师培养改革项目，开展招生选拔、协同培养机制、人才培养模式、教师队伍建设等方面的综合改革，推动各地各校积极探索初中毕业5年制学前教育专科学历教师培养模式，引领全国幼儿园教师培养工作，构建厚基础、强能力、重融合的培养体系，培养了一批热爱学校教育事业、综合素质全面、保教能力突出的卓越幼儿园教师，示范引领各地各校全面提高幼儿园教师培养质量。

下一步，教育部将认真贯彻落实《中共中央　国务院关于全面深化新时代教师队伍建设改革的意见》（中发〔2018〕4号）精神，创新幼儿园教师培养模式，前移培养起点，大力培养初中毕业起点的五年制专科层次幼儿园教师。引导各地结合实际，逐步将幼儿园教师学历提升至专科。积极支持和引导有关院校根据幼儿教师人才需求和毕业生就业状况，调整优化学科专业结构，通过增量支持和存量调整，合理确定幼教专业人才培养规模。积极指导各地落实国家政策文件，进一步改革创新幼儿园教师培养模式，推进卓越幼儿园教师培养工作。

二、关于加大对中西部贫困地区政策倾斜

开展学前教育师范生公费培养，将学前教育师资纳入国家师范生公费教育制度。扩大学前教育专业公费师范生招生规模，6 所教育部直属师范大学累计招收 2294 名学前教育专业公费师范生，1001 名学前教育专业公费师范毕业生回到生源所在省份幼儿园任教。发挥国家师范生公费教育政策示范引领作用，带动 28 个省份启动实施了包含学前教育专业在内的地方师范生公费教育工作，为地方公费定向培养补充幼儿园教师。

下一步，教育部将继续推动地方实施师范生公费教育政策，吸引更多优秀人才从教，推动我国学前教育事业的发展。关于您提出的农村特岗教师补充机制意见建议，教育部将会同有关部委予以认真研究考虑。

感谢您对教育工作的关心和支持！

关于完善融合教育支持体系的提案

案由：

2017 年 5 月 1 日，新修《残疾人教育条例》（以下简称《条例》）开始实施，新修《条例》明确禁止基于残疾的教育歧视，规定残疾人教育应当提高教育质量，积极推进融合教育，优先采取普通教育方式。新修《条例》的生效明确了推动保障残障儿童受教育权利进入依法执教的新阶段。

然而，2017 年 9 月，随着新的一批中小学新生入学，我们发现《条例》精神落实仍然面临诸多困难：

一、尽管《条例》明确了残障儿童就近申请入学以及入学申请遇到障碍的转介程序，但目前缺少强制程序和督导机制作为保障，更无法保证入学申请的便利和有效，因此导致高比例的休学、退学。

二、入学争议的申诉程序不够明确。在入学争议处理机制上，新修《条例》规定县级教育部门委托专家委员会进行评估，并据此进行入学、转学的建议。但在实际操作过程中，各地专家委员会的组建缺乏依据，委员会的权责并不清晰，在解决入学、转学争议时难以发挥作用。

三、新修《条例》虽然指出支持特殊学校建立资源中心指导支持随班就读工作，并为普校教师提供培训，为残疾学生父母提供咨询，但是并未明确普通学校在落实融合教育方面的具体责任和义务，结果造成作为融合教育实施主体的普通学校被动实施融合教育，不愿攻坚克难，融合教育落实状况堪忧。

四、校园中的相关建设薄弱，不利于融合教育开展。残疾学生入读普通学校之后在环境上遇到诸多障碍，常常面临被退学的风险。

五、法律层面，《中华人民共和国义务教育法》第十九条第二款规定，“普通学校应当接收具有接受普通教育能力的残疾适龄儿童、少年随班就读”的规定与《残疾人权利公约》提出的“残疾人不因残疾而被排拒于普通教育系统之外”的规定相违背，为现实中普通学校拒收残障儿童留有空间。

建议：

第一，明确建立入学被拒或存在争议进行申诉的受理程序及工作机制，对受理申请渠道、申请材料要求、受理流程、时间和反馈渠道等相关细节进行明确规定，确保适时、及时解决被拒绝或存在争议的残障儿童入学申请。

第二，建议全国人大尽快启动新修《残疾人教育条例》实施工作的督导督查，敦促县级人民政府教育部门依法落实成立残疾人教育专家委员会。同时，规定县级残疾人教育专家委员会应当依据如下原则处理入学争议：普通教育优先原则，就近入学原则，最少限制原则；建议在县一级残疾人教育专家委员会的成员构成方面，至少三分之一为残障人士及父母代表。

建议全国人大联合国务院法制办、教育部共同启动《义务教育法》修订工作，深化法律层面的改革，全面保障残障儿童受教育权利。

第三，建议教育部门明确普通学校有责任建立并完善校内融合教育支持系统。（1）确保教育环境的无障碍或为残障儿童就学提供合理便利的条件。（2）建立并完善普通教育教师融合教育素养培训的长效机制。（3）建立以校长为第一责任人的多学科支持团队，即由学校校长直接领导，由班主任、学科负责人、资源教师和校外专家共同参与组成的融合教育支持体系。财政部门应优化特殊教育经费支持。

第四，持续推动特殊教育学校向特殊教育资源中心转型，重视资源中心和特殊教育学校在开展职后培训方面的重要作用，通过特殊教育教师、巡回指导教师加强对普通学校融合教育教师的职后培训，定期进行巡回教学指导、督查、评估、反馈、咨询等工作。

第五，建议新闻媒体加大融合教育的宣传力度，增强全社会对于融合教育意义的共识；教育部门通过生命教育课程、校园文化实践教导普通学生认识生命的平等、多元和包容，提升所有学生对残障的理解、尊重和包容，减少校园歧视和欺凌，建设友好校园环境。

建议办理部门：教育部、民政部

教育部关于政协十三届全国委员会第一次会议第4133号（教育类390号）提案答复的函

朱永新委员：

您提出的《关于完善融合教育支持体系的提案》收悉，经商中国残联，现答复如下：

特殊教育是国家教育事业的重要组成部分。党和国家高度重视特殊教育工作。党的十九大报告提出“办好特殊教育”。教育部会同相关部门认真落实党中央国务院决策，以实施两期特殊教育提升计划为抓手，采取切实举措推进特殊教育改革发展，不断提高特殊教育普及水平、条件保障和教育教学质量。在推动残疾人融合教育方面，主要开展了以下工作：

一、修订《残疾人教育条例》，突出融合教育理念。2017年，根据特殊教育形势变化，在立足我国特殊教育实际情况、总结实践经验的基础上，新修订了《残疾人教育条例》（国务院令第674号，以下简称《条例》），对残疾人教育事业发展目标和理念进行了调整，强调残疾人教育应当提高教育质量，积极推进融合教育，优先采取普通教育方式。《条例》的修订，顺应了国际特殊教育发展的趋势，对符合人权观和教育发展需求的融合教育予以积极贯彻，是我国结合国情履行国际公约，保障残疾儿童少年享受教育权利的重要措施，为全面保障我国残疾人平等受教育权利和积极推进残疾人融合教育提供了法律支持。

二、不断完善融合教育的支持保障体系。一是指导地方在招收5人以上残疾学生的普通学校设立资源教室，配备专兼职资源教师，推动随班就读质量的提高。二是将中央特殊教育补助专款用于支持普通学校特殊教育资源教室（中心）建设，为资源教室（中心）配备必要的特殊教育教学和康复设备，提高特殊教育和康复服务能力。三是推动各地落实“随班就读残疾学生生均预算内公用经费补助标准6000元”的政策，为残疾学生随班就读提供经费支持。四是从2012年起，对特殊教育教师实行5年一周期不少于360学时的全员培训。在“国培计划”中设立特殊教育骨干教师培训项目，在有关省培计划中，增加融合教育教师培训。五是指导地方依托特殊教育学校或者普通学校建立特殊教育资源中心，目前北京市海淀区、上海市长宁区、江苏省南京市等地区已建立了特殊教育资源中心，为普通学校随班就读提供专业支持。

三、积极营造发展融合教育的良好氛围。一是引导各地广泛宣传实施《二期计划》、推进融合教育的重要意义，动员社会各界采用多种形式扶残助学，形成关心和支持融合教育的良好氛围，坚决消除对残疾学生的歧视。二是通过举办专题培训班、撰写宣传解读文章等，大力推进条例贯彻实施。同时，委托专业机构研制《条例》的评估监测指标体系，拟于今年对各地实施情况进行评估。三是指导各地落实《中小学心理健康教育指导纲要》《中小学德育工作指南》要求，将心理健康教育和生命教育作为中小学德育工作的重要内容，引导学生认识生命的平等、多样，提升学生对残障的包容，营造友好的校园氛围。

经过多年的努力，我国已基本形成以普通学校随班就读和附设特教班为主体，以特殊教育学校为骨干，以送教上门为补充的特殊教育发展格局。2017年，全国共有残疾学生57.9万人，其中，普通学校随班就读和附设特教班就读学生30.4万，占52.5%。

您提出的关于完善融合教育支持体系的建议很有价值，其中完善入学程序及争议处理机制、明确普通学校责任、完善校内融合教育支持系统、推动特殊教育资源中心建设等方面的建议很有针对性。下一步将重点做好以下几项工作：一是健全法律体系。配合全国人大做好相关法律法规修订工作，进一步完善相关措施，为残疾儿童在就近普通学校接受教育提供法律保障。二是研究制定随班就读相关文件。针对普通学校随班就读中存在的主要问题，对残疾儿童少年随班就读的对象，评估和鉴定、教育安置、教育和教学、支持保障、师资培训等各个重要环节做出规定，为各地各校完善融合教育支持保障体系、残疾儿童接受融合教育提供政策支持。三是提升普通教师的融合教育素养。推动各地在普通师范院校和综合性院校的师范专业试点开设特教课程，培养师范生的融合教育理念和指导残疾学生随班就读的教学能力，在教师资格考试中含有一定比例的特殊教育相关内容，进一步加强教师培养培训和资格认证。四是加强融合教育的督导评估。在《对省级人民政府履行教育职责评价的测评体系》中，已将“残疾儿童少年义务教育入学率”“区县特殊教育学校建设情况”和“普通学校设置特殊教育资源教室情况”纳入评价体系中，下一步将督促各级人民政府依法治教，不断发展和完善残疾人融合教育。

感谢您对教育事业的关心和支持。

关于建立国家阅读节，深化全民阅读的提案

案由：

十八大以来，党和政府越来越重视全民阅读的工作。在刚刚过去的一年，无论是全民阅读促进条例的出台还是公共图书馆法的颁布，一系列重大举措在推动着全民阅读向纵深发展。

在全民阅读已经取得的一定成效之下，如何进一步深化阅读，让阅读取得更好的效果，让阅读能够为中国的腾飞进一步增添动力，需要进一步努力深化细化实化。如何能够让阅读真正浸润心灵，润物细无声，而不是变成一种简单的活动，雨过地皮湿？

建议：

要想真正把全民阅读的效果进一步扩大，必须通过建立国家阅读节，在全社会进一步推动深化阅读。

第一，设立国家阅读节，把全民阅读提升为国家战略。节日的本质就是对应平常的日子，把日常生活中重要的部分提升为一种仪式。国家阅读节是一种最简便有效地宣传阅读的形式，设立国家阅读节是加强阅读影响力、提高阅读重要性的最好做法。就像每年有元旦、有春节一样，阅读节也要一方面和世界接轨，一方面强化主体特征。就像两会是中国人的政治春节一样，国家阅读节也应该成为中国人的精神春节，让增强文

化自信和阅读推广工作相辅相成，不可分割。让国家阅读节成为阅读推广工作的龙头，夯实国家文化软实力的根基、传播当代中国价值观念、展示中华文化独特魅力、提高国际话语权。在进一步深化阅读的过程之中，我们需要进一步强调中国作为主体的有民族文化特点、有独特习俗传承的自身的节日时间，建议把9月28日的孔子诞辰日，作为我国国家阅读节的时间，并围绕这个时间，以金秋十月的国庆长假为目标，打造一系列的节日活动，让国家阅读节成为“阅读周”“阅读月”，让节日长假和阅读仪式紧密结合，开展丰富多彩的活动，对阅读进行推动，让人们能够以一颗丰富的心灵度过长假，让阅读与生活更紧密地相连。

第二，政府进一步推动各类阅读专业的研究，推动书目研制工作，对各类专业民间机构的研究成果购买服务，及时推进阅读的深化。无论是根据不同人群开展的各类人群基础书目的研制工作，还是根据学习需求开展的学科书目研制工作，或者根据地区需求开展的图书馆馆配书目研究等等，书目研制是一项特别重要的工作。在信息时代，越是丰富的信息，越容易导致人的迷失。书目的研制是为一个人的精神提供了一份营养全面的科学配餐方案，是为一个人的成长提供了一份藏宝图，便于人们按图索骥。信息时代读什么？是一个至关重要的问题，是一个影响着民族文化传承的大问题，也是一个树立文化自信的不二法门。政府可以通过委托研究或者购买服务等方式，为不同人群定制科学合理、具有创新精神、培养创造力的专业书目。

第三，支持举办共读活动，有效推进全民阅读。共读是根据不同的群体进行同一本书或同一类书的阅读活动，比如，亲子共读、师生共读、团队共读等等，研究表明，共读对于形成共同的价值观、共同的语言和愿景，具有非常重要的作用。建议以儿童为中心，一方面推动师生共读，一方面推动亲子共读，影响学校里的教师和家庭里的家人两个最大的群体，从而让阅读推广工作，通过儿童的影响和督促，更为直接有效地影响儿童身边成人的阅读习惯的养成，从而让全社会阅读氛围更为浓烈，阅读效果进一步加强。

建议办理部门：国务院法制办、中宣部、新闻出版广电总局

中宣部关于政协十三届全国委员会第一次会议第4193号（教育类406号）提案答复的函

朱永新委员：

您提出的《关于建立国家阅读节，深化全民阅读的提案》收悉，现答复如下：

党的十八大以来，全民阅读取得历史性突破和跨越式发展。党的十八大报告、国务院《政府工作报告》首次将全民阅读纳入国家文化发展战略，公共文化服务保障法、公共图书馆法先后颁布施行，“书香中国”系列活动每年吸引8亿多人次参与。全民阅读对于大力弘扬中华优秀传统文化和社会主义核心价值观，为实现中华民族伟大复兴中国梦提供文化支撑的重要作用更加凸显，“爱读书、读好书、善读书”的全民阅读热潮在中华大地方兴未艾。

根据您提出的建议，我们将创新思路、创新方法、创新举措，通过全年化、常态化、制度化，体系化、工程化、项目化，加快构建全民阅读推广服务体系，扎实推动新时代全民阅读工作更加快速、更加深入、更加全面、更加科学发展。主要措施如下：

一是积极推动设立阅读节日。目前，各地各部门每年都围绕“4·23世界读书日”开展一系列主题鲜明、形式多样、内容丰富的全民阅读活动，“4·23世界读书日”已经在一定程度上成为广大群众读书的节日。江苏、辽宁等地已通过立法将每年的4月23日正式定为本省的“全民阅读日”，有力推动了当地的全民阅读活动。为此，我们将与相关部门进一步研究，广泛听取社会各方意见，在4月23日“世界读书日”和9月28日“孔子诞辰日”中选择一天，积极推动设立为我国的阅读节日。

二是通过政府购买服务，加强基础书目研制工作。分众分类进行基础书目的研制和推广是全民阅读工作的重要基础。我们将通过政府购买服务的形式，委托相关阅读研究机构研制适合不同人群、科学合理、具有创新精神、培养创造力的专业书目。

三是广泛开展各类全民阅读活动。积极推动“书香中国”系列活动持续开展，在各地组织内容丰富、形式多样的各类读书节（日）、读书周、读书月、读书季等全民阅读重大活动，不断提升群众参与度、平台辐射面和品牌号召力。大力推动全民阅读“七进”活动，开展“书香之家”“书香之村”等推荐活动，充分利用公共图书馆、农家书屋、社区书屋等全民阅读设施，开展各种形式的阅读活动，努力使全民阅读活动更加深入基层、深入群众。加强全民阅读宣传活动，发挥各类媒体的宣传优势，推进全民阅读宣传推广理念创新、手段创新、内容创新。继续开展主题阅读活动，通过主题演讲、读书征文、知识竞赛等主题读书活动，大力推动习近平新时代中国特色社会主义思想深入人心。

感谢您对宣传思想文化工作的关心和支持！

关于推进“高铁阅读”的提案

案由：

高铁不仅仅是一个交通工具，也是传播文明与文化的载体。从国际惯例来看，地铁一直是各国尤其是发达国家图书和报刊销售的主要场所，一些重要的畅销书和有影响力的报刊，都不会放弃地铁这样重要的传播渠道。“高铁时代”下，高铁成为老百姓生活的一部分，目前高铁上提供的阅读材料十分有限，质量和数量有待提升，在高铁上借鉴国际地铁推广阅读的做法具有十分重要的意义。

一、倡导和推进“高铁阅读”有利于促进全民阅读工作。高铁作为流动的公共场所，连接着一个又一个城市，维系着四面八方的旅客，影响着人们的生活方式和生活理念，既是宣传器也是播种机，是难得的阅读推广阵地。在“高铁阅读”强大的引领示范作用下，相信“地铁阅读”“航空阅读”也会随之跟进。

二、倡导和推进“高铁阅读”具有深厚的现实基础。首先，高铁车厢舒适、卫生、安全、高效，提供了良好的阅读环境。其次，高铁上的读者群基数庞大而且相当稳定。高铁已是老百姓首选的出行方式，高铁动车组 2017 年全年发送 17.13 亿人次，预计未来每年的客运量将超过 30 亿人次。再次，高铁准时准点，时间相对固定。“十三五”期间，高铁将实现北京至大部分省会城市之间2—8小时通达，相邻大中城市1—4小时快速联系，主要城市群内0.5—2小时便捷通勤。第四，高铁作为中国的大动脉、“一带一路”倡议建设的重要组成部分，大力推进“高铁阅读”不仅能提升高铁服务水平，而且能够提高市场对高铁服务的预期，有效强化高铁正面形象，增强高铁“走出去”的软实力。

三、倡导和推进“高铁阅读”有利于促进文化消费升级。我国经济发展进入新常态，人们的社会生活交往需求将会不断高涨，精神文化消费需求也将不断高涨。倡导和推进“高铁阅读”作为一项积极主动的文化供给侧改革举措对于扩大健康向上的居民文化消费具有重大意义，能够提高文化消费的质量，从而刺激诞生新的商业模式，促进经济社会持续健康发展，不断提高人民生活品质。

建议：

一、突出宣传，提高认识，加强“高铁阅读”理念推广。建议将“高铁阅读”作为推进全民阅读的重要抓手，通过多种媒体进行宣传，广泛传播“高铁阅读”的价值和意义。从国家机关、事业单位开始推进，发挥公众人物作用，必要时聘请或者评选“高铁阅读”形象代言人，让全国人民深刻理解“高铁阅读”的内涵和意义。

二、政府主导，开放合作，引导鼓励社会力量参与。推进“高铁阅读”带有公益和市场的双重属性，铁路公司作为国有企业，应该主动承担起该有的社会责任，同时发挥市场作用，引导已有的阅读基金支持“高铁阅读”，引入文化机构、文化企业、互联网公司等社会力量进行商业运作，探索和创新推进“高铁阅读”的PPP（政府和社会资本合作）模式。建议扩充“智慧高铁”内涵，建设多种形式的“高铁图书馆”，扩展12306网站微信功能，建立高铁数字化阅读平台，仿效目前已经施行的“订餐”服务开通“订书”服务，满足旅客多样化、个性化的服务需求，推动精准阅读，不断增加阅读体验。一方面，充分利用大数据等信息化工具，将旅客的阅读行为实行积分制管理；另一方面，做好高铁图书的推介工作，不断加强阅读相关延伸服务。此外，可以设计以阅读为主题的旅游线路，形成高铁旅游和阅读推广的良性互动。

拓展外延，统筹兼顾，整体推进“高铁阅读”工作。建议成立“高铁阅读指导委员会”，加强领导，建立长效机制，统筹协调各方面资源；设立“高铁阅读”读书节或读书年，开展“高铁图书漂流”和“高铁阅读”分享、研讨、评比等活动，让全社会参与到全民“高铁阅读”的大潮中；深入开展高铁阅读文化研究，启动“高铁阅读”调查获得数据支持，有针对性地推进“高铁阅读”。

建议办理部门：国家发改委、交通部、铁路总公司

关于完善国家儿童营养战略的提案

案由：

儿童营养问题事关国家的未来。改善儿童营养健康状况尤其是贫困地区儿童早期营养健康状况，是国家重大的公共卫生问题，也是改善人口素质，实现彻底脱贫的最科学、最经济的战略选择。

但现实并不乐观。《中国居民营养与健康状况监测2010—2013年综合报告》结果显示，农村0—5岁儿童的生长迟缓率和低体重率分别为11.3%和3.2%，而贫困农村则分别高达19.0%和5.1%。城乡儿童缺铁性贫血问题依旧不容轻视，儿童贫血患病率也较高，微量营养素缺乏状况依然存在。

针对中国儿童，特别是贫困地区儿童营养缺乏的问题，近年来，政府有多项政策出台，包括2011年启动的“农村义务教育学生营养改善计划”，项目覆盖集中连片特困地区6—12岁在校儿童，通过营养餐补贴的方式为贫困儿童提供保障；从2012年起，国家卫生计生委与全国妇联在集中连片特困地区合作实施了“贫困地区儿童营养改善项目”，为6—24月龄的儿童提供营养包和科学喂养知识技能的支持，目前已经取得了良好的阶段性成果。

但是，这样两项投入巨大、覆盖面广泛的社会福利政策，其实忽略了3—5岁年龄阶段的幼儿，而研究表明，这一阶段正是幼儿大脑发育、认知能力提升的关键时期，有效的营养干预甚至能通过“生长追赶”，弥补早期营养不良造成的缺陷。

建议：

针对目前贫困儿童营养问题所出现的复杂性、地域性和不均衡性等特征，提出以下建议：

一、完善顶层设计，建立全国性的跨部门的儿童营养改善协调机制。建议由国家发展和改革委员会牵头，联手教育部、卫计委等部门及其各地分支机构，在国家儿童营养战略的基础上，因地制宜，设定区域性儿童营养改善的目标并将其作为地方政府业绩考核的重要内容，建立由上至下，既能对接宏观政策，又可辐射社会基层的管理组织体系，推动营养战略的落实。

二、调整现有国家儿童营养改善项目的覆盖范围，补足短板，提升国家儿童营养项目的效果。针对国家营养改善项目覆盖年龄段出现空白的问题，建议提高“贫困地区儿童营养改善项目”覆盖儿童的年龄上限到36月龄（幼儿入园前），由国家卫生计生委按照现有组织框架进行统一管理。与此相关的产品标准GB 22570－2014辅食营养补充品标准已经完善，为营养补充的配方范围、产品形态提供了科学依据。同时，降低“农村义务教育学生营养改善计划”覆盖儿童的年龄下限到36月龄（幼儿入园后），由教育部按照现有组织框架进行统一管理，幼儿园可以根据自身条件采用上述辅食营养补充品或营养餐、蛋奶加餐等形式灵活开展。

三、强化在校、在园儿童的“食育”，提升儿童营养意识，建立科学健康营养观念。学校和幼儿园生命教育（健康教育、食品安全教育）没有相应的课程、课时安排、师资储备，建议引进新教育研究院研发的《新生命教育》教材（含有营养知识与健康安全内容），或者由教育部牵头编制针对幼儿园及小学的营养教育课程，从根本上建立下一代人的营养观念。

四、鼓励社会力量以多种创新的方式开展营养支持与干预。基于儿童营养问题在地域、经济、社会诸多层面的复杂性，建议以全国妇联、国家关心下一代工作委员会等全国性社会组织、团体为平台，社区、街道办、村委会等基层组织为依托，广泛吸纳非营利机构、研究机构、企事业机构参与，因地制宜，从多维度、多角度解决儿童营养问题。

总之，世界各国的实践经验表明，儿童营养干预项目具有很好的成本效果，其效益可以达到成本的5—200倍。建议作为国家战略，进一步完善相关政策，调动各方力量与资源，全面解决3—5岁儿童成长关键阶段的营养问题。（本提案撰写得到安利公益基金会提供的帮助）

建议办理部门：国家发展和改革委员会、教育部、卫计委

关于加快《心理师法》立法的提案

案由：

国民心理健康是影响经济社会发展的重大公共卫生问题和社会问题。心理健康不仅影响个人的身体健康，也影响家庭和社会的稳定安全。极端的心理健康问题往往带来严重和恶劣的社会影响。为深入贯彻落实党的十八届五中全会和习近平总书记在全国卫生与健康大会上关于加强心理健康服务的要求，我国亟须尽快出台《心理师法》。

一、我国国民心理健康问题比较突出，迫切需要立法规范

国民心理健康问题高发。2009 年英国《柳叶刀》杂志报道，费立鹏等调查中国精神障碍的流行病学，中国约有 2. 45 亿人患有不同类型的心理障碍，据此估算人群患病率高达17. 5%。其中接受过精神卫生专业治疗的仅有 0. 15 亿人，还不到总数的 10%。

二、我国心理健康立法与世界各国差距较大

截至 2001 年，接受世界卫生组织调查的 160 个成员国中，75% 的国家和地区制定了精神卫生法，建立了相关法律制度。世界绝大多数国家均采取立法形式，建立了一整套精神卫生健康促进与管理法律制度，它对精神卫生健康促进、政府宏观管理、公民人权保障、医疗机构技术操作都非常有效。

我国《精神卫生法》2012年颁布，2013年5月开始实施。《精神卫生法》虽然也提及全民心理健康等方面，但其立法的出发点是重性精神病人的保障及防治，全民心理健康涉及不多，该法85条中涉及心理咨询与治疗的仅6条。对于该法“心理治疗师必须在医疗机构中从业”的规定，心理学界一直持不同意见。因为，这样的规定未见于其他国家的精神卫生法，却直接导致国内在大学、研究所和社会从事心理咨询或心理治疗机构工作的心理工作者不能开展心理治疗工作；心理咨询人员遇到精神障碍者应转诊到医疗单位，而医疗单位精神科医生及心理治疗师人员极为有限，无法给许多病人良好的干预，由此衍生更多问题。

三、我国心理健康服务行业无法适应社会发展需要

与发达国家相比，我国心理健康人才数量严重短缺，质量堪忧。从数量上来说，发达国家心理治疗与心理咨询专业人员与居民人口比例一般在1:1500左右。同比换算，我国需要约86万心理健康服务专业人员。目前，我国从事心理健康工作的只有2.4万多名。精神科医师主要担负1600万重性精神病人以及其他精神障碍患者的诊断和治疗工作，已经不堪重负，远不能适应民众心理健康促进工作需要。

建议：

一、全国人大、国务院法制办尽快开始进行立法调研，为制定《心理师法》做准备。法律必须界定从业资格的取得、从业的申请程序，以及心理咨询师和心理治疗师的管理、违法的处罚、继续教育、重新注册等事宜。这些调研工作，可以委托中国心理学会等心理学专业学术组织来开展。

二、在法律未出台之前，建议参照我国台湾地区的做法，由国务院协调将心理咨询师与心理治疗师资格认定、管理等划归卫生行政部门管理，修改、补充说明《精神卫生法》中对上述问题中尚未完善的部分，尽快为相关专业人员从事心理健康工作提供急需的法律支持。

三、未来逐步过渡到由国家有关部门委托相关的全国性学术组织如中国心理学会、中国心理卫生协会负责认定心理师资格。成立全国性的心理师行业协会，除了专业人员的认证，还要包括整个专业人员培养体系的认证，委以对会员和机

构进行行业自律的任务。人社部专业技术人员管理司将心理健康专业人员列入专业技术人员管理，并设立相关初、中、高级职称系列。需要国家统一认证，统一进行专业人员的管理，明确本职业为技术型系列而非劳动技能系列，为专业人员的准确定位及后续的职业发展指引方向。

建议办理部门：国务院法制办　人力资源和社会保障部专业技术人员管理司

参政之声

每年的两会，从北京发出的声音会传遍世界，响遍中国的每一个角落。这是时代的最强音，也是中国的最美声音。在众多声音的交响中，哪一个声音来自我这里？我为这个美丽的交响贡献了什么？为了这次的一展歌喉，我练习了许久许久。无论是在寂寞孤独的时候，还在众生喧哗的时候，我从未停止自己的歌唱。

让正能量的火炬照亮中国①

信息时代，互联网就是每个网民的麦克风。新媒体参与网络舆论程度日益加深，网络传播常使一个小小话题引发“蝴蝶效应”，掀起一次次舆论热潮。目前，新媒体总体积极向上，充满正能量，消极负能量只是少数。但我们不能轻视这些负能量，因为人性对阴暗面的恐惧，使得负能量通过互联网迅速得到传播，会蒙蔽不明真相的人，使人们丧失判断力，甚至产生非理性的行为。

习近平总书记在党的十九大报告中明确指出，“意识形态决定文化前进方向和发展道路”。这就要求在全社会建设具有强大凝聚力和引领力的社会主义意识形态，使全体人民在理想信念、价值理念、道德观念上紧紧团结在一起。新媒体作为意识形态建设的重要力量，在十九大报告中也得到了高度关注。总书记特别提出，要高度重视传播手段建设和创新，提高新闻舆论传播力、引导力、影响力、公信力。“加强互联网内容建设，建立网络综合治理体系，营造清朗的网络空间。”

营造清朗的网络空间，关键在人，在队伍建设。2015 年中

---

① 2018 年 1 月 9 日发表于《团结报》。

央统战工作会议上，习近平总书记就特别强调，要发挥新媒体代表人士在营造风清气正的网络环境中的作用。新媒体代表人士主要包括两种人：一是新媒体从业者中的经营管理者，即所谓的“掌门人”“合伙人”；二是新媒体使用者中的活跃者，即所谓的“网络意见人士”。可以说，网络上正负能量的表现，在很大程度上取决于这些新媒体代表人士的水平与境界。

对新媒体如何保持活力又加强引导，协助其更加客观、正面地发声？关键要做好以下三方面工作：

首先，党报党刊、党台党网及其新媒体从业人员要成为权威传播的先锋队。一方面，传统的主流媒体要主动适应网络传播时代，积极向新媒体转型，做到善于快速传播、移动传播、全媒传播、分众传播、互动传播、权威传播，实现新旧媒体融合发展，提高新闻信息的到达率、阅读率、点赞率和转发率。要研究新媒体的受众细分，有针对性地对不同人群提供个性化的信息。另一方面，要树立主流新媒体公信力，避免“塔西佗陷阱”，也就是当主流媒体失去公信力时，无论你说真话、假话，都会被认为是说假话，都会给予负面评价。习近平总书记在考察河南兰考县就提到“塔西佗陷阱”。鉴于此，要强化相关新媒体从业管理者的业务能力、管理水平，建立新媒体复合报道机制，保证公众的正面信息知情权；建立新媒体对政府公共危机事件的公正准入机制，实现政府与新媒体之间信息分享的良性互动。

其次，要规范“网红”社交网站及平台的舆论行为，警惕新媒体资本化引发的负面影响，防止金钱至上、“娱乐致死”。要正面引导网络从业人员，在追求经济效益的同时还要注重社会效益，在吸引眼球的同时还要注重引领价值。切实增强底线意识，忠实履行把关责任，自觉确保积极健康的网络文化占据主流，确保理性文明的表达占据强势。

再次，要将团结引导新媒体中代表性人士的工作，作为新时代统一战线事业的一项重要工作常抓不懈。组织、宣传、统战等部门要主动与新媒体中的代表性人士交朋友，做好联络服务，帮助解决有关思想和实际问题，坚持平等、团结的原则，促进对话而不是对抗，让网络意见领袖在凝聚社会共识上自觉做表率，客观公正，和谐友善，成为正能量的“加油站”。

我就是一个互联网的使用者，在网络上开设了“书香中国”“教育闲思”“建言谋策”“民进故事”等栏目，在新浪微博有398万听众，在腾讯微博有476万听众。这种网络影响力，一方面让我关于阅读、教育的观点被广泛传播，也让民主党派更迅速便捷地为更多的人熟悉并参与，有不少人就是看了我的微博加入民主党派的。另一方面也让我比一般人更加敬畏网络的力量，在发布每一条内容时尽可能认真谨慎。我也有意识地让网络作为自己“试水”参政议政方向、搜集民意的一个重要渠道，我的部分提案与建议、素材与想法就来自网络。

卡耐基说过，一切带给人向上和希望，促使人不断追求成功，让生活变得圆满幸福的动力和感情，都是正能量。我深知，充满正能量的新媒体，就是照亮光明的火炬；而充斥负能量的新媒体，则会成为熄灭心灵火焰的狂风。

做好新媒体代表人士团结引导工作，营造清朗的网络空间，让正能量的火炬照亮中国特色社会主义事业的道路，更温暖着走在这条路上的人们，这是我们共同的福祉，也是我们共同的责任。

对高检工作的几点建议①

建明检察长，各位同志：

下午好！两会在即，此时贵院召开座谈会，征求我们对检察工作报告的意见和建议，这既是推进社会主义协商民主的重要形式，也体现了对政党协商、对各民主党派中央的高度重视和信任。

工作报告站位高、立意深、内容实，全景展现了在过去的五年间，你们面对复杂、繁重的司法改革任务，带领全国检察机关做了大量扎实而卓有成效的工作，体现了你们对中央部署精神的准确把握、坚决贯彻，为大局服务，有责任担当。这是一个好报告。我们赞成将这个报告提交全国人大审议。

在此，谨就检察工作谈些思考。

过去的一年是全面深化司法体制改革的决战之年，检察院多项改革取得重大进展：一是以实际行动诠释对党的忠诚，协力推进国家监察体制改革的全面铺开，确保中央的决策部署在检察机关贯彻实施；二是提起公益诉讼制度改革取得重大成果，有效保护了国家利益和社会公共利益；三是稳步推进刑事

① 2018 年 1 月 25 日在最高人民检察院座谈会上的发言。

诉讼改革，坚决纠正冤假错案，持续清理久押不决，有力维护了司法公信力；四是有机融合司法改革和现代科技，智慧检务迈上新台阶，在提高办案效率的同时，增强了司法透明度。今年是改革开放和检察机关恢复重建40周年，在这样的大背景下，我们对检察工作充满信心的同时，也有以下期待：

一、回归诉讼规律，建立检察引导侦查的诉讼关系

“以审判为中心”的诉讼制度改革强调审判的终局性与权威性以及审判对审前活动的指引与规范。落实“以审判为中心”一方面需要在庭审实质化中规范诉审关系，另一方面还要从诉讼规律的角度重新认识检警关系。过去检察机关只能对公安机关的办案行为进行事后监督，但由于公安机关长期在实践中处于较为强势的地位，导致检察机关对侦查行为合法性以及证据收集等方面的监督实效弱化，进而造成诸多案件质量问题甚至冤假错案的发生。实际上从诉讼规律或是国际惯例上来看，检警之间不应当是监督与被监督的关系，而应当是检察引导、指导甚至指挥侦查的关系。侦查是起诉的准备，起诉是侦查的目的，侦查应当服务于起诉。未来检察机关应当以强化侦查监督机制作为有力抓手，通过检察提前介入侦查，建立检察引导、指挥侦查的动态机制，最终实现新型检警关系。

二、优化检察职能配置，实现诉讼职能与诉讼监督职能的分离

国家监察体制改革的试点与全面推进以及检察机关在民事和行政公益诉讼制度的全面实施，为新时期检察职能的定位带来了机遇和挑战。在职务犯罪侦查权转隶之后，检察职能主要由诉讼职能、诉讼监督职能和强制措施审查职能构成。其中诉讼职能是检察机关通过行使诉权以诉讼一方的身份参与刑事、民事以及行政诉讼，维护国家和社会公共利益的活动。诉讼职能是未来检察权运行的核心。而诉讼监督职能是对侦查机关、法院以及执行机关诉讼活动合法性的监督，在性质上不属于典型的诉讼活动。应当重视诉讼职能和诉讼监督职能在运行规律上的区别，在检察系统内设机构上加以区分，推进检察机关诉讼职能与诉讼监督职能的分离。

三、探索司法化办案方式，构建刑事强制措施的司法化审查

刑事强制措施的适用可直接导致对公民人身以及财产性权利的限制与剥夺，不仅是一国刑事司法人权司法保障水平的体现。长期以来检察机关在审查逮捕过

程中行政化的色彩较浓，辩护律师难以有效介入，程序不公开也影响着逮捕决定的公正性。制度上为案件久押不决提供了条件，不仅容易造成社会舆论压力，也对司法公信力造成不利影响。未来应广泛探索审查逮捕程序的诉讼化改造，在不改变检察机关审查逮捕职权配置的前提下，适当引入诉讼化特征，形成以检察机关为顶点，侦查机关与犯罪嫌疑人、被告人平等对抗的等腰三角形结构，以听证的方式作出客观公正的强制性决定，遵循证据裁判原则。

四、协调司法责任制改革中的矛盾，巩固改善运行机制

我国的检察责任机制，长期因“三级审批制”而属于典型的行政机制。司法改革，就是要限制“三级审批制”的适用范围，导入司法责任制因素，还要协调二者关系至兼容的状态。这就使检察院的司法责任制改革较之法院的司法责任制的推行，难度更大。从颁布的检察官权力清单来看，突出的一个问题是：权力界限不够清晰，分权根据不足。检察机关哪些权力应当下放检察官行使，哪些由检察长决定，虽然已经有一些清单划分，但关键是如何准确界定相互间的权力关系和功能界限。目前员额检察官的办案权，是采取授权制而非分权制，即认为检察权由检察长享有，部分授权检察官行使。授权制没有解决司法责任制的权力根据问题，而且授权制之下，随时可以收回授权，导致司法责任制的制度基础不稳固。新一轮的改革，应当进一步理清检察机关分权的合理边界，提供检察官独立负责的权力基础，建立检察机关司法责任制的长效机制，使检察官“有权可用，有权敢用”。

以上是对最高检几项重点工作的看法和建议，不当之处请批评指正。司法体制改革进入攻坚阶段，前路虽艰，不忘初心。期待今年的司法改革能破解新的难题，取得新的成绩。向你们致敬，也愿为你们助力！

赶赴一场“春天的约会”[1]

每年3月的全国两会，都是一场盛大的“春天的约会”。

人民大会堂，是约会的现场；全国人大代表和全国政协委员，是盛会的嘉宾；发出邀约的，是我们的共和国。这是一场思想的盛宴：一个个观点、一种种思考，通过批评、建议、意见，通过议案、提案、审议、讨论，通过媒体传播，将有价值的声音放大，把有智慧的声音远播。思想，在这里汇聚；共识，在这里形成。这也是一次成果的展示：代表委员来自不同的区域、不同的党派、不同的界别，把他们一年的思与行，把他们对现实的分析、对未来的期待，带到这里分享，宛如一首辉煌的交响乐曲。

作为全国政协委员，我清晰地知道：约会，不能空着手来。提案，就是给共和国的礼物。礼物没有大小轻重，都是委员精心制作的，承载着委员的思想与情感，更承载着百姓的期待与梦想。提案，也是给人民的答卷。敷衍了事的提案，不切实际的提案，假大空的“雷人”提案，都无法得到满意的分数。你的礼物精彩，共和国才能出彩；你的答卷优秀，人民才

① 2018年3月5日发表于《人民日报》。

会满意。

约会，不仅不能空手而来，也不能自当观众和听众。两会的舞台是众声和鸣，是声音的交响。每个代表委员的声音，都是一个声部；每个代表委员的声音，都采自民间；每个代表委员的声音，都会被关注，都会被放大，都会被传播。在参政议政的大平台上，这是最响亮的声音；在一年一度的“春天的约会”中，这是最精彩的共鸣。作为代表和委员，为了赶赴这个盛大的约会，必须用一年乃至几年的时间精心去采集、用心去言说，才能让自己的声音在这个舞台上推动问题解决、助力民生改善。

在两会上，媒体也是一道美丽的风景线。媒体者，桥梁也。媒体架起了代表委员与人民群众的桥梁，代表委员在想什么，代表委员说了什么，通过媒体让更多的人知晓。媒体架起了代表委员与政府间的桥梁，媒体的聚焦，媒体的关注，让代表委员的意见能更好地被政府部门知晓。媒体也架起了代表委员之间的桥梁，别人在做什么、想什么，联手去做、共同去想、一起来说，“1 + 1 > 2”的效应就会产生。因为媒体的参与，“春天的约会”才成为13亿多人共同瞩目的节日；因为媒体的关注，智慧的声音才成为政府行稳致远的动力之一。

两会这场“春天的约会”，是中国特色社会主义民主政治的一道风景。风雨兼程，春华秋实，这道春天里的风景，一定能结出丰硕的果实。

迎接“人机共教”新时代①

刚刚过去的2017年，无论中国还是世界，都发生了巨大变化。从全球角度看，也许最重要的事件之一，就是智能机器人“重出江湖”。这一次机器人的惊艳，代表性事件就是去年5月发生的阿尔法狗三场连胜世界围棋冠军柯洁。在医学和法律两个同样需要高智慧的领域，智能机器人也出手不凡。

人工智能汹涌而来，对人类社会究竟会产生怎样的影响，对教育究竟会带来怎样的变化？有人预测说：“未来10年，大部分人类只需思考5秒钟以下的工作都会被人工智能取代；从比例上来说，未来10年人类50%的工作都会被取代，如助理、翻译、保安、前台、护士、记者、会计、教师、理财师……”这样的预测有些耸人听闻，把教师列在被取代的职业之中，我更是不敢苟同。智能机器人可以帮助医生诊断、帮助律师处理事务，但要真正取代人，几乎是不太可能的事情。未来的智能机器人会帮助教师更好地从教，未来的教育也会进入“人机共教”的新时代，但教师职业不会消失，也不会被智能机器人取代。

① 2018年3月5日发表于《中国教育报》。

当然，教师作为一种职业不会被取代，并不意味着所有教师都不会被淘汰。这就需要我们能够真正看清教育与学校变化的格局与趋势，需要我们更加深刻地理解教育与教师的本性与特质。要想不被淘汰，其实关键是做到两条：一是学会做智能机器人做不到的事情；二是学会与智能机器人共处，让智能机器人为我所用。

首先，要学会做智能机器人做不到的事情。究竟哪些是智能机器人做不到的事情？在许多人看来，智能机器人似乎无所不能，其实智能机器人也是有“软肋”的。它的“软肋”就是其不可能具有人的情感交流和人文关怀，不可能具有人的创造性与独特性。阿尔法狗的棋艺水平再高，在它的眼里也是见棋不见人的，而教育恰恰是“人的事业”。怀特海曾经说过：“在教育过程中，一旦你忘记了你的学生是有血有肉的，那么你就会遭遇悲惨的失败。”苏霍姆林斯基也认为，教学不是冷冰冰地把知识从一个脑袋装进另外一个脑袋里，而是师生之间无时不在的情感交流。所以，未来的教育会更具情感性和互动性，未来的教师也应该增强自己的亲和力，努力成为学生的知心朋友，成为学生的成长伙伴，走进学生的心灵世界。此外，智能机器人的逻辑思维和数据处理能力非常强，但是教师的工作往往是非预设、非逻辑、非线性的，教育过程中的各种偶发事件、各种力量的平衡，需要高度的创造性和艺术性。

其次，学会与智能机器人共处，让智能机器人为我所用。未来的人类一定是一种新型的人机结合体，人类会借助于智能机器人变得更加聪明、更加强大。美国教育界曾经广泛流传一句话：谷歌上能查到的东西不需要在课堂上教。如果按照这个标准，传统以知识传授为主体的课堂教学就需要转型了，对教师的要求就更高了。未来的教师，会从现在大量重复性的、简单性的、烦琐性的劳动中解放出来，不需要用大量时间批改作业，不需要在课堂上喋喋不休地进行知识性传授，也不需要在课后进行大量的模仿性训练、重复性练习，而是能够娴熟地运用智能机器人，娴熟地获取各种教育资源，利用各种数据处理的方法与技术，及时分析教育教学中的各种案例与问题。

很多年前，教师在接受完系统的教育训练以后，基本就能够胜任教师职业。而未来的教师唯有不断学习、不断成长，才能真正适应“人机共教”的新时代。

追寻公平而有质量的教育①

编者按： 3月5日，国务院总理李克强在做政府工作报告时指出，要发展公平而有质量的教育。教育的公平与质量一直是我国教育政策的基本方向，一直是政府在努力解决的问题。新时代对教育的公平和质量提出了新要求。本文对“发展公平而有质量的教育”进行了深入解读。

3月5日，第十三届全国人民代表大会第一次会议在人民大会堂开幕，国务院总理李克强向大会做政府工作报告，指出要发展公平而有质量的教育。要办好人民满意的教育，让每个人都有平等机会通过教育改变自身命运、成就人生梦想。

公平与质量一直是我们追求的目标

在中华人民共和国的教育历史上，教育的公平与质量（效率）一直是我们要努力解决的问题。当然在不同阶段会呈现不同的侧重点。

1949年中华人民共和国成立以后，一直到“文化大革命”时期，我们基本上走的是一条公平优先的道路。中华人民共和

① 2018年3月8日发表于《中国教育报》。

国成立之初的扫盲运动、工农夜校、业余学校、院系调整等一系列教育政策，本质上都是为了推进教育公平与社会公平。

改革开放以来，直到党的十六大之前，无论是重点学校政策、“211 工程”建设等，都体现出效率优先的特点。某些地方政府热衷于追求教育“GDP”，建豪华学校，奖“高考状元”，背后也是一种追求效率的冲动。过去我们是一个追赶型的国家，有追赶的心态、办追赶型的教育。但是，这样造成了区域、城乡、校际差距越来越大。

近年来，教育公平一直是我国教育公共政策的基本话语，也是每年全国两会的热点话题。党和政府先后出台了西部地区的“两基”攻坚计划、城乡免费义务教育、国家助学制度等，在推进教育公平方面做了大量卓有成效的工作。2012 年 9 月 7 日，时任国务院总理温家宝在全国教师工作暨“两基”工作总结表彰大会上的讲话中说：“教育公平是社会公平的基石。在我们这样一个发展中的大国，让每个孩子都有学上、上得起学，保障他们平等接受教育、平等发展的权利，充分体现了社会主义制度的优越性。”

2012 年的《政府工作报告》指出，要“坚持优先发展教育”，促进义务教育均衡发展，资源配置要向中西部、农村、边远、民族地区和城市薄弱学校倾斜。2013 年的《政府工作报告》指出，要进一步深化教育综合改革，着力推动义务教育均衡发展，“进一步促进教育公平”。2014 年的《政府工作报告》指出，要促进教育事业优先发展、公平发展。继续加大教育资源向中西部和农村倾斜，促进义务教育均衡发展。可以看出，从 2012 年到 2014 年，教育政策的基本导向是公平优先。

2015 年开始，《政府工作报告》同时提出公平与质量，要求“促进教育公平发展和质量提升”。2016 年的《政府工作报告》提出“发展更高质量更加公平的教育”。2017 年的《政府工作报告》又提出“办好公平优质教育”。今年的《政府工作报告》明确提出发展公平而有质量的教育。我们也可以发现，从 2015 年到 2018 年，公平和质量是我国教育公共政策的主要导向。

公平与质量（效率）历来是教育的基本问题，公平优先还是质量（效率）优先？公平优先兼顾质量（效率）还是质量（效率）优先兼顾公平？这其实反映了不同的教育价值取向和政策导向。只有把握教育的方向，分析基本国情和政府责任，才能选择科学合理的教育政策。

教育公平是政府的首要责任

教育公平是人们对于美好生活向往的重要内容，也是政府的首要责任。

党的十九大报告对我国今后一段时期教育改革发展提出了明确的方向。要求各级政府优先发展教育事业，“全面贯彻党的教育方针，落实立德树人根本任务，发展素质教育，推进教育公平，培养德智体美全面发展的社会主义建设者和接班人。推动城乡义务教育一体化发展，高度重视农村义务教育，办好学前教育、特殊教育和网络教育，普及高中阶段教育，努力让每个孩子都能享有公平而有质量的教育”。毫无疑问，这段文字透露的信息表明，公平、质量仍然是我国教育政策的基本方向。今年《政府工作报告》关于教育的总要求，就是根据党的十九大精神，把发展公平而有质量的教育作为指导思想提出来的。

在党的十九大报告中，习近平总书记做出了一个重要的判断：中国特色社会主义进入了新时代，我国社会主要矛盾已经转化为人民日益增长的美好生活需要和不平衡不充分的发展之间的矛盾。这个基本的判断，揭示了制约我国社会发展的关键问题，明确了解决当代中国发展问题的根本着力点，也为我们的教育发展指明了方向。

人民对于美好生活的向往是什么？2012 年 11 月，习近平总书记在党的第十八届中央政治局常委与中外记者见面时指出，我们的人民热爱生活，期盼有更好的教育、更稳定的工作、更满意的收入、更可靠的社会保障、更高水平的医疗卫生服务、更舒适的居住条件、更优美的环境，期盼着孩子们能成长得更好、工作得更好、生活得更好。人民对美好生活的向往，就是我们的奋斗目标。可见，教育是美好生活的第一要务。党的十九大报告把教育作为民生的第一个问题来论述，把优先发展教育作为国家重要发展战略，更是充分彰显决心。

教育不仅是创造美好生活重要、基础、关键的路径，也是美好生活重要、基础、关键的组成部分。更好的教育，才能创造更美好的生活，才能增强人民群众的获得感，才能为经济转型、科技创新、文化繁荣、民生改善、社会和谐提供更有力的支撑，为实现“两个一百年”奋斗目标、实现中华民族伟大复兴中国梦奠定坚实的基础。

改革开放以来，中国教育取得了长足的发展，在很短时间里解决了穷国办大教育的难题，实现了普及义务教育和高等教育的大众化。但是，与整个经济社会发展的不均衡、不充分相比，教育发展的不均衡、不充分状况更为突出。其中，不均衡主要是公平的问题，不充分主要是质量的问题。我们认为，目前的主要矛盾是不均衡的问题，是教育公平的问题。如我国的城乡之间、东西部区域之间、同一个城市的不同学校之间、社会的不同人群之间的教育还很不均衡，学前教育、特殊教育、职业教育、终身教育发展还非常不充分，人民对教育的满意程度还不高。

在李克强总理今年的《政府工作报告》中，我们看到，2017 年教育改革与发展的基本方针依然是按照公平优先兼顾质量的原则配置资源的。在财力紧张的情况下，坚持教育优先发展，财政性教育经费占国内生产总值比例持续超过 4%。其中大部分资金用于改善农村义务教育薄弱学校办学条件，提高乡村教师待遇，营养改善计划惠及 3600 多万名农村学生。重点高校专项招收农村和贫困地区学生人数由 1 万人增加到 10 万人。对各类学校家庭困难学生资助力度进一步加大，4.3 亿人次受益。

2018 年教育工作的部署，也是把“发展公平而有质量的教育”作为指导思想。着力推动城乡义务教育一体化发展，教育投入继续向困难地区和薄弱环节倾斜。切实降低农村学生辍学率，抓紧消除城镇“大班额”。多渠道增加学前教育资源供给，支持中西部建设有特色、高水平大学，继续实施农村和贫困地区专项招生计划。发展民族教育、特殊教育、继续教育和网络教育。要办好人民满意的教育，让每个人都有平等机会通过教育改变自身命运、成就人生梦想。显而易见，这其实也是一个教育公平的承诺。

提高质量是教育的永恒主题

公平与质量本身并不是对立的。没有质量的教育公平，或者低质量的教育公平，都不是真正意义上的教育公平。没有公平的质量，更是有悖于社会主义教育的基本特征，也谈不上真正的质量。现在中国教育的主要矛盾已经从过去的有没有学上，转变为能否上好学的问题。所以，教育公平的问题，也有新的表现形式。提高教育质量已经成为新时代背景下与教育公平同样重要的问题。

所以，在今年的《政府工作报告》中，同样有许多关于提高质量的部署，如推进普及高中阶段教育；以经济社会发展需要为导向，优化高等教育结构，加快“双一流”建设……新时代的教育公平，主要是解决人人都能上好学的问题，是优质的公平。

在今年的新年贺词中，习近平主席指出：“人民群众最关心的就是教育、就业、收入、社保、医疗、养老、居住、环境等方面的事情。”教育问题，作为人民群众最关心的问题，仍然是他最操心的第一民生。

如何保证“公平而有质量”，或者说，如何在保证底线公平，起点、过程和结果公平的前提下，公平和质量两手抓两手硬？这就需要政府和教育行政部门学会科学合理配置资源，学会利用杠杆撬动民间资本和社会力量。

政府要筑好教育公平的底线，为每个孩子提供同样的机会、同样的资源。同时，要调动民间的力量和社会的资源，为不同的孩子提供多样化、个性化的选择。要更多地向困难群体和边远地区、贫困地区倾斜。

在新时代，我们一方面要解决好不均衡的问题，更加注重教育的公平；一方面也要注重不充分的问题，更加注重教育的质量。我们要进一步加大教育改革与发展的力度，进一步推进教育公平，加大对边远地区、农村地区、薄弱学校的支持力度，逐步补齐学前教育、特殊教育、进城务工人员随迁子女教育等短板。我们的教育改革要有文化自信，要在继承中华民族优秀教育传统的基础之上，努力学习借鉴世界各国先进教育理念和方法，进一步提升教育的品质。

新时代，我们提出了“公平而有质量”的新导向。新时代也以网络、人工智能等新科技，为我们进一步推动教育公平、提升教育质量提供了新的工具。动员全社会的力量共同奋斗，努力创造更好的教育，进而创造更美好的生活，是我们责无旁贷的使命。

发挥中等职业教育在脱贫攻坚中的特殊作用①

各位委员：

教育扶贫肩负着双重任务：扶智与扶志。教育扶贫的投入具有生产性，中等职业教育在脱贫攻坚中投入产出比最高，是离农村贫困人口距离最近的教育类型。国际经验表明，一个国家较低的社会阶层从职业教育中获益越多，工业水平就越高；职业培训越普及，收入最低的就业者在社会总收入中所占比例就越高。

中等职业教育在脱贫攻坚中本应大有作为，但从我们的调研情况看，其作用远远没有得到充分发挥。

一是贫困地区中职学校办学基础薄弱。普遍规模较小，课程内容陈旧、实训设备老化，师资质量不高，无法满足生产实践和劳动市场变化的需求，一些学校还在学习早已被市场淘汰多年的技术。

二是吸引力不足，贫困家庭选择中职学校的意愿不强。受贫困地区产业发展等限制，中职学校毕业生就业较难，无法有效提升脱贫的能力。而与当地需求有关的如农林类专业等，即

① 2018 年 3 月 10 日代表民进中央在人民大会堂的发言。

使联办专科也无人问津。因此形成恶性循环，贫困地区劳动力结构中，只有不到0.5%的技能劳动者。

三是发达地区优质中职教育资源未能发挥帮扶贫困地区作用。中心城市经济发达，汇集大批优质中职教育资源，但由于户籍制度和相应的招生限制等，中职学校办学规模骤减，与外地院校合作办学处于停滞状态。以北京某国家级重点职业学校为例，在校生过去超过5000人，如今只有3000人，教学资源大量闲置。

无论从我国教育体系自身完善的需求，还是脱贫攻坚的现实需要来看，贫困地区的中等职业教育都是发展不平衡、不充分的主要短板，应按照中共十九大精神的要求，给予优先发展。为此建议：

第一，实施“中职教育扶贫国家工程”。把“中职教育脱贫”作为教育脱贫的重要工程，通过职业学校给学位、企业给岗位、财政综合保障“三管齐下”，把建档立卡贫困家庭中的“两后生”（初、高中毕业未能继续升学的劳动力）和未完成学业但有就业潜力的青壮年送进中职学校学习。免除贫困学生在中职学习期间的学习费用、生活费用，并给予其家庭一定的生活补助，做到“一人入学，一家脱贫”。扶贫对象毕业后，做好就业指导和服务，加强跟踪管理，确保长期稳定就业，避免因失业返贫。

第二，实施“集中连片贫困地区中职教育能力提升计划”。将贫困地区普及高中阶段教育的增量部分，重点放在中等职业教育上。办学有特色、直接服务地方产业发展、就业和创业融合前景较好的中职院校，应纳入重点支持对象，加大投入，改善办学条件，提升办学能力，保障办学质量。对与本地区产业结合较差、招生困难的中职院校，可依据实际情况由省或市层面进行资源整合，力争在市一级举办职业教育资源中心，引领本区域内职业教育发展。

第三，实施“东西部中等职业教育协作计划”。鼓励发达地区挖掘职教资源，对口帮助贫困地区的中职院校提升办学水平，面向对口扶贫地区建档立卡的贫困家庭定向招生，或采取联合培养模式，允许贫困地区学生前一到两年在本地就读，第二年或第三年前往发达地区学校就读和实习。建立东西部中职协作联合领导机构，规划教育培训方向、引入合作企业，使学生掌握当地产业发展急需的职业技能或流入地就业岗位急需的职业技能，实现稳定就业。

扶贫先扶智，治贫先治愚。习近平总书记多次指出，“让贫困地区的孩子们接受良好教育，是扶贫开发的重要任务，也是阻断贫困代际传递的重要途径”。贫困地区的中等职业教育就像一道大坝，能够像拦住洪水一样阻断贫困，并使之转化为发展的动力。让贫困学生有学可上，有职可入，需要我们动员各方力量，共同努力！

进一步扩大中国文化影响力①

今年是改革开放40周年。这段时期，我国教育对外开放的力度一直在加大，特别是党的十八大以来，我国教育在“走出去”和“引进来”两个方面都得到了显著的发展。

在“走出去”方面，我国已成为全球最大的留学生生源国，2016年出国的留学人数已达到54.5万人。而且，出国的留学生也呈现低龄化的趋势。在高等教育阶段，对外合作越来越多、越来越频繁，尤其是有更多的科研人员到国际科研机构进行共同研究工作。此外，全球孔子学院的数量增长也非常快，通过教育将中国文化传向了世界。

与此同时，“引进来”的开放程度也在进一步提升。首先值得一提的是来华留学，如今我国已成为亚洲最大的留学目的国。2016年，来华留学人员44.3万人，来自全球205个国家和地区，而且到中国高校和科研机构工作的国外专家学者也越来越多。在中外合作办学方面，世界顶尖高校纷纷在中国建立分校，例如西交利物浦大学、宁波诺丁汉大学、昆山杜克大学和上海纽约大学等，它们同时也在引领其他中外合作大学的建立

① 2018年3月20日发表于《中国教育报》。

和发展。

在新时代，我国迎来了“回国潮”。据统计，2016 年留学回国人员达到 43.3 万人。完成学业后选择回国的学生比例也在不断增加，2016 年这一比例达到了 82.23%。“回国潮”现象也恰恰证明了今天的中国发展之快、机会之多、待遇之国际化。我们可以看到，无论是从事科学研究，还是进入企业或自主创业，回国留学生在政策上都会受到鼓励。

自党的十八大报告提出“倡导人类命运共同体意识”起，习近平总书记多次在重要场合详尽论述和深刻阐释这一新理念、新提法。站在全球共同发展的角度，习近平总书记提出了“一带一路”倡议。其中，教育是基础工程。首先，我们要进一步加强与“一带一路”国家教育的交流与合作，加强对“一带一路”国家的国情研究。其次，我们要继续通过孔子学院、来华留学、研学旅行来加大与世界其他国家的教育交流与合作，尤其是加大在科研项目上的交流合作与协同攻关。

未来，我国的教育会更加国际化，对外开放的力度也将更大。特别是随着互联网和信息技术的发展，各国之间的教育交流与合作将更加便利、更加广泛。因此，我们要用更加开放的心态，学习国际上先进的教育模式和理念，要进一步加强与国际上有创新特色的教育机构合作，更好地培养具有中国情怀、世界眼光的国际化人才。

在基础教育阶段，当前我国的国际教育基本上是以学习西方文化为主。今后，我们可以推进中国文化的影响力，鼓励国际教育讲授中国文化。在网络课程开发中，我们要将中国的特色课程用英文传播出去，让更多人了解中国的文化和教育。我们要利用现代网络技术，讲述中国文化。

积极履职有作为[①]

各位同志：

全国政协十三届一次会议于2018年3月3日开幕，3月15日闭幕。会议主要议程是：听取和审议政协常委会工作报告和提案工作情况报告；列席人大会议，听取并讨论中华人民共和国宪法修正案（草案）、政府工作报告、计划报告和预算报告、中国人民政治协商会议章程修正案（草案）、“两高”工作报告，讨论监察法（草案）、国务院机构改革方案；审议通过会议各项决议、提案审查情况报告和人事事项。小组会议还围绕全国政协2018年协商计划进行了专题讨论，围绕本小组关注的热点问题议政建言。

我着重就民进中央和民进组政协委员履职情况，向大家做一汇报。

一、提案情况

（一）民进中央党派提案

民进中央共向全国政协十三届一次会议提交党派提案44件。从提案内容来看，体现民进教育、文化、出版主界别特色

---

① 2018年3月22日在民进学习贯彻两会精神座谈会上的讲话。

的提案16件。其中，教育类10件，文化类4件，出版类2件。另外，经济建设类提案9件，科技医卫类8件，生态建设类6件，法治政治类5件。

民进中央的提案工作始终坚持“以质量为生命”，从征集素材、遴选到定稿，有一套完整的提案形成机制。2017年11月，我们面向29个省级组织、民进中央9个专门委员会、参政议政特邀研究员、3个参政议政合作平台，印发征集党派提案素材的通知，共收到素材稿200余件。民进中央先后召开两次提案推稿会，邀请相关领域的专家进行论证评审，再经过反复地修改打磨，最终确定提交这44件提案。可以说，每一件提案的产生都经历了“披沙沥金”的过程。

（二）民进组及委员提案

据统计，本次大会期间，民进组以界别小组的名义提交提案7件。民进组45位委员共提交提案（含个人提案和联名提案）292件，通过社情民意、快报等形式反映重要信息79篇。提案内容涉及经济社会发展各领域的问题，特别是对一些关键信息的及时反映，体现了委员的责任与担当。

二、发言情况

由于政协十三届一次会议的议程对大会发言时间大幅度压缩，今年民进中央的大会发言只有一次，就是3月10日下午，在第三次全体会议上，我代表民进中央做了《发挥中等职业教育在脱贫攻坚中的特殊作用》的大会发言。中等教育在脱贫攻坚中本应大有作为，但从我们的调研情况看，其作用远远没有得到充分发挥：一是贫困地区中职学校办学基础薄弱；二是吸引力不足，贫困家庭选择中职学校的意愿不强；三是发达地区优质中职教育资源未能发挥帮扶贫困地区的作用。

为此建议：第一，实施“中职教育扶贫国家工程”；第二，实施“集中连片贫困地区中职教育能力提升计划”；第三，实施“东西部中等职业教育协作计划”。

教育是我们民进的老阵地，让贫困学生有学可上，有职可入，需要我们动员各方力量，共同努力，这也是民进这个发言的初衷。

三、民进界别小组会议情况

根据大会安排，民进组共举行1次联组会议、13次小组会议。委员们以积极向上的热忱、求真务实的态度，平等进行讨论、坦率提出意见。

（一）中共中央政治局常委韩正参加民革、民进联组会情况

3 月 4 日下午，韩正来到昆泰酒店驻地，看望出席全国政协十三届一次会议民革、民进界政协委员并参加联组会。各位委员积极发言，讨论十分热烈。

民进组有 4 位委员发言。我的发言题目是《以“零容忍”推文山填会海》；陶凯元委员的发言是《全面彻底打赢脱贫攻坚战重在统一思想深化政策扶志扶智》；黄震委员的发言是《关于树立正确的成才观，大力发展职业教育的建议》；张帆委员的发言是《乡村振兴首先要人才振兴》。

在认真听取委员们发言后，韩正说，中共十八大以来的五年，是我国发展进程中极不平凡的五年，民革、民进各位委员认真履职尽责，做了大量卓有成效的工作。韩正强调，推动中国共产党领导的多党合作和政治协商制度向前发展，要把加强思想政治理论学习放在首位，深入学习贯彻习近平新时代中国特色社会主义思想，夯实共同思想政治基础。要坚持中国共产党的领导，坚定不移走中国特色社会主义政治发展道路，发挥好多党合作和协商民主的政治优势。要着眼于推进国家治理体系和治理能力现代化，用好人民政协这个社会主义协商民主的重要渠道和专门协商机构。要坚持大团结大联合，着力做好凝聚人心、增进共识、汇聚力量的工作，为实现中华民族伟大复兴的中国梦广泛凝聚正能量。

（二）小组会议讨论情况

讨论政协常委会工作报告和提案工作情况报告。委员们一致认为，俞正声主席作的政协常委会工作报告振奋人心，坚持团结和民主两大主题，聚焦党和国家中心任务，政协五年的工作成果丰硕。

万钢同志所做的政协提案工作报告，见证了委员们过去五年参政议政的累累硕果。报告为委员履职指明了方向，提供了遵循，便于委员聚焦共同围绕经济社会发展的中心和改革大局贡献力量。同时，委员们对政协要进一步凝聚思想政治共识、提高民主监督实效、改进提案办理工作、发挥各级政协和政协委员的作用提出了建议。

讨论《政府工作报告》。委员们给予《政府工作报告》高度评价。今年的报告政治站位高，求真务实，充满了政府自我革命的勇气，充满了人民的情怀。报

告对2018年的工作部署措施很务实，也很有力，改革力度也很强。委员们围绕教育制度改革、医疗体制改革、文化建设、防范化解重大风险、精准脱贫、污染防治等事关发展的重大问题和群众关注的热点话题畅所欲言，提出建议，纷纷表示要增强委员意识，承担委员责任，自觉为改革发展稳定大局献计出力。

讨论中国人民政治协商会议章程修正案（草案）。委员们一致认为，这次政协章程的修改是中华民族伟大复兴的需要，是中共中央集中领导的需要，是政治各方面团结统一的需要。委员们认为这次修改对政协三大职能——政治协商、参政议政、民主协商在过去十年的实践成果，进行了总结和固定，对各级政协未来开展工作提供了具有可操作性的方向和指导。

讨论“两高”工作报告。委员们认为过去五年法院、检察院工作围绕中心服务大局，积极回应了社会和人民的焦点诉求，对电信网络诈骗、校园欺凌、老年合法权益、食品药品安全、“医闹”等问题给予了关注和解决。“两高”报告以案例、实证和数据说话，很有说服力。委员们希望加快司法体制改革步伐，为经济社会发展和稳定提供法律保障，就维护法律公信力、加强与公安和税务等部门的沟通协作、提升司法智能化水平、加强司法的国际间合作等方面提出了建议。

讨论宪法修正案（草案）。委员们一致认为，宪法是国家根本大法，修改宪法是党和国家政治生活中的一件大事。此次修改宪法恰逢其时，顺应了时代，呼应了民生、民意，符合人民对时代发展的期盼，坚决拥护，完全赞同。大家一致坚决拥护党中央关于宪法修改工作的决策部署，赞同党中央确定的宪法修改的总体要求和原则。宪法修正案符合时代发展趋势，反映了党和国家的意志，顺应了民意，为国家长治久安和中华民族伟大复兴提供了坚强的宪法保障。委员们还对宪法修改后的宣传普及、权威维护等方面提出了建议。

讨论国务院机构改革方案和监察法（草案）。委员们完全赞成国务院机构改革方案的议案和监察法（草案）的议案。国务院机构改革方案坚持以习近平新时代中国特色社会主义思想为指导，坚持与时俱进，适应新时代中国特色社会主义发展要求。委员们一致认为，制定监察法、深化国家监察体制改革彰显了党中央深入推进反腐败斗争坚定不移的决心和信心，是推进全面依法治国、实现国家监察全面覆盖的重要举措。

本次政协大会继续邀请有关部委同志列席小组讨论会议。3 月 6 日下午，教育部副部长孙尧、文化部副部长董伟，国家知识产权局副局长甘绍宁等部委领导出席了民进组小组讨论会议。当天共有 14 位民进组委员围绕教育、文化两大主题发言，他们言简意赅，直言不讳，结合自身工作和实际提出了操作性强、切中时弊的有益建议。部委同志就委员们提出的问题和建议逐一进行了回应，并表示会将这些意见和建议带回去认真消化、梳理、吸纳。

3 月 12 日上午，民进组委员围绕“发挥教育文化在乡村振兴战略中的作用”这一主题进行讨论，提出了加强农村边远地区学前教育、发展乡村职业教育、发展文化生态旅游等建议。教育部、文化部有关司局领导参加了这次小组讨论。

在其他场次小组讨论中，中央统战部、国务院办公厅、广电总局、最高人民法院、最高人民检察院等有关部委同志也分别列席了会议，并对委员们的意见和建议作了积极回应。

四、新闻媒体报道情况

今年两会期间，纳入统计范围的 27 家主要新闻媒体对民进的报道数量达到 552 条，其中对提案和发言的报道 116 条（重点提案的宣传报道 32 条），对民进代表、委员的宣传报道 407 条，其他方面报道 25 条，报道规模与去年相比保持平稳。未纳入统计范围的媒体也进行了大量采访，仅网络上可搜索到的民进相关报道就有 1000 余篇（不含转载）。

今年两会是新一届全国人大和政协的第一次会议，重要的活动和内容有很多。其中，3 月 6 日，蔡达峰主席参加民主党派中央和全国工商联领导人记者会；3 月 17 日，蔡达峰主席当选十三届全国人大常委会副委员长；3 月 14 日，刘新成常务副主席当选政协第十三届全国委员会副主席；3 月 20 日，蔡达峰主席就“新型政党制度和参政党建设”主题做客人民网强国论坛。围绕这些重要活动和重点内容的宣传，受到大会内外的广泛关注，也取得了非常好的效果。

（一）及早谋划、重点推荐，加大党派提案宣传力度

由于今年春节时间与两会接近，我们把工作提前，及早谋划，2 月 26 日，春节假期结束后不久，民进中央就召开了两会新闻通气会，邀请了 30 多家中央、首都媒体记者参加，为两会宣传预热，会上向媒体详细介绍了民进中央拟向政协大

会提交的44件党派提案，以及民进会员中的代表、委员基本情况。

为了加强对提案的推介力度、提高宣传效率，我们采取重点提案集中推荐的形式，针对10件重点提案，先后组织了多场媒体集中采访，由代表、委员对党派提案进行解读，回答媒体感兴趣的问题。代表和委员对党派提案宣传工作高度重视、全力支持。这些重点提案先后分别以多种形式在多家媒体上报道出来，在两会前两天就出现了一个小的宣传高峰。

其中，《关于扎实推进乡村振兴战略的提案》《深化生态文明体制改革的提案》和《关于进一步做好家庭医生签约服务工作的提案》等重点提案，以及一些没有被列为重点、但与社会民生问题结合紧密的党派提案，如《关于大力发展0—3岁婴幼儿托育服务的提案》《关于加快推进幼儿园教师队伍建设的提案》等，都有媒体做了大量的报道。

此外，民进还就学习习近平总书记在政协联组会上的重要讲话、习近平当选国家主席并进行宪法宣誓、习近平主席在人大闭幕会上的重要讲话等内容，接受新华社和中央电视台采访，表明态度和立场，及时发出民进的声音。

（二）围绕中心、履职尽责，民进代表、委员受到媒体广泛关注

今年两会期间，民进代表、委员认真履职尽责，提出了大量建议、提案，这些建议和提案紧紧围绕党和国家中心工作和民生热点，调研深入扎实，问题分析透彻，可操作性强，关注度高。

新华社、《人民日报》、《光明日报》、《经济日报》等主流媒体对民进的代表、委员进行了采访，《人民政协报》《中国青年报》等媒体持续关注民进组，报道广为转发。电视台方面，在央视综合频道、新闻频道、农业频道的一些主要新闻栏目，以及中国教育电视台、各省级卫视新闻栏目，均有民进代表、委员出镜接受采访。如《新闻联播》就多次对民进组小组讨论情况、民进组委员进行了采访报道。网络媒体方面，我们继续保持与新华网、人民网、光明网、中国网、中国青年网、中国日报网等重点新闻网站的联系，注重发挥网络媒体覆盖广、传播快、互动性强的优势，及时地展示代表、委员的观点和风采，同时，还邀请多位代表、委员接受了网络媒体的视频访谈。

一些关于民进代表、委员的报道内容，如制定专门的独生子女父母养老政

策、中小学生减负问题、加强学前教育教师队伍建设、治理校外培训乱象、乡村教师收入倍增计划等等，在社会上引发热烈反响。

（三）加强统筹、提升效果，发挥民进“一网一微”宣传平台的重要作用

一是做好民进网站主阵地的宣传。3 月 1 日，民进网站正式推出两会专题网页，及时报道两会重大新闻，权威发布民进中央提案和大会发言，重点报道民进组织履职情况，全面报道民进代表委员的声音和风采。进一步改进报道形式，不断丰富图片新闻和视频新闻。会议期间，专题共发布信息 600 余篇，及时、权威、全面地反映了民进组织及会员的履职成果和风采。

二是发挥好微信新媒体平台的作用。为了营造良好的氛围，2 月底微信就开始进行预热宣传，围绕民进会员中的代表委员情况、民进提案发言准备情况进行了报道。会议期间，对蔡达峰主席出席记者会，我本人代表民进中央进行政协大会发言，全国人大、政协选举中民进有关人事情况第一时间发布；对民进中央重点提案、发言，民进代表委员精彩观点进行了重点报道；对两会的部分重要议程和内容，也精心遴选权威并且生动的报道及时转发。在报道形式上突出新媒体特点，生动活泼，同时积极与网友进行互动，受到读者的肯定。两会期间，先后推送微信稿件 40 余篇，多篇稿件阅读量破万，关注人数也增长 1000 余人，达到近 2 万人。

“减负”需提升整个社会的“教育素养”①

今年两会，“减负”被正式写入《政府工作报告》。这标志着，中小学生课外负担重的问题将成为政府下大力气解决的重点问题。

“减负”是个老问题，是教育的顽疾、痼疾，长期以来没有得到有效根治，是因为其成因复杂。而越是复杂，就越需要仔细分析，牵住“牛鼻子”。

首先，从政府的角度来看，教育资源，尤其是优质教育资源仍然供不应求是重要原因，学校之间、城乡之间、地区之间还不够均衡，父母让孩子“上好学”的强烈愿望与教育发展“不平衡”、“好学校”供给“不充分”的矛盾，使受教育的美好愿望异化为了“不能输在起跑线上”的教育焦虑，纷纷将孩子送到县城、大城市的学校中去，导致了“大班额”问题的发生。同时，社会上的用人观和分配制度不合理也是重要原因。单位招聘有学历门槛，很多单位在招聘时明确要求博士生、硕士生，甚至限定学校的排名和档次；不同学历、不同背景的收入差距过大，这都在一定程度上助推了父母们的教育焦虑。

---

① 2018 年 3 月 22 日发表于《人民日报》。

从社会层面来看，公众教育素养的相对缺乏也是重要原因。什么是好的教育？是为了考取一个好的分数，上一所好的学校，还是为了让人的发展更完善、更幸福，更好地成为他自己？当这些问题没有看清楚、想明白的时候，教育的过程就容易被异化，异化为流水线式的工业化生产，异化为用“邻居家”的孩子来评价自己的孩子的盲从。因此，提升整个社会，尤其是父母的“教育素养”，是当下最迫切的工作之一。

当然，学校评价缺乏科学有效的标准，很多学校依然将关注点放在分数上、作业上、搞训练上，校外的培训和补习机构也没有摆正自身定位，未能做到和学校差异化发展，未能充分发挥素质教育和满足学生个性化需求的需要。这都是导致学生负担过重的重要原因。

找到原因，就要对症施治，系统推进。一方面，要强化义务教育均衡发展，提升优质教育资源的覆盖，按照《政府工作报告》提出的“发展公平而有质量的教育”方向去努力；另一方面，要引导包括学校、校外辅导机构在内的多元教育主体定位清晰、相互补充、错位发展、有机结合，最终形成一个好的教育生态，充分满足学生的个性化和差异性需求。每一位老师、每一位家长也都能在承认孩子差异性和多样性的基础上，鼓励孩子成为“最好的自己”，鼓励孩子将自身价值和潜能充分挖掘，做到“真正发现孩子”。

我们相信，随着整个社会教育素养的提升，随着人工智能等科学技术在教育中的应用，随着新的教育生态和学校形态的出现，在各方共同努力下，“减负”的目标就能实现，幸福完整的教育生活也将成为现实。

乡村振兴关键要留得住人[①]

习近平同志在十九大报告中提出了实施乡村振兴的战略。2017 年 12 月 29 日，中央农村工作会议首次提出要走中国特色社会主义乡村振兴道路，让农业成为有奔头的产业，让农民成为有吸引力的职业，让农村成为安居乐业的美丽家园。到 2050 年，乡村全面振兴，农业强、农村美、农民富全面实现。

乡村振兴战略的实施，基础在教育。乡村学校是村庄的灵魂，乡村的精神寄托在于乡村学校，乡村文化的传承也依靠乡村学校。教育是文化创新、文明演进、国家发展和人类进步的基本动因，教育改革可以成为社会转型、文化变迁的导向性力量。振兴乡村教育是实施乡村振兴战略的必由之路。乡村教育不振兴，就难以实现乡村整体的振兴，难以从根本上提高贫困人群脱贫的内生动力和发展能力。

在城乡一体化的过程中，乡村教育资源配置处于劣势，乡村教育处于应试水平低下和素质教育缺乏的双重矛盾之中，教育质量不高导致生源不断流失。其中重要的原因就是乡村教育的定位不准，我们习惯于用城市学校的标准去衡量、评价乡村

① 2018 年 3 月 24 日发表于《人民政协报》。

教育，乡村教育的目标是为了“逃离”乡村，缺乏对乡村教育的本质研究和准确定位，曲解了城乡教育一体化的实质。

乡村教育发展的核心在于留住人，既要留住学生，也要留住老师。然而，学生随着家庭的迁移大量流往市、县、镇。福建莆田最北端的深山里有一所济川小学，本能容纳500多个学生，目前却只有两个学生和两个老师；云南省红河州原本自然村学校覆盖率达到52%，在“撤点并校”之后，学校覆盖率降到30%，许多学校人去楼空。国家出台多项政策力图让乡村教师“下得去、留得住、教得好”，但乡村教师流失问题依然严峻。除了待遇、机会、社会地位等问题，还有很多人认为，留在乡村的老师能力不行，没本事。导致有能力的老师想方设法离开乡村，留下了能力较差的老师，再次证实了人们的看法。

乡村振兴需要大批懂农业、爱农民、爱农村的专业人才，在唯学历、重文凭、不重技能的大环境下，歧视农业技能劳动者的状况十分普遍，导致没有人愿意学农。在笔者去调研的云南昭通农校，其农林类专业即使联办专科也无人问津，不得不裁撤或合并，而同时当地万名劳动力中只有0.067个技术人员，涉农人才严重匮乏。

乡村教育应该拥有自身的独特内涵、价值、文化性格和表现形式。应根据乡村的特点，构建异于城市教育的“自然—人文—灵活—小规模”的乡村教育。要留住学生，就要办好一批优质的基础教育学校，依托乡土文化、社会与自然，建筑起温馨的校园，形成本土特色的校园文化，吸引儿童回乡就学；在中考改革中注意向乡村学校倾斜。要留住老师，就需大幅度提高乡村教师岗位的薪资水平和社会保障条件；设置乡村教师高级教师与特级教师的专门岗位；有计划地培养、培训一批本土教师，强化教师的地域认同、文化认同与身份认同；为乡村教师开辟多元发展空间，激励教师对教育事业的追求。通过教育逐步改变“远离农业和农村才是成功”的观念，不让“没出息的人就当农民”“没本事的老师才留在农村”的思想成为乡村衰败的社会心理催化剂。

国将兴，必贵师而重傅①

站在讲台前的人，决定了教育的品质。中共中央、国务院日前印发《关于全面深化新时代教师队伍建设改革的意见》（以下简称《意见》），提出要让广大教师在岗位上有幸福感、事业上有成就感、社会上有荣誉感。而教师要成为让人羡慕的职业，教师地位、待遇问题不容忽视。

教师职业之所以伟大神圣，就在于它是塑造灵魂、塑造生命、塑造人的工作，就在于它是一个国家和民族强大的源泉。只有明确教师的重要地位，凸显教师职业的公共属性，强化教师承担的国家使命和公共教育服务的职责，才能不断吸引大批优秀人才进入教师队伍。而这不仅针对公办中小学教师，也同样是对民办教育和社会教育机构教师而言的。

完善中小学教师待遇保障机制，是落实教师公共属性的重要前提条件。《意见》提出健全中小学教师工资长效联动机制，核定绩效工资总量时统筹考虑当地公务员实际收入水平，确保中小学教师平均工资收入水平不低于或高于当地公务员平均工资收入水平。这样的规定，基本符合世界各国教师工资收入的

① 2018年4月12日发表于《人民日报》。

整体水平。另一方面，为了防止教师收入分配的“大锅饭”，也需要进一步完善体现教师工作量和工作绩效的收入分配激励机制，将绩效工资分配向班主任和特殊教育教师倾斜。

教育的瓶颈在乡村，教师的短板也在乡村。2015 年中央深改组审议通过《乡村教师支持计划》，明确要把乡村教师队伍建设摆在优先发展的战略地位，多措并举、定向施策、精准发力，造就一支素质优良、甘于奉献、扎根乡村的教师队伍。实现这一目标，就更要下大力气提升乡村教师待遇，把关心乡村教师生活作为提升乡村教师待遇的重中之重，要在培训、职称评聘、表彰奖励等方面向乡村青年教师倾斜。

长期以来，民办学校的教师权益得不到真正保障，民办学校教师与公办学校教师的双向流动面临许多政策性障碍。切实维护民办学校教师权益，民办学校教师才能安心从教。此次《意见》要求完善学校、个人、政府合理分担的民办学校教师社会保障机制，民办学校应与教师依法签订合同，按时足额支付工资，保障其福利待遇和其他合法权益，并为教师足额缴纳社会保险费和住房公积金等。相信随着这些政策的落实，民办学校教师的积极性将大大提高。

目前，我国高等教育改革发展已经取得了举世瞩目的历史性成就，实现了高等教育的大众化。如何进一步激发高校活力？推进高校教师薪酬制度改革是其中重要一环。比如要改变重科研、轻教学的现象，就应当对专职从事教学的人员，适当提高基础性绩效工资在绩效工资中的比重，加大对教学型名师的岗位激励力度；比如要鼓励科研创新，就应当以增加知识价值为导向进行薪酬分配，高校教师依法取得的科技成果转化奖励收入，不纳入本单位工资总额基数。

国将兴，必贵师而重傅。教师社会地位的高低，反映了一个国家对教育的重视程度，也影响着一个国家的兴盛程度。切实提高教师待遇、大力提升教师地位，以实际行动贯彻落实《意见》精神，相信一个尊师重教的良好氛围不难形成。

建立国家阅读节　深化全民阅读①

编者按： 今年4月23日是第23个“世界读书日”，“世界读书日”设立的宗旨在于推动更多的人去阅读和写作。在这个手机、电子产品泛滥的时代，强调阅读，尤其是纸质阅读的意义愈发重要。本版自今日起开设世界读书日系列报道——“阅读点亮人生”，从专家评论、记者调查的形式来剖析各个群体的阅读习惯和阅读需求，以飨读者。

一个国家的强大得益于每一个人的强大，一个民族的兴盛得益于每一个人的成长。人才的竞争，是21世纪发展的保障。阅读，则是提升全民素质、进行人才培养必不可少的路径。

十八大以来，党和政府越来越重视全民阅读的工作。在刚刚过去的一年，无论是全民阅读促进条例的出台还是公共图书馆法的颁布，一系列重大举措在推动着全民阅读向纵深发展。

阅读自身存在的规律，造成阅读推广存在着一些特点。比如热热闹闹做活动容易，安安静静阅读难；比如短时间买书谈论书容易，养成习惯坚持读难；比如浅层次的泛泛了解容易，深层次的思考创新难等等。

在全民阅读已经取得一定成效之下，如何进一步深化阅

① 2018年4月23日发表于《团结报》。

读，让阅读取得更好的效果，让阅读能够为中国的腾飞进一步增添动力，需要进一步努力深化、细化、实化。

要想真正把全民阅读的效果进一步扩大，在全社会进一步推动深化阅读，建议设立国家阅读节，把全民阅读提升为国家战略。节日的本质就是对应平常的日子，把日常生活中重要的部分提升为一种仪式。国家阅读节是一种最简便有效地宣传阅读的形式，设立国家阅读节是加强阅读影响力、提高阅读重要性的最好做法。国家阅读节应该成为中国人的精神春节，让增强文化自信和阅读推广工作相辅相成，不可分割。让国家阅读节成为阅读推广工作的龙头，夯实国家文化软实力的根基，传播当代中国价值观念，展示中华文化独特魅力，提高国际话语权。在进一步深化阅读的过程之中，我们需要进一步强调中国作为主体的有民族文化特点、有独特习俗传承的自身的节日时间，建议把9月28日的孔子诞辰日，作为我国国家阅读节的时间，并围绕这个时间，以金秋十月的国庆长假为目标，打造一系列的节日活动，让国家阅读节成为“阅读周”“阅读月”，让节日长假和阅读仪式紧密结合，开展丰富多彩的活动，对阅读进行推动。

同时，政府进一步推动各类阅读专业的研究，推动书目研制工作，对各类专业民间机构的研究成果购买服务，及时推进阅读的深化。无论是根据不同人群开展的各类人群基础书目的研制工作，还是根据学习需求开展的学科书目研制工作，或者根据地区需求开展的图书馆配书目研究等等，书目研制是一项特别重要的工作。在信息时代，越是丰富的信息，越容易导致人的迷失。书目的研制是为一个人的精神提供了一份营养全面的科学配餐，是为一个人的成长提供了一份藏宝图，便于人们按图索骥。信息时代读什么？这是一个至关重要的问题，是一个影响着民族文化传承的大问题，也是一个树立文化自信的不二法门。政府可以通过委托研究或者购买服务等方式，为不同人群定制科学合理、具有创新精神、培养创造力的专业书目。

第三，支持举办共读活动，有效推进全民阅读。共读是根据不同的群体进行同一本书或同一类书的阅读活动，比如，亲子共读、师生共读、团队共读等等，研究表明，共读对于形成共同的价值观、共同的语言和愿景，具有非常重要的作用。建议以儿童为中心，一方面推动师生共读，一方面推动亲子共读，影响学校里的教师和家庭里的家人两个最大的群体，从而让阅读推广工作，通过儿童的影响和督促，更为直接有效地影响儿童身边成人的阅读习惯的养成，从而让全社会的阅读氛围更为浓厚，阅读效果进一步加强。

阅读成就美好生活[①]

阅读和美好生活是紧密联系在一起的。没有阅读，就不可能有美好的教育生活，也就不可能有美好的精神生活。

阅读有什么意义？在我看来，阅读是生命本体的相互映照。人类最重要的知识、最伟大的智慧，就深藏在最伟大的书里。哲学家波普尔说："即便人类面临灭顶之灾，只要图书馆里的书籍保存完好，人类就可以重建自己的文明，自己的精神家园。"这就说明阅读对人类来说是产生文明一个非常重要的路径，文明的传承其实是通过跨越时空的生命之间的彼此映照实现的。这是阅读对于人类本身的意义。没有阅读，人类文明就没办法延续，没办法提升和发展。

对教育来说，阅读是最基础的教学手段，教育里最关键、最重要的基石就是阅读。教育家苏霍姆林斯基曾说："一所学校可以什么都没有，只要有了为教师和学生精神成长而提供的图书，那就是学校了。"但是现在，我们的教育在一定程度上还不够重视阅读，尤其是延伸阅读和课外阅读。应该认识到，阅读是学校教育的重要组成部分，一个孩子如果在十多年的教

① 2018 年 4 月 26 日发表于《人民日报》。

育历程中没有养成阅读的习惯、兴趣和能力，一旦离开校园，很可能把书永远丢弃在一边，这样的结果一定是我们所有的教育工作者不想看到的。

对社会来说，阅读又是推动社会发展的重要工具。“人民日益增长的美好生活需要和不平衡不充分的发展之间的矛盾”在阅读上也有体现，在倡导阅读、重视阅读的今天，依然有一些年轻人对于阅读不够重视。要让更多年轻人意识到，阅读会给人向上的力量，会给人带来希望，带来激励，带来前行的动力。要把阅读作为重要的工具和手段，带给更多人完善自身、积极发展的可能性。

对生命来说，阅读还是一条通向幸福的重要通道。一个人其实有三重生命：自然生命，那是生命的长度；社会生命，那是生命的宽度；精神生命，那是生命的高度。教育也好，阅读也好，很大程度上就是为了拓展生命的长宽高。

我们生活在这个世界上，看到的风景也有三种：自然风景，好山好水；社会风景，人情世态，人本身也是一道风景；精神风景，只有通过阅读才能领略。很多人一生做了各种规划，要看多少好山好水，但却忽略了精神的风景。其实精神的风景，它的奇妙和险峻绝不亚于任何自然风景，这也是只有人才能享受的风景。更重要的是，只有第三种生命和第三种风景，才能真正帮我们获得幸福。

固然，人的幸福首先来源于物质生活，来源于自然的生活，如果基本的温饱不能解决，就无法获得幸福感。但物质生活绝不是人生幸福最重要的源泉，幸福最重要的来源是内心的宁静，阅读恰恰是通向内心宁静的一条通道，让人们真正感到幸福。

总之，阅读不可能改变人的生命的长度，但可能改变人的生命的宽度、高度。阅读不可能改变人的容颜，但可以改变人的气质，改变人们对于生命和生活的态度。

人民政协是民主党派的辽阔天地[①]

我是政协的一员老兵了。如果从 1993 年当选为江苏省第七届政协委员算起，已经有 25 个年头。如果从 2003 年当选为第十届全国政协委员算起，也有 15 个年头了。虽然期间于 2008 年转任全国人大常委会委员 5 年，但仍然一直关注和参与政协的许多活动。俞正声主席曾经说过“一届政协委员，一生政协情缘”，我与政协的情缘担得起“深厚”二字，对政协的工作比较熟悉，而且有着深厚的感情。我担任政协兼职副秘书长 5 年多，无论从时间上、还是从对工作的介入程度上，可能不及在座的很多同志。今天，按照会议的安排，我从党派的、兼职的角度来谈谈如何发挥好副秘书长的作用。

一、民主党派是人民政协的重要组成单位

中国共产党领导的多党合作和政治协商制度是我国的一项基本政治制度，是中国共产党、中国人民和各民主党派、无党派人士的伟大政治创造，是从中国土壤中生长出来的新型政党制度。民主党派是人民政协的重要组成单位，人民政协是民主党派发挥作用的重要平台。人民政协和民主党派的发展历史表

① 在全国地方政协秘书长工作会议上的讲话。

明，充分发挥民主党派在人民政协协商民主中的作用，对于巩固和完善我国基本政治制度，进一步推动社会主义民主政治建设具有重要意义，对于增强民主党派自身活力和促进政协工作的开展也具有不可替代的价值。

（一）人民政协与民主党派共命运

70年前，在人民解放战争即将全面胜利的关键时刻，中国共产党发布“五一口号”，提出建国主张和行动纲领，得到了各民主党派、各人民团体、社会贤达的迅速响应和坚决拥护，揭开了新中国成立的序幕。各党派以新政协为平台，在还不具备召开普选的全国人民代表大会的条件下，民主协商建国大业。1949年9月21日，由662名代表（其中中国共产党代表约44%，各民主党派代表和各界人士代表约56%）所组成的中国人民政治协商会议第一届全体会议在北平举行。会议通过了具有临时宪法作用的《中国人民政治协商会议共同纲领》，确定了国都、纪年、国歌、国旗，宣告了中华人民共和国的诞生，光荣地完成了建立新中国的历史使命。民进首席代表马叙伦在会上发言时说，要“用最大的努力，从事于经济建设与文化建设，共同建立光辉灿烂的中华人民共和国”。政协，从它的发起、筹备到胜利召开，充分反映了与民主党派的历史渊源，集中体现了团结和民主的主题，标志着中国共产党领导的多党合作和政治协商制度正式确立。

（二）人民政协与民主党派共发展

建国初期的新政协是作为多党合作的制度形式提出的，虽然后来政协的性质与功能发生了变化，但其作为多党合作的制度平台的功能，得到了延续和发展，关于多党合作和政治协商的法律政策也日渐完善。一是宪法规定“中国共产党领导的多党合作和政治协商制度将长期存在和发展”；二是1989年14号文确立了这是我国的一项基本政治制度，随后2005、2006年两个5号文，以及2007年《中国的政党制度》白皮书，对民主党派在政协中的组成、地位、发挥作用的途径作了原则性规定；三是政协章程和政协的相关文件，对民主党派发挥作用作了纲要性规定。中共十八大以来，中共中央《关于加强社会主义协商民主建设的意见》《关于加强人民政协协商民主建设的实施意见》不仅为政协事业发展指明了更加明确的方向，也为民主党派在政协发挥作用有了更加清晰的定位和指南。

（三）人民政协与民主党派共辉煌

近70年来，人民政协积极投身建立新中国、建设新中国、探索改革路、实现中国梦的伟大实践，走过了辉煌的历程，建立了历史的功勋。民主党派既通过人民政协制度平台充分履行政治协商、民主监督、参政议政职能，又通过协商建言，不断推进人民政协自身制度发展完善。今年是纪念“五一口号”发布70周年。习近平总书记选择在今年的全国政协会议上，专门阐述我国新型政党制度，彰显了对这项制度坚定的政治自信和政治定力。

民主党派和人民政协都肩负着落实我国新型政党制度的重大政治责任。习近平总书记强调，人民政协集协商、监督、参与、合作于一体，是社会主义协商民主的重要渠道和专门协商机构，是各党派团体和各族各界人士发扬民主、参与国是、团结合作的重要平台。中国共产党与各民主党派在人民政协这个平台上开展协商、实施监督、精诚团结、通力合作。人民政协要为各民主党派通过政协更好履行职能、发挥更大作用营造良好氛围、搭建更多平台、积极创造条件。

二、党外副秘书长是人民政协与民主党派的重要桥梁

人民政协设立党外副秘书长是政协的一项重要制度安排。其中既有在政协办公的专职党外副秘书长，也有兼职的党外副秘书长，他们在人民政协和民主党派之间发挥着桥梁纽带的重要作用。

（一）在联系机制中发挥作用

人民政协的党外副秘书长利用各项联系机制，及时了解政协的工作部署和主要精神，反馈交流党派的相关情况，使二者的工作得到最大程度的契合，持续推动人民政协与民主党派的团结合作。

党外副秘书长通过参加政协常委会议、秘书长会议以及列席主席会议等各种会议，定期听取政协工作情况的通报，回应征求意见，沟通交流思想，既能使各民主党派更好地配合政协工作，也能使政协了解各民主党派的工作动态。此外，政协与党派还有若干沟通联系的机制，一是组织和支持民主党派开展视察、调研和参与检查活动，对民主党派在活动中提出的提案、意见和建议认真办理。如我们根据政协的年度协商计划，主动安排相关调研专题，特别是与政协专门委员会联合负责的双周协商座谈会，从调研时间地点，到发言人选和主题等，我们都会

密切联系，主动沟通。二是支持各民主党派对国家机关和国家工作人员的工作提出建议和批评，参与政府有关部门组织的调查、检查、民主评议等活动，积极推荐民主党派成员担任行业窗口部门特约监督员。三是邀请民主党派参加政协召开的协商座谈会、形势报告会、学习讲座、情况通报会、专题讨论会等活动，针对民主党派等政协参加单位举办专题培训班。四是加强民主党派机关与政协机关之间的交流，使民主党派机关干部能到政协各级机关挂职锻炼、培养等，政协的党外副秘书长在这些活动中都发挥着上传下达、沟通协调等作用。

（二）在履职渠道中发挥作用

近70年来，民进始终见证和参与着人民政协事业的发展，一代又一代民进人秉承爱国、民主、团结、求实的优良传统，通过政协平台履行职能、发挥作用。一届政协之时，许广平同志就提出了《请政府明定十月一日为中华人民共和国国庆日，以代替十月十日的旧国庆日》的建议，获得会议一致通过，从此，10月1日成为中国人民最值得庆祝的重大纪念日。马叙伦作为中国民主促进会的代表参加新政协筹备会担任常务委员，并担任“拟定国旗、国歌及国徽方案”的第六小组组长。他在1949年9月25日的座谈会上首先提出以《义勇军进行曲》为代国歌，得到了毛泽东等人的支持，当天晚上的座谈会就是在毛泽东、周恩来和与会者一起合唱《义勇军进行曲》这首激荡人心的歌曲中结束的。

改革开放以来，作为以教育文化出版为主界别的参政党，民进发挥自身优势，持续关注我国教育文化事业的改革与发展。先后为教师法、职业教育法、义务教育法等法律的制定和实施提出建议；率先在人民政协的舞台上发出了设立教师节的呼声，为教师节的恢复做出了历史性贡献；关于调整农村中小学校布局的建议切实推动了《规范农村义务教育学校布局调整的意见》的出台；连续5年围绕我国文化事业发展这一主题做大会发言，为弘扬中华优秀传统文化、保护非物质文化遗产、推进出版体制改革等奔走呼吁。与此同时，民进积极开辟参政议政新领域，关于“节约资源”的建议对将自然资源保护列为我国基本国策起到了促进作用；围绕“长江保护与发展”开展长达21年的调研，一系列提案推动了国家对水资源问题和湿地保护工作的重视；“‘三农’问题”“星火西进”“生态家园富民计划”“民族地区经济社会发展”“推进城镇化建设”等领域的成果显著，得到国家有关部门的肯定。

中共十八大“推进协商民主广泛多层制度化发展”的提出，为人民政协协商民主实践增添了丰富的时代元素和实践土壤，提供了更为广阔的发展空间。特别是把“政党协商”作为政治协商之首，把脱贫攻坚民主监督作为民主党派的重要工作，更是为民主党派履行职能赋予了更大更多的使命与责任。

十二届全国政协最大的制度创新就是，通过制定年度协商计划对每年开展的各类重大协商议政活动进行统筹安排，使之进入中共中央、国务院总体工作部署和决策程序，增强各类协商议政活动的计划性，提高协商的权威性。2013 年开始，全国政协专题议政性常委会议打破惯例，由以往的一年 1 次增加到一年 2 次；2014 年开始，专题协商会从每年 1 次增加到 2 次；2014 年 10 月起，一年 20 次左右的双周协商座谈会“登场”……全国政协多种协商议政活动的规模大小、会期长短、协商内容、承载功能各不相同，但相互补充、相得益彰，有效促进了全面协商、重点协商、专题协商以及多种协商形式共同发展。

党外副秘书长的作用就体现在组织党派参与各种形式的政协协商上，包括全体会议的党派提案和发言、议政性常委会和专题协商会的发言、参与主办双周协商座谈会并开展专题调研等。民主党派在人民政协的平台上发挥作用的情况，与党外副秘书长工作的水平有着非常密切的关系。

以民进为例，每次参加完全国政协的主席会议、秘书长会议、提案协商座谈会、大会发言和常委会发言协调会等重要会议，我都会在第一时间向民进中央主要领导报告情况，同时及时要求参政议政等部门积极准备。我们把在人民政协平台上的参政议政作为民进工作的重中之重。十二届全国政协期间，我们先后做大会口头发言 13 次，提交党派提案 191 件，民进组提案 53 件，民进界政协委员提交提案 1710 件，31 件党派提案被全国政协列为重点办理提案，20 件党派及委员提案被评为十二届全国政协优秀提案，是获得优秀提案最多的党派之一，姚爱兴副主席还代表获奖者在会议上发言。在全国政协常委会、联组会、专题协商会、双周协商座谈会上，我们先后发言 91 人次，并参与主办了 5 场双周协商座谈会，就改革中的重要领域和关键环节建言献策。在反映社情民意信息方面，我们共编写民进信息 2151 期，及时反映了民进全会对经济社会发展突出问题的立场观点和思考建议，其中被全国政协采纳247篇，连续三年位居各党派之首。

全国政协十三届一次会议期间，民进中央共提交党派提案45件，民进组以界别小组的名义提交提案7件，民进组45位委员共提交提案（含个人提案和联名提案）292件。近日，经提案委员会研究，在45件重点办理提案中，民进共有15件提案入选，数量在各党派中央和全国工商联中位居前列。

民进在政协的平台上取得的每一点成绩，都与全国政协领导和相关部门的支持、帮助和关心分不开。在这里，受民进中央蔡达峰主席和刘新成常务副主席的委托，我代表民进中央向全国政协和有关部门一直以来的支持和帮助表示崇高的敬意和真挚的感谢！

三、当好新时代政协委员是党外副秘书长的重要职责

新修订的政协章程设立了“委员”一章，对委员履职尽责等方面提出了明确要求。我认为，作为党外副秘书长，首先要以身作则，当好一名政协委员。从担任政协副秘书长的第一天开始，我就在思考和探索如何发挥自己的党派优势、专业优势，在政协的平台上发挥作用，如何积极地履行参政议政、民主监督职责，如何为中国特色的社会主义政治发展道路、为多党合作和政治协商制度做出自己的贡献。

（一）自觉加强履职意识

2013年3月3日，全国政协开幕的当天，《人民日报》发表了我的一篇文章《你不称职，意味着67万人缺席》。我在文章中写道：一个代表或委员，作用可能很小，也可能很大；可能碌碌无为，也可能大展宏图；可能积极履职，也可能敷衍了事；可能用心准备议案、提案，也可能不费脑筋交白卷；可能畅所欲言、建言献策，也可能沉默寡言，高高挂起。而这个不同，就看有没有强烈的“角色意识”。所谓的角色意识，就是全身心参会，认真听取报告，认真审议讨论，认真阅读文件；就是认真写提案提建议，认真调查研究。我把这篇文章视为自己作为一名政协委员的履职宣言，时时提醒自己加强履职意识。

（二）深入开展调查研究

汪洋主席在十三届政协一次会议的闭幕式上指出，“政协不是权力机关，参政不行政、建言不决策、监督不强制，主要通过协商发挥作用。这种作用不是靠

说了算，而是靠说得对。说得对就是能够提出符合客观事物发展规律的意见和建议，这就需要求真务实的能力水平”。要说得对，就要加强调查研究。政协的调查研究形式比较多，主要有委员视察和专题调研。在担任政协委员期间，我每年都要参加全国政协和民进中央组织的各种视察调研活动。如2013年我随同全国政协副主席、民进中央常务副主席罗富和带领的特邀常委视察团，赴福建开展了“推进小城镇建设，提高城镇化质量”的专题视察。2015年我参加了全国政协副主席齐续春带领的关于特殊教育赴重庆的专题调研。在过往十余次的调研中，我深切感受到俞正声主席提出政协委员要“察实情，讲实话，谋实策”的良苦用心，只有深入调查研究，才能察实情；只有察实情，才能讲实话、谋实策。做一名“三实”委员，实实在在做事，应该是委员的自我要求。

（三）拓展建言收集渠道

如果说集中时间开展的各种调查研究活动，是政协委员的“工作大餐”，那么在日常生活中随时随地进行的对民情、民意、民声的各种了解，则是“家常菜”。

在生活中，我逐年拓展，逐渐形成了两大渠道，比较好地促进了我的政协委员工作。

一方面，我作为国家的全民阅读形象代言人、教育研究者，经常利用自己的业余时间，在全国各地进行阅读和教育等方面的主题演讲。在这个过程中，我每到一地，只要时间允许，就或者走访一线，或者和一线工作人员交流，增进对一线动态的了解。

另一方面，我利用网络时代的便利，通过网络与网友们无障碍交流。现在我的新浪微博、腾讯微博的关注人数，达到近千万人。通过与网友的互动，可以随时随地了解更多信息。比如今年我提出的《关于保障学生和教师休息权的提案》，就和学生在我的微博上多次留言呼吁有关。

（四）认真撰写政协提案

十二届全国政协期间，我先后提交了72件提案。这些提案，有些是我长期关注、坚持不懈地呼吁的。如关于建立国家阅读节提案，我在全国两会呼吁了16年。这不是哗众取宠，也不是小题大做，而是作为一个教育学者，我清晰地意识到阅读对于我们这个民族的特殊意义。还有些提案是在国家部委和有关部门听取相关情况介绍时发现的线索，有些是在与学生、民进会员交流过程中发现的问题，有些是阅读了有关学者的研究文章后受到的启发。作为政协委员，写一件提案也许并不困难，但是要撰写一件好提案并不容易，需要把信息收集整合提炼的功夫，需要专业的知识和开阔的视野，需要提出解决问题的方法。从发现问题到解决问题，对政协委员是一个挑战。一个问题的解决方法是头痛医头、脚痛医脚，还是思考完整、行动有力，又往往是智慧之所在。今年3月28日的《人民日报》在委员履职栏目的开篇文章，以《既要“把脉”，也要“开药方”》为题，报道了我如何撰写提案的故事。

（五）认真准备大会发言

政协的大会发言，历来是一道亮丽的风景线。在中国的几套民主程序中，只有政协有大会发言制度，而且每位委员都可以报名。每年政协大会40个左右的发言，是从数以百计的发言中精挑细选的，其中只有不到一半的发言是通过“竞争”被选中的。我对大会发言的认识是：重在参与，贵在质量。所谓重在参与，就是尽管知道录取的概率很低，也要争取不缺席，每年两会我都会提交至少一篇书面发言。所谓贵在质量，就是不敷衍了事，全力以赴准备。2013年3月8日上午，我第一次登上全国政协大会发言的讲台，代表民进中央做题为《县区义务教育均衡发展是促进教育公平的当务之急》的大会发言。我翻阅了大量文献，对发言稿字斟句酌地反复修改，先后五易其稿。会议以后还有不少“副产品”，围绕教育公平问题撰写了一组文章。我的大会发言不仅圆满地完成了民进中央的任务，也受到包括业界人士在内的广泛好评。2014年，我针对传统文化教育缺失提交的大会发言从数百篇发言稿中被选中。2016年，我撰写的大会发言稿《人心就是力量》再次受到肯定，被安排在最后一个发言。

（六）真实记录履职历程

汪洋主席在政协闭幕式的讲话中，希望大家做好新修订章程施行第一年的“委员作业”，在明年大会报到时，不仅能提出好的提案，也能用自己的实际行动交上一份好的履职报告。在新一届的常委会上，他进一步明确要求常委每年要书面报告自己的履职情况。其实，从担任政协委员的第一天开始，我就给自己提出了这样的要求。每年两会，我都要坚持记录会议的情况，记录自己的感悟。每次调研，我都要撰写调研手记，记录自己的所见所闻，记录履职的历程。2008 年，我在人民出版社正式出版了《我在政协这五年——一个民主党派成员见证的中国民主政治进程》一书。2013 年，我在新华出版社出版了 130 万字的《我在人大这五年——一个民主党派成员见证的中国民主政治进程》。今年春天，山西教育出版社出版我的《见证十年——一个民主党派成员见证的中国民主政治进程》一套十卷本丛书，记录了从 2008 到 2017 年 10 年来我履职的基本情况。有人说，这是全国人民代表大会制度和人民政协成立以来第一套系统的“民间两会史”；也有人说，这是一套如何当好人大代表政协委员的“教科书”。我自己则把它视为一个中国特色社会主义民主政治的亲历者、实践者和维护者的现场见证。

有媒体记者曾经问我：作为一名有着十多年参政议政经验的老委员，你为自己打多少分？我给自己打了 80 分，一个“良好”的分数。之所以没有打优秀，是觉得许多工作还可以做得更好。之所以没有打得更低，是觉得自己还是尽了努力。我想，作为政协的党外副秘书长，大概也可以打一个这样的分数。

我曾经总结了当好政协委员的三条经验：一是立足专业背景，将学术研究、本职工作和参政议政结合起来，以学术研究促进本职工作，从本职工作中挖掘提案参政议政。二是立足中国国情，将报国情怀、民主监督、建言献策统一起来，不能不顾国情，在参政议政、民主监督的时候，照搬西方经验，迷信书本理论，误国误民。三是立足民间社会，将国家大事、百姓生活、网络民声整合起来，只有了解民间疾苦、民生百态，才能履行好参政议政的职责。这三条经验其实就是一条，用做学问的专业、严谨、认真来当好政协委员，做好副秘书长的工作。

政协委员是荣誉，更是责任。政协党外副秘书长更是如此。我会继续努力，在人民政协的广阔舞台上积极履职，为讲好中国共产党领导的多党合作与政治协商故事、为发展新型政党关系贡献自己的绵薄之力。

家校合作共育　创造美好生活①

"我们的人民热爱生活，期盼有更好的教育、更稳定的工作、更满意的收入……更优美的环境，期盼孩子们能成长更好、工作得更好、生活得更好。人民对美好生活的向往，就是我们的奋斗目标。"在习近平总书记对美好生活的描绘中，教育被放在了首位。

更好的教育才能有更好的生活，才能增强人民群众的获得感，才能为经济转型、科技创新、文化繁荣、民生改善、社会和谐提供更有力的支撑，为实现"两个一百年"奋斗目标和中华民族伟大复兴奠定更坚实的基础。所以，教育既是美好生活内容的本身，还是创造美好生活最重要、最基础、最关键的路径和手段。

家庭是人生最重要的场所，童年是人生最神奇的一个阶段，父母是人生最长远的老师。一百年以来，人们一直在研究儿童，但是我认为一直到现在还没有解开儿童这个谜，我们处在一个双盲的状态做教育，对儿童的情感世界、认知世界、行为世界还不够了解。

---

① 2018 年 5 月 10 日发表于《中国教育报》。

家庭教育具有时间上、情感上和资源上的优势。孩子的大多数时间是在家庭度过的，随着未来学校形态的变化，孩子们在家庭的时间会越来越多。未来的学习时间、地点会发生变化，家庭将成为孩子和父母共同成长最重要的学习资源中心，研学旅行、了解自然、阅读等学习都可以以家庭为中心进行整合。

当然家庭教育不是孤立的，尽管父母的参与、期待是儿童成长最重要的变量，家校不合作也是不行的。家校合作应该包括家庭、学校和社区，三者不是各自独立的教育孤岛，而应该形成彼此联系、相互补充的一个环岛链。家庭、学校、社会不同教育主体之间的合作才能真正地产生磁场，才能发展为精神的共振。家校合作共育是激活教育磁场最重要的方法。

家校合作是教育现代化、民主化、个性化、科学化的必然要求。家校共育主要是建立家庭、学校、社区多方教育主体的新型合作伙伴关系，拓展教育资源的条件，影响和改善家教、家风，加强和促进制度建设，促进社区和谐共生，实现家庭、学校、社区的协调发展，父母、孩子、教师及相关人员共同成长，过一种幸福完整的教育生活。

家校合作有助于促进新型家庭、家教和家风建设，会很大程度上提升父母的教育素养，避免家庭成员在教育上的分歧、矛盾，帮助父母更好地成长，最终有利于孩子的成长。

家校合作有利于建立现代学校制度，拓展教育教学资源，提升教育教学质量。现代学校制度应该包括家校合作共育体系，因为家校合作凸显了多元办学的主体，汲取了父母、社区的资源智慧，从而促使学校加强自我管理，促使教育更丰富、更完善。

美国教育者协会的两个研究报告表明，父母参与学校教育可以提高学生成绩。凡是家校合作比较多的家庭，孩子学习成绩就有非常卓越的表现，师生关系有改善，教师的权威形象都会明显不一样。反之，没有参与家校合作的家庭，孩子表现就很一般。

美国社会学家古德说过，整个人类社会中最基础的关系是家庭关系，一个人社会性的获得，与人相处的能力都是在家庭中获得的。家庭关系是人类社会关系的一个重要缩影，夫妻关系、亲子关系、同胞关系往往是社会关系的一个折射，家校合作共同体有利于社会和谐稳定、生活幸福完整。

以江西省弋阳县为例，全县41万人口中7万是学生，每个学生的父母和祖辈加起来有6个，家校合作几乎覆盖了所有人口。事实表明，家校合作对和谐社会建设具有非常重要的意义。家和万事兴，家庭好了，社会就好；家庭生活美好了，社会就美好了。

家校合作共育中，学校在一定程度上要承担起指导社区和家庭进行家庭教育的责任，指导父母处理家庭关系，科学地教育孩子。学校的重大决策最好能够让父母、孩子共同参与，父母还可以走进学校成为课程资源，以志愿者身份参与学校的服务和管理。

家庭和学校还应该融入社区，社区应该更好地开放资源，配合和参与家庭、学校的相关活动，使家校合作真正发挥提升教育品质、促进社会和谐、创造美好生活的重要作用。

切实提高地位待遇，增强教师职业吸引力[①]

《中共中央国务院关于全面深化新时代教师队伍建设改革的意见》（以下简称《意见》），是中华人民共和国成立以来党中央出台的第一个专门面向教师队伍建设的政策性文件，反映了党中央国务院对教师问题的高度重视和对教育规律的深刻把握，具有重要的里程碑意义。

站在讲台前的人，决定了教育的品质。《意见》对我国教师队伍建设提出了明确的目标，即通过五年左右的努力，使教师职业的吸引力明显增强，教师队伍的规模、结构、素质能力基本能满足各级各类教育发展的需要。再通过十多年的努力，到2035年，教师综合素质、专业化水平和创新能力大幅提升，培养造就数以百万计的骨干教师、数以十万计的卓越教师、数以万计的教育家型教师，能使广大教师在岗位上有幸福感、事业上有成就感、社会上有荣誉感，教师成为让人羡慕的职业。

要实现这一令人鼓舞的目标，需要扎扎实实的行动。《意见》在描绘蓝图愿景的同时，也绘制了具体的施工图与路线图，提出了加强师德师风、振兴教师教育、深化综合改革、提

① 发表于2018年第4期《中国教育学刊》。

高地位待遇和确保政策落地等五大改革举措。其中，提高地位待遇是非常重要的具有关键性作用的举措。文件的第五部分就“不断提高地位待遇，真正让教师成为令人羡慕的职业”提出了六条具体意见。

一、明确教师的特别重要地位，吸引优秀人才从教

教师地位为什么特别重要？首先在于教师职业对于一个国家和民族的特别意义。2014 年教师节前夕，习近平总书记在与北京师范大学师生代表座谈时指出：“教师是人类历史上最古老的职业之一，也是最伟大、最神圣的职业之一。”

教师职业的伟大神圣，在于它对于人自身成长的意义和价值，在于它是“塑造灵魂、塑造生命、塑造人的工作”，同时也在于它是一个国家和民族强大的源泉，教育是最廉价的国防，国民素质的提高是一个国家经济发展、社会稳定、文化繁荣的基础。

正因为如此，《意见》强调要凸显教师职业的公共属性，强化教师承担的国家使命和公共教育服务的职责，确立公办中小学教师作为国家公职人员特殊的法律地位，明确中小学教师的权利和义务，强化保障和管理。

如何强化教师特别重要的地位和教师职业的公共属性？《意见》分别从政府与教师两个方面提出了要求。

从政府的角度来说，文件要求各级党委和政府切实负起中小学教师的保障责任，提升教师的政治地位、社会地位、职业地位，吸引和稳定优秀人才从教。从教师的角度来说，《意见》要求公办中小学教师切实履行作为国家公职人员的义务，强化国家责任、政治责任、社会责任和教育责任。

其实，这不仅是对公办中小学教师的要求，也同样针对民办教育和社会教育机构的教师而言。无论在哪里从教的教师，都要十分清晰地意识到自己的社会责任。所有的教师应该记住，教室里的学生就是未来社会的公民。教师不仅在帮助学生成为最好的自己，其实也是在塑造未来社会的形象，锻造未来社会的品质。与学生一起成长，应该成为教师最好的生命姿态。

从国际经验来看，强调教师职业的公共属性，吸引优秀人才进入教师队伍，是发达国家，尤其是教育强国普遍的做法。芬兰是全球公认的教育强国，连续多年在国际教育机构的评价中名列第一，而且创造了在校学习时间短、小学没有考

试等奇迹。其中的关键就在于有一支“高素质专业化创新型”的教师队伍。

据芬兰第一大报《赫尔辛基邮报》调查，芬兰的年轻人最向往的职业就是教师。中小学教师受民众敬重的程度，甚至超过总统和大学教授。芬兰拥有全世界最严苛的教师选拔制度，包括幼儿园教师在内，其首要条件就是要拥有硕士学历。进入师范学校必须经过严格的面试，而师范类院校在全国的录取率，仅有10%。前些年，于韦斯屈莱大学的师范本科教育专业接收到2387份申请，最终只有86人被录取。

习近平总书记说：“一个人遇到好老师是人生的幸运，一个学校拥有好老师是学校的光荣，一个民族源源不断涌现出一批又一批好老师则是民族的希望。”我们在坚持教师职业的公共属性的同时，必须在全社会形成共识，提升教师的政治地位、社会地位、职业地位，鼓励优秀人才选择教师职业。

二、完善中小学教师待遇保障机制，确保教师生活条件

中小学教师，尤其是义务教育阶段的教师待遇保障机制的建立，是落实教师公共属性、提高教师地位的重要前提条件。《意见》对完善中小学教师待遇保障机制做了全面部署，最重要的内容就是健全中小学教师工资长效联动机制，核定绩效工资总量时统筹考虑当地公务员实际收入水平，确保中小学教师平均工资收入水平不低于或高于当地公务员平均工资收入水平。这样的规定，基本符合世界各国教师工资收入的水平与趋势。

研究表明，当今世界多数国家的教师平均工资，都高于类似或同等资格的其他职业的平均工资。如日本的中小学教师平均工资比同期毕业的其他行业职员平均工资高16%左右；英国中小学教师的平均工资比一般职员的平均工资高35%；法国中小学教师平均工资比高级熟练工平均工资高出近一倍。法国、意大利也是根据“一般公务员工资指数”来确定教师工资并与物价指数挂钩。

应该指出，《意见》中提到的教师的工资收入，是包括了各种津贴等在内的所有收入的总和。世界各国一般都实行教师工资加各种津贴及附加待遇补偿制度，主要包括职务津贴、超工作量津贴、假日工作补贴、地区补贴、休假、住房补贴、社会保障、医疗和抚养家庭成员补贴等。所以，我们在与公务员平均工资收入相比较的时候，应该从总体上把握。

为了防止教师收入分配的大锅饭，《意见》也对完善教师收入分配激励机制提出了具体要求，特别强调要有效体现教师工作量和工作绩效，绩效工资分配向班主任和特殊教育教师倾斜。长期以来，班主任和特殊教育的教师工作强度大而津补贴偏少的问题比较突出，导致教师不愿意做班主任，毕业生不愿意当特殊教育教师，相信《意见》出台的政策对于矫正这一现象具有一定作用。

一个好校长就是一所好学校。作为教师队伍中一个非常关键的群体，校长在办学过程中发挥着重要的作用。如何提高校长的待遇，也是《意见》关注的重要问题。《意见》特别规定，在实行中小学校长职级制的地区，要根据实际实施相应的校长收入分配办法。这就为各地切实保障校长的收入待遇提供了政策依据。

当然，中小学教师与校长的待遇保障机制的建立，与中小学教师和校长的素质提升应该是同步进行的，两者缺一不可。如果只有待遇保障，而没有素质提升，就不能保证教师队伍的整体质量，不能保证教育的整体水平。如果只有素质提升，而没有待遇保障，也不能留住优秀的教师，从而也不能保证教育的整体水平。

三、大力提升乡村教师待遇，缔造一支素质优良、甘于奉献、扎根乡村的教师队伍

没有乡村教育的现代化，就不会有中国教育的现代化。没有乡村教育的振兴，就没有乡村的振兴。解决教育公平和农村教育问题，发展革命老区、民族地区、边远地区、贫困地区的基础教育，关键还是教师问题。教育的瓶颈在乡村，教师的短板也在乡村。

长期以来，乡村教师“下不去、留不住、教不好”的问题比较突出，村里的好教师往镇上流，镇里的好教师往县城去，县城的好教师往市里走，市里的好教师往省上调，各级各类的优秀教师也往北上广深“孔雀东南飞”。

2015 年 4 月，习近平总书记主持召开了中央全面深化改革领导小组第十一次会议。这次会议审议通过了《乡村教师支持计划（2015—2020 年）》。计划明确提出，要把乡村教师队伍建设摆在优先发展的战略地位，多措并举、定向施策、精准发力，通过全面提高乡村教师思想政治素质和师德水平、拓展乡村教师补充渠道、提高乡村教师生活待遇、统一城乡教职工编制标准、职称（职务）评聘向

乡村学校倾斜、推动城镇优秀教师向乡村学校流动、全面提升乡村教师能力素质、建立乡村教师荣誉制度等举措，努力造就一支素质优良、甘于奉献、扎根乡村的教师队伍。

同年9月，总书记在给“国培计划”北京师范大学贵州研修班参训教师的回信中说：“希望你们牢记使命、不忘初衷，扎根西部、服务学生，努力做教育改革的奋进者、教育扶贫的先行者、学生成长的引导者，为贫困地区教育事业发展、为祖国下一代健康成长继续做出自己的贡献。”

《意见》进一步贯彻落实了总书记对于乡村教师的期待和《乡村教师支持计划（2015—2020年）》的要求，明确了大力提升乡村教师待遇的诸多问题。文件把关心乡村教师生活作为提升乡村教师待遇重中之重的工作，要求各地认真落实艰苦边远地区津贴等政策，全面落实集中连片特困地区乡村教师生活补助政策，依据学校艰苦边远程度实行差别化补助，鼓励有条件的地方提高补助标准，努力惠及更多乡村教师。

从目前情况来看，虽然各地都出台了相关政策，提高了乡村教师的津贴标准，但是仍然缺乏足够的吸引力。建议从国家级贫困县开始，从最艰苦、最偏僻、最边远的地区开始，实施乡村教师收入倍增计划，大幅度提高乡村教师的实际收入。

《意见》提出要加强乡村教师周转宿舍建设，按规定将符合条件的教师纳入当地住房保障范围，让乡村教师住有所居。拿出务实举措，帮助乡村青年教师解决困难，关心乡村青年教师工作生活，巩固乡村青年教师队伍。根据民进中央的调查，目前仍然有一些地方的乡村教师住房困难，许多教师仍然是早出晚归的“走教”，一些乡村山路崎岖，不仅每天在路途上花费许多时间，而且有安全隐患。出台乡村教师周转宿舍等政策，对于解决乡村教师的后顾之忧，具有重要作用。

《意见》还特别提出，要在培训、职称评聘、表彰奖励等方面向乡村青年教师倾斜，优化乡村青年教师发展环境，加快乡村青年教师成长步伐。为乡村教师配备相应设施，丰富其精神文化生活。特殊地区需要特别政策，应该给乡村教师更多的培训机会，在职称评审和表彰奖励上向乡村教师倾斜，给予乡村教师专门的岗位和编制，在乡村工作若干年内有效，离开乡村则不随人走。

四、维护民办学校教师权益，让民办学校教师安心从教

民办教育是我国教育体系中不可或缺的主要组成部分。数据显示，2016年，全国共有各级各类民办学校17.1万所，比2012年增加3.1万所，增长22.2%，占全国学校总数的比例为33.4%。民办教育在校学生4825.4万人，比2012年增加914.3万人，增长23.4%，占全国学生总数的比例为18.2%，比2012年提高5.3个百分点。按照这个比例估算，我国民办学校的教师应该占公办学校的五分之一到四分之一，全国民办学校的教师总数应该不少于350万人。

但是，长期以来，民办学校的教师权益得不到真正保障，在业务培训、职务聘任、教龄和工龄计算、表彰奖励、科研立项等方面不能享受与公办学校教师同样的权利，公办学校的教师调入民办学校以后，养老、医疗、社会保险等方面的基本待遇也得不到保证。如何维护民办学校的教师权益，让民办学校教师安心从教，成为我们教育发展的一个制约因素。

鉴于民办学校教师与公办学校教师一样，都从事教育事业，按照国家课程标准实施教育教学工作，都属于人民教师，在社会保险、工资水平、退休待遇、住房待遇、医疗待遇、培训培养、职称评审等权益上，应与公办学校教师享有同等权益，不受其学校法人类型（营利性或非营利性）的影响。

《意见》对保护民办学校教师权益作了若干明确规定，如要求完善学校、个人、政府合理分担的民办学校教师社会保障机制，民办学校应与教师依法签订合同，按时足额支付工资，保障其福利待遇和其他合法权益，并为教师足额缴纳社会保险费和住房公积金。同时，要求依法保障和落实民办学校教师在业务培训、职务聘任、教龄和工龄计算、表彰奖励、科研立项等方面享有与公办学校教师同等权利等。相信这些政策的落实，对于调动民办学校教师的积极性，鼓励他们安心从教，具有重要的作用。

五、推进高校教师薪酬制度改革，激发高校办学活力

改革开放以来，尤其是十八大以来，在党中央高度重视和坚强领导下，我国高等教育改革发展取得了举世瞩目的历史性成就，已基本建成了世界上规模最大、结构完备的中国特色现代高等教育体系，高等教育进入了大众化阶段。

但是，也存在一些问题，如高校的办学自主权问题、重科研轻教学问题、教师薪酬体系僵化的问题一直比较突出，高校教师的积极性受到限制，制约了高等教育的健康发展。

鉴于此，《意见》对推进高等学校教师薪酬制度改革做出了部署，要求建立体现以增加知识价值为导向的收入分配机制，扩大高等学校收入分配自主权，高等学校在核定的绩效工资总量内自主确定收入分配办法。

同时，《意见》明确提出，高等学校教师依法取得的科技成果转化奖励收入，不纳入本单位工资总额基数。这对于鼓励高校的科技创新，加大科技成果的转化力度，具有一定的积极作用。针对高校重视论文发表、科研项目而轻视教学的现状，《意见》要求高校进一步完善适应高等学校教学岗位特点的内部激励机制，对专职从事教学的人员，适当提高基础性绩效工资在绩效工资中的比重，加大对教学型名师的岗位激励力度。

《意见》还就深化高校人事制度改革提出了具体要求，提出要使高校具有更加自主灵活的用人权，完善考核评价制度，突出教育教学实绩和师德要求，努力扭转重科研轻教学、重数量轻质量的倾向，引导广大教师潜心教书育人、静心研究学术。无疑，《意见》的出台对于进一步加强高校的办学自主权，进一步激励优秀教师投身教学培养优秀人才，具有积极的意义。

六、提升教师社会地位，在全社会形成尊师敬教的氛围

国将兴，必贵师而重傅。教师社会地位的高低，不仅反映了一个国家对教育的重视程度，也反映了一个国家的文明程度，还预示着一个国家的兴盛程度。基于对教育重要性的深刻认识和对教师的深厚感情，习近平总书记在每年的教师节都亲自走访学校、慰问教师，用行动倡导全社会大力弘扬“尊师敬教”的良好风尚，让广大教师安心从教、热心从教、舒心从教、静心从教。

《意见》对提升教师的社会地位做了全面部署，提出要加大教师表彰力度，大力宣传教师中的“时代楷模”和“最美教师”。开展国家级教学名师、国家级教学成果奖的评选和表彰，重点奖励贡献突出的教学一线教师。做好特级教师评选，发挥引领作用。做好乡村学校从教 30 年教师荣誉证书颁发工作。

各地要按照国家有关规定，因地制宜开展多种形式的教师表彰奖励活动，并

落实相关优待政策。鼓励社会团体、企事业单位、民间组织对教师出资奖励，开展尊师活动，营造尊师重教的良好社会风尚。党中央对教师社会地位的重视，从党的十九大代表以及全国人大代表、全国政协委员的安排上已经得到体现，来自基层的中小学教师在党代表和两会代表委员的比例比以往有了明显增加。

教师地位的提升、教师的尊严，不仅体现在各种荣誉和奖励方面，更体现在日常的工作和生活之中。《意见》对建设现代学校制度，体现以人为本，突出教师主体地位，落实教师知情权、参与权、表达权、监督权也作了具体规范，如提出要建立健全教职工代表大会制度及保障教师参与学校决策的民主权利。

推行中国特色大学章程，坚持和完善党委领导下的校长负责制，充分发挥教师在高等学校办学治校中的作用。维护教师职业尊严和合法权益，关心教师身心健康，克服职业倦怠，激发工作热情等。

教育是关乎人类未来和国家前途的神圣事业，教师决定了教育的品质和国家的未来。《意见》是新时代教师队伍建设的蓝图，也是加强教师队伍建设的集结号，是全社会尊师敬教的动员令，以实际行动认真贯彻落实《意见》的精神，伟大的中国梦将在现代化教育强国的建设中实现。

1978：从阅读开始的改变[①]

我是77届的大学生。1978年2月，当我一个人背着一个自己油漆的小木箱，揣着姨妈送的50元钱和几件衣服，登上去往苏州的长途汽车时，我仍然没有意识到，那场考试对于我意味着什么。其实，正是那一次考试，彻底改变了一个苏北农村男孩子的命运。而那场考试背后的改革洪流，更是改变了共和国的命运。

大学图书馆是我们的天堂

高考改革就是那场改革洪流冲破的第一个“堤坝”。那时候，高考是没有门槛的，它给所有人平等的机会。恢复高考的时候，对年龄和学力的要求都不严格，几乎是零门槛，任何人都可以以同等学力参加高考。许多只有初中甚至小学文凭的人，因此有机会参与高考，最后顺利进入大学甚至读研究生。

1978年进校的时候，学生年龄差距比较大。但是，恰恰是这种混龄学习，给我们的成长带来很多优势，大同学和小同学在学习过程中可以互相帮助、取长补短。大同学在一定程度上

① 2018年5月28日发表于《新京报》。

社会阅历和经验比老师都丰富，很多老师解决不了的问题他们可以帮助解决。

那时候，我们老师的学习劲头、积极性绝不亚于学生，因为他们也是被“文化大革命”压抑和耽误的一代人。为了能够站稳课堂，为了能够追回失去的东西，他们也在如饥似渴地学习。所以，他们的确是与学生一起成长。

那时候，大学图书馆是我们的天堂。我们许多学生真的是像饥饿的人扑到面包上一样，疯狂地阅读。到图书馆里经常找不到座位，经常需要下午把书包放在那里抢座位、占座位。我们拼命地借书、读书，每星期都借满一书包书去读。

《西方哲学史》《文明论概略》《第三帝国的兴亡》《中国历代诗歌选》《悲惨世界》《茶花女》《民主主义与教育》等一本本著作，成为我大学时代最好的精神食粮。我的中小学时代是一个不鼓励读书也没有书可读的时代，1978 年是我读书的一个重要转折点。从此，书籍成为我生活与生命的重要组成部分。

40 年一直行走在阅读推广的路上

正是因为阅读，我有幸在大学三年级就被选为留校教师送往上海学习。也正是由于阅读，我不断地走进更为浩瀚的精神世界。40 年来，我一直行走在阅读研究与阅读推广的路上。

1993 年，我担任了苏州大学教务处处长，在苏州大学建立了大学生必读书制度。1995 年，组织力量研制中小学生、大学生及教师四大书目。2002 年，新教育实验在苏州昆山玉峰实验学校正式启航，营造书香校园成为最重要的行动。2003 年，当选为全国政协委员，提出建立国家阅读节的提案。

此后连续多年呼吁建立国家阅读节、把全民阅读作为国家战略、建立国家阅读基金等，提出成立国家阅读推广委员会、加强社区图书馆建设、把农家书屋建在村小、给实体书店免税、国家领导人带头做阅读的模范、打击盗版、繁荣网络文学、规范中小学图书馆图书采购招标等。

时光从不辜负任何真诚的努力。40 年来，共和国发生了翻天覆地的变化。我们的教育生态和阅读生活也发生了巨大的变化。我欣慰地看到，阅读的理念已经被更多的人接受，全民阅读的氛围越来越浓厚，阅读率连续下降的趋势得到了遏制。

2012 年，十八大报告提出“开展全民阅读活动”，2014 年以来“倡导全民阅读”连续 5 年被写入《政府工作报告》。截至 2016 年年末全国共有公共图书馆 3172 个，已建成农家书屋 60 余万家，更多的人享受到了公共阅读服务。

根据中国新闻出版研究院发布的第十五次全国国民阅读调查报告，2017 年我国 0—17 周岁未成年人的人均图书阅读量为 8.81 本，比 2016 年的 8.34 本增加了 0.47 本。成年国民的听书率为 22.8%，较 2016 年的平均水平（17.0%）提高了 5.8 个百分点。数字化阅读的发展，提升了国民综合阅读率和数字化阅读方式接触率，整体阅读人群持续增加。

一个人的精神发育史就是他的阅读史，一个民族的精神境界取决于这个民族的阅读水平。阅读，在改变着我们每个人的精神世界的同时，也在悄然改变着我们的社会，塑造着共和国的未来。

以教育助力脱贫攻坚[①]

今年以来，笔者先后到四川、广西、湖南等地的几个深度贫困地区调研，感受到各地干部群众脱贫攻坚的决心和信心，也关注到教育在脱贫攻坚中的重要作用。经过多年努力，深度贫困地区的学校硬件设施已有较大改善，教育经费也有保障，基本实现了建档立卡贫困人口教育基本公共服务全覆盖，贫困家庭不需要为孩子没钱上学犯愁了。

调研过程中，我们也发现了一些问题。如深度贫困地区义务教育的辍学问题仍然比较严重，某县有 161 名小学和初中学生辍学，无论怎样做工作就是不去上学；中年贫困人口中文盲、半文盲比较多，普通话普及程度较低，甚至交流访谈都需要当地干部做翻译才能顺利进行；因学致贫和因学返贫仍然是贫困的重要原因，在某县分别占了 14. 5% 和 17. 7% 的比例；职业教育和技能培训没有得到足够重视，中等职业教育学校缺乏吸引力，技能培训流于形式，有些贫困户打完卡领完钱就走人，并不认真参加培训，脱贫内生动力不足。要解决这些问题，还需进一步加强深度贫困地区的教育扶贫工作。

① 2018 年 6 月 28 日发表于《人民日报》。

首要一点，是严控深度贫困地区义务教育阶段辍学率。中小学学生辍学主要有两个原因：一是认为学了没有用，二是感觉学习没有动力。前者是因为看到身边的人上学不上学没有什么大区别，进城务工也不需要太高学历。后者是因为学校的课程严重脱离他们的生活，同时学校里音乐、美术、体育等学科教师紧缺，灌输式教学无法激发学习兴趣。这背后的问题是教师的数量不足和质量不高，“下不去、招不来、留不住”的问题仍然比较突出，应出台鼓励优秀青年教师到深度贫困地区从教和退休优秀教师到深度贫困地区支教的政策。

要加大普通话的普及和扫盲工作力度。在深度贫困的少数民族地区，尤其要加强从幼儿园开始的双语教育，推广普及普通话。我们发现，青壮年普通话交流基本无障碍，困难主要在于中老年人群，对于他们可以通过各种形式的培训，寓教于技、寓教于乐，将普通话学习、扫盲和技能培训有机结合起来，消除因语言不通、不识字而无法脱贫的情况。

对因学致贫和返贫的贫困户，需要提供精准服务。现在各地在贫困户教育保障方面做了大量工作，某县贫困户每年可免除学前教育保育费1500元，义务教育阶段有寄宿补助1250元、营养餐800元，高中阶段免学杂费1400—1800元，大学和职业教育阶段还有“雨露计划”。但是，相关的配套工作仍有待加强。如高中和大学阶段生活费用的补助，由于孩子上学家中劳动人口不足的补贴，以及毕业后就业难度大的问题，都需要进一步做好精准的对接服务工作。

由于贫困地区中等职业学校办学基础薄弱、吸引力不足，贫困家庭选择中等职业学校的意愿不强；技能培训常常“认认真真走过场”，针对性不强，与农村产业发展和就业关系不大。应该进一步加大对深度贫困地区职业教育的支持力度，注重发挥发达地区优质中等职业教育资源在帮扶深度贫困地区中的作用，注意从入学、选择专业、教育教学到安排就业的全程跟踪服务，让深度贫困地区的孩子愿意学、学得好，就业有保障。

教育在脱贫攻坚中具有基础性、根本性的作用，是拔掉穷根、稳定脱贫的前提。扶贫先扶智，治贫先治愚，用教育为扶贫助力，才能更好地打赢脱贫攻坚战。

关于发展民办教育的建议[①]

2016年11月7日全国人大常委会关于修改民办教育促进法的决定公布以来，如何贯彻落实民办教育新法，如何推进实施民办教育的分类管理，各界都十分关注。修法至今一年半有余，新民办教育促进法可以说还没有落地，民办教育分类管理的政策还没有落地，并仍然难以落地。

原因之一：影响民办学校选择营利性和非营利性的关键——税收优惠政策没有明确，这导致从幼儿园到大学全学段17.1万所民办学校不知该如何选择，难以做到各归其位。

新民办教育促进法规定："民办学校享受国家规定的税收优惠政策；其中，非营利性民办学校享受与公办学校同等的税收优惠政策。"那么，营利性民办学校的税收优惠政策有哪些？民办教育促进法中并没有明确。在接下来发布的《国务院关于鼓励社会力量兴办教育促进民办教育健康发展的若干意见》第十四条规定了税费优惠的一些激励政策，但仍没有明确营利性民办学校如何缴税。在今年4月20日，教育部发布的《中华人民共和国民办教育促进法实施条例（修订草案）（征求意见

① 2018年6月29日在全国政协"民办教育发展问题及对策"对口协商座谈会上的发言。

稿)》(以下简称《实施条例(征求意见稿)》)中，也没有看到有关营利性民办学校的税收政策。到目前为止，还没有一个国家层面的文件明确这一点。国家的税收政策不明确，甚至财政部、国家税务总局关于税收的政策与新民办教育促进法之间有出入、不统一时，给各地制定具体政策及执行带来困难。

原因之二：国家授权各省自行制定的一些具体政策，出台困难、操作性差。目前已经有18个省出台了民办学校分类登记、分类管理的实施细则，还有13个省没有出台相关文件。而已经出台了相关文件的多数省份，对于一些关键问题仍然没有说清楚，没有回应民办学校举办者所关切的政策问题。除了非常关键的税费问题，还有出资者补偿和奖励问题，国家授权各省进行改革探索，根据实际情况制定方案，但各省对于这样的重大改革，没有依据、没有经验，导致两级政策都不明朗，对于民办教育举办者来说，政策预期不明，难以做出理性的选择。

在这种情况下，已经做出了分类登记选择的民办学校数量很少，大部分仍然焦虑地保持观望态度。而一些地方政府也在观望，等待《民办教育促进法实施条例》(以下简称《实施条例》)出台。〔但就4月20日公布的《实施条例(征求意见稿)》来看，这些问题仍然没有得到回答。〕这种“观望”和“等待”的态势对民办教育的发展来说，是极为不利的，虽然社会资本进入民办教育领域的意愿很强，但由于政策不明确，一些地方政府暂停了民办学校的审批工作。

对此，我有两点建议：

一是国家税务总局尽快对营利性民办学校执行什么样的税收政策提出方向和基本要求，保障民办学校分类登记、分类管理这一重大改革的顺利实施。

二是加快《实施条例》的修订和出台工作。

1. 在《实施条例》中进一步明确分类管理和扶持政策。一般而言，在法律、法规和政策条文中对规范监督的内容、手段、法律责任等都规定得明确而细致，而有关支持扶持政策的都写得比较含糊。建议进一步明确分类扶持政策，营利性学校和非营利性学校的“差别化扶持政策”究竟都有哪些，完善扶持和规范并举的政策体系。

2. 要保障民办学校的办学自主权。《实施条例(征求意见稿)》对民办学校的招生范围、招生方式都做出了规定(“主要在审批机关管辖的区域内招生”和

“实施义务教育的民办学校不得组织或者变相组织入学考试”），引起了民办教育界的普遍担忧，认为这不符合民办中小学作为满足社会多样化需求的选择性教育服务的基本定位，民办学校不应完全等同于公办学校搞“面试就近入学”“电脑派位”或“摇号”入学。从招生范围来说，民办中小学基本都在区县教育行政部门审批，只能在区县范围内招生让很多民办学校和学生双方都丧失了“选择权”。从招生方式来说，不得组织入学考试与《实施条例（征求意见稿）》第三十条规定的“自主确定招生的方案、标准和方式”自相矛盾。公办教育保障公平，民办教育提供选择。只有二者相辅相成，协同发展，才能形成健康的教育生态。应允许民办学校招生范围比公办学校更广、招生方式更灵活自主，才能真正让“选择”落地。否则，限制了多元化选择的措施，只会让民办学校与公办学校越来越同质化，不利于民办教育健康发展，也最终会影响公办教育乃至教育全局的协调发展。

完善技能形成制度　助力制造强国建设[①]

习近平总书记指出，“作为一个制造业大国，我们的人才基础应该是技工”。面对产业转型升级和“中国制造2025”战略目标的要求，技能劳动者短缺、技能水平不高、供给与需求不匹配已经成为困扰制造业发展的三大难题。

一是技能劳动者数量短缺。主要表现为高技能劳动者数量少、比例低、招聘难。高技能人才大多在国有大型企业，民营和中小企业很少，据统计，全国高级技工缺口近1000万人。近年来，我国技能劳动者的求人倍率一直在1.5以上，其中高级技师、技师和高级工程师的求人倍率分别达到2.72、2.31和2.13。而且，技能人才的稳定性只有30%左右，流动性非常之大。

二是技能劳动者水平不高。具体表现在劳动力可替代性强，农民工的技能培训参与率低，我国劳动生产率升幅较大，但是增值率较低。截止到2015年底，全国就业人员中，技能劳动者占21.29%，高技能人才仅占5.81%。而西方一些制造业

① 2018年7月10日在全国政协举行的“发展实体经济，提高供给体系质量”专题协商会上的发言。

强国，高技能人才的数量占到技能劳动者总数的四成甚至一半以上。我国只有33%的农民工接受过非农技能培训，5.9%的农民工拥有职业技能证书。

三是技能劳动者供给与需求不匹配。主要表现在职业教育体系所供给的技能类型与生产需求错位，热门技能（如第三产业）培训饱和，而工业技能培训不足，大学毕业生技能与市场脱节。

造成上述问题的原因主要是技能形成体系的不合理。在我国，公共财政是技能培训的主要投资方，政府办的职业学校、技校为实施主体，提供制造业所需的中低端的通适性技能，而非企业或行业专用技能。由于政府既是培训经费的提供者，又是技能培训的供给者，缺乏竞争，导致技能供给的质量和效率都比较低。

另外，企业参与程度低也是重要原因。企业内部技能养成体制逐步衰落、几乎不复存在。1981年企业用工制度改革之前，学徒工数量是221.5万人，而到了1985年，学徒工人数陡降到98.8万人，仅占工业企业工人数量的3.7%。

针对制造业的技能短缺问题，提五点建议：

第一，将市场竞争引入职业教育领域，以市场信息调节职业教育的供求。鼓励职业学校与市场化职业培训机构合作，提高课程的质量以及与市场需求的相关性。通过国际合作、行业合作或与国内领军企业的合作，引入认可度高的职业资格认证培训和考试，帮助职业教育毕业生实现社会流动，并使得其掌握的技能能够沉淀在制造业企业中。

第二，制定更开放合理的办学资质规定。鼓励企业或企业联合体独立举办职业院校，鼓励企业与职业院校联合举办混合所有制学校或专业，探索公立职业院校民营化转制。设立行业企业参与实习实训准入制度。

第三，制定更有效的企业激励性政策。对积极参与员工技能培训的企业给予培训经费税前扣除、教育费附加返还，或其他财政补贴（补偿）政策。在科技项目立项、成果评定时将企业参与技能教育作为重要评价依据。对高技术和高学历职业教育毕业生聚集的企业，给予城镇入户名额奖励，帮助企业降低员工的流动性，形成技能的积累。

第四，促进企业间合作，共享技能培养成果。鼓励行业内企业之间进行协调，进行“有组织的竞争”，在小范围内限制挖人现象，保护培训企业的技能投资；维持行业内熟练工人工资标准，防止行业内的技能员工流动到其他行业。发展校企多层次、多阶段的合作，并通过与职业技能认证机构的合作，为校内学习和工作场所学习结果提供认证。建立共享型公共实习实训基地，并全面开放基地社会服务功能。

第五，通过行业组织来建立和协调跨多个中小企业的技能培训机构，促进行业内部技能的积累。赋予行业组织在非营利原则下投资和兴办职业教育机构的主体资格，重建行业组织协调行业内技能生产和资格认证的功能。通过强有力的行业组织来协调中小企业的技能培训，建立混合所有制的跨企业培训机构，满足中小企业的技能需求，同时促进行业内技能的形成和积累。

四年前，民进中央曾经在两会提出加快从农民工大国向技工大国的转变。现在看来，这个转变更为迫切也更为关键。

以生态文明教育共建美丽中国[①]

全面加强生态环境保护、坚决打好污染防治攻坚战、推动我国生态文明建设迈上新台阶，是党的十九大做出的重要战略部署。生态文明建设同每个人息息相关，是幸福的保障，也是健康的源泉。加强生态文明建设，建设美丽中国，让天更蓝、山更绿、水更清，需要全社会的共同参与。而要形成全社会共建共治共享的格局，就需要全社会有高度的生态文明意识。

然而，目前国民的生态文明意识令人担忧。许多地方政府的政绩观仍未真正转变，公民的垃圾分类、节水节电、绿色出行、低碳生活等意识依然薄弱，乱扔垃圾、乱倒污水、乱垦滥伐现象仍然严重。如我国 2000 年就开始推广垃圾分类，18 年过去，依然处于“起步早、走得慢、效果差”的停滞状态。公民的生态文明意识相对于生态危机的严重性、生态文明建设的紧迫性需求来说还有很大差距，成为制约生态文明建设的短板和瓶颈。

公民的生态文明意识较薄弱，主要表现有：一是生态知识知晓率低。环保部曾发布调查报告，14 个有关生态文明知识方面的平均知晓数量是 9.7 项，全部了解的仅是1.8%。二是生态保护践行度差。许多人即使有一定的生态文明意识，也经常出现“知行不一”的情况。三是生态保护的义务感弱。在随机调

① 在 2018 年全国政协议政性常委会上的书面发言。

查中问到“你认为现在环境恶化谁应该负主要责任”，有 72.33% 的公民认为政府应该负主责，仅有 6.43% 的公民认为自己的生态环保意识不强，做得不够。

造成公民生态文明意识薄弱的原因是多方面的，主要原因之一是缺乏系统、规范、科学的生态文明教育。日本的垃圾分类之所以堪称世界典范，最重要的原因是日本长期推行多样化、常态化、细微化的宣传教育，有效地培养了公民的生态文明意识。我国对生态文明的专业研究不够；生态文明意识培养的教育教学不到位，师资队伍与课程、教材体系不匹配，教学过程中重知识灌输、轻行为训练；社会舆论对于生态文明教育宣传不够，正反面典型关注不够，最终造成公民生态文明意识不足、知识不够，不能内化于心、外化于行，满足不了生态文明建设的需要。

为此，建议：

一、充分发挥学校教育的基础性作用。重视学校教育的系统性优势，优化学校生态课程的内容和教学方法。首先，中小学阶段，应以渗透生态环境保护意识和行为习惯训练为主。高等院校的课程教育中，应把生态文明意识教育纳入必修课程之中。高等院校还应担负起生态文明研究的任务，确保生态文明意识培育的先进性和时代性。其次，加强生态教育的师资队伍建设，把生态文明纳入生命教育等课程的内容，聘请生态领域的专家对授课教师进行岗前培训，夯实教师的生态理论基础，提升其知识扩展能力，保证教学效果。同时，所有学科教师要关注生态动向，紧跟形势，不断提升自身的生态素养。

二、构建政府主导、全社会参与的宣教格局。政府部门要切实承担主要职责，做好生态文明教育的内容设计、规划制定和导向把握，大力提供相关公共产品和基本服务，增强主流渠道传播影响的能力，增强驾驭新兴媒体为生态文明服务的能力。社会力量要积极参与其中，发挥自身优势，丰富宣传教育的多样性，构筑主阵地与网络、动漫、影视、自媒体相结合的创新宣传模式，最终形成制度化、多元化、系列化、全方位、持久性的宣传教育，提升宣教效果。

加强生态文明教育、提高生态文明意识，事关生态文明建设全局。希望通过宣传教育，在全社会提升生态意识、普及生态知识、弘扬生态道德、倡导生态行为，形成保护生态、节约资源、合理消费、低碳生活的社会新风尚，通过每个人的自觉行动，把中国建设成为更美丽的家园！

互联网时代的未来学习中心①

编者按：互联网、人工智能等技术正引发全球新科技革命，教育领域深受影响。互联网因其超越时空、信息海量、使用方便等特点，在使教育更加公平、更加优质、更加国际化等方面发挥着独特作用。面对互联网提供的多元教育服务，传统教育受到越来越多的挑战。中国教育应该适应和满足新时代社会发展的要求，利用人工智能、大数据和互联网等技术，探索人才培养新规律，为人民群众提供更好的教育。为此，本版开设“互联网与面向未来的教育”栏目，约请专家撰写文章，深入探讨面向未来的教育。

两千多年前，孔子有两大教育理想，第一大理想是“有教无类”，这是关于教育公平的问题；第二大理想是“因材施教”，这是关于个性化教育的问题。为了这两大教育的理想，人类几千年来一直在努力、在推进，但是一直没有真正实现。如今，互联网时代的科学技术为实现这两大教育理想提供了新的可能性。

我认为，未来的学校会被学习中心取代，教育从形式到内

① 2018 年 9 月 6 日发表于《中国教育报》。

容都会发生深刻的变化。

一、未来学习中心的外在形式

未来的学校会成为一个学习共同体。从学校外在的形态来说，它会变成一个以学习中心为纽带的学习共同体。现在的每所学校在一定意义上讲都像信息孤岛，未来的学习中心则是由一个个网络学习中心和一个个实体学习中心构成的学习社区。

世界是一个开放的体系，学校也是一个开放的体系。未来的学生可能在一个学习社区的不同学习中心学习，在这个中心学习数学，在那个中心学习艺术，在另一个中心学习科技，而且这些学习中心可以是跨区域的。

二、未来学习中心的内在本质

未来学习中心会从以教师的“教”为中心，转向真正以学生的“学”为中心。

以学习为中心，就必须去标准化，必须个性化、定制化。因此，个性化、定制化将会成为未来学习的主要形式，学生不需要完全按照千篇一律的标准化学习内容来学习。每个学生可以自己制订学习计划，确定学习节奏，明确学习内容。

20 世纪 60 年代在美国开办的瑟谷学校，倡导个性化学习。学校没有安排系统化课程，由学生自己提出学习计划，自己招募学习伙伴，学校派老师教学。美国的 AltSchool 基本理念就是个性化学习，每个学生有自己的课程表，每个月会收到老师的个性化评价和建议。

未来的教育仍然会有国家课程，任何一个国家都会把自己的核心价值观、文化传统，作为国家课程的重要内容，对学生提出基本要求。但是，我认为学术方面的要求会更加人性化，学生可以选择最适合自己的东西。

三、未来学习中心的学习时间

未来的学习中心，学习的时间会更加弹性化。

未来学习中心是全天候开放的，也没有固定的寒暑假，学生可以根据自己的需要安排学习时间。这样，学习中心的设施会得到最大程度的利用，教育资源会进一步集约化。

我们现在的教育资源浪费严重，大部分中小学和大学校舍利用程度低。其实，传统的学校生活节奏与节假日安排，与工业化的生产方式适应，甚至与传统的农业社会也有很大联系，是以成年人的工作为中心设计的。学习是一个连续性与非连续性的统一，学生的学习记录可以保留在学分银行和不同的数据中心。学生可以根据父母的工作特点来安排何时学习、何时休息、何时度假。

四、未来学习中心的学习内容

未来学习中心的学习内容将进一步定制化。一方面达到国家规定的基本学习标准，另一方面根据学生的天赋潜能和个人兴趣设计个性化课程，从补短教育走向扬长教育，对优秀学生和天才学生提供学习支持和奖励，对困难学生和后进学生也会提供帮助和支持。

我一直认为，最好的教育是帮助每个人成为最好的自己，把每个人的个性、特长、潜在优势充分发挥出来。未来的基因技术、心理学和脑科学会为人的自我定向提供更多可能性。

未来究竟应该给学生提供什么样的课程？这几年新教育实验一直在研究未来的课程体系，我们主张要教给学生一生有用的东西。我们研发的生命教育课程，是从幼儿园到高中的系统性、基础性课程。我们把人的生命分成三个维度，自然生命、社会生命和精神生命。自然生命关注生命的长度，社会生命关注生命的宽度，精神生命关注生命的高度。为了拓展人的生命长度，我们要把关于个人安全与健康的知识和技能教给学生。为了拓展人的生命宽度，我们要把如何成为受欢迎的人的社会交往技能教给学生。为了拓展生命的高度，我们要把培养学生的世界观、价值观、人生观等作为重要的内容。

在生命之上，我们设计了关于真、善、美三个板块的课程，对应的是智识课程、公民课程和艺术课程。

比如，智识课程主要包括大科学课程和大人文课程。在未来，小学和中学的科学课不应该是割裂的，而应该是螺旋式上升的，围绕着大科学的概念展开。而艺术课程整合艺术学科内容，把电影、戏剧、设计、雕塑、建筑等艺术样式整合成一门大艺术课程，面向所有学生。每个人都需要具有艺术精神、艺术思维，具备基本的艺术知识和艺术创造能力。

五、未来学习中心的学习方式

混合学习与合作学习将成为未来学习中心的主要学习方式。

借助于智能设备而生存与发展的时代已经到来，人机结合的学习方式会发挥更大作用，认知外包的现象会更加注重方法论学习。

所谓混合学习，是说未来的学习主体是一个人机结合体。未来的学生将不再只是借助于自己的身体来进行学习，而是借助于外脑、借助于人工智能等来学习。所以，认知外包现象会成为重要特征。也就是说，很多过去需要用传统学习方式来解决的问题，如查找资料、整理归纳等，可以委托机器来完成。

所谓合作学习，即基于项目式、主题式学习的过程，同时也是团队合作共同完成学习任务的过程。团队学习、合作学习，对提高学习效率、调动学习积极性、共同探究问题具有重要作用，所以未来的学习方式会发生很大变化。

利用网络学习会成为未来学习的一个重要特征。要在国家开放大学的基础上，建立一个真正意义上的国家网络教育资源平台，集纳中国和世界最好的学习资源，免费为所有学习者提供，同时也提供基本的考试和评价等基本公共服务。各个学习中心可以研发自己独立的课程，以作为国家课程资源的重要补充。

未来将形成一批各具特点的网络学习中心，通过网络来指导学生。我曾经考察过位于硅谷的斯坦福网络高中。这个学校有600名学生，学生通过注册在网络上学习，一个星期有两天在网上上课。我问他们的教务长，学生完全在网上，怎么管理？怎么培养学生的社会性？教务长介绍，学校主要负责课程的研发与教学，学生的社会性主要通过学生社团的自行组织来培养。

六、未来学习中心的师资队伍

未来的教育将进入一个“能者为师”的新时代。

未来的教师一定是更加多元化的，未来学习中心可以拥有部分自聘教师，他们往往有自己的优势课程，也可以外聘教师，采取购买课程的方式，更可以跨学习中心进行学习。部分教师将成为“独立教师”或“自由教师”，各种培训机构也将转型为新的学习中心或者课程公司。未来可能会诞生很多新型的课程公司，所以未来的学习中心将打通学校与社会教育机构之间的壁垒。未来也会出现许多“自由教师”，以个人授业的方式提供课程。

不管怎样，教师这个职业不会消失，只是角色从过去处于中心地位变成一个陪伴者、指导者、学习伙伴。世界教育创新峰会的调查显示，教师讲授知识的时间只占19%左右，检查学生的在线作业等占8%，其余73%的时间是学生自主学习的指导者。

未来的课程公司与自由教师，可能成为教育的常态。当然，如果需要承认学分，仍然需要专业机构的认证。

七、未来学习中心的付费方式

未来学习中心将采取政府学习券与个人付费相结合的方式。

未来学习中心可以由政府开办，也可以由民间开办。政府为基本学习内容买单，个人为个性化选择学习内容付费。世界教育创新峰会做过一次调查，发现未来私人为教育买单的经费会大大增加。

现在的学生重复性学习较多。许多学生在学校里学英语，放学还会再去补习英语。未来不会出现这样的局面，学生可以选择不同的学习中心和课程，政府用教育券的方式鼓励学生做出选择。在哪里学、跟谁学，由学生及其父母自主决定。

未来谁会为教育买单？未来将会是政府买单和个人付费相结合的方式，政府毫无疑问会继续提供教育的基本公共服务，而且应该努力为学校、为每个公民提供最好的教育服务。世界教育创新峰会近期的调查发现，在教育经费投入中，家庭占43%，政府占30%，企业占27%，承担教育费用最多的是家庭。这个投入结构和互联网时代的教育个性化方向是一致的。也就是说，随着人们闲暇时间的增加和教育与学习时间的增加，教育总经费会有很大增量，未来的政府可能提供基本的教育公共服务，家庭为孩子的个性化发展付费。当然，政府会建立补助机制，帮助社会的弱势人群及其子女支付其个性化学习费用，保证教育的公平性与均衡性。

八、未来学习中心的考试评价

未来学习中心的考试评价将走向描述、诊断、咨询。

在未来的学习中心，大数据将跟踪记录学生的学习过程，分析学生的学习特点，帮助学生调整自己的学习过程，修正学习方法，以取得更好的学习效果。

现在的考试评价以选拔人才为主要目的。未来的学习评价，将会由现在的重视结果走向重视过程，大数据将会跟踪记录每个学生的学习过程，分析每个学生的学习特点，及时提出改进的建议。未来学习者的学习过程将被记录在学分银行。未来的学分银行能够记录、查询学生的所有学习记录，一个人读了什么书、学了什么知识、掌握了什么技能等等，都可以储存在学分银行，并得到有效认证。

九、未来学习中心的参与机构

未来学习中心将打破学校教育与社会教育、普通教育与职业教育的壁垒，整合网络学习、传统学习、技能学习、社会学习等各种途径，为学生的终身学习提供服务。

不同时代的人们总是用各类文凭来衡量一个人的学习程度，这是粗放式的评价方法。同一所学校，甚至同一个专业文凭的含金量是不一样的，因为每个人的学习过程、学习经历、学习效果是不一样的，这些无法用文凭来衡量。

未来社会中，每个人的所有学习历程都可以精确地在学分银行中体现，教育机构也可以把每个人的学习情况原生态地记录下来。学分银行制度能跨越各教育阶段之间、学历教育和非学历教育之间、公办教育和民办教育之间、国内教育与国外教育之间、知识学习和能力培养之间等的一系列鸿沟。

未来提供教育资源的主体将发生很大变化。世界教育创新峰会在调查“未来谁来提供知识”时，教育家们回答，第一是网络，第二是传统学校，第三是社交和个人环境，第四是职场。

十、未来学习中心的教育理想

未来学习中心的理想和宗旨是“过一种幸福完整的教育生活”，让每个人快乐自主地学习，享受教育的生活；让每个人发现自己的潜能与天赋，成为最好的自己。这是新教育实验孜孜以求的目标。尽管这是一个可能无法真正实现的目标，但是我们一直在路上。幸福完整的教育生活，是一种教育哲学，也是一种行动指南。

教育是面向未来的，教育也是当下的力量。有学者曾经说过，未来不是我们要去的地方，而是我们正在创造的地方。方向比努力更重要，认清未来教育的方向，认清未来学校的方向，我们才能创造更好的教育。

制造业大国呼唤高素质技工[①]

习近平总书记指出，“工业强国都是技师技工的大国，我们要有很强的技术工人队伍”，“作为一个制造业大国，我们的人才基础应该是技工”。面对产业转型升级和经济高质量发展的要求，建设一支高素质的技工队伍，激发大国工匠精神，方能为中国制造凝神聚气，为中国发展加油聚力。

然而，我国制造业发展仍然面临一些亟待解决的问题。一是技能劳动者短缺，尤其是高技能劳动者数量少、比例低、招聘难、流动大且多集中在大型企业。据统计，全国高级技工缺口近1000万人。二是技能劳动者水平不高，劳动力可替代性强，尤其农民工技能培训参与率低。三是技能劳动者供给与需求不完全匹配，一些地方职业教育所提供的技能类型与生产需求出现错位，服务业等热门技能培训饱和，而工业技能培训则明显不足。

之所以存在这些问题，一个重要原因是技能形成体系有待完善。在我国，公共财政是技能培训的主要投资方，建立的职业学校主要负责提供制造业所需的通适性技能，难以覆盖各种

① 2018年9月14日发表于《人民日报》。

专用技能，难以保证培训质量和效率。加之传统学徒工制度不断衰落，而企业内部新的技能养成体系尚未建立，也限制了高素质技工的产生。

应对制造业技工短缺的问题，需制定更有效的激励政策。对企业而言，要对积极参与员工技能培训的企业给予培训经费税前扣除、教育费附加返还等财政补贴及补偿政策；在科技项目立项、成果评定时，企业是否参与技能教育作为重要评价依据；对高技术和高学历职业教育毕业生聚集的企业，给予城镇入户名额奖励，帮助企业降低员工流动性，形成技能积累。对个人而言，中办国办已印发《关于提高技术工人待遇的意见》，各地的措施也纷纷出炉，免除技术工人后顾之忧，将激发出磨炼技术的热情。

培养技能人才，可以将市场竞争引入职业教育领域，以市场调节职业教育的供求。具体来说，可以鼓励职业学校与市场化培训机构合作，提高课程质量及与市场的契合度；或者通过国际合作、行业合作或与国内领军企业的合作，引入认可度高的职业资格认证培训和考试，帮助职业教育毕业生就业，促进其掌握的技能在企业中不断沉淀。同时，要制定更开放合理的办学资质规定，鼓励企业开办职业院校，鼓励企业与职业院校联合举办混合所有制学校或专业。

市场参与职业教育不能只依靠个别企业的力量。首先，要促进不同企业拧成“一股绳”，共享技能培养成果。应鼓励同行业企业进行“有组织的竞争”，在小范围内限制“挖人”从而保护企业的技能投资，同时维持、提高熟练工人工资标准，防止技能员工快速流动。其次，要发展高校与企业多层次、多阶段的合作，建立共享型公共实习实训基地。最后，要通过行业组织来协调企业的技能培训工作，行业组织应具有协调技能生产和资格认证并建立跨企业培训机构等功能。

从农民工大国向技工大国转变，是中国劳动力市场发展的必然趋势。要锻造一支知识深厚、技能精湛和善于创新的高素质技工队伍，既要加强顶层设计，消除体制机制障碍，也要完善具体环节，凝聚各方力量。这样，“匠心”才会生根发芽，制造强国的基石才能夯实筑牢。

在民族地区全面推进“学前学会普通话”[①]

近年来，我们在调研中发现，一些民族地区的学前教育发展落后，已经严重制约了国家通用语言文字的推广工作和民族地区学生的健康成长。

在一些民族地区，尤其是人口居住较为分散的边远山区，幼儿入园率不到30%，相当一部分孩子没有接受学前教育，也无法在学前学会普通话。以贵州省黔西南州安龙县坝盘村为例，村里没有幼儿园，孩子们要么去7公里外的镇幼儿园，要么去河对岸8公里外邻县的幼儿园，部分孩子因为上学距离远没有接受学前教育。镇小学的校长表示，来自偏远村寨没有上幼儿园的孩子在小学入学时不能熟练掌握普通话，无法听懂小学阶段的课程，尤其是在小学一、二年级，需要老师在课后进行个别辅导，否则孩子们很难跟上学习进度。甚至有个别孩子由于一、二年级课程听不懂，产生了厌学情绪，不愿意继续上学。

一些民族地区由于缺乏合格的幼儿教师，老师自己也不会说普通话，导致一些孩子即使上了幼儿园，也无法在学前学好

① 在全国政协“加强国家通用语言文字普及，促进各民族交往交流交融”双周协商座谈会上的发言。

普通话。例如在南疆地区，相当一部分幼儿教师要么是普通话水平比较低，要么是不具备幼教的学历背景，缺乏幼儿教育的基本训练。

研究表明，儿童语言学习的年龄特点非常明显，3—6 岁是孩子语言学习的黄金期。对少数民族孩子来说，在学前阶段学好普通话并不困难，甚至比义务教育阶段再开始学习更容易。学前学好普通话有利于他们在义务教育阶段提升学业水平，未来获得更好发展，走向更广阔的舞台；也有利于他们了解国家主流文化和核心价值观，逐渐适应和融入国家主流文化氛围，从而进一步促进民族交往、交流、交融。

为此，要明确提出在民族地区普通话从学龄前学起的要求，将其作为一项国家战略。从现在开始、从目前的学龄前娃娃抓起，逐渐减少存量，不断扩大增量，最终实现全面普及普通话，促进各民族交往、交流、交融。提几条具体建议：

一、大幅增加民族地区学前教育投入。由中央财政补贴，随村（行政村）建园，做到全覆盖，保障少数民族幼儿就近入园；统筹推进乡镇中心幼儿园、双语幼儿园、民办普惠性幼儿园建设。尤其是在普通话普及率较低的偏远少数民族地区实施三年全免费学前教育，尽量使少数民族幼儿在学前学会普通话。

二、着力加强学前双语教育。出台针对性更强的政策措施，将双语教育作为偏远少数民族地区新建园的准入门槛，确保不欠“新账”。同时，逐渐还清“旧账”，一是完善双语幼师补充机制，加大面向少数民族地区学前教育的公费师范生政策力度，由民族地区师范院校面向本地定向招生、定向培养、定向就业，建设一支扎根本地的优秀学前双语教师队伍；二是切实加大“双语通”幼师培训力度，对普通话不达标的幼师，在 1 年左右的双语强化培训后，在每个假期对幼师进行普通话的专项集中培训，并在每周通过网络开展巩固性培训；三是建设双语教学资源库和网络课程库，推进双语教育模式改革，加强质量监控体系建设，强化双语学前教育管理；四是加强“家园共育”，通过开展亲子活动，给少数民族家庭的父母提供可以在家播放的普通话设备等方式，让孩子在家也拥有学习普通话的氛围；五是鼓励普通话推广的志愿者到民族地区幼儿园支教。

三、积极推广“学前学会普通话”试点。在国务院扶贫办的支持下，民进会员、三好网总裁何强等一批专家在凉山州喜德县开展了“学前学会普通话”试点工作，目标是幼儿在半年内听懂300句日常用语，50%的幼儿实现普通话基本交流对话。从三个月的试点情况来看，成效显著：示范幼教点近2000名幼儿基本能够用普通话进行日常对话。建议及时总结试点经验并大力推广。

语言是文化的根。民族地区全面推进“学前学会普通话”是民族交往、交流、交融的基础工程，应该下大力气认真做好。

中国教育跨越式发展的判断没有错[①]

——答“文轩阁”先生的批评意见

百家号9月13日16：03“教育漫话”发表了署名“文轩阁”的一篇文章，题目是《教育实现了跨越发展？朱永新，你的意见我不敢苟同!》，这是针对我在接受光明网的采访所言。

首先，我要纠正“文轩阁”先生的一个观点，他在文章中提到，不同意我说的中国已经从“教育大国”迈向“教育强国”。其实，我根本没有说这个观点，这完全是他没有细看文章的主观臆断。我不仅在这篇《改革开放40年，中国教育取得跨越式发展》的采访中没有作出这样的判断，在光明网的另外一篇采访《坚守改革，从“教育大国”迈向“教育强国”》中，也没有得出这样的结论。前一篇文章是讲改革开放40年中国教育改革与发展的成就，后一篇文章是讲未来中国教育改革与发展的努力方向，也就是说，“文轩阁”先生把后一篇文章的发展目标当作前一篇文章的既成判断。这样张冠李戴的批评，自然是找错了对象。

① 发表于2018年第10期《在线教育》。

其次，我说40年中国教育取得跨越式发展，是有事实根据的。按照“文轩阁”先生自己的界定，所谓“跨越式发展”是指在一定历史条件下，落后者对先行者走过的某个发展阶段的超常规的赶超行为。我在采访中所说的跨越，是完全符合他的界定的，因为我的采访涉及的时间长度是40年，也就是说，40年间我们教育的发展超过了许多发达国家在同样发展阶段40年的成就。无论是普及九年制义务教育，还是高等教育大众化的实现，包括最近高中阶段的发展和学前教育的发展，许多国家都用了比我们长得多的时间才完成。我讲的数据，不是简单地拿现在与10年前比较，而是以40年为一个单元，与自己比，也与别人比。

再次，我说40年中国教育取得了跨越式的发展，不是说我们的教育没有问题了。的确，我们的教育还存在非常多的问题，它仍然无法满足人们对于美好生活的向往、对优质教育的需求，我们的城乡教育发展不均衡的问题仍然突出，教师职业的吸引力仍然不够，应试教育的顽症仍然没有好的解决之道……但是，不能够因为这些问题的存在，而全盘否定中国教育40年来跨越发展的事实。我在采访中对学前教育、义务教育、高中阶段教育、高等教育等领域的分析，都是基于数据的，并无夸大其词的表述。因为采访的主题是讲成就，自然对问题的阐述就没有展开。其实，我对中国教育存在问题的分析是比较系统的。如果有兴趣，可以参考我的《中国教育评论》和《中国教育建议》两本小书，也可以参考我和马国川先生合著的《重启教育改革》一书。

第四，作者提出“为什么有些专家的言论会招致反感，他们想出的办法会水土不服呢？应该是没有真正沉下来，没有深入基层、深入一线的结果。专家们所了解和接触到的往往是各地最好的学校，不具有广泛的代表性……密切联系群众，看来有很长的路要走”。我很同意“文轩阁”先生的这个意见，的确，在我们国家有许多专家没有真正沉下心来，没有深入基层，所以只能纸上谈兵，不切实际。我也一直提醒自己不要做这样的学者。我每年差不多要走访100所学校，不可能在所有学校都做深入细致的调研，但还是喜欢就我感兴趣的问题进行比较深入的了解。此外，我还有许多一线的校长和老师做“耳目”，经常听他们讲述自己的故事。我自认为还是比较“接地气”的。

最后，我要感谢“文轩阁”先生的批评。这样的批评无论对否，对我来说都是一个提醒。调查研究，要深入现场，不能走马观花。做学问，要沉下心来，不能信口开河。我记住了。

在祖国的万里长空放飞青春梦想[①]

习近平总书记在全国教育大会上发表的重要讲话，围绕培养什么人、怎样培养人、为谁培养人，深刻回答了一系列方向性、根本性、全局性的重大问题，是引领新时代教育改革发展的思想火炬，为我们指明了奋斗方向、照亮了前进道路。

培养什么人，是教育的首要问题。我国是中国共产党领导的社会主义国家，这就决定了我们的教育必须把培养社会主义建设者和接班人作为根本任务，培养一代又一代拥护中国共产党领导和我国社会主义制度、立志为中国特色社会主义奋斗终生的有用人才。广大青少年学生“既是追梦者，也是圆梦人”，新时代呼唤年轻一代肩负起自己的使命。

年轻学子既要有爱国情怀，也要有国际视野。人民有信仰，国家有力量，民族有希望。这种信仰、信心、信念，在很大程度上体现为爱国主义的精神。年轻学子要真正地把自己的理想同祖国的前途、把自己的人生同民族的命运紧密联系在一起，扎根人民，奉献国家。同时，年轻学子应该清晰认识到自己在全球治理中的责任担当，不断拓宽国际视野，学习国际交

① 2018 年 10 月 25 日发表于《人民日报》。

流与合作的本领，为构建人类命运共同体，为人类社会实现可持续发展做出自己应有的贡献。

年轻学子既要有青春梦想，也要有实干精神。梦想是人们对于未来的一种美好期望，更是青少年前行的动力。没有理想信念，就会导致精神上“缺钙”。实现中华民族伟大复兴，这是中华民族近代以来最伟大的梦想，这个梦想凝聚了几代中国人的夙愿，体现了中华民族和中国人民的整体利益，是每一个中华儿女的共同期盼。青少年有梦，则国有梦。青少年学生只有把个人理想和实现中华民族伟大复兴的中国梦结合起来，才能找到清晰的人生方向，增添前行的不竭力量。“幸福都是奋斗出来的”，实干精神和青春梦想是最佳组合，也是新时代青少年应具有的品质。

年轻学子既要有健康体魄，也要有学习热情。身体素质是人才素质的重要组成部分，没有健康的体魄必然一事无成。生命只有一次，让生命拥有健康的活力，学习才有效率，工作才有干劲，梦想才能实现。“玉不琢，不成器。”学习是成长的起点，也是让人拥有智慧的最重要路径。大中小学阶段是学习的黄金时段，年轻学子应当拥有学习的热情，勤于学习，善于学习，不仅向书本学习，还要向实践学习，向他人学习。

“中国梦是历史的、现实的，也是未来的；是我们这一代的，更是青年一代的。中华民族伟大复兴的中国梦终将在一代代青年的接力奋斗中变为现实。”这是习近平总书记对新时代青年的殷切希望，也是新时代青年的历史责任。新时代青年要在祖国的万里长空放飞青春梦想，以社会主义建设者和接班人的使命担当，为全面建成小康社会、全面建设社会主义现代化强国而努力奋斗，让中华民族伟大复兴在我们的奋斗中梦想成真。培育社会主义建设者和接班人，则是新时代赋予我们教育工作者的使命担当，也是我们的无上荣光。

打破学前教育瓶颈，关键在幼师（摘要）[①]

幼师是一个专业性非常强的职业，要对幼儿的生理、心理有深入了解，需要良好的师德，也要掌握一定的技能，不是所有学校都有开设学前教育专业的能力。扩大幼师培养规模不意味着降低质量，尤其是高等院校新开设学前教育专业绝不能降低门槛。要严格落实2017年教育部颁布的《学前教育专业认证标准》，尤其要确保实践环节的有效性。

① 发表于2018年11期《同舟共进》。

探索政协协商与基层协商的有机衔接[①]

政协协商与基层协商都是社会主义协商民主的重要组成部分。习近平总书记在庆祝中国人民政治协商会议成立65周年大会上的讲话中强调指出，“人民群众是社会主义协商民主的重点。涉及人民群众利益的大量决策和工作，主要发生在基层。要按照协商于民、协商为民的要求，大力发展基层协商民主，重点在基层群众中开展协商”。如何实现政协协商与基层协商的有机衔接、推动协商民主建设向纵深发展，是当前一个值得深入研究的新课题。

从必要性上来看，一方面，基层协商需要更多优质资源的投入和推动。随着经济社会的转型升级，基层社会治理面临的挑战更加严峻，基层社会的利益主体更加多元、利益选择更加多样，更加需要发挥基层协商独特的作用和价值。基层协商的发展空间很大，但压力也很大。另一方面，政协可以为基层协商提供高质量协商资源。就我国政治体制中各组织机构的属性看，党委是领导机构，人大是权力机关、立法机关，政府是行政机关，法院、检察院是司法机关，而政协是协商机构。协商

① 2018年9月30日在全国政协“习近平总书记关于加强和改进人民政协工作的重要思想理论研讨会”上的发言。

是政协的“看家本领”，政协有着丰富的协商经验、畅通的协商渠道、优良的协商传统，以及一定的组织和人才优势。政协所追求的求同存异、体谅包容与基层协商通过平等理性的对话、沟通以取得共识的价值取向高度契合。政协委员也生活在最基层的街道、社区和企事业单位，直接面对基层群众和具体工作，看群众问题最清，开展协商民主也最直接。

从实践层面来看，中共十八大以来，人民政协和统战部门在参与基层协商中零距离倾听民声、反映民意、协调关系、讨论问题，与人民群众建立了紧密联系，发挥了积极作用。

从效果上来看，一方面，政协的参与有利于提高基层协商的制度化水平、提升基层协商的质量。有利于推动政协和统战成员更加贴近基层、更有效反映社情民意，更好协助基层党委和政府优化决策、协调关系、化解矛盾、凝聚力量，从而切实推进我国基层治理体系和治理能力的现代化。另一方面，加强了基层协商与政治协商的联动、精英民主与大众民主的相互促进。最直接的体现是政治协商层面达成的一些共识可以通过政协的渠道传递到基层民众中，而基层协商中提出和发现的一些事关更大范围、更高层次的共性问题可以通过政协的渠道进入同级甚至上级中共党委和政府的视野，进而对公共决策产生影响。

因此，建议在总结各地成功做法与经验的同时，在更大地域范围内探索设立乡镇（街道）政协委员联系点，经常性参与基层协商活动。

今年，民进中央将“民主党派基层组织参与基层协商、推动基层社会治理”作为参政议政的重点调研课题之一，由全国政协副主席、民进中央常务副主席刘新成主持开展。

选择这个课题的初衷，将关注点放在基层治理，主要是由于从治理实践来看，世界上凡是将现代治理理念付诸行动的国家，大都选择其最低层级政府作为多元治理的体制领域，这是因为基层直接与民众打交道，民众对国家治理的印象中有很大比重来自其对基层治理的直接印象，基层治理的好坏善恶是整个国家治理绩效的最直接表征。

我们将关注点聚焦在民主党派基层组织参与基层治理，主要是看到基层治理特别需要多元参与，而多元参与的最大障碍是社会成员的参与意识不足，如何挖掘潜在的参与意愿就成了基层协商探索的问题。在这个探索的过程当中，各种形式的基层党委主导、民主党派基层组织参与的活动不期然而然地成为基层协商民主的载体之一，不期然而然地成为促进基层社会治理的有效方式之一。这是地方和基层工作的一个尝试和创新，带给我们很大的启发。

6月以来，我们先后在广西、重庆、江苏、天津、上海、山东、北京、江西等地，或进行实地调研，或召开调研座谈会，或推行开展试点。同时，我们还对民进273个市级组织进行了问卷调查。从调研地的实践来看，一些地方已经作出了积极的探索，甚至形成了较为规范的模式，一些民主党派基层组织已经参与基层协商的相关工作并且发挥了一定的作用。

但同时，我们也发现，这项实践仍处于探索阶段，面临着诸多问题。如，从参与主体看，组织化参与程度比较低，未能很好地体现和发挥民主党派的组织优势和整体功能；再如，参与范围较窄且不平衡，乡镇（街道）、城市社区层面的协商中有一定参与，其他层面的协商中尚未找到合适的参与载体和方式……我们认为，最主要的原因就在于，这项实践尚缺少顶层设计、政策安排和制度规范，特别是在理论方面，这涉及两种基本政治制度的衔接（多党合作制度和基层自治制度），需要从理论上给予清晰的阐释。

民主党派是人民政协的重要组成单位，民主党派基层组织与基层政协参与基层协商，在某些领域、某些范围具有一致性。应进一步推动政协协商、基层协商的有机衔接，共同推动协商民主的广泛多层制度化发展。

成长在改革开放的路上①

——我与改革开放40年

我是77级大学生，是恢复高考后的第一届大学生。我们这一批人，乘着中国改革开放的东风走进大学校园，我们的人生由此也随着改革开放的大潮起伏变迁、共同成长。

一

改革开放以后的恢复高考，拉开了中国教育改革的大幕，成为中国改革开放的第一个重要标志性事件。1977年底，全国有570万人走进考场，录取了27.3万人。1978年夏天，610万人报考，录取了40.2万人。恢复高考制度意味着恢复了正常的教育秩序，为广大青年人打开了走向成功的大门。恢复高考也同时恢复了知识和教育的尊严，全社会出现了尊重知识、重视教育的风气。在很长一段时间，全民族被压抑已久的学习热情、教育热情蓬勃地迸发出来，中国教育事业迎来了发展的春天。

恢复高考制度，也为改革开放提供了巨大支持。一大批有

① 发表于2018年第19期《中国政协》。

志青年通过高考被吸纳进入体制内，后来许多人成为改革开放
的重要推动力量和领导改革开放的中坚力量。如果没有改革开放以来中国教育持续地为中国经济社会的发展提供重要的人力资源与智力支撑，就不可能创造出中国式发展奇迹。

恢复高考之初，报考大学没有学历门槛。当时对考生年龄和学历的要求都不严格，任何人都可以以同等学力参加高考。许多只有初中甚至小学文凭的人，因此有机会参与高考，最后顺利进入大学甚至读研究生。这种“英雄不问出身”的人才选拔办法，对不拘一格降人才起了重要的作用。

反观现在，无论是高考制度还是人才制度，对出身要求太高了，公务员一定要大学甚至研究生毕业。我一直呼吁，应该给所有人平等的机会，取消公务员的学历限制。我们无论是在大学招生、公务员招考制度，还是各种人才制度方面，都应该采取更灵活、更开放的制度。一定要给予更多人更多的平等机会，给所有人创造平等的机会，这不仅让所有人的人生有更多出彩的机会，也会让人民群众不会一次性地“押宝”在高考上。这对于全面实施素质教育具有非常重要的作用，对全社会的稳步向前发展也有着非常重要的价值和意义。

1978 年我进校的时候，学生年龄差距比较大。但是，恰恰是这种混龄学习，给我们的成长带来很多优势，大同学和小同学在学习过程中可以互相帮助、取长补短。大同学在一定程度上社会阅历和经验都比较丰富，有的甚至比老师都丰富，很多老师解决不了的问题他们可以帮助解决。在一个班级内或学习群体里如果有这样的人，整个教育的活力和能量会更强。现在我们的大学辅导员自己还是孩子，怎么教育我们的孩子？同时，同学里各种各样的人才都有，随时可以向他们请教。小同学精力旺盛，学习能力强，也促使大同学不敢懈怠。

现在的大学教育制度，因为基本上都是应届生，来了以后基本都是同龄人在一起学习，混龄学习已经成为历史。其实，国外大学也不像我们这样清一色都是二十来岁的年轻人。我们应该鼓励社会人员进入高等院校学习，让混龄学习成为大学教育的常态，使其发挥对高等教育独特的优势。

以上恢复高考时的这两项突出特点，也可以称为改革开放中的成果之一，在未来仍然应该继续得到巩固。

恢复高考之初的大学校园，学习氛围非常浓郁。那时候，大学图书馆是我们的天堂。我们许多学生真的是像饥饿的人扑到面包上一样，疯狂地阅读。到图书馆里经常找不到座位，经常需要下午把书包放在那里抢座位、占座位。我们拼命地借书、读书，每星期都借满一书包书去读。《西方哲学史》《文明论概略》《第三帝国的兴亡》《中国历代诗歌选》《悲惨世界》《茶花女》《民主主义与教育》等一本本著作，成为我大学时代最好的精神食粮。我的中小学时代是一个不鼓励读书也几乎无书可读的时代，1978 年成为我读书的一个重要转折点。从此，书籍成为我生活与生命的重要组成部分。

改革开放初期，高等教育百废待兴，高校教师青黄不接。因此，我所在的江苏师范学院（后更名为苏州大学）和扬州师范学院（后更名为扬州大学）、上海师范大学决定联合举办一个教育学心理学教师培养的师资班，从在校生中选拔优秀学生送到上海师范大学学习。记得当时我拿着厚厚几本教育学心理学的读书笔记，向学校的有关领导表明了我对于教育心理学学科的热爱。正是由于大学那一段疯狂阅读的经历，让我有幸在大学三年级就被选为留校教师，被送往上海师范大学学习。

在上海两年的学习，格外紧张忙碌。我们的学习差不多整合了四年制大学心理学和教育学两个专业的主要课程。而教授这些课程的教师，也是集中了华东师范大学和上海师范大学两所学校最优秀的教授，如陈科美、李伯黍、燕国材、陈桂生、吴福元等等。许多课程的训练至今仍然难以忘怀。

1982 年 7 月，我回到母校苏州大学担任教育学教师，开始了自己大学教师的生涯。同年 9 月，中国共产党第十二次全国代表大会在北京举行。邓小平在开幕词中第一次提出了“建设有中国特色的社会主义”这一崭新的命题，第一次把教育列为经济发展的战略重点之一，进一步明确了中国教育改革与发展的方向。

20 世纪 80 年代末 90 年代初，正是国家倡导干部队伍专业化、年轻化的时候，在学术领域也体现了这样的用人导向。1987 年，由于教学科研成果比较突出，我在 29 岁时被破格从助教晋升为副教授，成为当时江苏省最年轻的副教授。不久，又担任了苏州大学教育科学部的主任，成为全校最年轻的中层干部。1990 年，由于翻译了两本日本学者的著作，有机会赶上了那个时代的出国大潮，受邀去日本上智大学做了整整一年的访问学者。在日本期间，我比较全面系统地考察了日本的教育，组织编写了一套《当代日本教育丛书》，试图用他山之石攻中国教育之玉。

从日本回国以后，学校成立了教育改革的领导小组，抽调我参与调研和起草方案。1993 年，我担任了苏州大学教务处处长，成为当时全国综合性大学最年轻的教务处处长。在我担任教务处处长期间，正是高校合并浪潮兴起的时候，我受命参与了苏州丝绸工学院、苏州医学院等并入苏州大学的工作，实现了教学系统的无缝对接。同时，我在苏州大学进行了一系列教学改革举措，先后实施了苏州大学学分制、激励性主辅修制度、大学生必读书制度、文科强化班与理科实验班、教学督导员制度等等，使学校的整体办学水平有了明显提高，被教育部评为全国优秀教务处。在此期间，我完成了自己的博士论文《高校教学管理系统研究》，以苏州大学为案例，系统研究了大学教学管理系统的优化问题。学以致用，一直是我自己做学问的基本原则。

二

1997 年年底，我被任命为苏州市人民政府副市长，分管文化、教育、科技、新闻出版、广播电视、体育、卫生、计划生育、创建国家卫生城市等工作。为了适应地方政府的工作，我一方面“恶补”相关领域的知识，一方面依靠专家的“外脑”，成立了各个领域的专家顾问委员会，为苏州制定了区域卫生发展规划、苏州人口发展规划、苏州教育发展规划等。

在我担任苏州市副市长期间，我们在全国率先推出了义务教育免费制度，城乡教育一体化的“村小现代化工程”“信息化工程”“名师名校长培养工程”等，市委市政府在市中心最好的地块兴建了图书馆，聘请贝聿铭先生设计了苏州博物馆新馆……这 10 年，是中国改革开放力度和速度十分突出的 10 年，也是苏州经济社会发展的黄金 10 年。

如何让教育研究更为深入地服务于一线、服务于改革开放，我从 1999 年开始，深入到只有两间平房的湖塘桥小学，开始了对中小学一线教学的探索。2000 年，为了更好地理清教育发展的方向，更好地推进苏州的区域教育改革，我的一系列演讲结集出版为《我的教育理想》一书，也由此拉开了新教育实验的序幕。2002 年，新教育实验在苏州昆山玉峰实验学校正式启航。新教育实验是一个以教师成长为起点，以营造书香校园等十大行动为途径，以帮助教师和学生过一种幸福完整的教育生活为目的的教育实验。这个实验，由于把握了教育改革的关键点，以及以操作性强的行动项目为切入点，受到了一线教师的广泛欢迎。18 年以来发展规模不断扩大，到 2018 年已经发展到全国 28 个省、市、自治区的 146 个县区级实验区、4200 多所实验学校，470 余万教师参与，成为中国民间规模最大的教育改革实验。而按照新教育理念进行实践的学校，更是远远超出上述实验学校的数量。2018 年，新教育实验入选第二届国家基础教育优秀教学成果一等奖。

新教育实验也产生了一定的国际影响。2008 年，日本学习院大学东方文化研究所出版的《沸腾的中国教育改革》系统介绍了新教育实验；2009 年，韩国政府“Brain Korea”邀请我赴全北大学做“过一种幸福完整的教育生活”的主题讲演，随后十卷本的《朱永新教育文集》被译成韩文在韩国发行。2014 年，新教育实验入围卡塔尔基金会评选的“世界教育创新奖（WISE）”15 强。2015 年，麦克劳希尔教育集团出版了《中国新教育》等 16 部英文版著作。目前，有关新教育的著作已经被翻译成英、日、韩、法、俄、阿拉伯、蒙、哈萨克、尼泊尔、罗马尼亚、印度尼西亚等 10 余种文字。2017 年，蒙古国教育部派出 30 人的代表团专程到中国培训学习新教育实验。

三

2003 年，我成为全国政协委员。同年 10 月，中共十六届三中全会提出了以人为本，全面、协调、可持续的科学发展观。科学发展观的提出，对于矫正教育领域长期存在的效率优先、突出重点，追求分数、忽视人的发展等问题具有重要的理论和现实意义。我组织团队对科学发展观与中国教育发展问题进行了比较深入系统的研究，撰写了《科学发展观与中国教育改革》一书。同时，我在政协平台的参政议政也紧紧围绕教育公平、免费义务教育、农村教育发展等展开。

2007 年底，我当选为中国民主促进会中央委员会副主席，调到北京从事专职的党务工作。

民进是一个以文化、教育、新闻出版为主要界别的参政党，70%的会员来自教育界。所以，对于我来说，在教育领域从事研究与在民主党派机关从事党务工作互为补充，起到了相得益彰的作用。无论是调查研究、参政议政，想的、做的、写的、说的，大多都与教育问题相关。2008年，我从全国政协常委转任全国人大常委会委员，并担任教科文卫委员会委员。这一年，我把自己参政议政的成果整理成为《我在政协这五年—— 一个民主党派成员见证的中国民主政治进程》一书，由人民出版社出版。五年以后，我又把自己在全国人大的履职经历整理成为《我在人大这五年》一书，由新华出版社出版。

2012年11月，中共十八大胜利召开，习近平总书记在报告中提出要努力办好人民满意的教育，坚持教育优先发展，建设人才强国和人力资源强国，实现教育现代化，为新时期中国教育改革与发展指明了根本方向。2013年3月，我有幸成为十二届全国政协的常委和副秘书长。近6年来，多次当面聆听和学习总书记关于人民政协、关于政治协商与多党合作制度的论述。

在2018年的两会上，总书记指出，中国共产党领导的多党合作和政治协商制度作为我国一项基本政治制度，是中国共产党、中国人民和各民主党派、无党派人士的伟大政治创造，是从中国土壤中生长出来的新型政党制度。我个人理解，总书记是从三个角度来论述什么是新型政党制度。第一个是从利益代表的角度。新型政党制度是马克思主义政党理论同中国实际相结合的产物，真实、广泛、持久代表和实现最广大人民根本利益、全国各族各界根本利益，避免旧式政党制度代表少数人、少数利益集团的弊端。第二个是从制度功能的角度。新型政党制度，把各个民主党派和无党派人士紧密团结起来、为着共同目标而奋斗，避免一党缺乏监督或者多党轮流坐庄、恶性竞争的弊端。第三个是实际效果的角度。新型政党制度通过制度化、程序化、规范化的安排集中各种意见和建议，推动决策科学化民主化，避免旧式政党制度囿于党派利益、阶级利益、区域和集团利益决策施政导致社会撕裂的弊端。

今年年初，结合对中国共产党领导的多党合作与政治协商制度的理解和实践，我把自己从2008—2017年10年的参政议政工作的体会和经验整理成十卷本的系列丛书《见证十年》。我在这套书的序言中说："十年，在一个人的生命历程中，是一段漫长的岁月。这样一段时光，如果恰逢一个伟大民族的复兴，将会给个体的这段时光镀上璀璨的光芒。十年，在一个国家的历史长河中，只是一个短短的瞬间。这样一段时光，如果缔造着一个伟大民族的崛起，这段时光将具有非同凡响的力量。”这十年，对我个人来说，是40年改革开放中一段难忘的经历，所以我把这套书的副标题定为“一个民主党派成员见证的中国民主政治进程”。

四

有人曾经问我，改革开放40年来，你个人最引以为豪的事情是什么？我的回答是，我一直在踩着改革开放的鼓声和节奏前行，这40年来一以贯之的事情，就是为阅读鼓与呼。因为，这件事把我的专业与职业、把教育理想与党派工作、把学术研究与参政议政有机统一在了一起。

1995年，我在担任苏州大学教务处处长期间建立大学生阅读书目的同时，就组织力量研制了《新世纪教育文库》的小学生、中学生、大学生及教师四大书目。

2003年，我刚刚成为全国政协委员，就提出了建立国家阅读节的提案。此后连续多年呼吁建立国家阅读节、把全民阅读作为国家战略、建立国家阅读基金等，提出成立国家阅读推广委员会、加强社区图书馆建设、把农家书屋建在村小、给实体书店免税、国家领导人带头做阅读的模范、打击盗版、繁荣网络文学、规范中小学图书馆图书采购招标等关于阅读的提案与建议。

2010年，我创建的新阅读研究所在北京成立，先后研究推出了幼儿、小学、初中、高中、大学生、教师、父母、企业家、公务员等基础阅读书目。2012年，《中国新闻出版报》评选了四个推动阅读的年度机构和年度人物。新阅读研究所和我本人都榜上有名。这一年，我还荣幸地被聘为国家“全民阅读形象代言人”。

时光从不辜负任何真诚的努力。40年来，共和国发生了翻天覆地的变化。我们的教育生态和阅读生活也发生了巨大的变化。

我欣慰地看到，阅读的理念已经被更多的人接受，全民阅读的氛围越来越浓厚，阅读率连续下降的趋势得到了遏制。2012年，党的十八大报告提出“开展全民阅读活动”，2014年以来“倡导全民阅读”连续5年被写入《政府工作报告》。

据不完全统计，目前全国已有 700 多个城市开展全民阅读活动；400 多个城市建立了区域的阅读节、阅读月；江苏、湖北、深圳等省市先后出台了地方全民阅读法规；截至 2016 年年末全国共有公共图书馆 3172 个，已建成农家书屋 60 余万家，更多的人享受到了公共阅读服务。

根据中国新闻出版研究院发布的第十五次全国国民阅读调查报告，2017 年我国 0—17 周岁未成年人的人均图书阅读量为 8. 81 本，比 2016 年的 8. 34 本增加了 0. 47 本。成年国民的听书率为 22. 8%，较 2016 年的平均水平（17. 0%）提高了 5. 8 个百分点。数字化阅读的发展，提升了国民综合阅读率和数字化阅读方式接触率，整体阅读人群持续增加。阅读，在改变着我们每个人的精神世界的同时，也在悄然改变着我们的社会，塑造着共和国的未来。

回顾改革开放以来的 40 年，是蓬勃向前的一段历程。过去的辉煌让我们更有信心展望未来的美好，而通往未来之路，也正是继续改革开放之路，不在其他地方，正在我们每一个人的脚下。吸取教训，总结经验，从人民群众那里获得不竭的力量，与共和国一起成长。

光荣与梦想[①]

——中国基础教育40年

改革开放40年来，中国发生了翻天覆地的巨变。

40年前的1978年，中国的国内生产总值只有3600多亿元。到了2017年，国内生产总值达827122亿元，增加了200多倍。中国奇迹、中国速度、中国故事，已经成为世界关注的重要话题。

在这背后，中国教育尤其是中国基础教育的贡献是不言而喻的。首先，恢复高考不仅拉开了中国教育改革的大幕，也成为中国改革开放的第一个重要标志性事件。恢复高考制度意味着正常的教育秩序得到了恢复，为广大青年打开了走向成功的大门，更恢复了知识和教育的尊严，全社会出现了尊重知识、重视教育的风气。其次，恢复高考制度，也为改革开放提供了巨大支持。

但是，中国教育一直没有引起世界的关注，直到一个偶然的事件。

2009年、2013年，上海参加PISA（国际学生评估项

---

① 2018年11月29日发表于《中国教育报》。

目），两次均包揽了数学、阅读和科学三个冠军。“上海为什么能？”“中国教育到底有什么秘密武器？”一时间，许多人因此关注中国教育，不断追问。

有着重视教育的深厚文化传统的中国，这些年来，用世界最快的速度推进了学前教育，普及了义务教育，实现了高等教育的大众化。中国教育的悄然变革，尤其是中国基础教育在国际舞台上的异军突起，让我们重新认识自己。

40 年来，中国基础教育的改革与发展是全面而深刻的。改革开放之初的 1978 年，我国小学升入初中的比例只有 60.5%，中等职业教育学生数占高中阶段的比例不足 6%，近 40 年以后的 2017 年，我国的学前教育毛入园率为 79.6%，小学净入学率为 99.9%，初中和高中毛入学率分别达到 104% 和 88.3%，九年义务教育巩固率达到 93.8%，均超中高收入国家平均水平。

可以自豪地说，中国创造了穷国办大教育的奇迹，正朝着从人口大国向人力资源大国转变的目标努力。

具体来看，40 年教育改革发展取得的主要成就表现在以下几个方面。

一、确立教育优先发展战略地位，教育经费有了新保障

1987 年，党的十三大报告提出，要“把发展科学技术和教育事业放在首要位置”。1992 年，党的十四大报告更加明确，“必须把教育摆在优先发展的战略地位”。1993 年，中共中央、国务院发布了《中国教育改革和发展纲要》，进一步明确了教育优先发展的战略地位，并且提出了一系列教育发展的目标，“教育经费占国内生产总值 4%”就是其中目标之一。

长期以来，我国教育经费严重短缺，在很大程度上制约了教育的发展，尤其是中西部、农村地区教育的发展。1978 年，我国教育支出只有 79.39 亿元，占财政支出的比例仅为 7.14%，占国内生产总值的比例为 2% 左右。1993 年，《中国教育改革和发展纲要》指出，国家财政性教育经费支出占国内生产总值比例要达到 4%。2012 年终于实现了这个目标。

大量增加的教育经费，在投入结构上也在逐步优化，在“保运转、保工资、保安全”的基础上，重点加强“四个倾斜”：向农村地区、贫困地区、民族地区倾斜，向农村义务教育、职业教育和学前教育倾斜，向特殊困难学生倾斜，向建

设高水平教师队伍倾斜。

二、全面实施免费义务教育，教育公平有了新发展

义务教育具有强制性、免费性、普惠性特点，但是，长期以来我国义务教育一直没有实现免费。2006 年 9 月 1 日，经过修订颁布的《义务教育法》明确规定，“实施义务教育，不收学费、杂费”，国家从法律的层面确立义务教育经费保障机制，保证义务教育制度的实施。2007 年春，免除全国农村义务教育学杂费，2008 年秋，全国城市义务教育阶段免除学杂费。

义务教育阶段彻底实行免费，对中国教育来说具有划时代意义，是改革开放 40 年乃至百年来中国教育成就的重要标志。

长期以来，中国教育走了一条效率优先的道路，造成城市与农村、东部与中西部、重点与普通之间的差距越来越大。2003 年 10 月，中共中央十六届三中全会第一次明确提出科学发展观的理念后，这个倾向得到了初步遏制。

2004 年，国家启动西部地区“两基”攻坚计划，几年时间里国家投入了 100 亿元建设了 8300 多所寄宿制学校，解决了农村学生上学路途远的问题。同时，对农村义务教育阶段贫困家庭学生实施免杂费、免书本费、补助寄宿生生活费的办法。自 2006 年开始，采取招聘特岗教师等办法补充西部地区农村学校的师资。2010 年出台的教育规划纲要，明确把促进公平作为教育改革与发展的方针，把教育公平作为社会公平的重要基础。

2016 年，全国中小学生基本实现电子学籍管理，各级各类学校互联网的接入，从 5 年前的 20% 左右增加到现在的约 94%。6.4 万个教学点实现数字教育资源全覆盖，惠及 400 多万名偏远农村地区的孩子。

截至 2017 年，90% 以上的残疾儿童享有受教育机会。80% 以上的进城务工人员随迁子女在流入地公办学校就学。全国 2379 个县（市、区）通过义务教育发展基本均衡督导评估，约占全国总数的 81%，11 个省份整体通过。高考录取率最低的省份与全国平均水平的差距从 2010 年的 15.3 个百分点缩小到 2017 年的 4 个百分点内。

三、学前教育与高中段跨越式发展，两块短板有了新延伸

学前教育和高中段教育一直是我国基础教育的短板。

2001 年，全国共有幼儿园 11.17 万所，3—5 岁幼儿毛入园率为 35.4%。2010 年，发布了《国务院关于当前发展学前教育的若干意见》，要求各级政府把发展学前教育摆在更加重要的位置。根据国家部署，以实施学前教育三年行动计划为抓手，到第二个三年行动计划起始的 2016 年，学前教育毛入园率达到 77.4%。

与学前教育发展类似，高中阶段（包括普通高中、成人高中、中等职业教育）也经历了跨越式发展。招生人数从 1980 年的 640 万增加到 2016 年的 1396.2 万，在校生人数从 1721 万增加到 3970.06 万。随着高中阶段教育在校生规模的进一步扩大，入学机会快速增加，高中阶段教育毛入学率从 1990 年的 26.0% 提高到 2017 年的 88.3%。

全国中等职业教育以服务为宗旨、以就业为导向，经历了“从停滞中恢复”“在调整中发展”和“在创新中跨越”三个重要阶段，取得了长足发展。改革开放以来，职业院校累计为社会输送了数以亿计的毕业生，占新增就业人口的 60%，成为中国中高级技术技能人才的主要来源。

四、官民并举推进基础教育改革，素质教育有了新深化

自 20 世纪 80 年代后期开始，中国基础教育存在的片面追求升学率、择校热等问题严重，社会对于教育的不满也日趋严重。1999 年，中共中央、国务院颁布了《关于深化教育改革全面推进素质教育的决定》。与此同时，民间的教育改革探索也应运而生。从魏书生培养学生自主学习到刘京海引导工人子弟的成功教育，从江苏洋思的课堂变革到山东杜郎口的课改实验，从邱学华的尝试教育到李吉林的情境教育，从裴娣娜的主体教育到郭思乐的生本教育、吴鸿清的伏羲教育等，从清华附小的“主题教学”到北京十一学校的“课程改革”，中小学教师与专家、教授纷纷探索适合学生的教育方法和模式。其中，以行政推动为主要特征的新课程改革、以专家引领为主要特征的“新基础教育”和以共同体参与为主要特征的“新教育实验”各具代表性。

2016年，《中国学生发展核心素养》发布。目前，高中各个学科的素养标准已经研制完成，将对深化基础教育阶段的素质教育起到积极的推动作用。

五、坚持强教必先强师，教师队伍建设上了新台阶

基础教育的基础是教师，教师队伍的素质决定基础教育的品质。改革开放40年来，基础教育在倡导全社会尊师重教、加强教师队伍建设方面做了大量卓有成效的工作。

1985年，全国人大常委会通过决议，确定每年9月10日为教师节。1993年，《教师法》颁布，其中规定教师的平均工资水平应当不低于或者高于国家公务员的平均工资水平，并逐步提高。1994—2000年，国家实施了改善教师居住条件的“广厦工程”，教师家庭人均住房面积较改革开放初期翻了两番多。

1989年，原国家教委颁布了《关于加强全国中小学校长培训工作的意见》，启动“百万中小学校长培训工程”，专门成立了中学校长培训中心。2010年，教育部、财政部联合启动中小学教师国家级培训计划（简称“国培计划”）。在国培计划的示范带动下，中西部地区农村教师长期得不到高质量培训的情况得以扭转。

党的十八大以来，教师队伍建设有了许多新的举措。如统一城乡中小学教职工编制标准，开展中小学教师资格考试和定期注册制度改革，推进交流轮岗，深化“县管校聘”改革，引导优秀校长教师向乡村、薄弱学校流动，深化教师职称制度改革等。

经过多年努力，基础教育阶段教师素质有了较大提高，学历层次得到提升，1998—2015年，具有专科以上学历的小学教师比例由12.8%提高到93.79%；具有本科学历的初中教师比例由11.4%提高到82.5%。截至2015年，全国各级各类学校共有专任教师1539万人。其中，学前教育205万人、义务教育阶段918万人、高中阶段（含中等职业教育）254万人、特殊教育5万人。他们工作在50多万所学校中，支撑起了世界上最大规模的教育体系，为我国实现从人口大国向人力资源大国的转变做出了巨大贡献。

2018年初，中共中央、国务院印发了《关于全面深化新时代教师队伍建设改

革的意见》，反映了党中央、国务院对教师的高度重视和对教育规律的深刻把握，具有重要的里程碑意义。

六、站在新的历史起点上再出发

40 年来中国的教育成就是全方位、开创性的，中国的教育变革是深层次、根本性的。从“有学上”到“上好学”，从普及教育到均衡发展，再到内涵发展，从教育大国迈向教育强国，中国基础教育进入了一个新时代。

但同时，我们也要清醒地意识到中国基础教育面临的困难与问题，看到人民群众日益增长的对于美好教育的需求与我们教育自身发展的不均衡、不充分之间的矛盾，看到中国教育与世界先进国家之间的差距。如城乡之间、东西部之间的教育差距仍然较大，应试教育的做法仍然有很大市场，学生的课业负担仍然较重，学前教育的教师严重短缺，职业教育的吸引力仍然不足，教育在脱贫攻坚战中的作用发挥不够，对未来互联网、人工智能、大数据背景下的教育发展趋势研究不够、准备不足等。

站在新的历史起点上，面对人民日益增长的美好生活需要，我们唯有进一步加快基础教育改革与发展的步伐，努力办好让人民满意的教育。这不仅是教育工作者的职责，更是实现中华民族伟大复兴的中国梦赋予中国教育工作者的历史使命。

对于中央社会主义学院工作的几点建议[①]

尊敬的严隽琪院长、潘岳书记，各位领导、各位同志：

大家好！

近年来，中央社院深入学习贯彻习近平总书记向社院建院60周年贺信和重要批示精神，紧紧围绕统一战线发展的新形势新任务新要求，坚持“社院姓社”的方针，立足“大统战工作格局”和“更好体现多党合作制度效能”，在教学、科研和后勤服务工作等方面推出了一系列改革创新举措，取得了可喜的成就，统一战线高端智库建设取得积极成果。使民主党派学员感受最深的是，中央社院以政治共识为核心，以文化共识为基础，着力推进教学改革，积极探索统一战线教育培训新机制，面向全体学员推出以“五史合一”为引领、“五大建设”为支撑、“大统战”为特色的模块化教学改革，面向重点群体推出了中华文化“十个讲清楚”教育培训项目。中共十九大胜利召开后，学院第一时间全面推动习近平新时代中国特色社会主义思想和十九大精神进教材、进课堂、进头脑，引导民主党派成员和统战干部努力学懂、弄通、做实。民进的学员普遍认为，

① 2018年12月25日在中央社院院务咨询专题会上的发言。

多党合作事业要后继有人、传承有序，就必须把握好政治交接这一时代课题，继承优良传统，增强责任意识，坚定政治方向。民进学员体会到，回顾民进70年的革命与建设历程，没有中国共产党的领导，就没有民进辉煌的历史，只有跟着中国共产党走，才是在正道上行。中央社院十分注重学员的学习感受，每期学员学习之后，都要对社院的课程和师资设置进行评估，将学员需求、评估结果、意见建议等及时整理反馈给教师，改进教学，提升培训的针对性。

在庆祝改革开放40周年之际，中央社院提出《中央社会主义学院2018—2022年改革发展规划》（以下简称《规划》），体现出继续推进改革的勇气与担当。认真阅读了《规划》（讨论稿），深切地感受到，《规划》政治站位高、指导思想明确、职能定位准、发展目标清晰，对发展的基础、不足、差距以及机遇的把握非常到位，提出的各项举措积极稳妥，契合统一战线工作的未来需要，是一份“讲政治”“谋全局”“有创新”的好规划。

下面，结合社院的工作和《规划》内容，提几点意见建议，仅供参考：

1. 政治交接是一个长期工程，建议中央社院结合各党派换届后的情况，围绕如何继承统一战线和多党合作历史传统开展培训，以促进政治交接的常态化；党外代表人士多为专业型人才，要根据他们的成长规律和履职需要，做好培训需求调研和分析，提高培训的针对性和实效性。

2. 落实构建“大统战”工作格局，需要明确不同培训对象的培养目标，同时建议将各民主党派中央和全国工商联专职局处级干部纳入培训范围，建立因类施教的培训体系。

3. 在开放办学方面，需要进一步加强“走出去”与“引进来”相结合的制度设计，探索建立对各民主党派中央培训工作的业务指导机制；在教师队伍和核心课程建设上采取措施、完善机制，提升中央社院在统战理论、民族宗教、中华文化等领域的教学科研水平和影响力。

4. 在《规划》（讨论稿）的基础上，在教学目标上进一步突出“联合党校”职能，在增强学员政治共识的同时，增加对学员履职尽责能力的相关教学内容，不断提高中央社院在参政党建设方面教学研究的权威性。

5. 民主党派基层组织履职作用是一个弱项，几年前曾提出“统战工作进社区”，目前民进正在开展“基层组织参与基层社会治理”的调研，建议中央社院加强基层统战、民主党派基层组织如何履行参政党职能的研究。

6. 目前反腐倡廉已成为民主党派自身建设的重要内容，据统计，今年1—11月，民主党派成员有144人因违纪违法被处理。加强对民主党派成员的廉洁自律教育和警示教育成为新课题，建议中央社院加快这方面课程研发，而不仅仅是在培训班上请有关方面的同志来介绍情况，要从分析具体案例入手，剖析民主党派成员违纪违法的特点和规律，起到对民主党派成员的警示作用。

永葆初心，见证十年①

十年，在一个人的生命历程中，是一段漫长的岁月。这样一段时光，如果恰逢一个伟大民族的复兴，将会给个体的这段时光镀上璀璨的光芒。

十年，在一个国家的历史长河中，只是一个短短的瞬间。这样一段时光，如果缔造着一个伟大民族的崛起，将具有非同凡响的力量。

2008—2017 年，正是我们伟大的祖国腾飞的十年。国际局势的变化莫测，时代进步的风起云涌，如此举世瞩目的十年黄金岁月，既是每一个人经历的生活本身，又在共同回忆中组合为热血澎湃的宏大背景。

这样的十年中，我有幸当选了五年全国人大代表，其后又当选了五年全国政协委员。

十年以来，我一直记录着自己的参政议政生活。从自己的建议、提案、议案和常委会发言，到各地调研的情况与反思，到与媒体、网友的各种沟通交流……

我把每年的两会称为“春天的约会”，从春的播种，到夏

① 发表于 2018 年第 5 期《民主》。

的耕耘，到秋的收获，到冬的盘点，这是大自然的节律，也是生活的规律。一年四季，我也保持着农民一般日出而作的习惯，几乎雷打不动地凌晨 5 点左右起床，在上班之前读书写作，直到深夜而息。还记得在某年两会期间，我的一篇短文在《人民日报》发表，其后在网络上“一石激起千层浪”，短文的标题叫《你不称职，意味着 67 万人缺席》。根据人大代表的选举计算来看，城乡约每 67 万人分配 1 个代表名额，很不容易。

作为人大代表，作为政协委员，我称职吗？我常常问自己。

有时候，我也安慰自己：我是及格的。每一年，我都要立足于自己钟情一生的教育专业，辐射其他民生问题，提交出十余件提案、建议。围绕这些，每一年我都会进行反复调研、思考、写作、修订。

“为执政党助力，为国家尽职，为人民服务”，这是中国民主促进会的工作宗旨，也是我作为一名民进会员、人大代表、政协委员的使命所在。

或许，作为代表、委员，只有在心灵上永葆初心的称职，没有在能力上游刃有余的称职。面对未来，我们都是探索者。所有探索，都意味着既需要如履薄冰的谨慎，也需要勇猛精进的顽强。

十年所闻所见、所思所行，十年的政治协商、民主监督、参政议政，让我对中国的政治制度有了许多亲身体验，也出版过一些相关著作。前几年到哈佛大学考察，在哈佛大学图书馆看到我写的《我在政协这五年——一个民主党派成员见证的中国民主政治进程》一书。当时我问管理人员为什么采购这样的书，他回答说：“我们更关注个案，通过一个人的窗口，可以看到一个世界。”

我想，更准确地说，我像一滴水。就像如今呈现在大家面前的这套小书，作为一个中国特色社会主义民主政治的亲历者、实践者和维护者的现场见证，融汇在人民的海洋中，忠诚地反射着祖国太阳的光芒。

见证，不是为了见证，而是为了建设。我将永远记住：明天的责任，在我们今天每个人的肩上。

新时代，呼唤“六有”新人才①

教育是美好生活的第一要务

习近平总书记在党的十九大报告中指出：“经过长期努力，中国特色社会主义进入了新时代，这是我国发展新的历史方位。”新时代之所以新，其中很重要的在于社会主要矛盾发生了深刻变化。正如党的十九大指出：“中国特色社会主义进入新时代，我国社会主要矛盾已经转化为人民日益增长的美好生活需要和不平衡不充分的发展之间的矛盾。”

1981 年党的十一届六中全会对我国社会主要矛盾的表述是，“人民日益增长的物质文化需要同落后的社会生产之间的矛盾”。从“物质文化需要”到“美好生活需要”，从“落后的社会生产”到“不平衡不充分的发展”，党的十九大关于社会主要矛盾历史性变化的判断，是基于我国已经稳定地解决了十几亿人的温饱问题，总体上实现小康，不久将全面建成小康社会的事实；是基于人民对于美好生活的需要日益广泛，不仅对物质文化生活提出了更高要求，而且在民主、法治、公平、正义、安全、环境等方面的要求日益增长的事实；也是基于我

① 发表于 2018 年第 15 期《人民教育》。

国社会生产力水平总体上显著提高，社会生产能力在很多方面进入世界前列，但更加突出的问题是发展不平衡不充分的事实。

党的十九大的这一重大判断，符合中国特色社会主义发展实际，也明确了我们当下社会发展所处的时代坐标，对决胜全面建成小康社会、全面建设社会主义现代化强国，具有十分重要的意义。

人民日益增长的美好生活需要究竟有哪些？2012 年 11 月习近平在刚刚当选总书记与中外记者见面时指出，我们的人民热爱生活，期盼有更好的教育、更稳定的工作、更满意的收入、更可靠的社会保障、更高水平的医疗卫生服务、更舒适的居住条件、更优美的环境，期盼着孩子们能成长得更好、工作得更好、生活得更好。人民对美好生活的向往，就是我们的奋斗目标。可见，教育是美好生活的第一要务。党的十九大报告再次把教育作为民生的第一个问题来论述，把优先发展教育作为国家重要发展战略，更是充分彰显出决心。

其实，教育与美好生活之间，还有着更为深层的关系：更好的教育，本身就是更美好的生活。教育不仅是创造美好生活最重要、最基础、最关键的路径，也是美好生活最重要、最基础、最关键的组成部分。有更好的教育，才能有更好的生活；才能增强人民群众的获得感；才能为经济转型、科技创新、文化繁荣、民生改善、社会和谐，提供更有力的支撑；才能为满足人民在民主、法治、公平、正义、安全、环境等方面日益增长的要求，为实现“两个一百年”奋斗目标、实现中华民族伟大复兴中国梦，奠定坚实的基础。

一代人有一代人的历史使命和责任担当

新时代之所以新，还在于明确了今后若干年的奋斗目标。社会的主要矛盾发生了变化，工作任务必然也要随之变化和调整。党的十九大报告提出的总任务是：实现社会主义现代化和中华民族伟大复兴，在全面建成小康社会的基础上，分两步走，在本世纪中叶建成富强民主文明和谐美丽的社会主义现代化强国。

改革开放之后，党的十三大曾经提出过“三步走”的战略目标。目前，解决人民温饱问题、人民生活总体上达到小康水平这两个目标已提前实现。从现在到 2020 年，是全面建成小康社会的决胜期。十九大在这个基础上为我们描绘了新的蓝图：从2020年到2035年，在全面建成小康社会的基础上，奋斗十五年，基本实现社会主义现代化。从2035年到本世纪中叶，在基本实现现代化的基础上，再奋斗十五年，把我国建成富强民主文明和谐美丽的社会主义现代化强国。为了实现上述奋斗目标，十九大明确了建设现代化经济体系、发展社会主义民主政治、推动社会主义文化繁荣兴盛、加强和创新社会治理、加快生态文明体制改革、全面推进国防和军队现代化、推进祖国统一、推动构建人类命运共同体、坚定不移全面从严治党等新任务和新举措。

一代人有一代人的历史使命和责任担当。今天，我们比历史上任何时期都更接近、更有信心和能力实现中华民族伟大复兴的目标。但正如习近平总书记所说，中华民族的伟大复兴，绝不是轻轻松松、敲锣打鼓就能实现的。需要全党全国人民付出更为艰巨、更为艰苦的努力；需要新时代共产党人牢牢把握新使命；确保党始终走在时代前列、始终成为全国人民的主心骨、始终成为坚强的领导核心；需要有一批勇于改革、善于改革，敢于直面矛盾和问题、善于化解矛盾和问题，有想干事、真干事的自觉和会干事、干成事的本领，能够应对重大挑战、抵御重大风险、克服重大阻力、解决重大矛盾，确保党中央确定的目标任务和战略部署顺利实现的干部。同时，需要有一批“志存高远、德才并重、情理兼修、勇于开拓，在火热的青春中放飞人生梦想，在拼搏的青春中成就事业华章”的年轻人。

一代青少年也都有一代青少年的际遇和机缘。在全国上下万众一心为实现中国梦而奋斗的过程中，广大青少年学生“既是追梦者，也是圆梦人”。现在在校的大中小学学生，正是未来两个十五年的主力军。可以说，两个十五年奋斗目标能否实现，中华民族伟大复兴的中国梦能否实现，在很大程度上取决于他们的素质如何，取决于他们能否成为有爱国情怀、有远大理想、有健康体魄、有学习热情、有实干精神、有国际视野的新时代建设者。习近平总书记2018年5月在北京大学的讲话中号召，广大青年应该在为实现伟大目标的奋斗中“释放青春激情、追逐青春理想，以青春之我、奋斗之我，为民族复兴铺路架桥，为祖国建设添砖加瓦”，对新时代的青少年提出了殷切期望。

做新时代的“六有”人才

综合总书记的一系列重要讲话精神，我们可以把新时代需要的新人才概括为“六有”新人才。

第一，新时代的新人才，既要有爱国情怀，又要有国际视野。

爱国主义是指对祖国的一种积极和支持的态度，集中表现为民族自尊心和民族自信心，以及为保卫祖国和争取祖国的独立富强而献身的奋斗精神。人民有信仰，国家有力量，民族有希望。这种信仰、信心、信念，在很大程度上体现为爱国主义精神。习近平总书记2018年5月在北大的讲话中指出，爱国是人世间最深层、最持久的情感，是一个人的“立德之源、立功之本”。他希望青少年做人要有气节、要有人格。“气节也好，人格也好，爱国是第一位的。我们是中华儿女，要了解中华民族历史，秉承中华文化基因，有民族自豪感和文化自信心。”要求青少年要时时想到国家，处处想到人民，做到“利于国者爱之，害于国者恶之”。爱国主义不是空洞的口号，不是装潢门面的标签，而是实实在在的行动，要真正地“把自己的理想同祖国的前途、把自己的人生同民族的命运紧密联系在一起，扎根人民，奉献国家”。

新时代新人才还要有国际视野。2017年1月17日，习近平主席在瑞士达沃斯国际会议中心出席世界经济论坛2017年年会开幕式，发表了题为《共担时代责任　共促全球发展》的主旨演讲，向世界描绘了一幅构建人类命运共同体的壮美蓝图。在党的十九大报告中，习近平总书记更明确指出，世界正处于大发展大变革大调整时期，和平与发展仍然是时代主题。同时，世界面临的不稳定性不确定性突出，人类面临许多共同挑战。“没有哪个国家能够独自应对人类面临的各种挑战，也没有哪个国家能够退回到自我封闭的孤岛。”呼吁各国人民同心协力，构建人类命运共同体，建设持久和平、普遍安全、共同繁荣、开放包容、清洁美丽的世界。随着新时代的中国日益走近世界舞台中央，随着中国深度参与全球治理体系改革和建设，意味着中国将更加积极地发挥负责任大国的作用，意味着中国特色社会主义道路、理论、制度、文化能够给世界上那些既希望加快发展又希望保持自身独立性的国家和民族提供新的选择，也意味着中国有可能为解决人类问题贡献自己的智慧和方案。这“三个意味着”，同时也意味着新时代的新人才应该有着国际视野，有国际对话与跨文化沟通的能力。2015 年 10 月 26 日，习近平总书记在联合国教科文组织第九届青年论坛开幕式贺词中指出，建立一个公平、包容、可持续的地球，是包括全球青年在内的每个人都要重视和担当的责任。“青年最富有朝气，最富有梦想，是未来的领导者和建设者”“世界的未来属于年轻一代。全球青年有理想、有担当，人类就有希望，推进人类和平与发展的崇高事业就有源源不断的强大力量”。青少年学生应该清晰地认识到自己在全球治理中肩负的责任，不断拓宽自己的国际视野，学习国际交流与合作的本领，为构建人类命运共同体，为人类社会实现可持续发展做出自己应有的贡献。

第二，新时代的新人才，既要有青春梦想，又要有实干精神。

梦想是人们对于未来的一种美好期望。法国作家雨果曾经说过，一个适逢其时的梦想，其力量胜过任何强大的军队。梦想，更是青少年前行的动力。习近平总书记指出：理想指引人生方向，信念决定事业成败。没有理想信念，就会导致精神上“缺钙”。党的十九大描绘的梦想蓝图，就是实现中华民族伟大复兴。这是中华民族近代以来最伟大的梦想，这个梦想凝聚了几代中国人的夙愿，体现了中华民族的整体利益，是每一个中华儿女的共同期盼。这个梦想，也是中国青年运动的时代主题。党的十八大以来，习近平总书记在多次讲话中勉励青少年要有青春梦想。2013 年 5 月 4 日，他在同各界优秀青年代表座谈时指出：要“为每个青少年播种梦想、点燃梦想，让更多青少年敢于有梦、勇于追梦、勤于圆梦，让每个青少年都为实现中国梦增添强大青春能量”。2013 年 5 月 21 日，他在四川芦山参加主题班会时说，“青少年要敢于有梦。从《西游记》到凡尔纳科幻小说，飞船、潜艇今天不都有了吗？有梦想，还要脚踏实地，好好读书，才能梦想成真”。青少年有梦，则国有梦。青春梦想是最伟大的梦想，青少年梦想成真，中国梦才能真正实现。所以，青少年学生应该把自己的个人理想和实现中华民族伟大复兴的中国梦结合起来，才能为自己寻找到清晰的人生方向，增添前行的不竭力量。

实干精神是青春梦想的最佳拍档。“幸福都是奋斗出来的”，习近平总书记 2018 年新年致辞中的这句话，已经成为风靡全国的流行语。这也是他对于青少年的殷切希望。他多次用古人的“纸上得来终觉浅，绝知此事要躬行”“知者行之始，行者知之成”“道虽迩，不行不至；事虽小，不为不成”等名言警句来勉励青少年做知行合一的实干家。2018年五四青年节，他对北大学子说：“学到的东西，不能停留在书本上，不能只装在脑袋里，而应该落实到行动上，做到知行合一、以知促行、以行求知”“每一项事业，不论大小，都是靠脚踏实地、一点一滴干出来的”。他指出，做人做事，最怕的就是只说不做，眼高手低。不论学习还是工作，都要面向实际、深入实践，实践出真知；都要严谨务实，一分耕耘一分收获，苦干实干。他希望广大青年要努力成为“有理想、有学问、有才干的实干家”，在新时代干出一番事业。他告诫青少年要牢记“空谈误国、实干兴邦”，从自身做起，从点滴小事做起，用勤劳的双手、一流的业绩成就属于自己的精彩人生。他也鼓励青少年学会正确面对各种困难，希望青少年要有敢为人先的锐气，勇于解放思想、与时俱进，敢于上下求索、开拓进取；要有逢山开路、遇河架桥的意志，为了创新创造而百折不挠、勇往直前。青少年是充满浪漫主义情怀的，也是容易沉醉空想而眼高手低、缺少实干精神的，习近平总书记的话语不仅是及时的提醒，也是他多年的人生体验，值得新时代的青少年认真借鉴，防患未然。

第三，新时代的新人才，既要有健康体魄，又要有学习热情。

身体素质是人才素质的重要组成部分，没有健康的体魄必然一事无成。60年前，清华大学喊出了“为祖国健康工作50年”的响亮口号，激励了无数清华学子锻炼身体，养成了强身健体的良好习惯。作为清华大学的毕业生，习近平总书记也是深得其要义，多次强调青少年需要有健康的体魄。2014年8月15日，他在南京看望青奥会中国体育代表团时指出：“少年强、青年强则中国强。少年强、青年强是多方面的，既包括思想品德、学习成绩、创新能力、动手能力，也包括身体健康、体魄强壮、体育精神。”2015年1月12日，他在同200余名中央党校第一期县委书记研修班学员座谈时，也讲述了自己的经验教训：“那个时候我年轻想办好事，差不多一个月大病一场。为什么呢？老熬夜。经常是通宵达旦干。后来他感觉到这样不行，这么干也长不了。先把自己的心态摆顺了，内在有激情，外在还是要从容不迫。”希望学员们加强锻炼，有健康的体魄。总书记的这些话语虽然是针对运动员和县委书记说的，但对于青少年学生来说，仍然具有重要的指导意义。生命只有一次，让生命拥有健康的活力，学习才有效率，工作才有干劲，梦想才能实现。

学习热情是成长的起点。学习是指人们通过阅读、听讲、思考、研究、实践等途径获得知识或技能的过程。“玉不琢，不成器；人不学，不知义。”学习也是让人拥有智慧最重要的路径。习近平总书记对学习非常重视，“学习”是他和青少年交流时使用频率最高的词语。2013 年五四青年节，他语重心长地指出：“青年人正处于学习的黄金时期，应该把学习作为首要任务，作为一种责任、一种精神追求、一种生活方式，树立梦想从学习开始、事业靠本领成就的观念，让勤奋学习成为青春远航的动力，让增长本领成为青春搏击的能量。”今年五四青年节，他在北京大学的讲话中再次谆谆告诫青少年学生：“知识是每个人成才的基石，在学习阶段一定要把基石打深、打牢。学习就必须求真学问，求真理、悟道理、明事理，不能满足于碎片化的信息、快餐化的知识。要通过学习知识，掌握事物发展规律，通晓天下道理，丰富学识，增长见识。人的潜力是无限的，只有在不断学习、不断实践中才能充分发掘出来。建设社会主义现代化强国，发展是第一要务，创新是第一动力，人才是第一资源。希望广大青年珍惜大好学习时光，求真学问，练真本领，更好为国争光、为民造福。”

习近平总书记自己就是勤于学习的楷模。他曾经回忆自己青少年时期的读书生活：“我到农村插队后，给自己定了一个座右铭，先从修身开始。一物不知，深以为耻，便求知若渴。上山放羊，我揣着书，把羊圈在山坡上，就开始看书。锄地到田头，开始休息一会儿时，我就拿出《新华字典》记一个字的多种含义，一点一滴积累。我并不觉得农村 7 年时光被荒废了，很多知识的基础是那时候打下来的。”“爱看书”“好学”，是习近平留给陕北梁家河村乡亲们的印象之一，他们至今还记得，他“带一箱子书下乡”，在煤油灯下“看砖头一样厚的书”，“有时吃饭也拿着书”。2014 年 2 月 7 日，习近平在索契接受俄罗斯电视台专访时，曾经深情地列举了 11 位俄罗斯作家的名字：“克雷洛夫、普希金、果戈理、莱蒙托夫、屠格涅夫、陀思妥耶夫斯基、涅克拉索夫、车尔尼雪夫斯基、托尔斯泰、契诃夫、肖洛霍夫，他们书中许多精彩章节和情节我都记得很清楚。”2014 年 3

月 27 日，习近平在巴黎出席中法建交 50 周年纪念大会时表示，“读法国近现代史，特别是法国大革命史的书籍，让我丰富了对人类社会政治演进规律的思考。读孟德斯鸠、伏尔泰、卢梭、狄德罗、圣西门、傅立叶、萨特等人的著作，让我加深了对思想进步、对人类社会进步作用的认识。读蒙田、拉封丹、莫里哀、司汤达、巴尔扎克、雨果、大仲马、乔治·桑、福楼拜、小仲马、莫泊桑、罗曼·罗兰等人的著作，让我增加了对人类生活中悲欢离合的感触”。读书学习，已经成为习近平总书记的生活方式。大中小学阶段是学习的黄金时段。拥有学习的热情，勤于学习，善于学习，不仅向书本学习，而且向实践学习，向他人学习，应该是新时代新人才的行为方式和生活方式。

“中国梦是历史的、现实的，也是未来的；是我们这一代的，更是青年一代的。中华民族伟大复兴的中国梦终将在一代代青年的接力奋斗中变为现实。”这是习近平总书记对新时代青少年的殷切希望，也是新时代青少年的历史责任。成为新时代的新人才，应该成为当下青少年的自觉追求。培育新时代的新人才，是新时代赋予我们教育工作者的使命担当，也是我们的无上荣光。

调研随笔

“台上一分钟，台下十年功”，这是对优秀演员坚持练习技艺的描写。其实，政协委员的工作也有异曲同工之妙。为了能够写出精彩的提案，为了能够在两会发言、讨论交流时讲出真知灼见，往往需要跋山涉水，需要亲临现场，需要明察暗访。察实情，说实话，谏真言，都需要扎扎实实的调查研究。

加强乡村治理，实现乡村振兴[①]

2018年3月30日，我陪同蔡达峰主席一行去四川广元进行了为期五天的年度重点调研。年度重点调研，又称大调研，是中国共产党中央委员会委托各民主党派中央就国家经济社会发展中的重大问题进行调查研究的重要举措，也是各民主党派中央最重要的调研活动。以下是我的调研手记与建议书的摘要。

调研手记

3月30日　星期五　北京晴　广元阴雨

早晨4点50分起床，发微博7则。读《民主主义与教育——杜威在华演讲录》。

7点50分出发去首都机场。乘坐9点半的航班去四川广元，参加为期五天的以“推动实施乡村振兴战略”为主题的年度大调研。

中午11点半左右到达广元机场。在吃完午餐以后直奔调研点苍溪县云峰镇狮岭村进行实地考察。

---

① 四川广元大调研手记。

“云从风中飞起，狮自岭上舞来”，云峰镇狮岭村是有名的苍溪雪梨第一村，距离阆中古城10多公里。放眼望去，漫山遍野、房前屋后都植满了梨树，掩映着白墙灰瓦的传统民居，生态庭院文化与雪梨园交相辉映。镇领导告诉我们，一周以前这里还是“千树万树梨花开”的景象。

在狮岭村村委会的展板前，苍溪县的负责人给我们详细介绍了该县用特色产业引领乡村振兴的发展过程。1958年，该县运山乡率先创办“米丘林园艺场”，20世纪80年代初该县又提出发展以农户家庭为单位的庭园经济，90年代推行生态庭园建设，时任县委书记的赵洪银还亲自领导编辑了《果树管理技术年历》《创业致富经验汇编》，创作了《劳动致富百子歌》以及《支部建设歌》《庭园建设歌》《山区致富歌》等印发到全县农户手中。经过不断的转变、提升、完善、跨越、突破和创新，现已形成全域园区、群园联动模式。目前，全县建成万亩以上现代产村融合园19个，千亩以上产村融合园66个，探索出了一条国家现代农业示范区引领乡村振兴发展的有效路径。在好几个果园，我们都看到了“党员奔康示范园”的牌子。镇上的领导告诉我们，每个“党员奔康示范园”都有责任帮助两三个贫困户脱贫。

在狮岭村村委会，我们重点考察了狮岭村在实施乡村振兴战略实践探索中，推行“铁四条”依法治村的模式：一是推进村规民约“十三条”；二是强化权力运行监督“四条杠”，对基础设施建设管理、村级资产资源管理、村级社会事务管理、村级财务管理情况进行网上网下公开晒，切实保障群众的知情权、参与权、决策权和监督权；三是奏响每周大走访、每旬大协商、每月大调解、每季度大督办等人民调解“四部曲”；四是强化一个法律顾问、一支法治宣传队伍、一套法治宣传方案、一个法治宣传目标等“四个一”，提升群众的法律意识和法治素养。在一户农家大院，我们还看到了县里的法院在村里开庭调解纠纷的现场。镇领导说，围绕乡村振兴的基本要求，他们已经基本实现了组织管理网格化、普法教育常态化、村民自治规范化、群众工作精细化、治理成果效益化。

下午4点半左右，调研组一行来到苍溪县的元坝镇将军村，就“乡贤文化+一会六员”的乡村治理模式进行调研。

为我们做介绍的是村支部副书记，普通话说得非常好。一了解才知道，她大学学的就是播音主持。问她为什么愿意在乡村工作，她说一方面自己喜欢家乡，一方面自己的专业在这里也有用武之地，每年要主持许多婚庆典礼，收入也不低。

我们问为什么叫将军村，是不是村里出了许多将军？她告诉我们，将军村以传说中南宋名将余玠在此处逝世而得名。走进村口，看到一户人家墙壁外题为《屏开玉石上》的水泥画，画中孔雀色彩艳丽，曲线优美。水泥画是将军村的乡贤陈冶仙首创，因为价廉物美，材料和工艺相对简单，特别适合农村地区。所以，慕名前来参观和拜师学艺的人络绎不绝。陈冶仙老先生已经 78 岁，身板硬朗。他家的房子上爬满了绿色的植物，房前屋后也布满了绿植。他的家就是一个文化中心，不仅摆满了他自己的书法作品和水泥画、根雕等作品，农家书屋的部分图书也放在这里。几个孩子正在这里写书法，是周末从镇上的学校回村来跟陈老先生学书法的。村书记告诉我们，陈老先生可是一个“老先进”，陈家先后获得“全国文化大户”和“第二届全国绿色家庭”等许多荣誉。

陈冶仙只是将军村乡贤的一位杰出代表。将军村为了发挥乡贤作用，专门成立了以乡贤为主体的“一会六员”乡贤治理机构。“一会”是生态庭园文化促进协会，“六员”是乡风民俗引导员、庭园经济发展员、矛盾纠纷调解员、清洁卫生监督员、乡村规划管理员、乡土文化辅导员。协会会长和六员均由民望高、有技术、责任心强的乡贤担任，会长就是陈老先生。由他们在乡风民俗引导、庭园经济发展、矛盾纠纷调解、清洁卫生监督、乡村规划管理、乡土文化辅导等方面进行协调和管理。全村群众在“一会六员”的帮助下，大力发展庭园经济，建设庭园文化，村容村貌、乡风民俗都有了巨大进步。的确，当我们漫步在将军村的田间路头，家家庭院如花园，满目苍翠绿荫浓。村书记骄傲地告诉我们，他们村还是国家环境保护部命名的“国家级生态村”和中央文明委授予的“全国文明村”。

在一户农家院子里，我们还看到了当地的剪纸名家带着徒弟在创作剪纸作品。不仅有本村的徒弟，还有外地来的。他们专门创作了一幅大型剪纸，表达对中央脱贫攻坚好政策的感激之情。将军村的农民夜校、农家书屋等也给我们留下了深刻印象。

返程途中，天空下起了毛毛细雨，山区的景色更显朦胧之美。我们顺路参观了位于梨博园附近的“御楼兰”，这是由一组仿古木结构建筑构成的建筑群，一些民间工匠正在制作纯手工的真丝毯。传承人为我们介绍了他们独特的编织工艺和独特的染色工艺，他们用天然植物的根、茎、叶或是花作原色，再加入中草药配方熬制而成的染料浸过的原丝，不但芬芳无比，而且永不褪色。到了下榻的驻地，已经是晚上6点多了。

晚上7点半我为新教育网络师范学院的学员讲《新教育晨诵的理论与实践》。原来以为在外出差可能无法正常上课，做了预案。没有想到晚餐以后正好有时间，而且网络条件也非常好。顺利完成了一个半小时的网络课程。新教育的老师们学习的热情一直让我非常感动。

晚上9点与调研组的几位专家茶叙，交流情况。10点回房间读苍溪县的三大本脱贫攻坚的资料。11点休息。

3月31日　星期六　广元晴

早晨5点起床。读《我们为什么要工作》和《有绝对的公平吗》两本小册子。写“童书过眼录”。

上午9点与调研组成员前往苍溪县五龙镇三会园区三会村，调研党建引领乡村治理情况。半个多小时后，我们就到了三会村，一下车就看见村委会门口一排整整齐齐的黄色的共享单车，村上的同志告诉我，这是他们为了发展特色农业体验游，方便游客在景区游览，与ofo公司合作引进的。他们还专门建起了标准化的骑游道。

三会村是四川省委组织部对口支持的贫困村。为了帮助当地发展产业，搞土地的规模经营，他们联合周边的双树村、马虹村成立了三会园区。园区下辖15个村民小组、738户、2490人，其中贫困户169户、422人。2014年，三会园区人均纯收入只有2820元，是苍溪县最落后的片区之一。近年来，园区大力实施“三建强一服务”，以党建引领乡村治理现代化建设。具体的做法是建强社区党支部、驻村帮扶力量党支部、农民专业合作社党支部等组织体系，建强智能化管理平台、文化技术服务平台、金融服务平台、留守老人儿童关爱平台等服务阵地，建强村级组织运行机制、党员干部服务机制等保障机制，服务“自治、法治、德治”三治建设。通过党建引领，有力推进了特色产业、生态宜居、美丽新村和乡风文明建设，基本实现了产业兴旺、村容整洁、民风淳朴、治理有效、生活富裕的目标。2017 年园区三个贫困村全部实现整体脱贫，农民人均实现可支配收入 9500 元。三年巨变，令人震撼。

随后，我们在三会村举行了一个简单的座谈会，与广元市苍溪县有关部门干部、大学生村官、驻村第一书记、回乡创业人员、村民代表等讨论乡村振兴的难点和问题。

大学生村官张玮介绍说，以前像她一样的返乡大学生很少，现在随着乡村振兴战略的实施，越来越多的年轻人愿意回家创业。她希望国家能够为乡村干部提供成长空间和发展空间，让返乡工作的年轻人有盼头、有前途。第一书记淳正森也表达了类似想法，如何让优秀能干的人留下来，如何为返乡创业的人提供更好的政策，是他们的期待。

返乡创业人员冯明武被村里人称为“断臂将军”，他以前在宁波打工，2011 年在一次事故中失去了左臂以后，他选择了回家乡创业。先是搞养殖赚了第一桶金，后来又通过土地流转种植了 80 亩地的猕猴桃，聘请了 10 余名乡亲帮助打理。目前猕猴桃已经挂果，预期年收入 10 万以上。但他也有着自己的烦恼：政府给他提供了 10 万元返乡创业低息贷款，可是期限只有三年，如果三年内遭遇了天灾，就无法偿还这笔资金。而无法偿还借款就会被列为失信人员，以后再融资就非常困难了。所以，他最大的愿望就是希望政策能够有延续性，为农民带来更多的实惠。参加座谈会的市委组织部的领导也告诉我们，目前全市返乡创业人员已经达到 3.6 万人，这些人是乡村振兴的希望所在，为他们解除后顾之忧、创造更好的创业环境，是一个非常重要的问题。

村民张中菊的发言也引起了调研组专家的兴趣。我问她：“你觉得目前农村面临的最大困难是什么?”她认为有三大问题。一是老龄化，缺乏人才。年轻人大部分出去打工了，留下的都是老人。农村面临的最大问题，就是缺人缺技术。二是农民教育。如果不学习，农民是没有出路的。她自己的学习积极性就很高，一个月参加两次农民夜校的培训，接受栽培、农田管理等农业技术辅导，了解相关政策。她希望政府能够加强引导，让更多村民有提升素质、能力的机会。三是村规、民约缺乏刚性约束。

座谈会开得很深入。因为要在中午前赶到剑阁县与蔡达峰主席会合，座谈会不得不在10点半左右结束，我们乘车赶往邻近的剑阁县。

下午2点半，我们与全国人大常委会副委员长、民进中央主席蔡达峰一行会合以后，乘车前往剑阁县剑门关镇调研。巴中市人大副主任、剑阁县委向永东书记亲自向我们介绍了加强基层党建促乡村治理的有关情况。他们对党员干部日常行为提出了“十要十不要”的要求，即要坚定信仰、不信教传谣，要民主决策、不独断专行，要爱岗敬业、不迟到早退，要令行禁止、不我行我素，要清正廉洁、不以权谋私，要依法行政、不简单粗暴，要团结和谐、不拉帮结派，要厉行节约、不铺张浪费，要亲民爱民、不与民争利，要务实重行、不喊空口号。同时全天候开展党员志愿服务，建立了15支党员志愿服务队，组成党员志愿服务超市，村（居）民既可以通过电话提出服务申请“订货”，也可以前往便民服务中心在窗口“选购”提出服务申请，由中心组织安排服务，并回访登记。每次党员志愿服务，都如实登记在“积分卡”内，年终进行评比。如景区志愿服务队，每逢黄金周和节假日，都进入景区为游客提供代驾导购、义务驾驶区间车、旅游咨询、交通疏导、安全防护、卫生保洁等服务，得到游客的一致好评。

在具体的管理模式上，他们构建了“一办四中心”（“一办”即党政综合办公室，“四中心”即便民服务中心、产业发展中心、综治工作中心、信息管理中心）的新型镇级政府运行管理模式，探索“一核多元”（以村党支部为核心，村务监督委员会、村规民约、村级环保队伍等多元化自治管理）的村社自治管理体系，不断优化乡村治理，助推乡村振兴。

在镇政府大厅的电子触摸屏上我们看到，这里公示着全镇机关干部负面清单，随意点开一个干部的名字，都可以看到干部监督管理的指标，以及群众的满意度评价。这是剑门关镇建立的监督评价系统，该系统将干部的负面表现设立为8类362项指标，结合实际制定村社区干部日常监督指标70条。这一负面清单与干部每月履职责任清单、群众满意度评价共同构成了“两清单一评价”的干部管理机制，作为干部评优选先、提拔任用的重要依据。我随机点开了一位干部的名字，给了一个“满意”的加分，竟然也记录上去了，这就让我对其真实性产生了怀疑。如果有弄虚作假如何鉴别？如何防止干部评价中的形式主义？这些问题需要进一步研究。

调研中给大家印象最深刻的是“一核多元”村社自治管理体系中的乡村网格化管理平台。这个平台借鉴了社会治安和公安系统的网格化管理办法，为每村配备了1名网格员，每组配备1名网格信息员，从管理平台上可以直接看到网格员所在位置、活动信息等情况，并可直接与网格员视频通话。调研组随机与一名网格员进行了视频通话，这名网格员正在林区巡视森林火情隐患等情况。虽然通话效果不是非常好，但是图像清晰，农村的管理精细化水平和应急能力有了基本保障。

接着调研组一行前往城北镇，在该镇的抄手小学调研。这是一所乡村寄宿制中心小学校，为全镇8个村的孩子提供学前教育和小学阶段义务教育服务，是该镇三所完全小学之一。学校有小学班6个，学生200人，附属幼儿园幼儿67人。调研组在这里了解当地乡村教育情况，实地参观学生食堂、学生宿舍和教学楼，并与教师互动交流，了解他们的收入情况以及教学、生活中面临的主要问题。学校副校长向勇军为我们详细介绍了相关情况。

虽然是星期天，一间教室里还是有好几位学生在写书法、画画或者做作业。除了有寄宿制学生外，还有一位学生是被爷爷送来“托管”的。这个女孩子的父母在外打工，平时和爷爷一起住。今天爷爷外出有事情，就把孙女送到了学校。学校的食堂管理规范，墙上的一周食谱清清楚楚写明国家提供的免费餐单和个人选择的餐单。县委书记说，前不久他到学校与老师和孩子们一起吃过，伙食还不错。学生宿舍每间12人，稍显拥挤，但是比较整洁，床铺也比较宽大。

离开学校，我们继续乘车前往另外一个调研点——普安镇光荣村的“朱家大院”新村聚居点。这里是2017年建成的易地扶贫搬迁集中安置点，40户左右的传统新民居按照不同面积沿着山势地形分布得错落有致，柏油路通到每一户的门前。

村支书王凯兵介绍说，他们在乡村治理工作中探索形成了村民自治的有效形式，这就是建立“1+7”党群公共服务中心，实现公共资源的共建共享。“1”指村民自治委员会，“7”指农商服务中心、卫生计生中心、管理服务中心、产业发展中心、文体活动中心、党员活动中心、老年活动中心，为村民生产生活提供全方位、及时、周到的服务。

土鸡是当地的特色产业。我们注意到，离村庄不远的地方有土鸡研究的专家公寓，村上有集中存放的土鸡饲料和相关设备。村支书介绍说，白天土鸡放到山林之中，晚上土鸡自己“回家”。村里专门建立了农村集体资产经营管理有限责任公司，通过盘活集体资产资源、发展特色产业等壮大集体经济，增强村级内生动力；成立禾穗蔬菜种植专业合作社和剑门关土鸡养殖专业合作社，带动全村种植绿色蔬菜400多亩，剑门关土鸡年出栏10万只，人均增收2000元以上。

今天的最后一个调研点是盐店镇五指村，距离光荣村半个小时左右的车程。一下车，我们仿佛到了一个旅游景点，宽阔的农耕文化广场充满了泥土的气息。用麻绳编织的巨型牧牛图，吸引了调研组专家纷纷拿出手机拍照。还有长长的介绍本地乡贤事迹的“育贤廊”。

晚上7点半，陪同蔡达峰主席会见民进广元市委会班子成员。民进广元市委会主委赵爱武曾经担任了10年副市长，换届以后担任了市人大副主任。她介绍了民进广元市委会的基本情况。成立于1995年11月的市委会，现有12个支部，会员285人，平均年龄44岁，具有中高级职称的占50%，担任副县级以上干部9人。近年来，他们以增强自身建设和履职实效为重点，党派工作取得了不少新的成绩。广元与民进中央也很有缘分，汶川大地震以后，民进中央曾经支援450余万元，帮助建设广元幼儿师范的艺术楼。现在幼儿师范已经升格为幼儿师专，在校生超过了7000人。

蔡达峰主席对民进广元在自身建设和履行职能方面取得了突出的成绩表示祝贺与肯定。他指出，当下民进工作的主题和头等重要政治任务是学习贯彻习近平新时代社会主义思想和中共十九大精神。希望民进广元在会中央年度大调研、脱贫攻坚民主监督以及社会服务工作中群策群力、发挥作用，为实现自身价值、推动民进事业的发展做出贡献。

晚上整理全天调研的材料。11点休息。

4月1日　星期日　广元晴　巴中晴

早晨5点起床。发微博。最近微博的日访问量保持在20万左右。读《我们将归于何处》。

上午9点，在广元凤台招待所的会议中心参加“推动实施乡村振兴战略”重点考察调研座谈会。四川方面参加座谈会的领导有中共四川省委常委、统战部部长田向利，民进中央副主席、四川省政协副主席张雨东，中共广元市委书记王菲，市委副书记、市长邹自景，广元市人大常委会主任邓光志等。

我代表民进中央介绍了此次大调研的背景和选题由来，选择四川省作为调研地的考虑以及大调研相关成果的重要意义。

接着是广元市委书记王菲介绍相关情况。王菲书记2010年从巴中市副市长调任广元市任常委、副市长，在广元深耕8年，对这里的情况非常熟悉。在向民进中央长期以来对广元抗震救灾、灾后重建、经济社会发展的关心和支持表示感谢，对调研组一行表示欢迎以后，他简要介绍了广元市市情和在乡村振兴方面的工作。广元古称利州，素有“川北门户、蜀道咽喉”之称。广元是先秦古栈道文化和蜀道文化的集中展现地，是三国历史文化的核心走廊，也是红四方面军的后期首府。广元市下辖3区4县，面积1.63万平方公里，总人口310万。广元生态环境优良，森林覆盖率达56.18%，空气优良天数比例达94.7%。2017年，广元市实现地区生产总值732.12亿元，城乡居民人均可支配收入分别实现28132元、10801元。王菲围绕民进中央此次调研主题，重点汇报了广元市近年来的乡村治理工作。广元市把乡村治理作为社会建设和农村繁荣的战略抓手，积极探索乡村治理体系建设，通过配齐配强农村基层党组织、持续深化基层治理创新、大力发展基层民主建设、统筹建设农村新型社区、全面推进乡村法治建设、不断加强乡村德治建设，目前，幸福美丽新村呈现出“业兴、家富、人和、村美”的景象。

在讨论交流阶段，调研组专家就庭园经济合理的经营规模、乡村教育学校存在的短板、社区联合党支部和村委会之间的关系、城镇化建设和乡村振兴之间的关系等问题与当地干部群众进行了深入交流。

最后是蔡达峰主席讲话。他在讲话中说，几天来，通过座谈会和现场调研，调研组得到了很多信息，有了很大收获。一路走来，也感受到广元市干部良好的精神状态、迎难而上的勇气和高度的责任心，大家努力改善村民生活，为乡村经济振兴积极想办法。相信有这样良好的状态，广元的治理一定能取得优异的成绩。

当天下午，调研组一行离开广元赴巴中市南江县、巴州区等地调研。首先来到的是距离巴中20多公里的南江县正直镇长滩村。长滩村位于龙耳山下、清江河畔，环境优美，如一幅偌大的山水画。乡村酒店、农家乐、民宿等建筑点缀其间，吸引着不少城里人来享受乡村美景。村里的同志告诉我们，该村面积4.8平方公里，辖3个村民小组、302户、1016人。几年前还是一个贫困村，2017年全村人均纯收入达到了10500元，先后被评为“四川省乡村旅游示范村”，成功创建国家AAAA级乡村旅游景区。

长滩村发生的巨变，一方面得益于村里抓住了建设正直镇统筹城乡综合性示范镇的机遇，实现了从园区到景区、农村到社区、农民到股民的转变。另一方面也得益于该村以乡村治理为抓手，探索出的“一强四治”模式：即党建强村，创新设置长滩社区党委，构建“一核多元”综合治理体系；自治管村，实行六步工作法议事，议定了“十五要十五不要”的村规民约，通过“三议三公开”协商事务，依托农民夜校推进全民普法，普法经验在全省推广；德治立村，开办“乡村道德银行”，导入银行管理理念，将积分存入银行，采取共评共议的办法对村民言行进行量化计分，按月评议打分、按季度兑换生活必需品、分年度进行表扬鼓励；共治安村，通过实施“雪亮工程”强化技防，开展治安巡逻强化人防、规范网格管理加强联防。

治理体系的完善带动了产业发展，群众走上了脱贫增收之路。在七彩长滩青年农庄里，女老板辜彩云向调研组介绍说，农庄可以提供棋牌、品茗、餐饮、住宿、垂钓、农活体验等休闲娱乐活动，近到巴中，远到成都，每天都有游客来这里度假休闲，平时都有二十人左右，周末和节假日能有上百人，忙得不可开交，年收入有二三十万元，生活红红火火。

在长滩，我意外地发现有一个“晏阳初讲堂”。市委书记骄傲地告诉我，巴中是晏阳初先生的故里。晏阳初早期开展平民教育运动时，认为中国的大患是民众的“四大病”（贫、愚、弱、私），主张通过办平民学校，对民众首先是农民，先教识字，再实施生计、文艺、卫生和公民“四大教育”，培养知识力、生产力、强健力和团结力，以造就“新民”。他们的“晏阳初讲堂”继承了这一传统。一是以文艺教育治“愚”为主题，用自编自导自讲自演的“土话俗语”讲兴家立业“创业故事”，让群众听得懂、记得住、用得来。二是以生计教育治“贫”为主题，宣讲产村相融理念、宣传惠农政策、宣讲农村实用技术，转变传统生产观念，引导大家做新型现代农民。三是以卫生教育治“弱”为主题，以村容村貌整治、环境卫生整治为重点，努力改善家庭环境卫生，结合送医、送文化、送科技等活动，摒弃陈规陋习，改变落后不文明生活习惯。四是以公民教育治“私”为主题，开展“星级文明户”“孝星”“好媳妇”“致富能手”等评选表彰活动，讲感恩向善“美德故事”、崇德尚礼“礼仪故事”，帮助村民正确对待征地拆迁、邻里关系等问题，培育文明乡风。

在教学方式上，以“身边人讲身边事、身边人讲自己事、身边事教身边人”为基本形式，通过“我听、我看、我讲、我议、我选、我行”的模式以及“八个一”的基本流程（作一次反省，唱一首歌曲，看一部短片，听一个故事，诵一段经典，作一番感悟，观一处现场，学一点礼仪），群众喜闻乐见，寓教育于娱乐和活动之中。

离开长滩，到达80公里开外的巴州区化成镇，有个和长滩村名字类似的长滩河村。村里的第一书记是一位非常能干的小伙子。他向我们介绍时说到，2017年该村有158户村民借助扶贫政策，易地搬迁搬进了新居，整个长滩河村也一举摘掉了贫困村的帽子。在全村脱贫后的第一个春节，经过村红白理事会审议后，决定举行集体坝坝宴来庆祝。2月20日（正月初五）晚上，央视新闻频道特别节目《非常年夜饭》用半小时时间播出了这次坝坝宴盛况。在长滩河村，类似坝坝宴这种红白喜事，都要经过红白理事会审议，哪些酒宴可以办、怎么办、在哪里办，都要遵守红白理事会公约。三年来，村里兴办酒席量减少了60%，铺张浪费得到有效遏制，文明新风逐渐养成。红白理事会只是长滩河村“五会”之一。“五会”是指村里组建的集体资产管理协会、产业发展联合会、红白理事会、新居业主委员会、老年协会，通过“五会自治”模式，长滩河村形成了治理为发展、发展促治理的良好氛围。

随后，调研组来到化成镇金光小学蟒螳坝村村校（教学点），村校建于1953年，现有学生45人，其中小学生30人，1—4年级各设1个教学班；有幼儿园学生15人；有公办教师6人。调研组实地察看了学校教学楼及辅助用房、活动场地、图书室、实验室、食堂、伙房等基础设施建设。看到村小食堂的冰箱和食品留样等，很是欣慰。陪同考察的民进巴中主委曹华告诉我，巴中是山区，所以保留了大量村小。目前全市所有村校平均学生只有11人，10人以下村校还有860个，1人校131个。对此，巴中市采取了“一支、二派、三带”的模式，“一支”是上级学校派出优秀教师来村校支教，“二派”是选派中心校的教师到村校任教，选派中心校的音、体、美教师到村校流动教学；“三带”就是强校带弱校，中心校带村校，骨干教师带青年教师，努力提高村校的教学水平。当地还在优化教学点布局、改善基础设施建设、提升师资水平、保障教师待遇方面做了大量工作。

结束了一天的调研，已经是下午快6点了。在回城的路上，我们瞻仰了川陕苏区红军将帅碑林，参观了川陕革命根据地博物馆。除了感受和传承红军智勇坚定、排难创新、团结奋斗、不胜不休的精神外，当年川陕苏区苏维埃政府在极端困难的条件下，有效地开展社会治理，对今天完善社会治理体系也仍有着启发和教育意义。

晚上7点半，陪同蔡达峰主席会见民进巴中的班子成员。民进巴中建立于2007年，至今已经走过了10年路程。这个年轻的团队充满激情和诗意。150多位会员中能诗善文者很多。在我们下榻的房间里，摆放着他们纪念成立10周年的纪念图册和诗集《从故乡的小路出发》，很精美。民进会员们用诗歌记录自己的成长，讲述民进的故事，很特别。

晚上8点在酒店附近跑步45分钟左右。整理全天调研笔记。

晚上11点休息。

4月2日　星期一　巴中晴

早晨5点15分起床工作。整理调研照片和手记。

8点半出发去巴中市恩阳区观音井镇万寿村。9点左右到达。镇领导介绍说，该村面积3.2平方公里，辖7个村民小组、442户、1623人。2014年有贫困户84户、323人，贫困发生率25.09%，属建档立卡贫困村，2016年退出贫困村序列，2017年被省委省政府评为省级“四好村”。2018年1月，万寿养生谷成功创建国家AAAA级旅游风景区。该村能够在短期内脱贫致富的最重要的原因是充分发挥了联建党组织的作用。他们推行“1融2带3一体”模式，与观音庵村、凤仪村支部委员会联合共建了寿康党总支，在党总支的协调下，组建了老年干部协会，邀请退休的老村长、老教师等担任“五大员”参与基层治理。

村领导为我们介绍了他们化解基层矛盾的“众口调解法”。过去，万寿村治安案件多，邻里纠纷多，信访上访多。近年来，村调委会组织了由调解员、律师、当事人及其亲友、邻里、乡贤组建的“村民法庭”，通过就事释法、依法公论，彰显法治约束；通过乡贤评理、亲友监督，突出道德导向；全程公开，众口评议，体现民主自治，达到知法、气顺、事了的目的。“众口调解法”被表彰为2016年四川省矛盾纠纷多元化解优秀创新项目，形成的案例入选“第二届中国美丽乡村论坛暨第五届村镇论坛”“2017年农村基层治理十佳案例”。这一方法实施后，全村各类上访信访案例逐年减少，2017年全村已无一例上访信访案件。

在壮大村集体经济方面，该村率先在全区开展了农村集体资产股份合作制改革试点，探索出“一清二固三制四流程”的工作机制。一是盘活村集体塘堰等资源性资产，抓好村部闲置非经营性资产的经营。二是与巴中市三棵松农业科技有限公司组建万寿农机服务专业合作社，开展农机社会化服务。三是将资产收益扶贫试点等财政资金143.4万元投入到万寿养殖专业合作社，实行“三股一保底”的股权量化机制带动贫困户增收。四是利用省扶持集体经济发展试点资金100万元，租赁农村闲置房屋开办农家乐和合股打造民宿酒店，实现集体资产保值增值。2017年，该村实现集体经济人均收入53.67元。

我们参观了该村的“长寿馆”，这是一个讲述寿文化与本村村名的由来、村中老人的长寿故事的小型博物馆。调研组专家在一户农家与主人交流，仅仅是农家乐一项，每年就有近20万的毛收入。我半开玩笑地对镇领导说，你们专门挑最好的村给我们看。他告诉我，其实通过这些年的乡村讲述，这样的村已经不是个案。全镇所有村的村容村貌达到万寿村水平的至少有三分之一，收入达到万寿村水平的也有十分之一左右。

10点10分离开万寿村。10点半左右在恩阳区政府会议中心召开座谈会，听取巴中的干部群众代表关于乡村振兴战略实施的意见与建议。

巴中市委罗增斌书记简要介绍了巴中市市情和巴中市乡村治理的探索与实践。巴中市2000年撤地设市，下辖2区、3县、1个省级开发区，人口380万，面积1.23万平方公里，是秦巴山片区区域发展与扶贫攻坚规划中心城市。2017年，巴中市实现地区生产总值601.44亿元，城乡人均可支配收入分别达到28286元、10946元，主要经济指标增速连年位居全省前列。巴中作为革命老区、秦巴山区和集中连片贫困地区，所辖三县是国家级扶贫开发重点县，两区是省级扶贫开发重点县，虽然近年来年均10万余人脱贫，但目前仍然有贫困人口13.57万人，贫困发生率4.5%，均位居全省第3位。

作为晏阳初先生的家乡，近年来巴中市不断探索新时代推进乡村治理的有效方式，初步形成了“四议四调四评”为重点的乡村善治路子。所谓“四议”，就是以村民小组为基准，分别按照5—15户家庭计数，将群众划归为一个网格单元，每个网格单元经民主推选产生村民代表1人。每个村民小组选出1—3名代表，集中收集反映群众对于村集体经济项目实施、大额资金使用、特色产业发展、新居规划选址等村务重大决策事项的意见，坚持村民代表提议、村民小组商议、“两委”成员合议、村民大会决议，保证了村民的知情权、参与权和决策权，做实了村民自治。所谓“四调”，就是针对村民之间纷繁复杂的矛盾纠纷，按照大小、性质的不同，分别采取院户亲情调、理事村规调、村民众口调、司法权威调的方式，促进了乡村法治。所谓“四评”，就是通过评标杆正党风、评孝道树家风、评公德纯民风、评乡贤浓乡风，用榜样的力量和美德感召引领村民向善向上，提升了乡村德治。

调研组专家学者就外出务工人员和返乡创业人员比例的变化趋势、脱贫攻坚的经验做法对乡村振兴战略的借鉴作用、统筹资源的权限应下放到县区还是乡村、城镇到乡村半小时交通圈覆盖范围的农民比例、乡规村约的制定标准和权力边界等问题与当地干部群众进行了深入交流。

我在交流中最关注的问题是后脱贫攻坚时代怎么办。这次调研中无论是市委领导还是基层领导，都对脱贫攻坚的力度和成效高度评价，对乡村振兴战略高度拥护，但也表现出在后脱贫攻坚时期的人才与资金政策能否持续的忧虑。一位市领导告诉我们，现在每个村都有一个第一书记，每个贫困村都有一个扶贫工作组，这些人从原来的单位抽调出来，打短期攻坚战可以，打长期持久战就有困难，因为对原单位的工作也有很大的影响。而培养一支留得住、能战斗、带不走的乡村善治干部队伍，解决农村基层党员干部及村组干部普遍存在的年龄结构老化，专业化、知识化不足的问题，绝非一日之功。资金的问题也是如此。在调研中我们发现，凡是村集体经济发达的地方，乡村产业兴旺、生态宜居、乡风文明的程度就高，村级治理就心齐气足，反之就缺乏凝聚力。在脱贫攻坚的过程中，各项资金聚集乡村，各级财政甚至“寅吃卯粮”借债脱贫，但是这并不是可持续发展的办法，在乡村振兴的过程中，能否设立乡村振兴发展基金，撬动金融资本与社会资本更好地参与乡村振兴，也是一个很重要的课题。

最后，蔡达峰主席讲话。他说，在考察调研中看到巴中新农村建设的新面貌、脱贫攻坚带来的新成就，深受鼓舞。巴中广大干部群众表现出来的良好精神状态，自强自立、迎难而上的勇气以及积极探索发展经济、改善生活的智慧，带给我们很多触动。他指出，调研组对乡村治理的认识在学习和调研中也在不断深化。他强调，中共中央、国务院《关于实施乡村振兴战略的意见》内容十分丰富，但它毕竟是全面、长远的战略设计，不可能兼顾到每一个地区特定、当下的情况。乡村建设实际情况地区差异很大，想法和效果不一定统一，对地方来说，要结合自身实际情况和现有基础，考虑从什么方向去做效果更好。对民进调研来说，要了解到中央部署与当地实际相结合的情况，看到一些个案，也要从个案当中分析普遍的情况，总结宝贵的经验做法，既为中共中央决策提供民进的意见，也可以反馈给地方供参考。

座谈会结束已经是 12 点多了。简单吃完工作餐以后，下午 1 点左右乘车去成都。近 4 个小时的路程。4 点左右抵达金牛宾馆。

下午 5 点半，接受中央电视台的采访，就民进中央大调研的意义、主题、特点以及调研的成果如何报送与落实推进等介绍了相关情况。

6 点半，尹力省长陪同调研组一行餐叙，介绍四川省情。尹省长谈到了四川的“四、五、六”，即人口是全国第四，面积是全国第五，地区生产总值是全国第六。我插话说，四川其实有许多全国第一，如四川的文物藏品4455962件（套）是全国第一，四川的美食是全国第一，四川老百姓的幸福指数是全国第一。我们就调研中的一些问题也交换了意见。

晚上8点跑步。白天新华社记者鹿永健约我见面交流家庭教育的问题，正好他在四川巡视，也住在金牛宾馆，就约好一起跑步，边跑边聊。跑了45分钟左右。

晚上9点继续整理调研笔记。撰写调研手记。11点休息。

4月3日　星期二　成都晴

凌晨3点醒来。再睡。金牛宾馆的鸟儿特别多，昨天晚上跑步时闻花香，早晨则是听鸟语。早早的，鸟儿就把我们唤醒了。

5点起床。仍然是做早晨的功课：发微博，写日记，读书。

8点吃早餐。8点半陪同蔡达峰主席前往中科院光电技术研究所考察。一路非常顺利，原定40分钟的车程只用20多分钟就到了。民进中央副主席、四川省政协副主席、中科院成都分院院长张雨东是研究所的原院长，现在还兼任着光电所学术委员会的主任，在简要介绍了光电所近年的主要科研成果以后，他先后带领我们来到总装中心和先进光学研制中心厂房，现场了解光电所大口径望远镜等装备的研制情况。雨东主席骄傲地介绍说，光电所的两个国家发明一等奖，都是民进会员取得的。蔡主席对会员们在双岗建功方面取得的成绩给予了充分肯定。

离开光电所，我们一行来到民进四川省委会，参加学习贯彻“四新”要求的座谈会。到一个地方走访当地民进组织，是民进中央的老传统。而地方组织也利用这个机会展示自己组织建设、参政议政、社会服务等方面的成果。他们首先邀请蔡主席为四川省图书馆民进分馆的建成揭牌。这个分馆有3000余册图书和许多电子书籍，为民进机关和民进会员提供了阅读的便利。

在座谈会上，张雨东主委介绍了四川省委会的历史沿革、组织发展及近年工作情况，成都市政协副主席杨建德、四川大学副校长许唯临、绵阳市政协副主席李京平、四川公生明律师事务所副主任张富明、电子科技大学总支主委陈绍刚、金堂县政协副主席张立诚等6位会员代表分别结合学习贯彻中共十九大精神和“四新”要求，就参政议政、双岗建功、机关工作、高校“双一流”建设、脱贫攻坚民主监督、乡村振兴、基础教育发展等方面工作交流了心得体会，发言中洋溢着对民进组织的深厚感情，也对基层组织建设等工作提出了意见和建议。蔡达峰主席在最后的讲话中鼓励大家在本职岗位和会务工作中双岗建功，两者兼顾，相互促进，遵循党派的工作特点和规律，以新面貌走进新时代，踏上新征程，做出新贡献。

中午1点，新教育研究院院长李镇西博士来访，交流新教育网络师范学院的相关工作。镇西近年在四川地区推广新教育，成效明显。他告诉我，现在广元等地不少学校希望加盟新教育实验。

下午2点半，在金牛宾馆的会议中心举行“推动实施乡村振兴战略”重点考察调研座谈会。中共四川省委副书记、省长尹力为调研组一行简要介绍了四川推动实施乡村振兴战略和推进乡村治理的基本情况。四川是农业大省，全省8262万常住人口中，农村人口有4073万人。2017年底，全省农民工总量为2162万人。2018年1月，中共四川省委召开农村会议，对出台实施乡村振兴战略的意见进行了总体谋划。通过加强农村基层党组织建设，夯实基层群众自治基础，提高农村法治水平，提升农村德治水平，有效推进了乡村治理。2018年，四川将抓紧编制全省总体规划，细化制定支持乡村振兴的具体政策措施，谋划启动一批重大项目工程，切实推动乡村振兴战略在四川落地落细落实。尹力省长也谈到了四川在乡村治理方面面临的一些新情况。如大量年轻人外出，导致农村空心化、家庭空巢化比较严重，农村“三留守”问题突出，村干部选贤任能比较困难。农村“老龄化”趋势影响到传统文化传承，年轻一代对家乡文化的认同、故土情结逐步减弱，乡村传统民间技艺因传承人青黄不接的困难导致薪火失传等。

最后，尹力省长结合四川实施乡村振兴战略和乡村治理的实际情况提出了四条建议。一是进一步加大对西部地区实施乡村振兴战略的支持力度；二是在国家层面加强资金资源整合、统筹督察评估工作；三是加强对农村优秀传统文化的保护；四是加强乡村治理信息数据规范化的建设。现在有关乡村治理的信息分散在公安、卫计、民政等多个部门，未能实现共建共享，需要国家层面制定数据规范，加强业务指导，打破信息壁垒，促进信息互联互通。

受蔡达峰委托，我代表民进中央调研组就四川大调研的基本情况、总体感受以及关于乡村治理的初步思考反馈了情况。我在发言中说，对这次大调研最深刻的感受就是四川的干部群众有动力、有信心、有探索、有实践。在乡村治理方面，四川进行了极为丰富的治理模式的探索，仅我们在调研中看到的就有“一会六员”模式、“一核三治”模式、“一办四中心”模式、“一加七”模式、“一强四治”模式、“五会自治”模式等。这些好做法、好经验为我国全面深入推进乡村振兴提供了具有重要价值的样本。特别是在发挥党组织的领导核心作用、自治、法治、德治、壮大集体经济等方面，给调研组留下了深刻的印象。如按照地域相邻、产业相近、经济相通、治理相融的原则，打破一村一支部的传统组织架构，采取以强带弱、村企合作等形式，以建立联合党总支为切入点加强农村基层党组织建设，推动了党组织有形有效覆盖。采取村民议事会、民情恳谈会等民主协商平台，拓展了村民民主权利的实现渠道。

推行维稳、综治、信访、法治、民生“五位一体”网格化服务管理模式，通过巡回法庭进乡村，解决了群众打官司难、维权难的问题，增强了群众的法治意识。建立晏阳初大讲堂、农民夜校、农家书屋，发挥乡贤示范带动作用，引导群众向上向善。成立村生产服务型合作社、收回长期抛荒的承包地（丘陵地带抛荒地很多）由集体收回耕种、把财政对涉农设施的投入转化为集体资产等，希望这些创新实践可以在实施乡村振兴战略中得到进一步总结推广。

我也代表调研组提出了关于乡村治理的一些初步的思考，如，作为乡村振兴的基础，乡村治理体系建设要先推进、早推进；加强乡镇政权建设；提高基层社会治理能力；积极推动村级集体经济发展；充分发挥乡村教育的支撑作用；深入研究脱贫攻坚中的经验做法对实施乡村振兴战略的可借鉴性；乡村治理中的德治有效方式和资本下乡等“两难”问题。

关于乡村治理体系建设要先推进、早推进的问题，我提出有效的治理体系和治理办法，是实现其他目标的保障，人的问题、权力的安排问题、组织机构的设置问题、利益的分配问题，如此之多的社会行为都要依靠治理体系，否则国家的政策和乡村振兴的目标就无法有效落实。

关于脱贫攻坚中的经验做法对实施乡村振兴战略的可借鉴性问题，我提出，问题的关键是人才和资金支持的可持续性发展问题。当前这两项任务处于重叠期，有第一书记和扶贫工作队，有专项资金和各种工程，但从长远看，还是要培养乡村本土人才，还要探索能否让城里优秀的退休人才来乡村服务等问题。资金的问题也是如此。

农业农村部农村经济体制与经营管理司巡视员冀名峰，民进中央文化艺术委员会主任、河北省文化厅厅长张妹芝，民进中央经济委员会主任、清华大学政治经济学研究中心主任蔡继明，民进中央参政议政特邀研究员、中国社科院农村发展研究所研究员党国英，四川省政府参事、省教育厅原巡视员王康等调研组成员就新型城镇化建设与乡村振兴战略之间的关系、文化在乡村振兴战略中的重要地位、跨行政区域发展农村合作社、乡村振兴战略对人才的需求等问题发表意见、提出建议。其中，蔡达峰主席在讲话中高度评价了四川在积极推进乡村治理体系建设、探索实施乡村振兴战略工作中取得的经验成果。他说，调研中四川广大干部群众展现出的积极向上、奋发有为的精神面貌，给调研组留下了深刻印象，这是乡村振兴最充分的动力。他强调，要深入理解乡村振兴的重大意义和现实必要性。中国特色社会主义的内在要求就是共同富裕，很长时间以来，城乡之间存在着较大的差距，没有强大的振兴计划，落后的地区就无法跟上现代化的步伐。实现社会主义建设总目标，全面建成小康社会，就要弥补过去对农村发展的欠账，实现城乡的协调发展。要高度重视乡村振兴规划，从宏观上准确把握、统筹资源，切实将统筹推进“五位一体”总体布局融入乡村振兴战略实施过程中。在乡村治理中要深入理解乡村治理体系的性质、目标和任务，紧密结合实际，充分调动各方力量，共同发挥作用，及时总结经验，着力构建因地制宜的乡村治理体系，像总书记要求的那样，“扎扎实实把乡村振兴战略实施好”。

下午 5 点半左右座谈会结束。简单吃完晚餐以后，6 点 10 分赶往成都双流国际机场。四川省委彭清华书记在机场与蔡主席一行举行了一场“既是欢迎也是送别”的见面会。

晚上 7 点半乘坐国航飞机回北京，历时五天的大调研结束了。但是对于乡村治理问题的探索和思考才刚刚开始。

调研报告（摘要）

在四川的调研结束之后，我又陪同刘新成常务副主席去湖南调研，我本人带队去河北进行了补充调研。整个2018年度重点考察调研，我先后赴四川、湖南、河北3省的9个乡镇和14个村，实地考察了乡村治理的组织运行，并结合民进的界别优势，考察了乡村教育服务和文化服务情况。与此同时，民进中央专门委员会和民进省级组织在9省开展了同步调研。最后于2018年8月形成了给中共中央、国务院的建议书，围绕“乡村治理体系和治理能力”提出了我们的意见与建议。

在加强乡村治理体系建设方面，我们提出了增进基本共识、加强任务管理和完善组织系统的建议。在提高乡村治理能力方面，我们重点分析了农业农村发展难和公共服务难度大两个问题。

在农业农村发展难方面，村民务农收入低、增收难度大、务农积极性不高是乡村治理中的源头性难题；村民增收主要靠务工、就业创业、进城自谋发展，村民与乡村的依存关系发生了深刻变化；乡村新业态正在兴起，利用本地资源在市场中开辟增收新途径，但起步阶段收益不稳定，还要经受市场、经营、政策多方面考验，本身的治理难度很大，服务功能微弱。总体上说，乡村经济水平直接制约了民生改善，乡村治理必须围绕经济发展提高能力。为此提出了两个方面的建议：

首先，乡村要主动作为。发展经济是全体村民的任务，乡村党组织要带领村民发扬自力更生精神，提高自主发展能力。一是加强劳动服务，反映和帮助村民克服务农和务工中的困难，组织和引导村民争取外部帮助，增进外出务工创业者的乡情，增强家乡的亲和力。二是加强经济管理，对涉及村民利益的重大事项决策，要遵守法律法规和政策，坚持平等、公正、民主的原则，充分协商，审慎决策，保障村民合法权益，严密防止侵占村民利益的行为，增强乡村的凝聚力。

其次，各方要积极支持。发展乡村经济是国家的重大任务，各方要各尽其职、各尽所能，践行共同发展理念，体现制度优越性。一是坚持全面支援。针对村民务农和务工、村民经营和集体经济活动的实际需要，从政策、资金、技术和人才等方面，提供更加精准的帮扶和资助。二是促进乡村经济自主发展。明确各种帮扶活动的性质，公益性活动不附带利益回报的要求，经营性活动要明确权益关系。行政对乡村经济事务的管理，既要严格规范，又要细心指导，鼓励乡村因地制宜，自力更生。对集体经济、金融扶贫等乡村经济建设中的重大事项，要及时总结经验，完善法律法规，促进健康发展。

在公共服务难度大方面，青壮年村民进城，带走了教育、文化、医疗等服务需求，削弱了乡村服务的力量；老弱病残幼留守者的集中，使服务需求更加刚性和多样，难度加大；乡村公共服务开支基本来自财政转移支付，服务项目和标准统一，保障水平较低；乡村的任务主要是落实服务项目，协调统一规定和实际需要的矛盾，如，用一个学校收纳小学、初中以及幼儿园学生入学甚至寄宿，安排村民当代课教师等；市场化服务应运而生，有些乡村出现了社会服务机构，为村民提供机会，有些还颇受欢迎。总体上说，乡村公共服务水平还不适应民生改善的需求，必须提高服务能力。

首先，乡村要主动作为。乡村是村民生活共同体，乡村治理要以服务为本，寓管理于服务，建设温馨家园。一是增进村民互助。在服务力量缺乏的情况下，村民更应该组织起来，守望相助，出力出资，开展互助，抵御突发风险。二是争取广泛帮助。根据村民对农技、教育、医疗、法律等的服务需求，通过各种社会关系，与公益性组织和专业人士建立长期联系和友谊，争取指导和帮助，联合举办服务机构，提升自身的服务能力。

其次，各方要积极援助。公共服务面向全社会，要体现公平友爱互助的精神，提高村民的获得感，促进社会和谐。一是坚持均等化方向。各级政府要加大对乡村公共服务的投入，缩小城乡差距。创新服务机制和格局，面向社会，购买和资助服务，汇集资源和力量，提升服务效能。二是适应乡村特点。公共服务面向城乡社会，既要有统一标准，也要符合乡村实际。服务内容要注重体现乡村社会和环境特色，培育乡情，保护文化遗产和自然资源，形成服务特色，增强乡村优势。鼓励乡村充分用好服务资源，统筹建设教育、文化、卫生、社区工作、宣传、党团组织等服务项目，统筹配置各类服务内容、力量、资源和设施。三是帮助乡村困难人群。针对农村留守老人、留守妇女、留守儿童的服务需求，在公共服务体系建设中专门做出安排。

（调研报告的内容参考了民进中央的建议书）

乡村治理要重视教育文化问题[①]

4月24日至4月26日，我陪同民进中央刘新成常务副主席一行深入衡阳市的衡阳县、衡山县开展调研。调研组实地考察了“一市两县四乡镇九个项目点”，包括衡阳县演陂镇的演陂中学、镇文化中心，西渡镇的陡岭教学点、梅花村文化室；衡山县福田铺乡的白云学校、白云村文化活动中心，县职业中专，开云镇的山竹村综合文化活动中心、开云镇中学，并到村民家开展入户访谈。调研期间召开了一次调研预备会、两次乡村座谈会、一次调研座谈会。以下是我的调研手记和调研报告的部分内容。

调研手记

4月24日　星期二　衡阳晴

早晨6点20分起床。发微博8则。

8点用早餐。8点半前往衡阳县演陂中学。演陂中学创办于1958年，现有10个教学班，学生610人；教职工44人，其中本科学历41人。看得出，学校为这次调研做了不少准备，道路

① 湖南衡阳调研手记。

也是新修的。学生们正在表演《示子侄》的韵律操。讲解的老师介绍说，学校是想通过这一作品的传播，在使学生感受国学魅力的同时，潜移默化地引导他们树立正确的人生观、价值观、世界观。

留守儿童在衡阳比较普遍，演陂中学就有100多名。在学校的留守儿童之家，调研组看到，这里配备有网络视频和电话，方便留守儿童与身在异乡的父母交流亲情，同时学校还配备有心理咨询室和专门的心理辅导教师，对留守儿童进行情绪疏导和心理关怀。在这里打网络电话的初三年级的曹青同学，父母在广东打工，一年只能回来两次，曹青吃住都在学校，周末回十几里外的爷爷奶奶家。刘新成关切地询问她学习和生活情况，鼓励她好好学习，早日成才。

10点到达演陂镇综合文化站。文化站有图书阅览室、活动辅导室、多功能厅和工作室等。文化站站长刘红叶介绍，该站目前共有工作人员4人，每年在镇里举办各类文体活动30余场，培训文艺骨干120余人，深受群众欢迎。尽管群众积极性很高，但专业人才的匮乏和设备设施的欠缺，也让刘红叶在开展工作中受到了很多制约。这里，文化站的农家书屋图书品质要比学校的好，更适合学生阅读。

11点左右回林隐酒店休息。

下午2点半出发，去西渡镇陡岭小学调研。校长是镇上的中心学校下派的。他介绍说，目前有6个教学班，在校学生121人，学生主要来源于陡岭村，现有教师9人。2010年时，因生源、师资不足，学校一度成为西渡镇咸水学校教学点，只剩下1名教师和30名学生。2014年，学校投入300多万元创建义务教育合格学校，配置了食堂、仪器室、图书室、电脑室等功能室，硬件有了根本性改善。镇上的对口学校派来了5名全职教师和3名支教的走教教师，所以一下子回来了80多名学生。

我们在调研中发现，农村学校办得好，需要在硬件和软件方面同时下功夫。目前该校师资配备严重不足，教师专业结构也极不平衡。该校应配备教师13名左右，但因办学条件差，学生人数少，导致原有教师留不住，公办教师不愿来，目前学校的9名教师中，包括校长在内的8名都是支教老师。调研组深深感受到，师资是乡村教育发展的最大短板，如何让教师下得来、留得住、教得好，是摆在大家面前需要深入思考的问题。

在陡岭小学，校长也谈到了留守学生的问题。他介绍说，不少学生父母在外打工，基本上都是由爷爷奶奶隔代管教，造成学生在性格、情感、学习兴趣等方面差异较大，甚至出现“5+2=0”的怪现象（即学校5天的正面教育抵不过2天周末家庭的负面影响）。许多学生周末回家以后由于无人管教，经常通宵达旦地看电视、玩手机，周一到校以后就昏昏沉沉的，要到周三才能调整过来，但是周五回去又如此循环。

下午3点半左右，我们来到西渡镇梅花村的文化室。这里村级文化设施基本齐全，建起了农家书屋、广播室、阅览室、视频室、培训室，配备了投影仪、音响、电视机、广播、乐器、体育器材，建设了3个文化广场，文艺汇演、广场舞、球类比赛、节日舞龙舞狮等文化活动开展得有声有色。村支书刘准是返乡创业的青年，头脑灵活，也是种粮大户。湖南农业大学的研究生长期在这里做帮助工作。

下午4点，我们借梅花村村部会议室举行座谈会，听衡阳县乡镇、村、学校、文化中心等有关同志介绍情况。

西渡镇党委书记胡胜利对农村学校难以留住教师这一现象十分忧虑，他介绍说，现在年轻的教师去农村学校待上一两年就心浮气躁，都想往城里跑。很多农村学校路途遥远、交通不便，住宿条件差，生活不方便。晚上上厕所都要跑很远，谈对象也不容易。他建议，进一步改善薄弱学校基本办学条件和农村教师居住条件，实行本土化教师招考，完善农村教师激励机制，县镇统筹调配教师资源，来改变现状。

冯正华是西渡村土生土长的村民，他对村里的红白喜事存在“好摆脸”（相互攀比、死要面子）现象进行了批评。近年来，村里成立了红白理事会，推行移风易俗，取得了一定成效，但离乡风文明创建的标准还有很大差距。他建议，要注重宣传引导，加强思想道德教育，开展道德评比评选活动，增强村民的荣誉感和责任感。

西渡镇学区主任陈卫华介绍的学区制度引起了调研组的浓厚兴趣。由于传统的乡镇通过中心校管理其他村校的制度存在着很多弊端，衡阳市先行一步，在乡镇（园区）建立了学区教育督导责任区，作为教育局的二级机构，履行乡镇教育督导职责，构建党、政、督三位一体的乡镇教育管理新模式，此项改革曾经被教育部作为先进经验予以宣传推介。

该镇的文化站站长邹德坤就农村教育与文化资源的整合问题提出了建议。她提出，现在农村老百姓对文化的需求非常强烈，但是资源分散情况比较严重，条条分割，村支部建在学校，学校就是不合格的学校，村支部也是不合格的支部，农家书屋为什么不能够建在学校？学生 3 点半放学，跑到农家书屋很麻烦，如果留在学校读书，就很方便。座谈会上，调研组成员还就学校男女教师比例，社区、乡村与学校之间的关系，如何充分发挥市县级的专业文化院团、农村基层党组织、群众性文化社团和文化能人在文化活动中的作用，提升村民对公共文化服务的参与度和满意度等问题，与衡阳市教育、文化一线的有关同志进行了深入交流。

刘新成常务副主席在座谈会上充分肯定了衡阳市经济社会发展和农村教育、文化工作中取得的成绩。他指出，在调研中感受到衡阳发展的日新月异，深受鼓舞。特别是衡阳市广大干部群众对教育、文化的发展充满热情和期盼，这是推进乡村振兴、建设新的乡风文明的基础。通过调研也发现了农村教育工作和文化生活中存在的一些缺陷与不足之处，需要我们一起去努力改变。对考察和座谈中了解到的问题、意见和建议，调研组将认真加以记录、梳理、分析，以期在国家实施乡村振兴战略的过程中，对乡村教育文化的改革和发展提出务实管用的对策与建议。

座谈会开得非常热烈，近 6 点才结束。

晚上完成《新京报》的约稿。开始写《人民日报》的约稿。

晚上 11 点休息。

4 月 25 日　星期三　衡阳阴雨

早晨 5 点起床。发微博 7 则。微博访问量有 15 万左右。

8 点吃早餐。8 点半出发前往衡山县福田铺乡白云学校调研。白云学校西靠衡山紫盖峰，秀峰送青，花草葱茏，环境十分优美。学校共有在校生 747 人，教职工 47 人。一进校门，一群在绿茵场上上足球课的女孩子引起了调研组的注意。她们穿着整齐的队服，英姿飒爽，脚下技术颇为熟练，传切配合也很有章法，脸上洋溢着踢球的快乐。学校开展了篮球、羽毛球、舞蹈、音乐等多种多样的文体活动，满足学生的兴趣爱好，培养特长。白云学校还准备新建足球小学，目前已基本完成征地协商工作。

白云学校的留守儿童有500多人，为了帮助他们疏导不良情绪，树立自信心，学会感恩父母、感恩社会，学校在2015年建立了衡阳农村学校中唯一的农村留守儿童心理健康辅导中心（知心屋），配备有2名持有心理咨询师证书的心理辅导教师。调研组在这里了解到，三年来，辅导中心已经为300余名学生进行了心理测评，帮助20多个孩子恢复了心理健康。陈润希同学自小父母双亡，性格孤僻，脾气暴躁，经过几年的心理干预和辅导，他逐渐成长为一个阳光活泼的男孩，毕业会考时考取了理想的学校。

上午10点左右到达衡山县福田铺乡白云村文化活动中心。在这里遇见了担任第一书记的耶鲁学子秦玥飞，他是感动中国年度人物，也是黑土麦田基金会的创始人。我问他，中国乡村最缺少的是什么？他说是人才。人才哪里来？他说，耶鲁、哈佛的学生其实最想去的就是最艰苦的基层，每年60%的学生报名，但是只有最优秀的学生才有机会。关键是能够为他们创造良好的工作条件和成长的空间。

当地的皮影戏是非物质文化遗产，是老百姓业余时间最喜欢的娱乐活动。但是也只能一个月安排一两场，人才老龄化严重，最小的55岁，最大的已经76岁了。我到后台看，果然都是老人。

在白云村陪同刘新成常务副主席走访了两户人家。

在70岁的宾宏达家，刘新成和宾宏达老两口儿拉起了家常："子女不在身边孤单不？平时有哪些娱乐活动？聚会打牌还是看电视？村里能不能看到本地的传统戏曲？身体不好去哪家医院？重孙子上哪儿的幼儿园？"一个个看似不经意的问题，却是对当地教育、文化活动开展情况的精准研判。在村民王文军家里，当了解到他这几年在外创业挣了钱，最近刚刚返乡，正在考察当地的文化旅游项目时，刘新成鼓励他在家乡创业，造福群众。

上午11点左右去衡山县职业中专。学校有2400名学生。新建的汽车教学车间投资1200余万元。校长反映几部委联合发的文件规定中专学校教学实习只能安排半年，从过去的2加1变成2.5加0.5，给组织教学带来很大的不便。学校的办学经费也严重不足。

中午12点抵达衡山神龙盈佳酒店吃午餐、休息。

下午2点半乘车前往衡山县开云镇山竹村综合文化中心调研。中心一年的经费5万元左右，工作人员反映专业指导力量不足，培训机会太少。

下午3点半左右到达开云镇中学。这是一个九年一贯制学校。学校有一个塑胶跑道的操场。学生们正在上艺术课外活动的课程，教室普遍很小，参加活动的人数也比较少，每个班级10人左右。活动的内容有折纸、腰鼓、书法、美术等，为什么不把皮影作为校本课程？

下午4点左右，在开云镇中心学校会议室举行座谈会。调研组一行与衡山县有关乡镇、村、学校、文化中心等有关同志进行交流。

“基层职业教育真难做，专业老师真难找，‘两年半教学+半年实习’的学制真麻烦，年青一代不懂农、不爱农真让人着急。”衡山县职业中专校长汪维扬用“四个真”来表达基层职业教育所面临的困难。他希望，国家能够提高拨付的每生每年2400元经费标准，职业教育的补贴应该有城乡的差异，不能够一刀切。对于财政困难的县，应该加大补贴力度。

开云镇山竹村支书肖楚玉指出，5年以前，农村基本无文化可言。近年来，随着经济水平的提高、文化程度的变化以及受返乡人员带来的新的文化观念影响，村民对文化生活水平的追求正在逐渐提高，农民也要看书、跳舞了。而现有的文化事业无论是投入上还是模式上都已无法满足村民日益增长的需求。他希望能把城乡文化一体化发展纳入经济社会发展规划，使文化能够匹配村民的需求。如农家书屋就非常缺少老年人身体保健的书和有关养殖业、种植业的图书，农民文化活动要上层次也没有人来指导等问题。

座谈会开到5点40分左右。回到驻地吃完工作晚餐以后，晚上7点半参加民进衡山总支与岳云总支的联合支部活动。衡阳市政协副主席、民进衡阳市委会主委陈淼汇报了衡阳民进概况及履职情况。衡阳民进1983年7月成立，目前有会员505人，区工委4个，总支2个，支部25个。近两年来，全面推进自身建设，先后有7个基层组织获得民进全国、省级先进基层组织荣誉称号；完成调研课题28项并转化为提案、建议或在政协大会发言，提交集体提案41件；对口祁东县开展民主监督工作，取得阶段性成效；社会服务形成了教育帮扶、法律服务、文化惠民三大特色品牌。南岳区教育局局长、民进衡山总支主委左传益，岳云中学副校长陈佑民，衡阳市十五中教师、民进市十五中支部主委唐红旗，湖南居安律师事务所合伙人、民进衡阳市法律支部副主委江辉，衡山县司法局局长、民进南岳总支主委沈雁中5名民进基层代表结合自身工作，就新时代加强基层组织建设、更好地履行民主党派职责做了发言，并提出了意见和建议。

最后常务副主席刘新成讲话。他首先感谢中共衡阳市委主要领导出席这次座谈会，感谢中共衡阳市委和各级党组织对民进地方组织的支持与帮助，特别是在衡阳民进建立民进全国会史教育岳云基地的过程中倾力支持。他指出，作为参政党，要从战略高度上认识习近平总书记在今年两会期间提出的坚持、维护、完善新型政党制度的重大意义。在国际格局中，西方一直在遏制中国的复兴之路，他们害怕中国的繁荣，害怕中国模式的成功。这是因为按照西方的逻辑，“没有民主就没有现代化，中国没有民主，所以中国不可能现代化”。如果中国的现代化成功了，就表明中国不但有民主，而且有不同于西方模式、同样能够带来现代化的民主，西方世界的价值支撑就会坍塌，霸权地位就会动摇。这就要求新型政党制度不能仅有政治框架，还要充分发挥作用。作为参政党，当前最迫切的任务就是要提升多党合作制度的效能，提升履职能力。

刘新成主席特别强调了如何发挥更多普通会员作用的问题。他指出，近年来，民进地方组织的履职能力有所提高，但是履职能力更多地体现在部分“精英”会员身上。民进有16万多名会员，基层组织从委员会一直到总支、支部。在中国特色社会主义建设发展中出现的问题和矛盾很多都发生在基层，需要基层参政党和成员发挥智慧，出主意，想办法，不能仅仅局限于少数会员发挥效能，而是需要全体会员的贡献。民进部分基层组织活力不足，主要是因为会员在活动中缺乏获得感。这种获得感不是物质上的收获，而是参加组织活动能够实现自己的愿望、表达自己的意见，为社会治理的完善贡献自己的力量，这是一个参政党成员最大的获得感。现在基层的组织生活，给会员的这种获得感很少，需要我们在加强基层组织建设的同时，提升全体会员的能力，把提升基层组织和发挥党派效能结合起来。相信在大家的努力下，一定能开创新的局面。

晚上电话沟通讨论阅读所等工作1小时。11点半休息。

4月26日　星期四　衡阳阴雨　长沙晴

早晨6点起床。发微博8则。

上午8点半参加民进中央乡村教育文化发展调研座谈会。衡阳市政府和相关部门汇报介绍相关情况。专家组交流发言。最后常务副主席刘新成讲话。

上午11点去岳云中学。这是何炳麟先生创办的学校。他也是湖南民进的重要创始人。现在在学校内部建立会史教育基地。

中午12点半出发去南岳。在半山腰调研何炳麟的省心山庄和墓地。建议结合民进的“长寿党”概念和文化名人等，整体谋划山庄与墓地的设计。

1点45分回到酒店休息。2点半出发去衡山西站。3点半左右到达长沙。4点到达九所宾馆。

5点50分省政府许达哲省长、政协李薇薇主席、统战部黄兰香部长等会见刘新成一行，我介绍民进中央脱贫攻坚民主监督年度计划。

6点半工作晚餐。

7点半刘新成主席会见湖南省会会班子。

8点半陪同刘主席跑步半小时。

今天《人民日报》发表《阅读成就美好生活》。明天一早飞回北京。

晚上11点休息。

调研报告（部分）

调研组认为，在乡村文化教育治理方面，衡阳市进行了多种治理模式探索，在探索推进乡镇教育管理体制改革，加大实施校长、教师交流轮岗工作，实行校对校帮扶，关爱留守儿童，注重发挥乡村多元治理主体的作用，整合文化资源，发挥文化站的综合作用，推进乡风文明建设等方面做了许多富有成效的探索，积累了一些很好的经验。

调研组也发现，目前乡村教育文化发展中还存在一些治理不善的问题。在教育方面，乡村教育向城市集中，加剧了乡村空心化和乡村分化。乡村学校脱离乡村社区、脱离家庭、脱离自然，特色萎缩、去农化明显、质量不高，间接地制约了乡村人力资源开发，加剧了农村的阶层分化和固化。

在文化方面，文化供给与需求脱节，各级各类公共文化服务资源（财政资金、设施建设项目和重大文化惠民工程）分散在文广新、工青妇、教科体等十数个单位和部门，且建设标准不一、内容交叉重复，地方文化部门协调统筹与整合困难重重，投入不足与资源闲置并存的矛盾突出。自上而下的“项目”配套资金不能由地方因地制宜改作其他公共文化活动资金；在“送文化”的过程中有意无意地忽视“种文化”，没有形成支持乡村乡土文化能人、带头人的扶持支撑政策；未能自觉地根据地域风俗、文化特点和人群的差异来灵活开展文化活动，文化活动没有扎根乡村实际；对于留守乡村的老年人、妇女、儿童如何组织开展文化活动还没有很好地探索。基层文化服务队伍数量不足，质量不高，衡阳县 700 名乡镇综合文化站干部中兼职的达 76%，年龄 35 岁以下占比不足 50%，转岗、指令性安置人员超过 80%，大学文化比例不足 5%。

针对上述问题，调研组提出了一些具体建议：

一是乡村教育文化发展要走“以城带乡”“一体化发展”之路。用城镇教育文化资源来反哺乡村教育文化发展，用一体化发展思路来创新体制机制、完善治理体系。

二是要打破部门壁垒，建立以乡村学校为中心的教育文化综合服务体系。在乡村学校的新建、改建和扩建过程中，应将村医疗室、文体设施、体育设施等同步规划、集中建设，经费由各负责部门按原有渠道予以筹集，在使用上与乡村学校建设资金共享，人员使用与教师队伍建设相互融通。如，乡村医疗服务人员可以兼任农村学校的校医，科技人员可以兼任农村学校的科技辅导员或者素质拓展教师，而学校的音乐、体育老师可以兼任农村的文化干部。

三是加强乡村教师和文化人才队伍建设。要有计划地培养、培训一批本土教师，强化教师的地域认同、文化认同与身份认同。鼓励创新用人机制，借助人才派遣、委托管理、服务外包、大力发展志愿者文化解决公共文化服务人员专业化不强的问题，同时探索将文化服务人员与“农村教师特岗”“大学生村官”“农技特岗”等农村基层人才计划相结合，鼓励“新乡贤”还乡，不仅要有致富带头人，更要有乡村文明带头人。

（调研报告的内容参考了民进中央的建议书）

乡村文化振兴要和区域发展相协调[①]

2018 年 5 月 2 日—4 日，我带领民进中央调研组一行赴河北正定、井陉两地进行专题调研。

这次调研是“两场小麦一起打”。一方面是针对今年的大调研进行“后调研”，为形成调研主报告提供素材，另一方面由于“历史文化名城名镇保护”是 2018 年全国政协“双周”协商座谈会的议题之一，民进作为文化主界别的参政党不能够缺席，年初就纳入了会中央的年度重点调研课题，确定赴河北省开展实地调研，与此同时委托江苏、陕西、宁夏等民进省级组织同步开展自主调研。

调研组成员阵容很强，包括河北省文化厅厅长、民进河北省委会副主委、民进中央文化艺术委员会主任张妹芝，民进中央文化艺术委员会副主任、中国社会科学院世界历史研究所研究员俞金尧，民进中央文化艺术委员会委员、CCTV－7 栏目制片人屈哲和民进中央参政议政特邀专家、冯骥才文化艺术基金会负责人冯宽等专家，以及民进中央参政议政部陈鸣部长和相关人员。

① 河北正定县、井陉县调研手记。

调研组重点考察了正定县塔元庄村、井陉县于家石头村、吕家村，实地考察了正定县隆兴寺、开元寺、广惠寺、古城墙等古建，文化旅游影视基地荣国府及井陉县古村落吕家村和于家石头村，文化旅游融合发展典型、国家重点文物保护单位福庆寺所在地苍岩山等地；在石家庄市召开座谈会，听取河北省住房和城乡建设厅、旅游发展委员会、文化厅、文物局、农业厅、民政厅、财政厅、河北省社会科学院等有关方面及正定、井陉、曲周、乐亭等县的情况介绍，就乡村治理中的文化问题和历史文化古城古镇保护和发展进行深入交流。

以下是我的调研手记与调研报告的摘要。

调研手记

5月2日　星期三　苏州晴　石家庄晴

五一节回苏州休假。因为今天要去河北调研，便早早地醒来。

早晨4点45分起床。发微博，写晨诵5篇。

上午8点15分出发去虹桥机场。司机送错地点，送到了高铁站。跑了很长的路到机场。乘坐11点05分航班飞石家庄。中午12点半左右到达。没有来得及吃饭，下午2点就从机场出发直接去塔元庄村。

2点40分左右到达河北正定塔元庄村调研。塔元庄村距离正定县城3里多，紧邻石家庄市区，是一个“明星村”，与习近平总书记有着30多年的深厚情缘。在村史馆有一副对联——“须思官场吃喝一席宴，必耗民间劳苦半年粮”。据说总书记把这副对联读了好几遍。

走进塔元庄，给人的感觉这已经不是一个农村，而是一个现代的城镇。通过落实习近平总书记“农业做成产业化、养老做成市场化、旅游做成规范化”的指示精神，这里已经建成了一个现代化的小康村。

调研中了解到，该村一手抓经济发展、环境改善的同时，一手抓文化建设。村级集体资产年年大幅度增加，先后建立了综合性文化服务中心（农家书屋）、健身活动室、教育教学点、儿童之家等活动场所的社区综合服务设施，正在建礼堂（剧院），文化设施一应俱全，还有青年人创业的民营剧团（河北梆子），村民自发成立的军乐队等，平时村民的文化活动主要有广场舞、看电影、唱戏看戏等。每三年全村组织一次1200人左右的全家福拍照活动，连续四年开展好妯娌、好婆媳评选活动。为杜绝婚丧嫁娶铺张浪费、互相攀比、燃放鞭炮等现象，村里成立红白喜事理事会，定制度规范，出台奖励措施，有效地遏制了不良风气。村上无论家境贫富，住房标准相同。分房选房，村干部一律最后选。

村书记说，村里的文化底子较薄，最近几年只有两个孩子考取大学，所以准备把村里的学校建好。村里重视教育的一个重要举措就是孩子上学（包括大学）全部免费，为此村集体出资重新修建了学校。调研组走访了李爱女（66岁）、郝凤珍（53岁）两户人家，生活条件很好，两人年纪虽大，但均为军乐队成员，自学了萨克斯、大号，文化生活很丰富。我问他们不识乐谱怎么办，他们的回答是“硬学”。

晚上参观正定县市容市貌。政府门前的500年古槐在灯光下更有幽深的历史感。城市到处是“自在正定”的广告。陪同的工作人员介绍说，正定县已经将机关企事业单位停车场、场院等空间适度让渡给游客，全县所有公共停车场、卫生间、休息区等全部免费开放，有效打破古城旅游空间不足的瓶颈，增强了旅游发展能力。正定县“九楼四塔八大寺，二十四座金牌坊”的古建景点中，仅荣国府和宁荣街、隆兴寺等部分场所收取门票，多个免费开放景点扩大了古城影响力的同时，也给游客留下较好的旅游体验。登上老城墙，县城的景色尽收眼底。

晚上9点左右到达石家庄。下榻宾馆后立即着手修改完成全国政协秘书长会议的发言稿。

晚上11点休息。

5月3日　星期四　石家庄晴

早晨4点45分起床。写微博7则。研读今年新教育年会的主报告初稿，处理邮件。

上午8点半出发去井陉县，考察于家石头村和五彩吕家村。井陉县是一个古村落聚集的县。苍岩山也坐落在这里，曾经有“南有普陀山，北有苍岩山”

之说。

于家石头村是于谦后裔的居所，建于明朝成化年间，距今已有五百多年的历史。史料记载，当时这里荒无人烟，于家人“与木石居，与鹿逐游”，用石头搭房垒屋，造石具，开荒种田，炊饮餐具全部用石头打凿而成。时至今日，这里依然是石头的世界：石楼石阁，石房石院，石桌石凳，石磨石碾，石街石巷，石桥石栏，道路也是古老的石头铺就的。叫“石头村”，的确名副其实。目前石头村已有1600多口人，繁衍至今有24代，村里人95%以上是于姓。该村历史文化底蕴深厚，建有石头民俗博物馆，保留了大量的祠堂、戏台等古建筑，宗祠文化保留较为完整，发挥着教化育人的独特作用。该村教育水平也保持在较高水平，几乎家家户户都有大学生。但是在调研中也发现，许多人家大门紧闭，大部分年轻人都外出工作，一些老人也随儿女进城居住了。古村落的空洞化是一个值得关注的问题。

吕家村位于井陉县西南35公里的晋冀交界处，是河北省历史文化名村、中国传统村落。据吕氏谱书记载，这里元末就有人居住。明永乐年间本县南障城洪河漕吕氏迁居此处，以地名称汪儿村，后吕氏人丁兴旺，于清顺治年间改为吕家村，至今已有600余年历史。吕家村的文化旅游资源非常丰富，保存完好的明清古建筑就有三滴水院、绣楼院、日月楼院、吕拴科院、福寿院、吕氏庭院、吕兵拴院等十余处，别具风格的历史遗迹有关帝庙、玉皇阁、迎客古槐、古榨油坊等。还有一些颇具特点的红色旅游资源，如庚子战备防御洞、庚子战备长墙、长生口战役一二九师指挥所、邓小平旧居、抗战烈士碑等。由于不具备自我开发的能力，村里引进一家旅游文化公司对村里的文化旅游资源进行开发，村里成立合作社，村民变股民，参与公司分红。政府通过美丽乡村建设项目已经投入3000万元，村居环境得到极大改善。据公司负责人介绍，目前公司已经与村里签订了协议，制订了旅游开发规划。

晚上赶回石家庄。与河北省分管教育的副省长徐培建、文化厅厅长张妹芝谈相关工作。

晚上9点半与桥西新教育实验区教育局副局长杨建、新教育研究室邵坤等见面，听杨建局长讲述桥西新教育故事。十年的新教育，让桥西教育品质有了很大提升，教学质量稳居全市之首。国家教育质量监测中心和第三方教育评价机构都给予桥西教育很高评价。坚持了近10年的桥西新教育杂志也办得非常精彩。

晚上11点半休息。

5月4日　星期五　石家庄晴

早晨5点起床。发微博6则。微博访问量15万多。准备上午的发言。读《思考的魅力》之《看风景能收获什么》。

上午9点，参加民进中央乡村文化振兴暨历史文化名城名镇保护专题调研座谈会。座谈会上，与会专家学者高度评价了河北有关方面在乡村文化建设和名城名镇保护方面所做的卓有成效的工作，如文化部门统一管理域内所辖寺庙及文保单位，创新管理体制，促进历史建筑与文旅统筹管理。以保护促利用，推动名城名镇保护与乡村振兴、区域发展相协调。建立共享旅游模式，大幅提升古城旅游承载能力。“人”“文”并重，实现历史建筑生活性保护与人口外迁间的平衡。充分利用电视、广播、网络等媒体，对历史文化名城名镇名村和传统村落进行宣传，在增进群众了解、广泛凝聚古城古镇古村落保护共识的同时，扩大了河北文化文物资源影响力等。

座谈会上，河北方面的有关部门和专家也谈到了在乡村文化振兴与历史文化名城名镇保护方面面临的困难与挑战。如在乡村文化建设方面存在人才短缺等问题，农村青壮年劳动力流出后，农村留守儿童、老人很难承担起乡土文化传承的主体重任。乡村文化建设缺少特色，农民的文化娱乐生活比较单调，同质化现象严重，单纯的送电影、送戏曲下乡已经不能满足农村群众对于精神文化的需求和期待。农村精神文化生活单调，也是农村留不住人的一大因素。在引进社会资本进行旅游项目开发时往往忽视对文化基因的保护，对传统的乡村文化资源、设施、精神产生破坏性甚至毁灭性的影响。农家书屋等文化设施存在被占用，闲置，利用率低下的现象。

在历史文化名城名镇保护方面，存在保护机制不健全、资金来源有限等问题。保护权责主体的法律界定不清晰，建设主管部门和文物主管部门彼此权责界限模糊。部分名城名镇存在“重申报轻保护”“重投入轻评估”现象，保护和利用良性互动还未形成。建设性破坏现象和随意拆除历史建筑行为仍存在，影响了名城名镇长远保护发展整体效果。个别新建、改建建筑影响景观整体协调性和“天际线”美观度。文化保护资金来源有限，对社会资本引导规范不够。保护中强化有形建筑保护与忽略无形文化的矛盾。社会组织及居民参与古城镇保护意识和理念不够，保护工作仍是政府部门唱“独角戏”，原住民自觉主动保护意识有待增强，对破坏古城镇的行为认识不足、制止和检举意识不够，古城镇保护内生动力薄弱，等等。

针对上述问题，与会人员提出了一些意见和建议。主要有：

一是高度重视乡村文化建设，将乡村文化振兴作为乡村振兴的基础性工程。建议转变重经济轻生态、轻文化的发展理念，鼓励县、乡、村开展农村文化活动，将文化活动纳入村民自治的内容，不断丰富活动内容，强化农村文化认同，提升村民的集体意识、主人翁意识。将弘扬社会主义核心价值观、倡导精神文明、移风易俗纳入村规民约，树立良好家风、弘扬公序良俗，创新和发展乡贤文化，形成健康向上、开放包容、创新进取的社会风尚。

二是充实基层文化队伍。培育农村文化人才，支持和鼓励老党员、老干部、老教师等“新乡贤”发挥传承优秀文化和传播文明新风的作用。加强乡镇文化站建设，让文化专职干部真正发挥作用。鼓励回乡大中专毕业生、大学生村官通过法定程序积极参与村民委员会成员的竞选，努力把既会带领村民致富又有较强文化素养、具备文化保护意识、善于组织文化活动的优秀青年人才充实到村委会班子里。

三是创新公共文化服务方式。鼓励社会力量参与公共文化服务，落实好政府向社会力量购买公共文化服务产品的政策，对民营文化企业给予适当的财政补贴，扶持民营文化企业发展。

四是做好乡土文化的保护、传承与发展。建议保护好村落传统文化的“芯”，坚持在保护中传承，在传承中发展，保护与发展并重。冯骥才先生的儿子、天津冯骥才文学艺术基金会的冯宽先生提出建议，希望编写一本小学三四年级适用的《中华民间文化小学读本》，从小就培养孩子的文化鉴赏能力和保护意识；编写

《传统村落保护的县长（村长）文化读本》，用读本的方式指引基层领导干部、村民委员会树立文化保护理念。中央电视台的屈哲先生建议，将区域内的名城名镇、传统村落等资源整合起来，打造文化旅游综合体，加大宣传力度，参与国家品牌计划。

与会专家还建议国家进一步完善历史文化名城名镇保护的法律法规体系。根据名城名镇保护的实际状况和社会发展，及时修正相关法规规章制度中不适用的条款，如《条例》中对名城名镇、历史建筑等保护对象的法律条件缺乏足够明晰的界定标准；《消防法》未能充分考虑古城和历史建筑的实际情况，古城区难以达到消防要求；《招投标法》把古建筑修缮、保护工程等同于一般性的建设工程项目，以价廉为首要目标来选择施工单位，不符合文物古建筑修缮基本要求等。建议及时制订配套的实施细则和部门规章，如借鉴世界遗产评定准则，明确名城名镇的具体标准、保护的基本原则等，增强依法保护古城古镇的可操作性和权威性，并加强对地方立法的具体指导，打通“立法最后一公里”。建议根据国务院《条例》和住建部《历史文化名城名镇名村街区保护规划编制审批办法》，健全国家历史文化名城名镇保护规划备案机制，注重名城保护规划与旅游开发规划的衔接和协调。在文物保护规划的指导下处理好保护与发展的关系，统筹规划，制定保护利用方案，加快实施重点保护工程。建议根据进入发展新阶段的新形势和新任务要求，结合新一轮城市规划修编，适时召开第二次全国历史文化名城保护工作会议，指引保护工作有效开展等等。

在会议前，民进机关的同志拿来一本新教育研究院编著的《新教育晨诵》，说是孩子自己在书店购买的，让我签名。周围的同志开玩笑说，新教育有了小粉丝。其实，新教育在桥西的十年发展的确影响了许多孩子。

下午 2 点半乘坐高铁回北京。

（以上手记参考了民进中央调研报告中的部分内容，特此说明）

建立深度贫困地区脱贫的长效机制[①]

按照全国政协“解决深度贫困地区脱贫问题”专题议政性常委会筹备工作的安排，5 月 14 日至 18 日，我随同全国政协副主席汪永清一行赴广西开展调研。调研组成员有徐敬业（全国政协社会和法制委员会副主任、重庆市政协原主席）、吕忠梅（全国政协常委、社会和法制委员会驻会副主任）、房建国（全国政协常委、空军原副政治委员兼政治部主任）、于革胜（全国政协常委、全国社会保障基金理事会原副理事长）、谢茹（全国政协常委、江西省政协副主席）、王林旭（全国政协常委、民族文化宫民族画院院长）、谢尚果（全国政协常委、广西民族大学校长）、崔郁（全国政协委员、全国妇联原副主席）、郑秉文（全国政协委员、中国社会科学院世界社保中心主任）、邹勇（国家发展和改革委员会地区司巡视员）和张洪波（国务院扶贫办开发指导司副巡视员）等。

调研组深入百色市田东、德保、靖西 3 县（市）9 个村，到 30 户贫困群众家中走访调研，详细了解群众生产生活情况，实地查看村小学、卫生室建设运转情况，每到一村都随机召开基层干部群众座谈会，面对面听取扶贫干部、乡村干部、贫困户和脱贫户的意见、建议，了解、掌握了不少第一手情况。每

① 广西“解决深度贫困地区脱贫问题”调研手记。

天晚上还要花两到三个小时召开调研组内部研讨会，总结交流当天调研情况并深入讨论。作为随团成员，我感触颇深，收获颇大。以下是我自己的调研手记与调研组的调研报告摘要。

调研手记

5 月 14 日　星期一　北京灰蒙天　南宁晴

早晨 4 点 50 分起床。

7 点 50 分出发去全国政协。上午 9 点列席全国政协主席会议，审议常委履职报告等工作办法。通过副秘书长郭军等人事事项。学习总书记在政协 65 周年纪念会上的讲话。

中午回办公室休息半小时。1 点 20 分去国航贵宾室。乘坐 2 点 50 分飞机去南宁。

6 点到达南宁机场。6 点 45 分到达下榻的荔园宾馆。

晚上鹿心社书记和陈武副书记会见调研组一行，工作晚餐。

晚上 8 点广西的新教育义工黄东日来访，一起跑步半小时。东日在一个深度贫困地区挂职两年，正好向他了解有关情况。

晚上 9 点汪永清副主席召开组团会议，部署关于调研的重点问题。特别强调要加强关于脱贫攻坚机制体制问题的研究。他强调一定要深入现场，发现真问题。

晚上 11 点休息。

5 月 15 日　星期二　南宁晴

早晨 5 点 20 分起床。发微博 6 则。晨诵暂时停止，所以每天的阅读量要少一些。

8 点吃早餐。9 点乘车前往百色市田东县。百色市委书记、广西壮族自治区政协副主席彭晓春赶来陪同前往。

上午 11 点抵达田东县天成国际大酒店。11 点 10 分召开座谈会。仍然是汪永清副主席亲自主持。他沿袭了王岐山等同志的一贯风格，要求所有的汇报人不念材料，单刀直入，开门见山。交流环节以问为主。

在会议上我就返贫的两个问题提出意见——16% 的人因学返贫，41% 的人因搬迁返贫。为什么有如此高的比例？事后得到解释。

中午稍事休息。下午 2 点半兵分三路，我们这一组去田东县思林镇龙邦村。大山里最困难的是路难行，水匮乏，土地少。这个村的村民平均寿命只有 52 岁，村主任解释说许多人是积劳成疾。我们分析缺医少药和饮水困难可能也是重要原因。很明显，这里是一个不适合人居住和生活的地方。整村搬迁计划已经在实施中。

在村里走访了两户人家，一户户主是兰文情，一户户主是兰世提。前者家中 9 人，弟弟和弟媳在广东打工，政府每人奖励 3000 元。兰世提因为肝病在家休养，妻子去放牛，5 头牛政府每头补助了 1000 元。

结束以后去龙邦村村小，在途中遇到放学的孩子，他们表情轻松愉快。到学校考察教学设施和食堂等，发现村小办好了学生就留得住。我们在学校看到，寄宿的孩子们的课余生活还比较丰富，伙食比自己家还好些。村书记告诉我们，学校没有一个孩子辍学。校长也是一个得过全国奖励的校长。

接着召开村干部和部分贫困户代表的座谈会。一直开到下午 5 点 35 分。

6 点 40 分左右回到天成酒店。晚餐以后，8 点汪永清副主席继续召开座谈会，10 点结束。这样高强度的工作很少见。

晚上 11 点左右休息。

5 月 16 日　星期三　百色晴

早晨 6 点起来，昨天全天工作强度比较大，晚上还是好好休息了一下。今天起床比平时晚了一个小时。写日记。及时把调研的大纲记录下来，抓紧补写。原计划晚上写，现在天天座谈会，无法完成了。

8 点吃早餐。9 点出发前往百色德保县。10 点左右到达以后，在县委举行座谈会。

中午在红山饭店稍事休息以后，2 点半出发参加分组调研。

下午 3 点左右，我带领的第三小组到达德保县燕峒乡陇沙村陇沙屯，访问两户贫困户。第一家户主黄高行，家中五口人，两个儿子去深圳打工，月收入 3000 元左右。大儿子结婚以后，老婆生了孩子就离婚跑了，孙子与爷爷奶奶一起生活，在上小学。每年大儿子给父亲 1000 元左右补贴。第二家户主是吕绍茂，老婆去深圳帮助带孩子，自己的孩子也一起带去了。户主与 79 岁的母亲一起居住。养了 3 头老母猪，年收入 7000—10000 元。这两户严格来说都不算是贫困户，“两不愁三保障”应该没有问题。

下午 5 点在百靖高速德保服务区会合，与另外两组一起去靖西。

下午 6 点左右到达靖西，住环球国际大酒店。汪永清副主席提出去农民家吃晚餐，看看农民究竟吃的什么，生活如何。县里安排了一户农家乐。

8 点 45 分，仍然是每天的小组内部会议。汪主席再次提出脱贫攻坚的可持续问题。又开到晚上 10 点左右。

一路上，我一直在思考脱贫攻坚的三个问题：第一个问题是关于贫困的归因分析统计方法问题。在两个县进行深度贫困问题的调研时，发现在贫困归因方面缺乏一致的标准，如邻近的两个县，一个县因为缺少劳动技术和技能返贫的人占 17.7%，因学返贫的人占 17.7%，因缺少劳动力返贫的人占 17.7%，因病返贫的人占 53.1%，因残返贫的人占 3.5%，因灾返贫的人占 0.9%。而另外一个县因病、因学、因残、因灾和因整屯搬迁等原因返贫的分别是 34.7%、16.2%、5.7%、2% 和 41.4%。除了因病返贫有一定的一致性外，其他原因有如此大的差异。缺乏统一的统计标准和准确的原因分析，就很难找到真正的有针对性的解决之道。

第二个问题是如何防止脱贫攻坚过程中的“悬崖效应”。在调研中发现，贫困村与非贫困村之间享受的政策差距较大，如某县 2017 年投入的农村基础设施、产业扶持经费 5.7 亿元，其中的 4 亿元左右投向了贫困村，只占全县 1/3 的贫困村就占有了 70% 的公共投资，这些经费还不包括后援单位和东西部协作的资金投入。贫困户与非贫困户之间的政策差异更大，如新农合缴费，非贫困户每人需交 150 元，贫困户每人只需交 42 元；住院的贫困户可以先诊疗后付费，报销比例比非贫困户高5%，大病住院报销起付线下降50%，个人住院费用自付比例不超过10%等。教育方面，贫困户每年免除学前教育保育费1500元，义务教育阶段有寄宿补助1250元、营养餐补助800元，高中阶段免学杂费1400—1800元，大学和职业教育阶段有“雨露计划”等。这样的差别导致边缘村、边缘户因为享受不到相关政策而心理失衡，部分贫困户也因此不愿意脱贫等。建议尽快研究防止这种“悬崖效应”的办法，更加精准地调整相关政策，让政策具有更好的渐进性和针对性。

第三个问题是关于差异性扶贫的问题。调研中发现，对于贫困户的“普惠”政策需要适当调整。广西田东县在对贫困户分类帮扶方面做了一些探索，将有能力有意向脱贫的列为一类，进行奖励式扶持；对于实在没有能力的，实施兜底救助；对于有能力但不愿意劳动致富的，减少其他政策扶持。如何在国家层面上增加面向全体群众的“普惠”，而加强分类精准扶贫是下一个阶段需要研究的政策问题。百色分管脱贫攻坚的副市长古俊彦也说，普惠性的政策效果不好。

调研的工作强度很大，晚上感觉疲劳，无法读书写字，11点休息。

5月17日　星期四　靖西晴

早晨4点半醒来，坚持睡到5点再起床工作。写了一些关于这次调研的思考。

8点吃早餐。计划8点45分出发去靖西市委大院参加座谈会，我8点40分到达时车队已经走了，组织工作有些疏漏，他们找了一辆车送我去会场。

上午9点召开座谈会，靖西市领导和部门同志介绍有关情况。

10点15分左右，出发去地州镇古文村调研，走访了三户人家。第一户的主人叫农家博，全家六口人，长子和二儿子、儿媳都去广东扬江打工了，带着3岁的孙子。老两口儿在家种10亩桑蚕地，日子过得还可以。第二户的主人叫许康妙，读到小学三年级，但是不具备读写算能力。老婆是文盲，但是能干。家中四口人，女儿上初中，成绩不错。家中的老人75岁。户主前几年在外打工，因为要照顾老人和女儿现在留在家搞养殖业，年内可以出售肉羊20只，猪仔20只，肉鸡20只，收入2万元。第三户的主人叫梁庆远，76岁，老婆患眼病，儿子27岁，因精神病住院。老人是中专毕业，但是没有工作。普通话也听不懂。2 亩地有 700 元转租费用。

看到村庄的房子很乱。最近几年到几个省份调研乡村振兴和脱贫攻坚，发现农民普遍把房子盖得很大，即使只有两三口人，也要盖三层楼的大房子。许多人把所有的积蓄都放到了盖房上，家徒四壁，只有一个空壳房子。这样其实严重影响了农民的生活质量。而且，房子缺乏统一规划引导，没有乡村特点与区域风格。如何引导农民根据需要盖房子，不攀比，不铺张，也是乡风文明建设的重要内容。

在深度贫困地区调研中，几乎每个基础干部都反映不少贫困户脱贫的内生动力不足。“你急他不急”，培训时打完卡拿完补贴就走人，并不是真正想学习知识技能；已经达到脱贫标准了就是不肯签字……扶贫先扶志，治贫先治愚。但是找不到更好的办法。

普及推广普通话对于打赢脱贫攻坚战具有重要意义。在广西调研时发现，四五十岁以上的农民不会讲普通话的非常多，交流对话时需要通过口语翻译才能听懂。无疑，这样的人是很难走出大山的，普通话是他们走出大山的通行证。这个年纪的人文盲、半文盲也很多，基本的读写算能力都不具备，自然无法走出大山。

在调研中我们还发现，义务教育阶段还有不少辍学学生。如某县级市因为厌学而辍学的学生达 161 名，其中小学生 16 人。无论怎样动员，这些孩子就是不愿意上学。学校对孩子们缺乏吸引力，甚至让孩子们感到恐惧，或者觉得学了没有用处，这是我们的教育需要反思的。

接着看村小，27 个孩子，2 个老师，连做饭也是老师自己做。图书室“铁将军”把门，里面居然发现了 2 本我的新教育书籍。看到农家书屋与村小图书室在一起，很是欣慰。可惜图书室很难发挥作用。中午我们去学校，图书室还是“铁将军”把门，孩子们在学校吃完饭都回家休息了，村民也无人借书看书，图书室没有发挥应该具有的作用。

村卫生室药品太少，与昨天看到的问题一样。

中午近 1 点才结束，回到酒店。稍事休息以后，下午 3 点出发去南宁。

6 点半到达南宁荔园宾馆。见到了原来在贵州毕节担任过市委书记、副省长，现在调到这里担任常务副主席的秦培如。因为民进中央与毕节的金沙县对口扶贫，老朋友见面很熟悉，没有想到汪永清副主席对他也很熟悉，称他是“秦旋风”，原来他以前也联系过政法口。

晚餐以后散步，在驻地河边看见一些孔雀与天鹅。景色如画。

晚上 8 点在 6 号楼参加在桂全国政协委员见面会。12 位政协委员介绍了自己的情况、发表对于乡村振兴脱贫攻坚的意见。广西民进的杨静华、黄晓娟两位会员委员也参加了见面会。

座谈会晚上 10 点半左右结束。

11 点半休息。

5 月 18 日　星期五　南宁晴

早晨 5 点起床工作。写微博 7 则。写日记。昨天微博访问量 13 万多。

老朋友、新教育义工黄东日兄 7 点 45 分与南宁市西乡塘区华西路小学校长李彦萍来访，介绍西乡塘区开展新教育实验的情况。李彦萍校长是体育老师出身，与新教育的榜样校长奚亚英一样，充满激情与活力。他们送来了西乡塘区教育局的邀请，希望我再去为全区教师传播新教育理念。

上午 8 点 45 分参加“解决深度贫困问题”广西座谈会。自治区陈武主席主持会议。方春明副主席和河池市市长等汇报介绍情况。调研组专家发表意见。我也提出了 3 条相关建议。最后汪永清副主席讲话。

下午 1 点 20 分的飞机晚点半小时起飞。下午 2 点乘坐川航飞福州。4 点到达，张荣伟和关工委同志接站。5 点到达西湖宾馆。

6 点与福建省关工委主任、老同学刘群英等一起吃工作晚餐。

晚上 8 点应邀在福州华南实验学校为 1000 名左右的教师和学生父母做了一场《与孩子一起成长》的讲演。酷热的夜晚，在学校的大操场上讲了近一个半小时。福建的一些新教育同仁也专门从各地赶来。我很少去非新教育实验区和实验学校讲演，张荣伟和邱孝感、郑素金等说这是即将参加实验的学校。

福建省家庭教育研究会副会长、少先队总辅导员邱孝感先生送我一本《我们为什么需要精神恩师》的著作。这是一本致敬先贤、母亲和恩师的书，这位在书里书外都充满着激情和理想的人，就像一团火一样，能够燃烧周围的人。他说：“师友开悟，我们一辈子不会忘怀；精神恩师，我们一生都应当感怀。”

荣伟博士送我一本他的新著《从哪里来，到哪里去——“新教育实验”本体论》，全书对新教育实验的历史谱系与本真意义，时空坐标与历史定位，基本理论与实践探索，价值追求与理论结构，组织文化与话语体系，社会反响与发展路向等进行了系统分析。

收到韩浩月兄私信。日前邀他与梁晓声、赵丽宏等去大丰。浩月兄今天在《新华每日电讯》上发表了《有故事的土地》：“过去的大丰深沉有故事，现在的大丰安静又欢乐，大丰的历史与现实既紧密勾连又层次分明，在大丰，人会不由自主地心境变得开放而坦荡，仿佛与这片辽阔平原吹来的风有关……”

晚上近 10 点回到西湖宾馆，在房间锻炼了半个小时。

11 点半左右休息。

调研报告（摘要）

回到北京以后，调研组完成了调研报告，对广西脱贫攻坚的做法和成效给予了充分肯定。调研组一致认为，党的十八大以来，广西党委、政府深入贯彻习近平总书记扶贫开发重要战略思想，认真落实总书记视察广西时的重要讲话精神，把脱贫攻坚作为第一民生工程来抓，取得了显著成效。2012 年至 2017 年，全区减少贫困人口 704 万人，实现 1999 个贫困村、10 个贫困县摘帽。在 2017 年省级党委和政府扶贫开发成效考核中，广西是全国 8 个“综合评价好”的省区之一。自治区各级党委、政府围绕“两不愁三保障”总目标在产业、就业、易地扶贫搬迁、教育和健康扶贫、基础设施建设等方面做了大量艰苦细致、卓有成效的工作，也积累了一些好经验、好做法。

如百色市田东县从 2017 年起统筹整合使用涉农财政资金，第一批整合 1.38 亿元投入到 50 个产业融合和特色种养项目，撬动 8 亿元社会资本投入 47 个贫困村，每个村平均分红 9.5 万元，年可吸纳就业人口约 2000 人，月人均增加务工收入 1500 元。德保县注重发挥对口帮扶机制作用，利用帮扶协作资金以“公司 + 合作社＋种植大户＋贫困户”的产业发展模式建设了标准桑蚕产业示范区、生态柑橘类种植示范基地，带动贫困户家庭增收。靖西市投资 8000 多万元扶持农业产业，24 个脱贫村成立农民专业合作社等新型农村经营主体，发展优质稻、烤烟、桑蚕、柑橘、养猪和养牛、茄果类等“5＋2”特色产业，“靖西大香福”“南坡金杜湾脐橙”“驼峰葡萄”“靖西大麻鸭”等一批本土品牌产品实现网上销售，电商销售额超过 1500 万元。

通过深入基层调研走访，大家为当地干部群众在艰苦条件下取得的巨大成就而赞赏，为贫困群众对党和国家发自内心的感恩而感动，为革命老区贫困群众和基层干部的奋斗精神而振奋，也对党中央脱贫攻坚政策更加理解和认同，对如期实现脱贫攻坚任务更有信心。

调研报告也提出了确保长期稳定脱贫需要解决的一些困难和问题：

一是如何最大限度调动贫困群众特别是年轻农民劳动和创业积极性的问题。广西有关部门反映，全区未脱贫农村劳动力有 146 万人，其中 103 万具备转移就业条件，但相当一部分人就业意愿不强。调研组走访的贫困户，一般每户每年能稳定获得各类现金补贴 1.3 万元左右，远超广西农村居民 8100 多元的人均可支配收入，贫困户医疗费平均个人自费也在 10% 以下。这些政策本可解决劳动创业的后顾之忧，但一些贫困群众劳动积极性不高。在 2018 年靖西市精准扶贫专场招聘会上，深圳和靖西的企业为贫困户提供了 5700 多个就业岗位，但最终赴深圳就业的仅 46 人，在靖西本地实际就业的不到 300 人。

二是如何有效加大贫困群众技能培训力度的问题。调研所到之处的党委、政府都感到贫困人口就业不充分、收入不高，一个重要原因是缺乏技能。百色市近 40 万建档立卡贫困人口中因缺乏劳动技能致贫的比例达 26%，德保、靖西这一比例则高达 50%。与此同时，田东、德保、靖西 3 县（市）的职业技术学校虽然为贫困户提供免费培训，但常年招不满学员，德保和靖西的职业技术学校 2017 年全年没有开班。当地干部群众反映职业技术学校遇冷的主要原因：一是许多贫困群众不重视技能培训，又怕听不懂、学不会，参训积极性不高；二是大部分有劳动能力的群众都外出务工或忙于农活家务，加上到县城参训距离远、交通不便，没有时间脱产学习；三是学校经费不足，课程设置陈旧，师资力量薄弱，培训针对性、实效性不强，许多贫困群众反映“去了也学不到有用的东西”。

三是如何更好地培育、塑造脱贫致富带头人的问题。调研发现几乎每个村都有精明强干的“能人”，他们通过诚实劳动和政府帮扶取得了比较好的脱贫效果，普遍希望扩大再生产并带动身边贫困户脱贫致富，但是缺乏政策支持。有的脱贫户提出现有的5万元贴息贷款额度太低，难以扩大生产规模；有的提出贴息贷款3年还款期限太短，到期是能还上但生产却无法继续；有的提出自有耕地不够用，个人无力组织较大规模的土地流转；还有的反映田间地头没有灌溉、用电等农业基础设施，不利于精耕细作、提高收成。

四是如何尽快缓解深度贫困地区缺乏乡村教师和医生的问题。调研中许多干部反映，当前深度贫困地区实现义务教育和基本医疗有保障的最大难题是缺教师、缺医生，教师和医生招不来、留不住问题比较突出。目前，百色市缺少乡村中小学教师2500多人，音乐、美术等科目教师尤为短缺；村卫生室缺少医务人员15%左右。谈到深度贫困地区教师和医生招不来、留不住的原因，基层干部群众认为主要原因有三点：一是待遇低。德保县古寿村卫生室一位30岁的女医生大专毕业从医7年，平时工作三班倒、县村两头跑，工资仅2400多元，只有城里医生的一半左右，评职称也没有优待。乡村教师收入一般比镇区教师高500元左右，但比起工作地点偏远、提升空间不大、难以照顾家庭等实际困难吸引力不大。调研组见到的不少老师抱怨说：“我在乡下教人家的孩子，可自己的孩子却没人管。”二是门槛高。按照现行规定，进入乡镇卫生院的卫生技术人员要具有大专及以上学历，进入村卫生室要有中专学历或有关执业资格并由县级主管部门审核注册，缺少针对深度贫困地区乡村实际的特殊规定。三是担心没身份。受正式教师编制数量限制，近两年广西各地大多使用自治区核定的“聘用教师”身份录用教师，使很多毕业生报考深度贫困地区乡村教师顾虑较多。

五是如何防范贫困“边缘人口”成为潜在不稳定因素问题。贫困村与非贫困村、贫困户与非贫困户享受政策差异较大，未纳入贫困人口的边缘户意见较大。比如，田东县2/3的公共财政投到占全县人口1/3的贫困群体身上；贫困户每人缴纳新农合42元，非贫困户则为150元；贫困家庭的学生从幼儿园到高中能享受非贫困生享受不到的一系列教育资助达2.8万元。崇左市的同志谈到，工作做得越多脱贫人口越多，产生不满的边缘户就越多，这个问题值得关注。

针对以上问题，调研组在报告中提出了提高脱贫内生动力，完善针对贫困群众的职业培训制度，培育农村脱贫致富带头人；大力改善深度贫困地区乡村教师和医生各方面待遇，切实解决他们工作和生活面临的实际困难，进一步加大有关院校针对深度贫困地区的教师和医生定向培养、订单式培养力度，从制度上推动毕业生长期在乡村工作，推动更多本地人才留在当地任教从医；加大对石漠化集中连片治理、特困地区综合扶持力度等具体建议。

调研组还特别对如何建立长期脱贫政策体系问题提出了一些思考和建议：

第一，加大扶贫力度与完善“贫困识别、分类界定”相结合，深化精准识别扶贫制度。现行精准识别打分制形成的分界线容易造成“悬崖效应”，可考虑细分建档立卡贫困人口致贫原因，改变评定的分数权重和结构。目前建档立卡贫困人口致贫的原因大致有：因病、因钱、因学、因灾、缺土地、缺水、缺技术、缺劳力、缺资金、交通条件落后、自身发展动力不足以及其他。在评分结构上可考虑大幅增加因病、因残、因学、因灾致贫的评分权重并归类为“特殊贫困群体”。其他原因致贫的归类为“普通贫困群体”。同时调整扶贫政策，对“特殊贫困群体”有针对性地救急救难，对“普通贫困群体”注重建立脱贫内生机制。

第二，福利性扶贫措施与“有条件转移支付”相结合，重塑贫困户劳动致富内外动力机制。现金福利性扶贫措施是快速有效的脱贫手段，可考虑以劳动脱贫为导向将一部分扶贫现金在给付时附加一定约束条件，实行“有条件现金转移支付”，促进建立脱贫的内生动力机制。例如，享受各类教育补贴的应承诺达到学校出勤率或考试成绩达到一定标准；享受以奖代补、农业综合补助、公益林等补贴的应参加某种专业培训和劳动等。

第三，完成攻坚战任务与建立脱贫长效机制相结合，探索建立具有中国特色的现代化农村贫困治理体系。从长期看，随着筹资资源的枯竭、财政压力的加剧、现金福利刚性的惯性，大规模筹资运用和现金发放减贫将难以持续，防止返贫可能面临挑战。应加快研究建立思想先行、多元共治、因地制宜、完备高效的现代化农村贫困治理体系，引导贫困群众树立劳动脱贫、勤劳致富理念。从经济、政治、文化、社会、生态等方面建立健全贫困治理制度体系，推动形成以贫困群众为主体，党委、政府、市场、社会和贫困群体多元共治的贫困治理体系，打造脱贫长效机制。

第四，“产业式扶贫”与夯实社会保障制度相结合，为防止返贫构筑“发展和兜底”两道屏障。以农林产业为主导的产业扶贫存在市场风险和自然灾害风险，可考虑借助规模经济优势“团购”引入农业保险。完善低保、养老保险与医疗保险制度，构建贫困户的三道社会安全网。目前，贫困人员养老保险由政府代缴，可能导致2020年后“断保”，也可能挫伤“边缘人口”缴费积极性。因此，政府代缴的贫困人员应限定为老年、因残、因病致贫三类人的特殊贫困群体。

第五，公共财政与社会保障相结合，构建常态化防止返贫的顶层制度设计。2020年之后公共财政在减贫和防止返贫中应着重考虑构建常态化制度目标：一是确定贫困发生率和贫困人口数量常数。可参考国际通行法则，对占总人口10%左右的贫困人口的救助在公共财政预算安排中常态化。二是贫困救助中央与地方财政支出比例常态化，制定反贫困绩效评估体系并进行常态化评估。三是深化社会保障制度改革，理顺低保线、贫困线、最低工资制、失业津贴、基本养老金之间的关系，消除冲突，精准设计社会保障制度以适应精准扶贫需要。

（以上内容参考全国政协调研组专题调研报告）

从替代种植到替代经济[①]

从20世纪90年代初开始，在国际合作开展禁毒斗争的大背景下，根据党中央国务院的部署要求，我国在缅甸、老挝北部地区实施了境外罂粟替代种植计划，发展替代产业，在一定程度上巩固了“金三角”罂粟花禁种成果，从源头上扼制了毒品对人类的危害。

截至2018年6月，云南省共有160家境外罂粟替代种植企业，在缅甸掸邦东部第一、二、四特区，克钦邦第一、二特区及部分缅甸政府控制区和老挝北部9省（南塔、琅勃拉邦、多姆乌赛、波乔、沙耶武里、川矿、丰沙里、万象、华潘）开展罂粟替代发展工作，主要种植品种有天然橡胶、甘蔗、水稻、玉米、木薯和热带水果等31个品种，种植面积490余万亩。实施项目280个，其中，在缅甸北部地区开展罂粟替代种植的企业有101家，替代种植面积300余万亩，在老挝北部地区开展罂粟替代种植的企业有59家，种植面积190余万亩。

替代种植的成绩可以用“双减四增”加以概括。所谓“双减”，一是减少了传统区域罂粟种植面积，有些直接覆盖了罂

① 中缅边境替代种植调研手记。

粟种植地，有些地区罂粟种植面积大幅下降，有些实施区域基本实现了禁种，如缅、老北部地区罂粟种植面积已从最高年份的200多万亩降至现在的60万亩左右。二是减少了罂粟种植群体。据不完全统计，2010年以来，中方替代项目的实施，在缅、老北部累计吸纳约24万烟农直接参与替代种植，带动受益人口近100万人。

所谓“四增”，一是增加了当地政府和群众收入。据不完全统计，在替代项目实施区域内人均年收入逐年有增，从2006年的年收入200元左右，提高到2017年的年收入2800元左右，其中劳动力的年收入增加到6000元左右。二是增加了基础设施建设和公益事业投入。据不完全统计，中方替代企业从2010年至2017年在境外共计划投资74亿元人民币，其中货币投资约56亿元，实物投资约18亿元，修建了简易公路5300多公里，架设桥梁45座，修建水池58座，开通水渠900多公里，新建变电站32个，资助建设学校42个，建设卫生院或卫生室近31个以及建盖多处烟农和务工搬迁房，极大地促进了当地基础设施建设和社会公益事业发展。三是增进了双边贸易和农业合作。自2011年以来，国家在替代种植农产品返销进口数量上逐年增加，一方面，替代种植项下的甘蔗、玉米、大米、天然橡胶、香蕉、木薯等农产品的返销进口满足了国内农产品市场需求，促进了中缅、中老双边的贸易发展；另一方面，通过加强科技培训，改进合作模式，拓展种植区域，深化了双边的农业合作，促进了缅、老北部地区的农业发展。四是增进了双边共识和禁毒合作。特别是中缅、中老两国分别签署了框架协议和谅解备忘录以来，由公安部禁毒局率队多次赴境外开展双边会议、联合调研、实地踏查，形成共识，推动境外禁种除源工作深入合作。

但是，根据民进云南省委会和有关专家的反映，替代种植也出现了不少新情况、新问题，面临着一些发展的困境。为此，7月1日至4日，我带领调研组赴滇调研中缅边境替代种植情况。

7月1日下午，调研组一行从北京出发，到达昆明以后，晚上8点半乘东航飞机飞往景迈机场。9点半左右到达景迈。普洱市委常委、统战部部长李鸿和县委刀书记等人接站。机场位于澜沧境内，但是距离孟连只有21公里，半个小时左右就可以到达调研地。晚上10点多到达下榻的如意酒店。

第二天孟连阴雨，早上5点半起床以后，阅读关于孟连的介绍。到一个地方，总要大致了解这个地方的情况。上午8点半出发去中缅边境口岸。沿途修路，颠簸得很厉害，又逢阴雨，道路泥泞，50公里的路程跑了2个多小时。孟连县的县长告诉我，他的结石就是在这样的道路上颠簸出来的。途中经过云南农垦集团孟连橡胶责任有限公司孟连橡胶厂，考察橡胶加工情况。橡胶价格今年比较低，从高峰时的每吨4万元左右下跌到现在的1万元左右。中午到达口岸，考察孟连（孟阿）边境经济合作区及孟连椿林商贸有限责任公司。下午1点参加替代种植座谈会，缅甸方面的掸邦第二特区农业水利部部长、对外关系部副部长石磊等参加座谈，普洱市的相关部门代表也赶到口岸交流。座谈会上，双方就替代种植的配额问题、品质问题、人民币结算问题、口岸城市的建设问题等充分交换了意见。

7月3日上午从景迈机场返回昆明。下午3点参加替代植物项目工作座谈会。座谈会上大家就从替代种植发展到替代经济，建立缅北、老北现代农业示范区等问题提出了建议。

7月4日上午考察云南民进会史教育基地冰心默庐，这是20世纪30年代冰心与吴文藻在昆明的住所。在这里参加昆明市委会基础会员座谈会。昆明市委会有会员1710人，占云南省民进会员总数的41.4%。三任主委仍然非常活跃。70多岁的徐主委担任老龄委主任，600多名退休会员对组织有着非常深厚的感情。刚刚退居二线的汪叶菊主委担任了民进省委会开明画院的院长。出席会议的部分作家、企业家、教师等会员发表了许多意见与建议。

调研组一行通过实地考察，以及与缅甸掸邦第二特区政府官员，普洱市、孟连县地方政府部门和替代种植企业主，云南省替代种植相关部门进行座谈交流，也发现了替代种植存在的问题：

一是双边合作机制滞后。从老挝来看，中老两国于2013年签署了备忘录，老挝政局相对稳定，双方合作基本顺畅，但由于双边缺乏总体规划和深入合作，老方为替代发展出台的优惠政策甚少。从缅甸来看，中缅两国虽于2007年签署了替代种植行动方案，但双边缺乏总体规划，加之缅方对在缅北“民地武”地区开展罂粟替代心存猜忌和疑虑，基本未按替代种植行动方案履行义务。特别是2009年8月缅甸果敢“8·8事件”以来，缅政府与缅北特区政府矛盾不断激化、冲突不断加深，导致缅北局势持续动荡不安，在缅北地区开展替代发展工作多数是中方单方面在推进。

二是缅、老两国政策不稳。从老挝来看，老挝政府尤其是省级政府对替代发展土地、税收、用工政策的波动性较大，税种增多，税费增加。从缅甸来看，替代项目分布在缅中央政府控制区和特区政府控制区，各控制区以各种名义设置的“关卡”给企业人员、车辆、货物通行增加了税费等负担。

三是企业管理难度较大。中国模式的境外罂粟替代发展工作没有经验可以借鉴，没有模式可以套用，都是在摸索中前进。替代企业、项目在境外，管理部门在国内，在管理上，对替代种植面积难以精准核实，对合作方式难以准确界定，对项目运行状态难以及时掌握。省、州、市管理部门的工作中也存在薄弱环节。另外，替代企业大部分是云南边境边贸中小型企业，当初为积极响应政府的号召，冒着投资风险走出去了。但企业规模小、资金实力弱，缺乏懂得国际经营管理的人才，对国外的法律法规研究得不深不透，也带来了一些不规范的问题。

四是替代发展模式单一。目前，境外罂粟替代种植主要有水稻、玉米、甘蔗、橡胶、木薯、热带水果等31个农作物品种，国家每年下达境外罂粟替代种植返销进口计划均为农产品，未对养殖业和加工业替代产品返销国内给予政策支持。从境外禁种除源的长远发展来看，不利于多种经营、形成规模、从源头上根除罂粟种植和制造毒品的蔓延发展；不利于最大化地发挥国家扶持政策作用；不利于企业节约成本，提高效益；不利于促进替代区域经济社会发展和改善民生。

五是成为不法企业逃避关税的大通道。国家给予替代种植产品进口国内完全免除关税的优惠政策。个别不法企业打着替代种植的招牌，大量的从缅甸进口橡胶、玉米、高粱、绿豆、芝麻、蓖麻子等农副产品。据反映，某企业旱季就从缅甸进口了数万吨玉米、数千吨橡胶以及无数的高粱、绿豆、芝麻等。这个企业仅靠免除关税一项就净赚了数千万元。

调研组一行通过比较深入的调查研究，形成了两个基本判断：

第一，现有替代种植品类取代罂粟种植的作用越来越小。罂粟的最佳生长地在海拔1400—1800米的亚热带山上。罂粟禁种后，50%的山民搬离了山区，到山下生活。1亩罂粟产值在5000—6000元，这是其他作物的产值难以达到的。甘蔗在替代种植作用中是比较有效益的经济作物，但是在调研中我们了解到，一户种植5亩甘蔗，一年能收13吨—14吨甘蔗，仅有3000元左右收入。经济损失大了，而又没有外界的帮助支持，要求复种的力量就会抬头。在我国盈江县、腾冲市境外，前几年已完全禁种的地区又发现有一定量的罂粟种植。2000年，陇川县公安局的一份调查显示，在缅甸雷基口岸，迫于生活压力，有34户村民已移往他乡去种罂粟。同时，由于传统毒品正向新型毒品转化，罂粟种植的需求也在逐步减少。缅甸三股势力实施替代种植的时间分别为：1991年克钦邦第一特区，1992年克钦邦第二特区，1993年掸邦东部第四特区。可以说，替代种植计划是一个特定时代的产物，是在缅甸、老挝部分地区发布强制禁种后的一个援助手段，也是我国刚刚从计划经济向市场经济过渡、还残留着计划经济意味的产物。随着时间的推移，必然需要做出与时俱进的改变和调整。这样的改变和调整还会降低因为配合分配等制度设计问题所引发的高额的管理成本和经济成本。

第二，需要通过大力发展边境贸易提高当地居民生活水平，让他们从心理和生活需要上摆脱对种植罂粟的依赖。以缅甸为例，罂粟禁种后，克钦邦第二特区财政收入至少减少了一半。由于财政收入少，为克钦邦第二特区政府服务的工作人员、教师、士兵都没有工资。迈扎央村是第二特区的“教育中心”，有小学、初中、师范学校、电脑学校。老师一个月的报酬就是两箩米（大约60公斤），一把盐（约1.5公斤），生活极其艰苦。由于第二特区的财政收入有限，建在半山腰的电脑学校规模很小，只有50个学生，一条蜿蜒的土路将它与外界相连，老师、学生外出都是步行。师范学校是第二特区的最高学府，教学楼是一栋2层楼的砖房，已是第二特区最好的房子了；操场是泥地的；没有钱买花木，栽在校园里的绿化植物，都是从山上挖来的。克钦邦第二特区管辖的都是深山野岭，辖区内没有一条公路，有的学生来读书要走十几天。禁种罂粟给老百姓带来的困难更直接，从纯经济角度看，第二特区政府和百姓的收入减少了，有的甚至一年比一年穷。需要通过经济的手段，大力发展边境贸易，积极参与地方基础设计建设，从根本上为当地居民改变生存状况提供可持续的发展方式，以保证禁种效果和我国边境安全。

为此，调研组提出了两条建议：

一是取消境外罂粟替代种植计划，在境外罂粟替代种植的基础上，全面加深中国与缅甸、老挝的边境贸易合作。延伸农业合作区域，扩大农业返销进口产品种类，给予部分替代加工产品返销进口政策支持。开展肉牛养殖等养殖业的合作，给予返销进口政策支持，同时加强检疫，堵住边境大规模活体走私的缺口。将种桑、养蚕纳入农业合作品种，并将蚕茧列入其他产品类返销进口计划名录，适时增加其他养殖产品。给予边贸互市更多的便利。

二是加强双边贸易合作配套机制建设。建立中缅、中老国家级、省（邦）级沟通联系和双边共同管理机制，研究解决遇到的问题和困难，加强对企业的管理和服务，对中方企业的合法权益和人员安全予以保护。敦促缅甸政府对双方合作产业所涉物资、车辆、人员出入境等方面，简化审批手续，缩短审批时间，降低或免除有关收费标准和项目。敦促老挝政府研究出台相关合作产业的中方企业带出、带进的物资、设备，在出入境及公路沿线运输时，简化审批手续，缩短审批时间，降低或免除有关收费标准和项目。放宽中方边境通行证的通行范围，允许持中方边境通行证的替代发展人员可到谅解备忘录规定的 7 个省通行。

（感谢民进中央参政议政部的同志的支持）

形成人人参与志愿服务的社会新风尚①

志愿服务是社会文明进步的重要标志。志愿者，又称“义工”或“志工”。截至2017年底，全国注册志愿者总人数已超过9000万，志愿服务组织46万多个，覆盖各类志愿者超过1.3亿人。其中在民政部门登记的志愿服务组织1.1万家，志愿服务团队56.7万个，志愿服务站点9.2万个。但是，总体而言，缺乏专业协调、专业技能仍然是制约他们服务水平提升、效果提高的关键要素。2017年底，国务院颁布了《志愿服务条例》（以下简称《条例》），《条例》的正式实施，标志着我国有关志愿者服务事业走上了法制化的轨道。

为了保障志愿者、志愿服务组织、志愿服务对象的合法权益，鼓励和规范志愿服务活动，7月26—29日，我随同全国政协副主席卢展工带队的全国政协社会和法制委员会调研组一行，就“健全志愿服务管理体制，形成全民参与的良好局面”赴黑龙江开展专题调研。调研组成员还有全国政协委员、社会和法制委员会副主任、重庆市政协原主席徐敬业，全国政协常委、社会和法制委员会驻会副主任吕忠梅，全国政协常委、空

① 黑龙江调研手记。

军原副政治委员兼政治部主任房建国，全国政协常委、民族文化宫文化总监、国家民族画院院长王林旭，全国政协委员、中国残联理事、中国盲人协会常务副主席李庆忠，哈尔滨市副市长陈远飞，全国政协委员、中国残联国际部巡视员、中国狮子联会常务副会长兼秘书长费薇，全国政协社会和法制委员会办公室副主任王穗洁等。

调研组出发前召开了行前情况说明会，中央文明办三局、共青团中央和民政部社会组织管理局等单位就相关情况做了说明，全国政协社会和法制委员会办公室专门为大家准备了参阅资料，为做好调研工作提供了良好条件。大家认为这个调研主题是“小冷门、大文章，小切口、大民生”，体现了以人民为中心的理念。调研期间，调研组先后考察了哈尔滨市道里区抚顺街道抚顺社区志愿者服务工作站、黑龙江电力（李庆长）共产党员志愿服务队、黑河瑷珲历史陈列馆和知青博物馆志愿服务组织等，掌握了大量第一手材料，并且多次召开座谈会，最后形成了调研报告。

以下是本人的调研手记和报告的部分内容摘要。

调研手记

7 月 26 日　星期四　北京晴

早晨 5 点起床。写微博 8 则和日记。读《天空》。

7 点出发去机场。没有想到 7 点半不到卢展工副主席已经到达，正在与大家亲切自然地交流。正可谓“莫道君行早，更有早行人”，而且领导比我们来得更早。

乘坐 8 点半的 CA1643 航班飞哈尔滨。上午 10 点半左右到达，11 点 20 分入住花园邨宾馆。

下午 3 点在宾馆八楼会议室参加调研座谈会。黑龙江政协主席黄建盛主持会议，调研组徐敬业介绍调研的目的与相关情况。黑龙江省委常委、宣传部部长张效廉做了题为《创新运行模式，发展志愿服务》的情况汇报。他从坚持理念创新，推动志愿服务律动龙江；坚持组织创新，推动志愿服务夯基垒台；坚持载体创新，推动志愿服务辐射延伸；坚持制度创新，推动志愿服务常态长效四个方面全面介绍了黑龙江省开展志愿服务的情况。省文明办、民政厅、妇联、残联、团省委等部门负责人以及黑龙江大学团委、大庆市爱心传达志愿者协会、哈尔滨市巾帼志愿者协会等机构的同志做了发言。据介绍，黑龙江省人大常委会2003年通过了《志愿服务条例》，是全国最早为志愿服务立法的城市，并且在全国率先运行了“智慧志愿”的志愿者服务支持平台，积累了许多很好的经验。黑龙江省连续12年开展“邻居节”活动，建立了教育、医疗、助困等12类志愿服务项目库，通过社区互助志愿服务，推动和谐社区建设。志愿服务活动从2012年的9000次增加到2017年的64万次，增加了71倍；志愿者组织从2012年的6000个增加到2017年的10万个，增加了16倍；年人均志愿服务小时从2012年的0.52小时增加到2017年的27.06小时，增加了52倍。2014年以来，黑龙江省与平安养老保险达成战略协议，为达到一定服务时间的志愿者提供15万—300万元的意外险，并将保险进一步扩大到亡故、伤残和医疗领域。全省形成了志愿者受尊重，志愿者服务受尊重的良好氛围。

调研组的成员或提问，或建议，交流非常深入。会议一直开到晚上7点20分左右，超过了原来预定时间4小时。我在发言中提出，黑龙江的志愿者服务有特点、有成效。但是，总的来看仍然是以政府机构为主体、以开展运动式的活动为主要形式的志愿者服务，如何真正常态化，如何以救助对象的实际需要为出发点，如何整合民间的公益组织包括宗教机构的力量，如何从中小学的志愿者精神培养抓起等这些问题需要继续深入研究。

卢展工副主席在会议全程不断互动，或者表达观点，或者提出问题。他在最后的总结讲话中指出，志愿服务工作应坚持以培育和践行社会主义核心价值观为根本，通过队伍建设、机制保障、组织活动，逐步实现由青年为主向全社会共同参与的转变，由松散化管理向规范化管理的转变，由集中性活动向常态化活动的转变。

晚上参加卢展工副主席的茶会。去年调研特殊教育问题时曾经参加过展工副主席的茶会。每次都是他自己带茶叶，自己沏茶，请大家品尝。他还讲解每一种茶叶的功能与特点，对茶的感情和专业性让人感佩。当然，喝茶不是目的，讨论交流才是正题。晚上的茶会，其实是白天考察调研的继续，委员们谈感受、说体会、提建议，其乐融融。

晚上11点半休息。

7月27日　星期五　哈尔滨晴

早晨5点起床工作。发微博7则。读岩村和朗的《三只小松鼠系列》，写“童书过眼录”。读《杜威教育文集》第四卷。

上午8点半出发去哈尔滨市道里区抚顺街道社区志愿者服务工作站考察。抚顺街道抚顺社区有居民6403人，注册志愿者1900人，自管党员256人中80%为志愿者。他们成立了环境整治、扶贫帮困、文体娱乐等8个特色专项志愿服务队，努力使志愿服务遍布社区每一个角落，延伸到庭院、楼道和家庭。社区的硬件设施条件都不错。在这里，我们看到了各个年龄的志愿者，从学生到老人。一位75岁的志愿者与社区工作人员一样，每天早8点上班晚5点下班，所不同的是，后者每个月有3200元的工资，而他分文不取，纯粹做义工。

我们也现场做了临时性抽查。吕忠梅副主任在现场拨打社区志愿服务电话，称家里有病人急需帮助，对方态度很热情，答复结果却是请拨“114”查询附近医院电话，并没有立即提供具体帮助或告知就近联系哪位志愿者。我专门去看了社区的老人看护点，也没有老人。3个服务人员说上午一般没有人来。说明志愿服务还是有死角。

参观哈尔滨政协文史馆和马迭尔新政协筹备活动旧址。哈尔滨政协文史馆展馆分为新政协筹备与协商建国、哈尔滨政协发展历程、中华优秀传统文化与协商民主、综合展区四个展区。重点发掘了中共中央在哈尔滨筹备新政协等一系列重大历史事件，全景展示了哈尔滨在新中国成立以来协商民主机构和人民政协建设发展的光辉历程。我们调研组的画家王林旭委员受调研组委托，现场挥毫画竹，并题词“人民政协从这里启航”。

马迭尔新政协筹备活动旧址位于中央大街的马迭尔宾馆内，正是在这里达成了《关于召开新的政治协商会议诸问题》的协议，酝酿筹划了新中国的宏伟蓝图。当时民进的代表是王绍鏊先生。

中午稍事休息。下午随同全国政协调研组走访黑龙江电力（李庆长）共产党员志愿服务队。这是一个老典型，成立于 2001 年 9 月 28 日。从最初李庆长个人公布传呼机号码开展便民服务，到一个团队广泛开展“电保姆情暖冰城”十二进学雷锋志愿服务活动，从一个帮危助困的设想发展成为系统规范的服务体制，18 年来他们走进机关、企业、学校、社区、街道、医院、工地、部队、农村、林区、垦区以及居民客户家中，全力提供用电咨询、客户回访、义务售电、日常报修、便民检修、应急抢修、重要保电、助老助残、希望工程、关爱农民工、扶贫帮困、抢险救灾等服务，积极履行社会责任，赢得了百姓的信赖，在社会上引起强烈反响。李庆长共产党员服务队已经换了三任队长，队员也换了一批又一批，三代服务队队员已经达到 631 人的规模。截至 2018 年 6 月 30 日，他们共接听各类求助电话 91986 个，为客户提供服务 14556 次，受益人达到 375203 人次，电话接听率、现场满意率均为 100%。现场看到他们获得的各种荣誉称号，看到新队长饱满的精神状态，很是感动。

晚上继续参加卢展工副主席的茶会。政协的故事，考察的观感，思想的火花，一直到 11 点半才依依不舍地结束。12 点休息。

7 月 28 日　星期六　哈尔滨晴　黑河晴

早晨 4 点 50 分起床工作。发微博 7 则，写调研手记。

早餐后乘车前往哈尔滨太平国际机场，乘坐 CZ6657 航班去黑河考察。

中午到达黑河。稍事休息，下午乘车去黑河瑷珲历史陈列馆和知青博物馆考察志愿服务组织。瑷珲历史陈列馆坐落在清代第一任黑龙江将军衙门驻地、1858 年中俄《瑷珲条约》签订地，瑷珲新城遗址内，是全国唯一以全面反映中俄东部关系史为基本陈列内容的专题性遗址博物馆。陈列馆的展览围绕着黑龙江由中国内河成为中俄两国界河、瑷珲城由繁盛至衰败的历史变迁，展示了黑龙江作为中国北方民族母亲河所拥有的辉煌历史和饱受摧残的屈辱历程。从备受欺凌、丧权割地、遭受屠戮，到抗击外敌、保家卫国、建设家园，通过生动具体的形象激发参观者的国防意识和爱国主义精神。

今天在这里的志愿者比较多，从讲解员到维持秩序的工作人员，大部分是志愿者。为我们担任讲解的是一位中学生。她告诉我们，自己从小学就开始在这里担任义务讲解员，到今天已经超过 100 次了。而驻地的解放军战士，也利用休息的时间到这里参与相关的工作。

接着去附近的知青博物馆。这是一家民办博物馆，建筑面积 10142 平方米，是国内首座以全国知青史为展览主题的专题博物馆。在 20 世纪五六十年代，黑河地区曾经接纳过数万名全国各地的知青，金训华、陈健等知青楷模，聂卫平、肖复兴、梁晓声、姜昆、姜大明、濮存昕等知青名人，都曾经在这片黑土地上生活劳作。

博物馆的基本陈列以“与共和国同命运”为主题，全面叙述了自 1955 年全国第一批知青开垦北大荒以来数十年的知青史，展示了 1776 万中国知识青年担负起建设祖国边疆农村的历史过程。

在博物馆，同样遇见了一群志愿者。展工副主席亲切地与大家交流，馆长的孙子是博物馆年龄最小的志愿者之一。

晚上去江边跑步，深呼吸这里清新的空气。

7 月 29 日　星期日　黑河晴

早晨 5 点起床，发微博 10 则。读《杜威教育文集》第四卷。

上午考察黑河口岸，与全市的志愿者组织代表交流。黑河口岸与俄罗斯远东第三大城市、阿穆尔州首府布拉戈维申斯克口岸隔江相望，早在 1858 年签订中俄《瑷珲条约》起，中俄两国就在此建立对应通商码头，进行民间贸易和官方贸易，直到 1931 年日军侵占东北时才中断。新中国成立后，从 1957 年开始了中苏边境小额贸易，“文化大革命”期间再次中断。1982 年 1 月国务院批准恢复黑河口岸，并确定为国家一类口岸。1987 年在黑河口岸用 208 吨西瓜换回 306 吨化肥，标志着中断近 20 年的中苏（俄）边境贸易正式恢复。1988 年 2 月开始冰上汽车运输，9 月开通了黑河与布拉戈维申斯克两城市间的“一日游”。黑河口岸与对应的俄布市口岸是黑龙江流域城市规模最大、城市规格最高、运输距离最近、通过能力最强的口岸。2018 年上半年，口岸进出口货物 32.8 万吨，同比增长了 93.2%，进出境人员 35.7 万人次，增长 20.1%。

由于来往人员多，这里也聚集着全市最多的志愿者。他们分属不同的志愿者组织，有精通俄语提供语言服务的志愿者，有精通报关业务提供报关指导的志愿者，有帮助照顾老人、儿童的志愿者，也有帮助联系车辆等交通工具的志愿者。差不多所有的事情都可以找到合适的人帮助。有上班一族的志愿者，他们一般利用周末和下班时间到这里来；也有已经退休的志愿者，他们来的次数和时间相对较多；也有的是根据口岸的需要电话通知赶来服务的志愿者，他们都有一个共同的名字——志愿者。

中午乘坐 MU5614 航班返回哈尔滨。

晚上是最后一次茶会，带有总结性质。此前卢展工副主席已经带队去重庆进行过一次调研，调研组一行中大部分成员也参加过重庆的调研，两地的比较以及调研报告的主体内容成为今天茶话的主题。每个人“过堂”，讲述这次调研的主要体会与建议。卢展工副主席仍然是主持人，他开玩笑说自己是级别最高的茶艺服务生了。

晚上 11 点左右，整个调研活动随着茶会的结束而暂时告一段落。

调研报告（摘要）

回到北京以后，部分委员又在北京开展了补充调研，并且于 11 月形成了调研报告。报告对我国志愿服务取得的成绩给予了充分肯定，其中国务院颁布的《志愿服务条例》的出台，使志愿服务逐步融入基层社会治理，参与主体已从以青年志愿者为主向不同年龄、专业、行业志愿者拓展，服务领域从过去单一的学雷锋活动、服务重大赛事和会议活动，向扶贫助困、抢险救灾、治安维护、公益咨询等方面拓展，志愿服务的影响力、感召力日益扩大，给委员们留下了深刻印象。

调研中也发现了志愿服务面临的一些现实矛盾和问题，主要表现为法制化、社会化、信息化、常态化等方面还较为薄弱，成为制约志愿服务向更大规模更广领域推进的短板。同时提出了进一步完善相关法律法规和配套政策，降低登记门槛，鼓励支持“草根”特别是小微志愿服务组织的发展；进一步提高志愿服务参与的精准性和专业水平，培养一批熟悉组织管理、业务知识专业化的志愿者，打造一批熟悉服务知识、长期参加活动的骨干队伍；进一步建立健全动员和激励机制，试点“时间银行”、循环互助、“好人圆梦”等回馈模式；进一步避免志愿服务的“运动化”“形式化”“行政化”，在全社会弘扬志愿服务精神；进一步解决志愿服务存在的重城市轻农村的问题，扩大志愿服务的有效供给；进一步加大政府购买志愿服务的力度，鼓励企业通过基金会方式支持社团参与志愿服务。

总之，要积极营造“人人为我，我为人人”的良好社会氛围，把新时代志愿服务精神融入精神文明建设全过程，融入百姓日常生活，融入经济社会发展全局，推动全社会形成志愿服务的新风尚。

推进科尔沁沙地全域治理①

科尔沁沙地是我国四大沙地之中面积最大的沙地，横跨内蒙古、吉林和辽宁三省区，总面积7762.5万亩。其中吉林省占5.1%，辽宁省占2.5%，赤峰市占33.1%，兴安盟占6.6%，通辽市是科尔沁沙地的主体地区，占52.7%，是全国土地沙化最为严重、生态环境非常脆弱的地区之一。

历史上的科尔沁曾是水草丰美、人与自然和谐相处的疏林草原景观。土地沙化主要是从新中国成立后开始的，由于多年来气候变化、人口增加、开荒种地、超载放牧、过度樵采、乱砍滥伐等多种复杂因素影响，导致科尔沁草原的林草植被日益退化、土地逐渐沙化，生态平衡严重失调，大面积草原沦为不毛之地。

中科院兰州沙漠所研究资料表明，20世纪50年代末期科尔沁草原沙漠化面积只占20%，到20世纪70年代中期已增加到53%，20世纪80年代末期则发展到77.6%。通辽市沙地面积达到4086万亩，致使通辽市成为我国沙漠化最严重的地区之一，风沙危害农田，掩埋草场、铁路、公路，抬高河床，农牧

① 科尔沁沙地综合治理调研手记。

民群众因灾致贫返贫十分严重，个别地方甚至到了人们难以生存的境地，土地沙化严重制约了社会经济的发展。

改革开放以来，随着国家“三北”防护林建设、京津风沙源治理（通辽市不在工程区范围）、退耕还林、生态效益补偿等国家重点生态工程和项目的实施，防沙治沙步伐逐年加快，治理规模不断扩大，治理效果显著。经 1994 年、1999 年、2004 年、2009 年、2014 年五次全国荒漠化和沙化土地监测，沙化面积都呈下降态势。

特别是 2000 年以来，随着国家投入增加，科尔沁防沙治沙步伐进一步加快。近年来，科尔沁沙地每年绿化面积大于沙化面积约 75 万亩，使科尔沁沙地在全国四大沙地中率先实现了治理速度大于沙化速度的良性逆转。重点治理的赤峰市、通辽市森林面积分别达到 4512 万亩、2516 万亩，森林覆盖率分别达到 35. 5%、27. 99%，林草覆盖度达到 70% 以上。防沙治沙改善了沙区的生态环境，促进了农牧业的发展，特别是保障了粮食增产。通过半个多世纪的防沙治沙工作，取得了较好的生态效益和经济效益。同时也积累了经验，培养了干部，为进一步防沙治沙工作奠定了良好的基础。

2018 年全国政协大会期间，民进中央梳理总结了 2017 年“科尔沁沙地综合治理”调研（在内蒙古自治区赤峰市开展）的相关成果，向全国政协提交了《关于多管齐下推进科尔沁沙地综合治理的提案》，引起了社会广泛的关注。为此，中共内蒙古自治区委常委、通辽市委书记李杰翔带队拜访民进中央，希望民进中央就科尔沁沙地综合治理继续赴通辽调研。我当面接受了李书记的邀请。

2018 年 7 月 23 至 25 日，我如约带领调研组一行赴内蒙古自治区通辽市开展了为期 4 天的调研。民进内蒙古自治区委主委郑福田，国家林业和草原局治沙办巡视员罗斌，民进中央人口资源环境委员会副主任、中国林科院荒漠化研究所所长卢琦，民进中央特邀研究员、中科院沈阳应用生态所研究员蒋德明，中科院寒区旱区环境与工程研究所生态室副主任赵学勇，北京林业大学教授李俊清，内蒙古自治区林业厅副厅长阿勇嘎、副巡视员杨俊平，民进中央参政议政部副部长姚立迎，以及民进内蒙古区委会、吉林省委会、辽宁省委会的部分专家学者和参政议政部门的同志参加了调研。

调研组先后考察了科左后旗科尔沁沙地千万亩治理努古斯台百万亩防护林项目区、沙产业工业用沙典型（长江造型材料集团科左后旗有限公司）、大青沟国家级自然保护区、国家沙漠公园库伦银沙湾、海斯台万亩防风固沙林、中国科学院西北生态环境资源研究院奈曼沙漠化研究站、高新科技工业用沙典型（仁创集团）、综合治沙用沙典型（亿利沙地蒙药种植及沙地人工改良牧草种植项目区）、奈曼旗八仙筒镇经济林项目、科尔沁沙地科技生态示范园区、千万亩农业高效节水工程科左中旗项目区暨高标准农田防护林示范区等项目，并在通辽市召开了科尔沁沙地治理和沙产业发展座谈会。

座谈会上，中共通辽市委常委、副市长杜汇良介绍了通辽市经济社会发展情况和沙地治理、沙产业发展情况。李杰翔书记在讲话中强调，科尔沁沙地治理现在正处于人沙僵持阶段，稍一放松，治沙成果就可能反弹。通辽市下一步将尽快科学制定治沙规划，完善治沙长效机制，总结梳理治沙经验，加强资源环境教育，同时也希望民进中央帮助呼吁将科尔沁沙地综合治理上升到国家层面。

我在座谈会上提出了自己的一些思考。我提出，内蒙古的生态状况不仅关系到自治区各族群众的生存发展，也关系东北、华北、西北乃至全国的生态安全。科尔沁沙地是我国面积最大的沙地，其主体地区就在通辽市。为了改变风沙严重、生态环境脆弱的局面，通辽市人民数十年如一日防沙治沙，取得了森林面积和林木蓄积量持续双增长、荒漠化和沙化土地面积持续双缩减的骄人成绩，生态状况“整体遏制，局部好转”，走出了一条令世人瞩目的具有通辽特色的治沙之路。

调研结束以后，我们系统梳理了调研中发现的四个问题：

一是水资源缺乏严重制约科尔沁生态环境可持续发展和防沙治沙工作。科尔沁沙地属于农牧交错带的气候边缘过渡带，这里宜牧则牧，宜农则农，环境对气候的变化异常敏感。近年来，灌溉农业的发展大量消耗了河流和地下水。沙区河流大都断流，地下水位大幅度下降，湖泊大都干涸，湿地大都消失。位于通辽市中游段的西辽河已断流 20 年。河水断流导致地下水开采透支，近 10 年间，科尔沁沙地农区地下水下降了 2.07 米，部分地区形成了地下水“漏斗”沉降区，并造成草甸湿地荒漠化、草地面积减少、水质恶化等生态危机。河流断流和地下水位的迅速下降，将对沙区生态产生极为深远的影响，并直接影响已有的治沙成果。比如，草原上的小禾草和小半灌木形成了地上郁闭的草层和地下庞大的根系，有防沙固沙的作用。灌木需要利用浅层地下水，水资源如果被农业大量利用，灌木就会因吸收不到水分而死去。植物的这种演替使得草原退化，进一步导致春季地表大量裸露，地表积温升高，空气对流，继而产生更大的风沙。生态保护与建设工作不进则退，退则对环渤海及京津地区的环境质量造成严重影响。

二是可持续的投资防沙治沙的机制尚未真正形成，防沙治沙资金得不到保障。按照先易后难的原则，一些立地条件相对较好的沙地得到了初步治理，剩余的大沙和远沙立地条件差、治理难度大、治理成本高。而且防沙治沙任务最重的旗县，往往是财力最差、脱贫攻坚任务最重的旗县。以通辽为例，目前防沙治沙任务最重的五个旗县，都是保工资、保运转的贫困旗县，财政无力投入到防沙治沙中，群众投入和社会融资很有限，而且国家重点生态工程项目任务少、补助标准低。目前通辽市仅有“三北”防护林工程和造林补贴项目建设任务，每年不足50万亩，每亩造林补助不足500元，而实际每年需要完成300万亩综合治沙任务，国家的补助性投入远远不能满足生态建设的实际需要，同时发展沙产业项目和资金国家层面没有专项投入，防沙治沙用沙资金投入严重短缺。此外，多元化的投资防沙治沙的机制尚未真正形成，防沙治沙的投入、税收减免、金融扶持、补助补偿以及权益保护等方面均没有专门的政策，民间资本持币观望，迟迟无法进入，社会各方面积极性没有得到有效调动和保护。

三是符合防沙治沙实际的法律法规体系亟须完善。防沙治沙法只对承包经营国有土地、造成国有土地严重沙化的主体，规定县级以上人民政府可以收回国有土地使用权，没有规定对承包集体土地、造成土地沙化的应该采取的处理措施。由于集体土地基本都落实到户，使用权和经营权归农牧民，有相当一部分承包经营者不但不去治沙，而且阻碍政府防沙治沙，法律制裁又无依据，严重影响防沙治沙进程。另外，现在治沙工程要求必须招标，补贴资金按全额工程管理，营改增税费改革政策的实施使工程实施单位、林场等都要交近20%的税费，本来资金就不足，再扣除税费，建设资金更是严重短缺，致使工程招标无人投标，林场及建设主体又不准自行施工，造成有些项目无法落实。

四是导致土地沙化的人为因素依然存在，生存和生态矛盾突出。沙区多是贫困地区，也是精准扶贫的主战场，尤其是处于沙区的国贫县，人民的生存问题仍然是制约沙地治理效果的重要因素。在一些地方，破坏植被、破坏治理成果的现象还没有得到制止，超载过牧的情况普遍存在，乱砍盗伐林木、侵占滥占林地、滥捕滥猎野生动物、乱采滥挖野生植物等破坏森林资源的现象依然存在，林地和湿地流失依然严峻。同时，治沙相关产业发展对沙区水资源承载能力的考虑不够，沙区相关农牧业发展对节水技术的重视不够，近年来，部分沙区地下水位大幅度下降，河流大都断流，湖泊大都干涸，湿地大都消失，近 10 年间，科尔沁沙地农区地下水下降了 2. 07 米，地下水位的迅速下降将对沙区生态产生极为深远的影响。按照联合国的标准，干旱地区和半干旱地区的人口密度分别为 7 人/平方公里和 20 人/平方公里，通辽市 2017 年人口密度为 52 人/平方公里，远远超过环境承载能力。而大部分农牧民没有机会接受专业的农牧业技能培训，广种薄收，靠天吃饭的生产方式一时还难以转变，禁垦难度很大，土地承载负担较重。一些牧民单纯追求增加牲畜头数、放养牲畜、开采地下水浇灌农田等传统的生产生活方式没有根本转变。

为此，调研组一行提出了四点建议：

第一，要从国家层面推进科尔沁沙地全域治理。建议用 10—15 年时间，整体遏制科尔沁沙地退化趋势，率先实现全域土地退化零增长，落实联合国 2030 年可持续发展目标。系统治理、整体提升，先行先试、率先垂范。

第二，要尽快启动辽河流域综合治理前期战略研究。科尔沁沙地治理有水则活，建议参考黄河流域水量统一分配的方式，贯彻流域综合管理理念，加强对辽河全河统一管理，合理分配流域水量，严格控制辽河流域拦蓄工程建设。同时，在全流域加快推进节水型社会建设，大力推广农业节水技术，试行以节水成果置换用水指标等措施，力争促进流域水量高效利用、合理分配，遏制地下水位下降趋势，为科尔沁沙地的生态恢复提供水资源支撑。

第三，要实施科尔沁沙地“山水林田湖草”生态共同体工程。科尔沁沙地综合治理目前处于十分关键的环节，地下水位、降雨量、土壤养分、植被盖度等各方面的治理条件都相对较好，只要加大投入，采取合理措施，抓住当前气候变化的有利时机，植被可以顺利恢复。因此，建议从国家宏观层面对内蒙古、吉林、辽宁三省区境内的科尔沁沙地进行统筹规划，尽快实施科尔沁沙地综合治理工程，实施联防联治，以避免各省区、各城市治理进度不一导致的治理效果的相互影响。建议加大工程建设力度和投资规模，提高重点工程建设投资标准，在管理、补植补造、管护上投入专项经费，确保工程建设健康发展。

第四，要研究制定针对“科尔沁沙地全域治理区”的特殊政策。一方面，建立多元化的投资机制，引导社会力量参与治沙。建议国家出台优惠的防沙治沙政策，提高治沙造林的比较效益。承担治沙任务的地方政府可考虑建设国家级的沙产业园区，向高层次产业方向发展。可探索适合本地防沙治沙的优惠财税政策，引导社会资金进入沙产业，实行谁治理、谁开发、谁受益的原则，推广荒沙拍卖、租赁、转让、股份合作等治理方式，确认沙地土地治理权，最大限度地发挥民间资金优势。同时在时机成熟的情况下，推动防沙治沙法的修订。

另一方面，要加强对沙区群众的职业技能培训，充分挖掘沙区人力资源潜力。要从娃娃抓起，培养节水意识，在通辽的中小学教材中增加节水教育的比重，使节水意识深入人心。要加大对农牧民关于节水农业和防沙治沙的技能培训，充分挖掘沙区现有人力资源潜力，推进经济社会发展和防沙治沙成果的巩固。

（感谢民进中央参政议政部姚立迎、万丽芬、李宗主等同志为本手记提供的相关素材）

对贫困县办教育实行兜底保障[①]

2018年9月25日至27日，我陪同民进中央主席、脱贫攻坚民主监督工作领导小组组长蔡达峰率领的民进中央调研组，在湖南新化开展了脱贫攻坚民主监督调研。调研组成员还有民进中央副主席、脱贫攻坚民主监督工作领导小组副组长高友东，民进中央脱贫攻坚民主监督工作领导小组副组长、民进湖南省委会原主委谢勇，湖南省委统战部副部长、省社会主义学院党组书记邓焕生，民进湖南省委会主委、民进中央脱贫攻坚民主监督工作领导小组成员潘碧灵，湖南省扶贫办党组成员、副主任李美云，民进中央教育委员会主任、山东省教育厅巡视员张志勇，民进中央脱贫攻坚民主监督工作顾问、上海社科院社会学所原所长周建明，中央统战部一局有关同志，民进中央参政议政部部长、脱贫攻坚民主监督工作领导小组办公室主任陈鸣，民进湖南省委会专职副主委马石城等。

在三天的调研过程中，调研组深入到游家镇黄家岭村、歇凉山村，吉庆镇老塘冲村、华山中学，新化县职业中专等基层组织，就教育扶贫工作进行实地考察，走访贫困户，并在县乡

① 新化县教育扶贫调研手记。

召开多场座谈会，充分听取基层意见和建议。在随后进行的与湖南省领导交流的过程中，我代表民进中央反馈了调研组一行的意见与建议，蔡达峰主席和许达哲省长分别做了讲话。

这里把我的调研手记和调研组的调研报告的主要内容介绍如下。

调研手记

9月25日　星期二　北京晴　新化县多云

早晨5点起床。发微博，写日记。

早晨6点10分出门，到机场乘坐7点25分的飞机前往湖南参加民进中央脱贫攻坚民主监督调研。

航班准点。上午9点40分抵达长沙。从机场乘车前往长沙南站，换乘高铁前往新化县。在高铁上和蔡达峰主席等一起吃了便餐，下午1点多到达新化宾馆，稍事休息。

下午2点半，蔡达峰主席和我兵分两路，他带队去深度贫困村游家镇黄家岭村调研，我则带队去已经脱贫的游家镇歇凉山村调研。40分钟后到达目的地入户调研。

在歇凉山村，我们简单听取了村支部书记的情况介绍，了解了基本村情。据村领导介绍，歇凉山村共有488户2226人，其中贫困户164户441人。2015年，湖南省人社厅驻村扶贫，2017年全村整体脱贫。

我们先后到4户村民家里走访。4户人家基本上都是留守老人。交流中，村民袁会贞对于党和国家的扶贫政策赞不绝口，连夸党的政策好，帮助村民快速脱贫。2014年村民陈历凡家因妻子患有精神病，缺少房屋改造资金而被纳入建档立卡贫困户。经省人社厅帮扶，自身努力打零工、搞养殖、发展油茶产业入股，2016年实现稳定脱贫。其子也已经大学毕业，为家里减轻了负担，日子也越过越好了。

虽然今天下午的调研计划中并没有考察学校的安排，我们还是决定去看一下村里的小学。从村支部乘车约5分钟，我们看到一栋3层的简陋楼房，楼前挂着横幅“办好朴素而幸福的乡村教育”。这就是歇凉小学了。刚到时，我们并没有看到学生和老师，以为已经放学，后来见到了校长。

走进教学楼，我闻到了比较刺鼻的油漆气味（经了解，学校正在进行合格学校建设，新建了围墙、门卫厅等，并重新粉刷了墙面）。走上二楼，我们发现一个教室有学生还在上课。虽然担心影响正常的教学秩序，我们还是忍不住走进了教室，与老师同学进行交流。走进这间简陋的教室，我看到了 12 名目光清澈的孩子和一位年轻的女教师。经与老师沟通，了解到她是去年刚毕业的大学生，在这里教学刚一年多。孩子的小课桌上都放着一个饭盒，他们是从家里带午饭在学校吃，吃的时候饭基本都凉了。我问同学们：“你们在上什么课呀？”“语文课！”12 名孩子整齐而响亮地回答。看到孩子们桌上都有一本字典，我走到一个小女孩面前问道：“你能不能帮我查一个字啊？查一个‘我’字吧。”“好呀。”小女孩清脆地回道，并迅速开始查字典。十几秒后，她从检索表里找到了，并开始往正文里翻。“你查到了，很棒！”调研组同志说道。孩子们精神饱满，目光热切。在这样一个偏僻的山村，这样一个简陋的学校，看到这些活泼可爱的孩子，我觉得看到了未来的希望。村小有 73 名学生，5 位老师。

校长介绍，歇凉小学现有学生 77 名（其中建档立卡贫困学生 29 名），教师 5 名，4 个班级。学校占地面积 2000 平方米，建筑面积 660 平方米，有一栋 3 层的楼房，共有 9 间教室。我特别了解到，学校并没有图书室。我也注意到，学校的课桌椅明显不适合低年级的学生，校长回答说，新课桌和图书正在采购中，很快就可以送到。

离开学校已经是下午 5 点左右了，调研组赶往游家镇政府，开了一个简短的座谈会。座谈会上，游家镇党委及相关部门介绍了脱贫攻坚及相关方面的工作。座谈交流中，大家最关心的还是教育问题，尤其是教师问题。限于经济及自然条件，当地乡村教师工资不高，整体工作生活环境比较艰苦，没有周转房，基本的卫浴条件都无法保障，导致了招不来、留不住老师的问题，严重影响当地教育质量。从长远来看，也影响了当地的发展。问题很明确，解决起来很不容易。

在调研中发现，农村盖房子攀比之风较盛，看谁盖得大。在我们调研的地方，三四层楼房非常普遍。结果，辛辛苦苦赚了一辈子的钱全部用在盖房子上，甚至不惜举债。房子里空空荡荡，父母在外打工，孩子在家留守，生活质量很低。鼓励农民合理盖房是非常重要的。

下午 6 点返回宾馆用餐。晚上 7 点半去看资江夜景。一个贫困县，投入 3 亿多打造的夜景，很美。同时作为防洪工程，估计用的是防洪的款项。在河岸跑步 50 分钟。微汗。

晚上 11 点休息。

9 月 26 日　星期三　新化雨

今天一天，秋雨绵绵，气温也低了很多。按计划，我们今天上午要去吉庆镇白茶生产基地和吉庆镇中心学校考察。

早晨 5 点起床，完成微博、日记等“必修课程”。翻阅新化县情等基本资料。

上午 8 点半准时出发。20 分钟后，我们的车拐进了一条狭窄颠簸、坡陡弯急的山路，经过几次艰难爬坡，车子开到了白茶生产基地。这个基地的创建者，是外出工作后返乡创业的典型。基地共流转土地 3000 余亩，投入资金 2600 多万元，建成优质茶叶生产园 2000 亩及标准化生产厂房 2000 平方米，可实现年产值 2000 万元。该项目通过与周围乡村的 221 户建档立卡贫困户建立利益联结机制，平时每天能带动 50 人就业，采摘季每天能解决 800 人就业，月工资可达 3000 元，有力提高了贫困户的收入。

离开白茶生产基地后，又经过 30 分钟的车程，我们到达中心学校。这所学校始建于 1865 年，原名东华书院，1975 年迁至华山村，改名华山中学，2016 年改为吉庆镇中心学校，成为一所九年一贯制学校。

学校现有 19 个班，在校生 1003 人，教师 48 人。学校的总体硬件条件能基本满足需求，但仍然比较简陋：生均占地面积、生均校舍面积、生均体育场面积、生均图书册数等均与湖南省标准有较大差距；没有音乐、美术、科技、语音等功能教室。

我们走到学生宿舍楼，进了一间宿舍。简易的宿舍内摆放着 6 张上下床，被褥整齐地叠放在床上。我突然发现，每张床上都放着 2 床被褥。经询问得知，因宿舍紧张，每张80厘米宽的单人床要住2人，上下床就是4人，一个宿舍总共要住24人。

农村寄宿制学校学生住宿条件仍然较差，教师的住宿条件也不乐观。该校的21位教师也住在没有盥洗条件的宿舍之中。走进另一间宿舍时，看到有4张上下床，有个床上摆着几大摞课本和作业本，有两名年轻人正在对着电脑说着什么。校长介绍，这是去年新招进来的老师，都是本科生。我与两名老师进行了简单的交流，他们说，因为没有教师周转房，他们就住在这个学生宿舍，两人一间。这两位老师一位教道德与法治，一位教数学。教道德与法治的老师大学时学的是科学专业，因学校缺道德与法治科目的老师，就被安排教这门课了。我说，你这要重新学了，他笑了笑。

据了解，仅新化县就需要增设教师周转宿舍4000套，才能基本满足7000名农村学校教师的住房问题。

我们又沿着楼道往前走，看到另一间宿舍里，一位年长的教师在聚精会神地备课。校长招呼后，他走过来热情地介绍自己。他告诉我们说，自己已经56岁，是从益阳过来支教的，教初二地理。一张床，一张小电脑桌，一把椅子，一个学生用的旧课桌，一个简易布衣柜，几乎就是他的全部家当。

离开宿舍后，我提出要去看一下图书室。带我们去图书室的路上，校长介绍说，学校图书室藏书4000余册，生均4.3册。图书室是一个很小的屋子，里面共有两架书。我粗略估算了下，应该到不了4000册，校长说还有一部分在教室的图书角。图书室的书大多比较老旧，质量也不是很高。

中心学校的调研结束后，调研组赶赴吉庆镇政府，开了一个座谈会，镇领导及各村、驻村工作队代表、中心学校校长等先后发言。他们所反映的问题，跟在游家镇相似。

会后，行车30余公里回到宾馆，午餐、休息。

下午出发时，雨还在下。

调研组前往新化县职业中专调研。该校是新化县唯一的全日制公办职业中专学校，现有教职员工200余名，在校生3081人，教学班43个，开设10多个专业。新化县十分重视职业教育在脱贫攻坚中的作用，投资1.93亿元实施该校改扩建工程，今年年底可以投入使用。学校全面落实贫困家庭就读中职学生接受免费教育、免费培训政策，整合各类培训资源，开设地方特色专业，贫困户开展针对性免费培训，有效提高了贫困户脱贫致富的能力。

下午 4 点，在宾馆会议室召开座谈会，调研组成员及省市县镇有关领导、县相关部门负责同志共 50 余人参加会议。我介绍了此次调研的背景，希望大家直奔主题，畅所欲言。新化县县委书记、县长、娄底市市长，以及县监察委、扶贫办、教育局、财政局、文广新局等部门负责同志先后发言。最后蔡达峰主席做总结讲话，对娄底市、新化县为此次调研提供的支持表示感谢，对脱贫攻坚民主监督工作和湖南省的脱贫攻坚工作提出要求。

会议一直开到 6 点半。简单吃过晚餐以后，晚上 7 点半陪同蔡达峰主席会见新化民进总支成员并召开基础组织建设座谈会。民进中央领导与民进新化县工委的会员们一起交流。民进新化县工委主委张卫平汇报工作，会员代表刘维发言，蔡达峰主席做重要讲话。娄底市委统战部部长、新化县县委书记、县委统战部部长等同志参加会议并参与讨论。8 点半，会议结束，与会领导与会员合影留念。

合影后，大约 8 点 40 分，我又主持召开了一个“化解大班额问题座谈会”。新化县政府、教育相关同志，以及一些学校的校长参加会议，并进行了热烈的交流讨论。座谈会上，该县教育局局长介绍说，他们现有 56 人及以上的大班额学校 151 所，班级 1333 个，占比 37. 14%，66 人及以上的超大班额学校 99 所，班级 846 个，占比 23. 57%。尽管县里采取各种措施化解大班额问题，但是人口的刚性增长导致学位的刚性缺口非常之大，2014 年以来义务教育阶段每年增加近 8000 人。县里面来不及盖学校，没有钱盖学校，教师收入低、补充难，贫困地区靠自己的力量很难在短期内化解大班额问题，需要认真研究解决方案。会议结束时，已是晚上 10 点 45 分。

活动结束以后，为领读者大会的新阅读基地讲话稿录音。高强度工作的一天。

晚上 11 点半休息。

9 月 27 日 星期四 新化雨 长沙多云

早晨 4 点 45 分起床工作。修订《我为什么喜欢儿童文学》。每年 9 月 28 日孔子诞辰日，都要有一个领读者大会，我都要做一个发言，精心打磨一个发言稿需要不少时间。同时，因为下午要开会向湖南方面反馈情况，也需要准备发言稿。一个早晨，3 个小时就这样匆匆忙忙紧紧张张地过去了。

上午 8 点半出发去新化的高铁站，乘坐 9 点半左右的高铁去长沙。

11 点到达下榻的九所宾馆。放下行李，调研组一行便去了会议室。按惯例，在正式交换意见之前，调研组内部要先召开推稿会。会议的主要目的是结合几次调研的实际情况，共同研究讨论，形成正式的交换意见稿。一个小时的时间里，调研组成员各抒己见，从不同的角度、不同的层面提出了很多宝贵意见，为丰富和完善意见稿贡献了智慧。

中午吃简单的工作午餐。

下午 2 点，参加开明湖南民进书画院成立暨书画展活动。开明画院，是民进书画界会员的一个自组织，从民进中央到各个省份，陆陆续续都建立了自己的开明画院。利用蔡达峰主席来湖南的机会，湖南省加了这样一个活动程序。

下午 3 点，参加民进中央—湖南省脱贫攻坚民主监督反馈座谈会。湖南省委副书记、省长许达哲主持会议。隋忠诚副省长汇报了湖南省脱贫攻坚的总体情况，我代表民进中央反馈了民主监督意见。意见稿是调研组集体智慧的结晶，充分肯定了湖南在扶贫制度建设、扶贫领域作风建设、扶贫扶志等方面取得的成绩经验，并针对当前脱贫攻坚中存在的问题提出意见与建议。调研组的几位专家也先后发言。周建明所长就脱贫攻坚中层层加码的情况提出了意见与建议。

蔡达峰主席在最后的讲话中充分肯定了今年以来湖南在脱贫攻坚方面取得的成就。他说，湖南是习近平总书记精准扶贫思想的首倡之地。三湘儿女在中共湖南省委、省政府的领导下，牢记习近平总书记嘱托，坚决贯彻中共中央、国务院部署，迎难而上，聚焦问题，精准施策，注重长效，考核取得较好成绩，部分贫困县相继摘帽，贫困户生活明显改善，治理能力不断增强，乡村振兴态势良好。蔡主席强调，在脱贫攻坚战中，民进会员与湖南干部群众是同甘苦、共奋斗的战友。要坚定信心，脱贫攻坚，既有履职要求，又有思想要求，是一次自我教育、思想建设的机会，要深入理解新时代中国特色社会主义脱贫攻坚的伟大意义，坚定“四个自信”和“四个意识”，发挥参政党优势，以脱贫攻坚事业为己任，展现政治信念和使命担当。要务求精准，脱贫攻坚民主监督要明确依据，瞄准重点，选准方式，致力于发现、研究、劝阻和督促纠正不精准的问题，真正发挥监督功效。要加强自身建设，参政党参加脱贫攻坚，既是履职尽责的机遇，又是自身建设的机会，要把脱贫攻坚作为自身的政治责任和义务，主动参与，在脱贫攻坚中提高履职尽责的能力、增强服务社会的能力、增进统一战线的作用，不忘合作初心，继续携手前进，谱写脱贫攻坚新篇章。许达哲省长对反馈意见稿以及专家们提出的问题、意见、建议进行了回应，并做了表态性发言。他表示，湖南愿自觉接受民进中央的民主监督，共同把民进中央对口湖南开展脱贫攻坚民主监督打造成为“示范工程”。

5 点半省委、省政府主要领导餐叙，继续交流工作。

6 点去机场。乘坐 6 点 45 分飞机回北京。

晚上 9 点半左右到达首都机场。10 点以后到家。

11 点半休息。

调研报告（摘要）

回到北京以后，调研组完成了关于新化县教育扶贫的民主监督专项调研报告，主要内容如下：

一、新化县教育扶贫主要做法

新化县共有中小学校 495 所、幼儿园 217 所，其中高中 10 所、初中 93 所、小学 386 所（含教学点 136 个）、职业高中 5 所、教师进修学校 1 所；有中小学校教职工 9494 人（含未入编特岗教师 539 人），在校中小学生 189895 名（其中高中生 23995 名，初中生 45897 名，小学生 120003 名）；在职幼师 3750 人，在园幼儿 42294 人，属典型的“穷县办大教育”格局。县委、县政府在教育扶贫方面做出卓有成效的工作：

一是补齐政策“天窗”，实现建档立卡贫困家庭学生资助全覆盖。从 2017 年秋季学期开始，对原不属于国家资助政策范围的建档立卡等贫困家庭学生（未在公办幼儿园和普惠性幼儿园就读的幼儿、未在校寄宿的义务教育阶段学生），由县财政安排专项资金，实行教育资助全覆盖。从2018年春季学期起，对就读普通高中的建档立卡等家庭经济困难学生免费发放教科书，对就读义务教育学校和普通高中学校的建档立卡等家庭经济困难学生免费发放教辅教材。农村义务教育学生营养改善计划实现“农村学校全覆盖、农村就读学生全覆盖”。

二是实施“雨露计划”，切实增强贫困家庭“造血功能”。以全国扶贫开发信息系统中标注的贫困家庭子女接受职业教育学籍信息为依据，2018年春季，全县“雨露计划”补助3042人，合计补助金额456.3万元。大力开展“精准扶贫免费培训进基层活动”，鼓励和引导贫困家庭“两后生”参加中等职业、高等职业教育。深入开展校企合作，努力实现“培训一人、就业一人、脱贫一户”的目标。2017年共培训241人。

三是坚持多元投入，全力改善城乡教育基础设施。在2017年统筹投入教育基础设施建设资金4.78亿元的基础上，2018年统筹改善农村义务教育薄弱学校基本办学条件资金、消除义务教育大班额专项奖补资金、义务教育学校校舍维修改造长效机制资金、改善普通高中办学条件资金、教师周转宿舍建设资金、教学点标准化建设资金、学前教育建设资金共计16882万元，以及县级消除大班额专项资金2000万元、城区学校建设融资投入3550万元，聚焦农村薄弱学校改造、农村寄宿制学校建设、城区及中心城镇学校化解大班额和农村标准化教学点建设，全力改善城乡教育基础设施，不断推进城乡办学条件均衡。目前，共增加学位8965个，已化解超大班额班级582个。

四是健全引进保障机制，着力优化师资队伍结构。通过定向委培、特岗计划、公开招聘、异地教师调入、人才引进等多种渠道，建立了相对稳定的教师补充机制。2018年人才引进244人、面向社会公开招聘教师207人、招聘特岗教师201人、分配免费师范生186人，共计838人，极大地缓解了教师紧缺的问题。实施“乡村教师支持计划”，全面落实武陵山片区农村教师人才津贴和乡镇工作补贴等乡村教师生活补助政策，建立乡村教师荣誉制度，持续提高乡村教师待遇，基本稳定了乡村教师队伍。

五是大力发展职业教育，全面提升服务经济社会发展能力。投资1.93亿元实施县职业中专改扩建工程，该校2018年秋季招收新生1512人，在校学生达3081人，在岗教师228人。对接“创建国家全域旅游示范区”“建设全国文印之都”等县域发展需要，确立匹配的专业格局。全面落实贫困家庭就读中职学生接受免费教育、免费培训政策。县职教中心整合各类培训资源，开设对接地方经济发展的特色专业，对贫困户开展针对性免费培训。

调研组也发现了新化县教育扶贫工作存在的问题与面临的困难。调研发现，2017年全县教育支出达14.11亿元，占全县财政总支出的20%，是全县地方财政收入（7.85亿元）的179.6%。由于基础差、底子薄、财力弱，面对规模巨大的教育摊子，尽管县财政勒紧裤带、倾尽全力，也仅能保障学校的基本运转和安全，在很多方面无法达到国家标准和政策要求。

如在学校基本办学条件方面，国家提出到2020年全面消除义务教育大班额，目前该县大班额现象严重，55人以上的大班额班级有1333个，占比达37.2%。更为棘手的是，该县是湖南第一人口大县，生育基数大，且随着国家生育政策的调整，一波就读高峰已经出现，义务教育在校学生数持续增加，近3年来，每年净增加8000人左右。因此，消除大班额不仅要消存量，还要控增量，需大量新建、改扩建学校来增加学位供应。据测算，到2020年该县必须新增义务教育阶段学位45000个，新建学校18所，改扩建学校63所，需投资15.6亿元。此外，国家将在2019年对该县进行义务教育均衡发展验收，湖南省将对该县进行两项督导评估考核，对照验收考核标准，需投入5.5亿元资金进行改善，加上“三通两平台”（宽带网络校校通、优质资源班班通、网络学习空间人人通，建设教育资源公共服务平台和教育管理公共服务平台）建设需投入的资金1.5亿元，总计需要投入22.6亿元。在当前地方债务只减不增、融资渠道极其有限、地方财政短时间内难有大幅增长的大背景下，要统筹解决以上问题，县委、县政府压力巨大。

再如在教师队伍建设方面，该县教师编内缺员严重，核定编制11813人，实际在编9494人（含未入编的特岗教师539人），缺员2319人。同时，农村学校教师周转宿舍很少，新招聘的教师基本无房可住，只能几个人挤住办公室，基本生活条件无法保障，农村学校难以留住优秀教师。

为此，调研组提出了以下几点建议：

第一，进一步加大对贫困地区教育的支持力度。建议国家把支持贫困县教育作为拉动内需的重要手段，对贫困县办教育实行兜底保障。考虑到贫困县财力极其有限、教育基础设施特别简陋的现状，建议国家对有需要的贫困县出台特殊的教育融资政策，助力渡过难关，完成大班额化解、义务教育均衡发展验收、省两项督导评估考核等硬性任务，尽快解决“读书难”的问题。国家倾斜增加农村教师的编制计划，增加定向培养计划，同时启动农村初中、高中教师的定向培养。

第二，建议进一步优化教育扶贫政策。在学前教育方面，当前建档立卡等贫困家庭幼儿入园补助标准为500元/生/学期，而目前该县农村普惠性幼儿园入园学费（含生活费）一般平均为2200元/生/学期。因此，贫困家庭幼儿入园每生每学期还需承担1700元左右学费。建议适当提高贫困幼儿入园补助标准。在普通高中教育方面，当前建档立卡等贫困家庭学生就读普通高中，能享受免除学杂费（省示范性高中1000元/期，其他高中800元/期），免费领取教材、教辅资料，享受国家助学金3000元/年/生等扶贫资助政策。但由于高中学生一般在校寄宿，学生本人还需承担一定的住宿费和伙食费。建议对就读普通高中的建档立卡等贫困家庭学生，在现有政策基础上再适当给予一定的生活费补助。

第三，建议在项目安排及资金分配上，充分考虑贫困地区的总人口、贫困人口基数和地域面积等因素。目前，在安排项目与资金时，大多侧重于按县市区个数平均分配，结果往往是百万人口大县和一二十万人口的小县资金安排相差无几，项目个数差不多，这让新化县这样的贫困大县、人口大县的负担相对越来越大。因此，建议主要考虑贫困县总人口数、贫困人口数、村的个数来分配，同时取消所有项目建设的县级配套资金，并提高对人口大县、贫困大县的财政转移支付系数，确保收支基本平衡。加大对办学水平较低的地区教育土地使用指标的倾斜力度。

（感谢民进中央新化县教育扶贫调研组在本文撰写过程中给予的支持）

推进教育扶贫财政保障的供给侧结构性改革①

近年来，民进中央与财政部就脱贫攻坚中的财政资金保障与使用问题进行过多次联合调研，并且取得了很好的成果。

为进一步深化“教育精准扶贫”调研成果和监督意见，2018年10月22日至24日，我们再次组成联合调研组，赴湖南省通道侗族自治县，就教育扶贫的财政投入保障机制问题开展专题调研。调研组的成员有全国政协委员、民进上海市委专职副主委、上海中华职教社副主任胡卫，辽宁省人民政府教育督导团主任督学、民进辽宁省委会副主委王燕玲，天津市崇化中学副校长张宝童，财政部文化司副司长马骏，民进中央参政议政部部长、脱贫攻坚民主监督工作领导小组办公室主任陈鸣，民进中央脱贫攻坚民主监督工作领导小组办公室副主任、湖南省委专职副主委马石城等。这也是继2017年赴湖南省平江县围绕涉农财政资金整合问题开展深入调研之后，民进中央与财政部开展的第二次联合调研。

通道侗族自治县是湖南省成立最早的少数民族自治县，也是革命老区县、国家扶贫开发工作重点县、湖南省深度贫困

① 通道县教育扶贫财政保障调研手记。

县。目前，全县总人口24.17万人，少数民族人口占88.1%。共有建档立卡贫困人口11453户、47750人，贫困发生率为21.67%。全县有在校建档立卡贫困学生8505人，其中学前教育阶段1614人、义务教育阶段5418人、普通高中教育阶段822人、中职教育560人、在校大学生91人。实施教育精准扶贫以来，义务教育巩固率达到99.41%，贫困户子女入学率达100%。

在短短的三天时间中，我们深入山区走村入户，并重点考察了木脚完全小学、万佛山镇中心校、横岭村教学点、坪坦乡中心校、县职业技术总校、思源实验学校、县第一中学等一批学校，了解通道县教育扶贫开展情况，听取了两个乡镇在扶贫政策实施过程中的意见和建议。作为调研组的组长，我在调研中既看到了许多好的经验与做法，也发现了不少问题。以下是我自己的调研手记和调研组的调研报告摘要。

调研手记

10月22日　星期一　通道多云

早晨4点半起床。发微博，昨天微博访问19.8万。

早晨6点出发去深圳北站，乘坐7点半的高铁去桂林。10点半左右到达桂林。民进湖南省委会副主委马石城等来接站。

在桂林与北京前来的同志会合，再由桂林乘汽车赶往怀化市通道侗族自治县，参加民进中央、财政部联合开展的脱贫攻坚民主监督调研。此次调研的主题是教育扶贫财政投入的保障机制。调研拟围绕《中共中央国务院关于打赢脱贫攻坚战三年行动的指导意见》为总体要求和行动纲领，结合《中央财政专项扶贫资金管理办法》《财政部贯彻落实实施乡村振兴战略的意见》等文件落实情况，重点围绕着力实施教育脱贫攻坚行动、优先发展农村教育事业，尤其是巩固完善"城乡统一、重在农村"的义务教育经费保障机制问题，进村入户开展访谈、考察学校建设情况、进行基层座谈交流等。

从桂林乘车到达通道县车程不到两个小时，途中顺道参观了通道转兵纪念馆。1934年12月，红军在通道恭城书院举行了"通道会议"，采纳了毛泽东"避实就虚，西进贵州”的建议，实现了伟大的战略转兵，挽救了党，挽救了红军，挽救了中国革命。

在通道县恭城书院旧址，也是红军长征途中“通道转兵”会议旧址，看到一副颇有特点的劝学对联——小学毕业的一定要升中学中学毕业的一定要升大学，家境富裕的固然要升学家境贫困的也要想办法升学。与这次调研的主题有点关系。

下午考察通道一中（民族中学）和思源实验学校（九年一贯制）。前者是县里最好的中学，后者是新建的九年一贯制学校。在学校，我们走进教室与一些老师交流，详细询问了老师的基本生活、工资待遇、住房保障等方面的内容；参观了学校的图书室、食堂、宿舍等一系列场所。

看了食堂和宿舍，心中有些哀伤与感慨。许多地方的食堂已经外包出去，饭菜价格并不便宜，学生吃完走人，不需要整理餐具。宿舍凌乱不堪，管理人员说就是晚上回来睡一下觉而已。我对校长和陪同的领导说，食堂和宿舍绝不仅仅只是吃饭和睡觉的地方，应该作为教育的场所。学校的每一个角落，每一块墙壁，都应该是教育的组成部分。

“中小学校园要不要开商店”也是看了这两所学校引发的思考。在一些城市和乡村的学校，经常会看到有小商店入驻，商品是以小食品为主。校长告诉我，小商店方便学生尤其是住宿生买东西。但我更多的是从教育的角度去思考，学生在校园中除了一日三餐之外，如果老是想着买零食吃，对于身体成长是否有利？是否会滋长学生的攀比之风？文具和日常用品，包括必要的食品，周末从家中带来是否更合适？如何让学生学会节俭与分享？

学校的书店和图书馆也问题不少。书籍量不足，质不高，针对性差；图书馆开放时间短，管理理念落后等。这其实也反映出学校管理者的思路：图书馆是不重要的。其背后的深意就是，学生的课外阅读是不重要的。

晚上 8 点 40 分出门跑步 50 分钟，看到街道仍然非常整洁，几乎看不见垃圾纸屑，侗家的风雨桥彩灯齐亮，河边舞蹈的居民神态悠然。想到在其他经济发达的县，环境状况远远不及这里，说明城市管理的水平很重要。

今天的《中国教育报》发表段伟先生评论《朱永新教育演讲录》的文章《知

道悟道　行道守道》。今天的凤凰卫视也发表了关于中国教育三十人论坛的报道和关于我的专题新闻以及对我的访问。

晚上11点休息。

10月23日　星期二　通道阴雨

早晨4点40分起床。发微博10则。完成《中国教师报》的约稿《职业认同的加速器，专业发展的助推器》一文，共3000余字。

8点吃早餐。8点半出发调研。为拓宽调研覆盖面，尽可能多地掌握第一手资料，今天的调研分为两组，分别前往万佛山镇的木脚完全小学和万佛山镇中心校考察。

万佛山镇地处通道县东北部，是2016年经行政区划调整由原下乡、木脚、临口“两乡一镇”合并而成，辖区面积413平方千米，辖20个村（社区）、2.85万人，是通道县面积最大、农村人口最多、生态旅游资源最丰富、农业产业发展较好的乡镇。

我们组所去的木脚完全小学，始建于1980年，是一所寄宿制农村完小，服务附近的木脚村等4个行政村。学校占地面积7619平方米，建筑面积13500平方米，活动场地1500平方米。9个教学班，在校学生165人。有教职工28人，其中专任教师16人，现有本科学历的4人，现有大专学历的12人，学历达标率100%。学校的条件总体不错，20世纪八九十年代不同时期的建筑都有，但是比较宽敞。厕所也是抽水的。有资江师范的实习生，感觉缺乏指导。走访两家贫困户，现都已经脱贫。一位在县统计局做饭，性格开朗。10点半左右在万佛山镇召开座谈会。

在木脚小学，我同样重点关注了教师待遇保障、学校图书馆建设等问题。木脚小学的教师中转房建设得还不错，就在校园内部，教师生活较为便利。图书馆还是老问题：图书陈旧、利用率低，图书馆开放时间短。

中午在万佛山镇政府食堂用了便餐，之后就直接赶往坪坦乡考察横岭村教学点、走访贫困户。横岭村教学点是一所极具民族特色的侗族鼓楼学校，学校仅开设一、二年级，在校学生13人，在园幼儿7人，教职工3人，整体条件比较简陋。

然后考察坪坦乡中心校。该校的“大课间”活动非常有特色。进校门之前，两旁身着侗族服装专心表演的孩子们就吸引了我。进了学校之后，孩子们展示了丰富多彩的课间活动，有舞蹈、朗诵、合唱等。据了解，该校曾被授予“湖南省非物质文化遗产传承学校”“全国新农村少儿美育工程少数民族舞蹈进课堂教学基地”“中华优秀传统文化传承学校”等荣誉称号，非常有特色。

坪坦乡中心小学的校长是从中学来的，感觉对小学的业务与特点不是特别熟悉。学校图书馆都是“铁将军”把门，每周只开两次。

继续访问贫困户。一位有特岗，加上担任学校保安，年收入2万左右。另外一户户主年事已高，有4个女儿，其中一个女儿女婿在家中，今年脱贫。

坪坦村的建筑与文化都很有特点，村里有孔庙和南岳王庙，还有飞龙宫等文化设施。农家书屋在孔庙之中。

在乡村学校与顶岗实习的师范生交流，与孩子们交流；在村里与贫困户交流。各地顶岗实习的政策不一，顶岗教师自己也不太清楚自己的待遇。年轻人的活力还是给乡村学校带来许多生机。贫困户或有特岗岗位，或者孩子在广州等地打工，“两不愁三保障”都没有问题。

晚上去皇都侗文化村吃工作晚餐，体验侗家的合拢宴。

晚上7点半左右回到酒店。

晚上开始修订《未来学校》。

11点休息。

10月24日　星期三　通道阴雨

早晨4点醒，再睡，5点半起来工作。

发微博8则，昨天微博访问量19.1万人次。继续修订《未来学校》。

8点吃早餐。8点半去通道县职业学校考察。今天只有半天的工作，下午便要返程了。雨一直没停，等到我们到达通道县职业技术总校下车时，应该达到中雨级别了。我们冒着雨在校园里考察参观，先后了解了学校教室、学生宿舍、图书室等情况。

通道县职业教育起步较晚，2015 年才建成了现在的职业技术学校。他们采取与企业合作（如汽车维修专业）、与文化遗产传承人合作（如工艺美术专业）等办法，开设了适合本地需要、具有地方特色的专业，成为学生就业有保障的职业技术学校。县政府投入 1.53 亿元，每年从城市教育费附加提取 30%、区域人口人均 1 元的职教专项经费解决 200 多万元，用于购置教学仪器设备、开展师资培训。目前该校共有 35 个全日制教学班、在籍学生 1649 人，教职工 128 人。目前开设汽车制造与检修、服装设计与工艺、旅游服务与管理、工艺美术、电子电器应用与维修、电子商务、果蔬花卉生产技术、计算机应用、舞蹈表演等 9 个专业以及对口升学高考班，并与相关企业对接，有力地促进了农民增收减贫。

上午 10 点召开民进中央财政部联合调研脱贫攻坚民主监督座谈会。座谈会上，县政府、财政局、发改局、扶贫办、教育局、职业中学先后做了汇报与情况介绍，调研组专家做了交流发言，我代表调研组反馈情况。通道县有关部门提出了一些合理化的建议：农民致富带头人的培训不应该自上而下定主题，而应该自下而上听取意见确定培训内容；不应该把培训时间放在农忙季节，而应该错开农村最忙碌的时节；培训机构的选择不应该只限于指定的两三个，而应该更开放，选择面更广；培训时间可以更长一些，根据不同技能确定不同的时间等。我们的政策应该更有针对性和灵活性。

吃完午餐以后理发。下午 2 点半出发去桂林机场，乘坐 6 点 10 分航班回北京。

在机场看到了几年前新阅读研究所参与支持的《新悦读之旅》。在飞机上完成了《未来学校》的审读。

晚上近 10 点到北京。

11 点休息。

调研报告（摘要）

回到北京以后，调研组完成了《推进教育扶贫财政保障的供给侧结构性改革》的联合调研报告。主要内容如下：

近年来，通道县在教育扶贫方面做了大量工作，努力在“有学上”“有人教”“上得起”方面下功夫，取得了比较好的成绩。

一是大力改善办学条件，解决“有学上”的问题。2014 年以来，累计投入教育资金 21.15 亿元，改善城乡办学条件。在改造农村薄弱学校方面，政府先后投入 1.6 亿实施“薄改计划”，完成 68 所合格学校及标准化教学点建设，大部分乡镇中心小学按照办学标准配齐了功能室；投入 6006 万元实施学校“四改三化”，改造食堂、厕所、寝室、浴室，净化、美化、亮化校园环境。在加强农村幼儿园建设方面，公办幼儿园基本实现了“覆盖城乡、一乡一园”，2017 年达到 82.6%。在发展职业教育方面投入 1.53 亿元，高起点、高标准新建县职业总校，联合扶贫、人社、教育、农业等部门，累计完成阳光工程、扶贫、再就业和技能提升等各类培训 12846 人次。

二是加强师资队伍建设，解决“有人教”的问题。拓展教师补充渠道，以公开招考、特岗入编、定向培养、校园直招、研究生直招等方式招聘教师，优先补充配强 459 人到农村任教，占到新任教师的 70%。实行幼教与义务教育编制分离，在教师总编制内明确幼师编制 300 个。加强业务培训，构建学科教师培训、新教师培训、教师全员培训、国培计划项目培训四大培训体系，2013 年以来累计培训教师 19150 人次，乡村教师的比例超过 70%。城镇优秀教师向乡村轮岗交流 461 人，调派 50 名骨干教师到边远山村任教。从 2017 年开始，参照公务员标准将教师年终绩效奖按照每人每年 6000 元标准发放，与公务员年终绩效一并列入财政预算，稳定了农村教师队伍。

三是全面落实教育扶贫政策，解决“上得起”的问题。在全面落实义务教育“两免一补”普惠政策的同时，建立精准扶贫建档立卡家庭学生从幼儿园到大学教育过程、精准扶贫建档立卡家庭学生对象“两个全覆盖”资助保障体系。资助新录取的贫困大学生 7826 人 971.7 万元。对纳入“一家一”助学就业工程的贫困学生，每人每年另外给予 2000 元补助，连续补两年。面向建档立卡家庭主要劳动力、“两后生”开展“一户一产业工人”培训。近五年来，完成贫困农村劳动力转移就业 2000 余人等。

调研组也发现了通道县在教育扶贫工作中存在的一些问题和不足，主要表现在以下三个方面：

一是基层对教育扶贫的认识不足。由于教育扶贫是“慢功夫”，基层政府非常容易把它放在相对边缘位置。抓落实时侧重于完成“三保障”目标，除了“控辍保学”外，多数是普惠性的“一补了之”，教育扶贫的基础性、先导性、长效性作用发挥不足，对发挥教育在阻断贫困代际传递和扶智扶志等方面的作用重视不够、办法不多。扶贫培训质量不高，严重脱离贫困户实际需求，使宝贵的扶贫资金没有得到充分利用。

二是乡村教育资源保障不足，难以适应新学情挑战，无法保障让每个孩子享受更加公平优质的教育。如撤点并校增加了贫困学子读书时间成本（走数公里）和经济成本（在城镇读书仅生活费就增加数千元）。乡村学校生源萎缩，经费基数变小，只够保运转，不能提质量，没有充分体现“城乡统一、重在农村”原则。乡村教师难招难留、待遇地位低下、成长空间狭窄。图书馆作为投入最小、见效最快、最有力的教育扶贫措施，没有得到重视，无论是图书数量质量、借阅制度、师生阅读时间都没有保障，阅读缺失现象严重。

三是在“以县为主”农村义务教育办学体制下，贫困地区财政投入压力较大。以通道县为例，2015—2017 年，县公共财政教育支出分别为 32413 万元、35254 万元、38743 万元，在教育总支出占比 73%、78%、77%。虽然中央教育专项经费不断增加，但总体上上级补助收入（返还性收入、一般性转移支付收入、专项转移支付收入）和上级转移支付收入（一般性转移支付收入和专项转移支付收入）两者都呈现逐年下降趋势。兑现教育扶贫政策资金缺口较大，近两年每年县级财政要兑现政策资金 2000 万元，有 1000 万元资金缺口需要地方配套。贫困县财政严重依赖上级转移支付，在涉农整合资金只能用于基础设施和产业的情况下，要依法保障教育经费的“两个比例、三个增长”，已根本无力完成诸多教育任务。

针对以上问题，调研组提出了以下五条具体建议：

第一，适当提高贫困县义务教育经费保障统筹层次。建议实行教育经费保障省统筹、管理县为主、发挥乡镇作用的办学体制，确保教育质量和公平。充分考虑贫困县财政状况和负担能力，对深度贫困县的教育项目取消地方配套。如果确实需要配套，也要加大省级配套资金安排力度。对非脱贫相关的教育项目给予适当缓冲期。

第二，适当提高贫困县义务教育生均公用经费。当前，我国脱贫攻坚战已进入最为关键的阶段，剩下的贫困人口脱贫难度较大，初中以下文化程度的占96.6%，内生动力不足的贫困人口占比从2015年年底的11.3%上升到2017年年底的13.2%，而且在这些地区加强教育培训等基本公共服务水平的成本高、难度大。面对这些新情况、新问题，建议适时研究阶段性提高贫困县义务教育生均公用经费措施，助力打赢打好脱贫攻坚战。

第三，进一步完善涉农资金整合使用机制。在涉农资金整合使用的过程中，每个贫困县、贫困村、贫困户的情况不同，不应搞“一刀切”，而且教育扶贫与产业扶贫类似，都是注重内生性、长效性的脱贫措施，应该给予基层一定自主权，允许教育适量使用整合资金。

第四，大幅提高乡村教师岗位工资性收入。加大中央财政投入，强化省级统筹，使贫困县偏远乡村教师的岗位工资性收入有大幅度增加，其他按照贫困、偏远、教龄等综合因素予以提高，切实保障与提高乡村教师的待遇，真正稳住乡村教师队伍。

第五，把书香校园建设作为教育脱贫的重要内容。阅读是扶智扶志的有效手段，一本好书能改变人一生。要把乡村书香校园建设作为教育脱贫的重要内容，研究出台义务教育阶段图书配置标准和阅读要求，统筹农家书屋、学校图书馆等资源，提高资源效能。

（感谢民进中央参政议政部门对本文的帮助）

农村中小学师生阅读亟须改进[①]

应民进云南省委会邀请，11月5日至7日，我和云南省副省长、民进云南省委会主委李玛琳，民进中央教育委员会副主任、南京师范大学教育科学学院教授项贤明，民进中央教育委员会委员、民进云南省委会副主委李孝轩，民进中央参政议政部副部长姜其和等一行赴云南省红河哈尼族彝族自治州元阳县调研脱贫攻坚民主监督工作。

元阳县位于“三南之地”（云南南部、红河南岸、哀牢山脉南段），特征是“四位一体”（边疆、山区、民族、贫困），是云南省27个深度贫困县之一，现有74个深度贫困村，贫困人口25525户、112100人，居全省第五位、全州第一位，贫困发生率27.45%。

调研组一行在元阳县先后实地考察了牛角寨中学、中心小学，胜村中心小学、中学，全福庄小学，元阳县职业学校，并走访慰问了牛角寨村、全福庄村部分因学致贫的建档立卡贫困户，考察红河州尼农门人力资源服务有限公司，全面深入了解教育精准扶贫工作开展情况、贫困户因学致贫情况、劳务输出

① 云南元阳教育扶贫调研手记。

工作开展情况。在现场调研的基础上，在元阳县召开了民进中央教育精准扶贫主题调研座谈会，县委书记李维和副县长曹东勃分别介绍了元阳县脱贫攻坚工作情况和教育扶贫工作情况。以下是我的调研工作手记和相关建议。

调研手记

11 月 5 日　星期一　个旧晴

早晨 4 点半起床。发微博 15 则。昨天微博的阅读量达到 96.1 万，我自己也感到意外。每天把自己的所见所闻所思所想与朋友们分享已经成为习惯。

今天早晨崔永元发微博说："参加学校的记者节，上台和师弟师妹们交流。我说，在学校，老师什么都教会我们了，就是没教我如何面对死亡的威胁……我希望我死了，也是传媒大学的骄傲！我听到师弟师妹大声冲我喊：'加油！'"虽然这是戏言，但是，死亡教育的确与安全、健康教育一样重要，向死而生，才会更加珍惜生命。《新生命教育》读本专门讲述了死亡教育的问题。

上午 9 点在个旧和平小学参加"不忘合作初心，继续携手前进"主题教育活动，为近 300 名红河州、个旧市的民进会员以及各民主党派成员做了题为《不忘合作初心　当好新时代民主党派成员》的报告，讲述中国民主党派的起源与发展，中国"五一口号"的提出与各民主党派的响应，以及如何当好新时代民主党派成员等。之后与一些新老会员交流，最年长的 86 岁，是个旧第一批会员。然后参观学校，看见学校主楼有"同心同德，至诚至善"八个字。我问校长是哪位书法家的大作，校长腼腆地告诉我，是他自己写的。

下午 2 点半在个旧民进与部分老会员见面座谈。红河州有 400 余名会员，其中 1/3 在个旧。老会员们竞相发言，他们对民进组织的热爱、对多党合作事业的热情让我非常感动。

结束以后参观云锡公司的锡博物馆。晚上在县委机关食堂用餐。

今天《中国政协》2018 年第 19 期发表了我的一篇长文《成长在改革开放的路上》。

晚上 8 点跑步 1 小时。

感觉有些疲倦，9 点半睡觉。

11 月 6 日　星期二　元阳晴

早晨不到 5 点就醒了。昨天发了关于调研的相关微博 24 则，22.6 万人次浏览。今天继续发微博，写日记。

早晨 7 点半吃早餐，8 点出发去元阳县。

10 点左右到达牛角寨镇。正好赶上集市，各种身穿哈尼族和彝族服装的人在镇上来来往往。第一站是牛角寨小学，这是镇上唯一的中心小学。有 8 所村小和一个教学点，中心学校有 1600 个孩子，村小和教学点有 1000 个左右的学生。学校的教学设施不错，有背板投影等。食堂也不错，午餐免费，生均标准是 4 元，晚上寄宿制学生 5 元。顿顿有肉，学生可能比在家中吃得好。

想看学校的图书馆，校长说因为新建教学楼，图书收到食堂仓库了。我们去到仓库，发现所有的书被打包放在仓库的墙角。很多新采购或者赠送的书，包装也没有打开。露出来的《普希金诗选》《安徒生童话》等静悄悄地躺在那里。

我对校长说，这些书其实比你们的老师厉害得多，如果让你们的孩子有机会读到那些最好的童书，他们会热爱阅读，会远远比在课堂里学得更多。

接着来到牛角寨中学，这也是镇上唯一的中学。现有 20 个教学班，1103 名中小学生，77 名教职工。校长很老练。看学生宿舍，条件还不错，就是没有文化氛围，感觉只是一个睡觉的地方而已。

与初中学生交流，问他们是否看书，看过什么书，只有一位同学回答看过鲁迅的《朝花夕拾》。图书不被阅读，就是一堆废纸。在学校阅览室看到了不少 2006 年、2007 年的过期杂志，说明阅览室基本也是形同虚设。在图书馆看见许多图书静悄悄地躺在图书馆里，几年前（2013 年配发）的书仍然没有打开。

图书馆的老师基本上是兼职，每天开放时间基本上是下午放学以后短暂的一个小时左右，而且每个年级一周只有一次借阅机会。如何发挥乡村学校图书馆的作用？

从学校出来，我们到了第一个贫困户家里。从外面看，三层的自建楼房还是蛮气派的。贫困户能够住这么好的房子？经询问，因为家中的房子正在重建所以现在住的亲戚家的房子。他们家，丈夫因病截肢，基本没有收入，妻子在外打工。家里有 4 个孩子，一个刚刚中专毕业，原先没有工作，最近被镇领导安排到幼儿园，每月有 1200 元的收入。另外三个孩子在读书，一个上小学两个上初中。因为是建档立卡贫困户，所以在义务教育阶段孩子们上学基本不用花什么钱，甚至还有些多余补贴。在聊天中得知，截肢的丈夫今年才 43 岁，应该说后面的路还很长，但看起来他并没有对未来的打算。我想，他虽然腿不能走，但双手是灵活的，头脑也还是清醒的，是不是应该学点简单的手艺，增加点收入，也给儿女树立个坚持奋斗的榜样，总等着扶贫救济也不是办法。

第二户家里只有一个老汉，老伴儿已经去世了，儿子有智力障碍，孙女上学，女儿在外面打工，但据说从不往家寄钱，也基本与家里没了联系。调研组同志详细询问了家庭情况、政府帮扶情况，以及孩子将来上学的打算。李孝轩同志当场同意孩子初中毕业后到他的职业学校免费就读，也算是帮忙解决了实际困难。

一路陪同我们调研的镇长是个“80 后”小伙子，情况熟悉、精明能干，原来在县委办公室工作。他们是我们这个大国做好基层工作的最基本的力量。

中午前往哈尼小镇，这是云南的特色小镇，位于哈尼梯田的核心区域，景致宜人。但我们根本没有驻足欣赏的时间，简单吃完午餐后便赶往胜村中学和中心小学。

胜村是两个乡合并的一个镇区。胜村中学硬件条件不错：新的教学楼、实验室，老师有中转房。教师队伍比较年轻，今年新进了 17 名特岗教师。一名艺术教师应邀为我们即兴表演了钢琴伴奏演唱。学校实验室也在装备之中。

我们仍然要求参观图书馆。发现有不少非常好的书，特别是一些经典的图画书，包括《小牛顿科学馆系列》等，但是这些书可能更适合小学。基本上没有合适的教师读物。学校图书馆开放程度也不够，也是临时应我们要求打开图书馆的。

接着来到不到 200 米远的胜村小学。这是一所全日制中心完小，下辖 11 所村委会小学，8 个教学点。校长很精干。在校生 1600 多人，整个学区 5058 名学生。教师 206 人。

胜村小学图书馆是我今年看到的管理最规范、图书品种最齐全的。竟然还看到了我主编的《新教育晨诵》。学校图书借阅全部计算机管理，每本书借出和归还的统计精确到秒。但是也是规定每天的借阅时间，每天只有 160 人左右。也就是说，只有不到 10% 的学生能够看到图书。学校图书馆基本没有适合低年级学生阅读的书籍，我建议他们与隔壁中学商量，看能够把哪些图画书和童书共享。

从学校出来，乘车赶了 40 分钟的山路，我们到了全福庄村。全村现有建档立卡贫困户 101 户、435 人，因学致贫 12 户、57 人。在村委会支书和主任的陪同下，我们看望了两户贫困户，一户是今年新进的贫困户，两位老人 70 岁，儿子媳妇在外打工，一个孙子白血病花去 6 万多元，一个孙子在昆明读书，一个在家上三年级。另外一户女主人在家，前年老公去世，儿子在广州打工，女儿在个旧读高中，花费比较大。

看完贫困户，已接近下午 6 点了，山里的气温已经很低。本打算回驻地了，想起来应该到村里的小学看看。这个时间应该早就放学了，也没打算能见到学生和老师，只是想到学校里直观感受一下。巧的是，到了学校门口，见到了两位年轻的女老师。与她们聊了下，知道这是一所上海知联会援建的农村学校，300 多个孩子。学校有教师 17 名，吃住在学校。她们是特岗转正的老师，已经工作三四年了，一个是本地人，一个是玉溪人，都已结婚。从言语中得知，她们对现状还比较满意，平时也就住在学校里。我说了些鼓励的话，希望她们能继续成长，成为优秀的教师。

出了校门以后，突然想起还是应该看看图书室。学校图书室虽小，但里面整洁、温馨，有阅读的氛围。老师介绍，图书室是侨胞赞助的，环境很好，藏书略少。图书室管理上还是不到位，规定孩子一周只能借一本书。我问他为什么有这样的规定，老师回答是怕孩子把书籍弄坏了。

晚上在一个哈尼民族特色浓郁的村落吃完工作晚餐以后回到酒店。

晚上 10 点半休息。

11月7日　星期三　元阳晴

早晨4点35分起床。发微博7则。昨天微博有15.6万人访问。写调研手记。

早晨见到云南省副省长、民进云南省委会主委李玛琳同志。她是昨天晚上很晚才赶到的，上午陪我们调研、座谈，下午又要赶回昆明，带队去上海参加进博会，非常辛苦。

按计划，我们上午是去考察元阳县职业学校。可是到了学校后才发现，这个学校现在基本没什么职业教育，校舍已经转给普通中学使用，在学校里读书的是本地的初中学校学生。学校里只有一个外包给公司的足疗按摩培训班、一个与其他县合作的汽修班。原来，由于合作办学，本校学生全部去了红河州的农业学校学农科专业以及临县的职业学校学汽修。职业学校几乎没有自己的学生。由于失去了专业支持，学校对于本县农民以及其他行业的专业技术培训也就难以开展。同行的红河州政协教科文卫体委员会主任介绍说，红河州建立了职业教育园区，集中了全州的职业教育资源，学生也集中到州里了。如此，县级的职业教育就容易被边缘化、空洞化了。所以，县级职业技术学校如何发展，如何更好地服务地方经济社会发展，的确是一个需要认真研究谋划的问题。

上午10点左右调研红河州尼农门人力资源服务有限公司。公司名字是哈尼语兄弟姐妹们的意思，创办人曾经在苏州昆山打工，而且娶了昆山的媳妇，回家乡创业。我开玩笑说，我们是苏州老乡啊！这是一家成立于2012年的集劳务输出、劳务派遣、人力资源中介和就业创业指导于一体的人力资源公司，公司成立以来，已经组织有序输出25471人，其中近三年输出15000余人（含建档立卡贫困户近4500人）。元阳是劳务输出大县，全县人口近45万人，有近15万人在外打工。打工的年收入在35000到40000元左右，而当地农民的人均可支配收入只有4656元，可见目前打工是脱贫的重要途径。我们与在场的县委领导研究如何加强大数据的管理，加强外出务工人员与留守孩子的联系等问题。

上午10点半参加元阳县脱贫攻坚民主监督座谈会。县委书记李维介绍了县里脱贫攻坚的整体情况和教育扶贫具体情况，调研组与专家分别就书香校园、职业教育、留守儿童、教师成长等问题做了发言。我重点讲了四方面意见：一是加强中小学图书馆建设，重视阅读的作用；二是加强教师队伍建设，关注教师成长；三是加强职业教育发展，注重职业教育对于脱贫攻坚的作用；四是关注留守儿童问题，学校、政府要建立留守儿童帮扶机制，关心他们的心理健康。我在发言中提出，上午调研的两个项目正好说明了一个问题：该县注重通过劳务输出来增收减贫，但没有注重职业教育和在当地发展本土产业，而这并非长久之计。一个地方要发展起来，总不能只依靠外出打工。并且，大范围的劳动力输出，还会造成严重的留守儿童问题。

中午赶往建水县，考察西庄镇团山民居和建水紫陶文化产业园。在紫陶小镇中的昌泰公司考察紫陶生产、加工过程。这些都是旅游文创产业带动脱贫的案例。对于元阳县来说，有着哈尼梯田这样丰富的旅游资源，将来发展旅游业很有优势（目前受制于交通条件），应该要向建水县取取经。

晚上 8 点半跑步一个多小时，今天全天走了 16000 步。

晚上 11 点休息。

相关建议

调研组一行注意到：元阳县在教育扶贫和脱贫攻坚方面做了不少颇有特点的工作，如坚持政府引导、市场主导、企业和经纪人主抓，积极探索培育主体（为劳务中介公司提供全方位扶持服务，包括提供场地、人员、资金扶持，实施奖励引导，省外、县外按300 元/人和200 元/人奖补）、组织协同（成立村级劳务合作社、通过奖励返还纳入集体经济收入建立利益连接机制）、业务协同（政府间劳务合作信息与企业共享、政府向劳务企业购买订单式技能培训）、服务协同（输入地建立劳动监察服务站）的新模式，累计输出劳务 2. 56 万人次。有效遏制了因为语言、技能、习俗等原因，劳务输出长期面临“送打工的人前脚刚回来，被送的人后脚到家”的困境。

调研组也注意到深度贫困地区教育扶贫面临的一些问题。如教师严重缺编，全县教师缺编 400 多人。基层卫生系统人员的编制偏紧，村卫生室老龄化现象十分普遍，面临后继无人的窘境，全县还有 61 个村无村医，并有扩大的趋势。中小学图书馆建设相对落后，校长和教师对于阅读不够重视。基层和县域职业教育空洞化等。

有两个问题特别需要关注，一是乡村教师职业发展的问题。在调研中发现，不少乡村教师存在小富即安的满足感，衣食无忧，工资甚至比当地公务员高。随着乡村一线教师趋向年轻化（调研中一个学校教师平均年龄是33岁），这个岁数就混日子是非常可惜和可怕的。所以建议建立一套促进乡村教师职业发展的制度体系，帮助他们更好成长、更好研修，激励他们永不满足，切实把他们的激情点燃起来，教师有了教育热情就会完全不一样。

二是留守儿童的教育问题。留守儿童是与贫困紧密关联的一个群体，是独特的中国现象，是发展中的问题。在成长的关键时期缺少父母的陪伴，就缺少了一种最重要的人生体验，只有隔代关系和同伴关系是不够的，对人一生的影响是不利的。调研发现，在该县打工人群中，单亲外出的占70%，双亲外出的占50%。所以建议对这一人群给予特殊关注，加强心理援助和家校合作，可以建立亲子热线，开展假期把孩子送到父母身边陪伴的相关活动，促使父母亲教育素养的提升，不能让父母因外出与家庭断线，与孩子失去联系。

（本调研得到民进中央参政议政部的帮助和支持）

重视新侨领的培养[①]

经中央批准，应智利众议院、秘鲁国会邀请，全国政协副主席马飚率全国政协代表团于2018年11月19日至27日对上述两国进行友好访问。

代表团的主要成员还有全国政协委员、港澳台侨委员会驻会副主任吕虹，全国政协委员、浙江省政协副主席郑继伟，全国政协提案委员会委员、北京市海淀区副区长陈双，全国政协教科卫体委员会委员、北京大学国际医院院长陈仲强以及全国政协外事局等部门的同志。

访问期间，代表团一行陪同马飚副主席先后分别会见智利众议长费尔南德斯、参议长蒙特斯以及内阁首脑、内政和公共安全部长查德维克，秘鲁国会主席萨拉维里、全国协商组织执行秘书长伊吉尼斯。代表团受到了两国高度重视和热情友好地接待，马飚副主席分别转达了栗战书委员长、汪洋主席对相关领导人的亲切问候，外方领导人请马飚副主席相应转达对中方领导人的问候和祝愿。代表团广泛接触两国各界人士，与驻智、驻秘中资企业代表深入座谈交流，并分别看望慰问两国华

① 秘鲁、智利调研手记。

侨华人代表。

此访恰逢我国改革开放40周年、推进“一带一路”建设工作5周年、首届中国国际进口博览会刚刚闭幕以及中智、中秘将分别迎来建交50周年的重要时间节点，行程紧凑、内容充实、重点突出、成果丰硕，达到了“多做工作、巩固友好、增进了解、促进合作”的目的。

以下是我的调研手记和代表团调研报告的部分内容。

调研手记

应秘鲁国会邀请，11月22日至25日，全国政协副主席马飚率团访秘，分别与秘鲁国会主席萨拉维里、全国协商组织执行秘书长伊吉尼斯举行会见会谈。其间，马飚详细介绍了习近平新时代中国特色社会主义思想、中国改革开放40周年特别是中共十八大以来取得的巨大成就、社会主义协商民主、“一带一路”建设、中国国际进口博览会等情况，表示中国全国政协愿加强同秘鲁国会和全国协商组织交流合作，为两国关系持续健康发展做出贡献。

秘方领导人表示，钦佩中国取得的历史性成就，愿学习借鉴中国发展经验，深化各领域务实合作，推动秘中全面战略伙伴关系不断向前发展。

11月19日　星期一　阿姆斯特丹晴

0：30乘坐中国南方航空CZ345航班赴阿姆斯特丹。飞行10个小时左右。在飞机上读《杜威教育文集》第五卷，这是杜威1920年以后撰写的著作。每天通过微博发布我读杜威的心得，即使出访期间也不能停止。所以抓紧时间阅读。

当地时间早晨3点左右到达阿姆斯特丹史基浦机场。4点左右到达Marriott（万豪酒店）。稍事休息。由于没有直达航班，需要在荷兰中转。早餐后利用航班之间的间歇考察荷兰国家博物馆、凡·高博物馆。注意到，荷兰中小学学生在博物馆学习的情况非常普遍。

晚上8：55乘坐荷兰皇家航空KL701飞往智利。

在飞往智利的途中读完了曹正文先生前不久送我的新书《文化名宿访谈录》。

这本书介绍了他与郑逸梅、冰心、夏衍、秦牧、冯其庸、冯亦代等前辈交往的故事。感受到越是真正的大家，越是平和谦逊。

由于回国以后的日程安排比较紧，抓紧在飞机上撰写近期将要进行的几个讲演稿提纲。包括 11 月 28 日的新浪年度教育盛典，12 月 2 日的中国教育三十人论坛，12 月 11 日的网易颁奖典礼，12 月 8 日的上海师范大学燕国材从教 70 年纪念活动等。

在飞机上一共只睡了 5 个小时左右。

11 月 20 日　星期二　圣地亚哥晴

早晨在飞机上读书写作，读了一本新书《一盘大棋？——中国新命运解析》。作者是英国学者罗思义先生。他认为，中国到 2035 年将成为世界第一经济体。一个国家，只用了 80 年时间实现从极度贫穷走向富强繁荣，在世界历史上前所未有。

上午 11 点到达智利的首都圣地亚哥。中国驻智利大使徐步一行到机场迎接。

下榻酒店以后，上网收邮件发微博。看到商务印书馆的涵芬楼书店发布 2018 年 100 本好书推荐（涵芬楼书店秋季畅销榜），其中有我的两本小书《梦想因阅读而生——朱永新阅读感悟》和《人生没有最高峰——朱永新人生感悟》等。

我是第一次访问智利。事先做了一点功课，了解了智利的相关情况。智利位于南美洲西南部，安第斯山脉西麓。智利的海岸线总长达 1 万公里，南北长 4352 公里，东西最窄 96. 8 公里、最宽 362. 3 公里，是世界上地形最狭长的国家。国土面积 75. 67 万平方公里，原为印第安人居住地，隶属印加帝国。1541 年沦为西班牙殖民地，1818 年宣告独立。

智利是拉美重要的经济体之一，是经济合作与发展组织成员国，综合竞争力、经济自由化程度、市场开放度、国际信用等级均为拉美之首，被视为拉美经济发展样板。智利的矿产资源丰富，铜矿业是智利经济的重要支柱，铜的储量占世界储量的近 30%，储量、产量和出口量均为世界第一，林业和渔业资源也非常丰富。

在对华关系方面，智利也是长期走在拉美国家前列，创造了多项“第一”——第一个同我国建交的南美国家，第一个就我国加入世贸组织同我国签署双边协议，第一个承认我国完全市场经济地位，第一个同我国签署双边自由贸易协定并同我国实现自由贸易协定升级的拉美国家。

对于这些内容马飚副主席烂熟于心，见到智利领导人时总是如数家珍，一下子就拉近了距离。

下午陪同马飚副主席会见智利政府内阁首脑、内政和公共安全部长查德维克。在进入大门的时候，看见一群准备参观智利总统府的孩子们。国外的教育比较注重让孩子从小了解国家政权的组成，为他们揭开政府运行的面纱奠定了良好的基础。

智利内阁首脑办公室里的两张照片引人注目。一张是被枪炮炸毁的总统府，一张是死于枪杀的前总统。是纪念，还是警示？

在交流中，马飚副主席高度评价了两国的友好关系，表示中方愿同智方一道努力，保持全方位交往势头，充分发挥各项双边对话机制作用，以两国签署共建“一带一路”谅解备忘录和双边自贸协定升级为契机，进一步深化双方各领域互利友好合作，推动中智全面战略伙伴关系不断向前发展。

离开内政部以后，随同马飚副主席前往中国贸促会驻智利代表处看望驻智利中资企业代表并座谈。马飚副主席在讲话中高度评价中资企业注重属地化经营，努力融入当地社会，积极履行社会责任，并勉励大家成为推进“一带一路”建设的主力军和中智经贸合作的中坚力量。

晚上见一位智利华人，他是20世纪80年代出国的江苏老乡。听他讲述了自己的创业史，颇为感动。他介绍说，随着老一代侨领年事已高，一些青年侨胞对祖国的感情和对政治的兴趣有所降低，加强新一代海外侨领培育工作尤为迫切和重要。建议国家对海外侨领新老交替工作提早谋划，进一步支持和加强海外侨团建设，扩大邀请海外侨胞特别是青年侨胞列席全国政协全体会议、参加回国回乡考察等活动的范围和数量，进一步培养他们的爱国热情和政治荣誉感、责任感。

晚上11点休息。

11 月 21 日　星期三　瓦尔帕莱索晴

早晨 5 点半起床。上网了解国内的情况，发微博，写日记。

早餐以后出发，前往智利国会所在地瓦尔帕莱索市。智利的国会与政府不在一个城市，据说也是军政府上台以后形成的格局。

从圣地亚哥到国会所在的城市大约一个半小时的车程。一路顺利，距离会见还有不少时间，于是忙中偷闲考察了诺贝尔文学奖获得者聂鲁达的故居。

巴勃鲁·聂鲁达是智利的著名诗人。13 岁开始发表诗作，20 岁时发表成名作《二十首情诗和一支绝望的歌》。他是中国人最熟悉的拉美诗人。他的许多诗歌让人印象深刻，如那首《最后的玫瑰》：

我是个绝望的人
是没有回声的话语
丧失一切
又拥有一切
最后的缆绳
我最后的祈望为你咿呀而歌
在我这贫瘠的土地上
你是最后的玫瑰

他也是一名外交家，三次访问中国。“你给世界带来一缕奇怪的芬芳，茶与灰烬混合的芳香。此时，你拿着空盘站在庙门口，用你苍老的眼神注视着我们”，就是他作的关于中国的诗句。

工作人员介绍说，故居是由聂鲁达基金会管理的，政府基本没有补贴，主要靠出版聂鲁达著作和门票收入维持。聂鲁达在智利有三处故居，均由聂鲁达基金会管理，在瓦市的故居每年大约有 10 万人慕名而来，门票约合人民币 70 元，价格不低。在纪念馆里，也遇到了好几批中小学学生。以社会为课堂，是国外教育的一个重要特色。

到达国会以后，发现议会的会议仍然没有结束。工作人员安排我们旁听智利议会讨论儿童权利法案和公共道路建设等。智利的议会是对外开放的。除了我们以外，还有其他国家的代表团以及不少智利公民。

会场上讨论非常热烈，所有议员的举止尽收眼底。上午的会议一直开到下午2点以后。原定1：30与众议长的见面也推迟到2：30左右。一见面，议长就抱歉地说，“儿童的事情是大事情”，争论时间很长，让我们久等了。

众议长玛雅·费尔南德斯·阿连德是前总统阿连德的孙女，军政府期间流亡到古巴，1990年返回智利。她继承了爷爷对华友好的传统，她专门在办公室挂了爷爷的画像，就是要提醒自己把爷爷开创的事业继续下去。她已经接受中国邀请，明年1月访华。明年习近平总书记也将访问智利。

与众议长的会见结束以后，94岁的老人冯特西塔又带领我们去会见参议长蒙特斯。参议长高度赞扬中国发展的成就和“一带一路”的倡议，他说，智利有句谚语“像中国人一样勤奋工作”，智利人民对“中国奇迹”深表钦佩。

一位高龄老外交家忙碌地参加我们与参议长和众议长的会见，让我们非常感动。他是一名老外交官，也是智利的名门望族，我们问他长寿的秘诀，他笑着告诉我们，“为别人不知疲倦地工作”。的确，他不是为金钱，他们家族的甘露酒庄就足够他几辈子体面地生活了。他就是喜欢工作的感觉，喜欢别人需要他的感觉。

马飚副主席在会见两院议长的时候提出，2019年智利将主办APEC领导人非正式会议，中方将坚定支持智方办会，并愿以此为契机，进一步加强两国在亚太和全球事务中的战略协作，为亚太和全球经济增长做出更大贡献。

在议会访问期间，再次见到许多中小学生，看见老师和议会工作人员为学生讲解相关问题。由此想到，我们是否有可能把全国人大和政协作为中小学生的社会活动基地，让学生们了解我国根本政治制度和基本政治制度呢？

晚上返回圣地亚哥。收拾行李。运动半小时。

10点半休息。

11月22日　星期四　圣地亚哥、利马晴

可能是时差的原因，早晨很早醒来，没有睡意。3点半起床工作。写晨诵5篇。发微博7则。最近微博访问量一直在18万左右。

早晨7点吃早餐，7点半去机场，乘坐LA600航班去利马，近4个小时的飞行。一路读《本源》，作者丹·布朗是美国当代最著名的畅销书作家之一，他的小说《达·芬奇密码》长期高居《纽约时报》畅销书排行榜榜首。他的父亲是数学家，母亲是宗教音乐家，他的作品也往往把科学与宗教这两种看似截然不同却又存在着千丝万缕关联的事情作为他的创作主题。故事情节曲折紧张，本想催眠一下在飞机上睡觉，却越看越清醒了。

上午11点左右到达利马，中国驻秘鲁大使贾桂德一行前来迎接。

下午参观拉尔科博物馆。这是利马最大的私人收藏博物馆，据说里面收藏了45000件文物，最丰富的是各个时期的陶器。在20世纪20年代，老拉尔科开始组织发掘秘鲁的考古点，后来根据断层和覆盖特点总结出了秘鲁各文明时期的编年史。子承父业的小拉尔科后来也加入其中，父子俩发掘收藏了数以万计的文物及残片，经过精心修复，整理归类，在1926年的秘鲁独立日这一天将展馆正式向公众开放。要了解一个国家的历史与文化，最便捷的方式无疑就是参观博物馆。

晚上与大使吃工作晚餐，听大使介绍秘鲁的国情。作为印加文明的发源地，面积和人口分别位居拉美第四和第五的秘鲁，属于传统农矿业国家，工业门类不够齐全，经济结构比较单一，制造业和服务业欠发达。因为基础相对比较薄弱，近年增长比较快，增速位居拉美国家前列。现任总统比斯拉卡刚刚就任时间不长，原总统库琴斯基属于秘鲁中右政党“为了变革的秘鲁人”的领导人，2018年3月因为涉嫌腐败案在国会对其弹劾前夕宣布辞职，比斯拉卡作为第一副总统依照宪法接任了总统。原定总统要会见代表团一行，但是由于遇到了一些突发事件而取消。虽然多年前访问过秘鲁，但还是津津有味地听了介绍。

8点半左右回到酒店。时差的原因，睡意袭来，好困。洗漱以后赶紧睡觉。

11月23日　星期五　利马晴

晚上12点半醒来。睡意荡然无存，干脆起来工作。两个小时，处理完成工作邮件等。2点半再睡，5点半再次起床工作。

8点半吃早餐。9点出发去总理府。

在秘鲁总理府参加全国政协代表团与秘鲁全国协商组织执行秘书长伊吉尼斯一行的座谈交流。秘鲁全国协商组织是一个具有秘鲁特色的全国性统一战线组织，是秘鲁政府动员各方力量推进国家重要议程的一个机制，成员包括中央（总统、部长会议主席等）、大区（大区委员会主席）和市一级政府长官（市政委员会主席）等，各党派代表（包括“为了变革的秘鲁人”党、“人民力量”党、人民行动党、阿普拉党等朝野7大党），各民间组织、全国性联盟机构代表（全国总工会、全国私营企业联合会、全国农业促进会等）等。秘鲁的民主政治体制具有互相掣肘、效率不高等弊端，该组织成立的目的，就是想通过对话协商，凝聚各方共识，更好地制定国家政策，保障国家包容、公平、可持续发展和良好治理。

该组织成立以来已经举行125次全会，通过了35项国家级政策建议。秘书长介绍说，这个组织的规则是所有讨论的政策在全体人员未达成一致意见前不能公开，核心在于赢得共识。我们感觉这个组织与我们的全国政协有相似之处，都以凝聚共识、整合各方力量为主要目标，做出的决策都不具有强制力，都在各自的国家治理和政治生活中发挥着重要作用。这也从另外一个角度证明，协商民主在不同政治制度下越来越展现出强劲的生命力。

活动结束以后考察总统府广场和大教堂。多年前曾经来过，仍记忆犹新。

上午11点去国会。国会主席萨拉维里会见代表团一行，并且为马飚颁发了荣誉勋章。国会主席表示，他十分有幸目睹了中国从“沉睡的雄狮”发展成为世界强国，探索出了一条具有中国特色的发展道路，为广大发展中国家树立了成功的样板，秘鲁必将借鉴中国经验。在他的办公室里，不同党派的议员纷纷发言，对中国的“一带一路”倡议表示赞赏，并且希望中国企业注重劳工法和环境保护。马飚副主席详细介绍了习近平新时代中国特色社会主义思想、中国改革开放40年，特别是中共十八大以来取得的巨大成就、社会主义协商民主、“一带一路”建设、中国国际进口博览会等情况，表示中国全国政协愿加强同秘鲁国会的交流合作，为两国关系持续健康发展做出贡献。

在国会主席办公室，看到利马国会第一任主席的画像，我看来看去觉得有点像南怀瑾先生。

下午2点，秘鲁国会主席在乡村俱乐部与代表团餐叙。在智利和秘鲁见了一些华侨领袖，与他们也有一些私下的交流，为当地华人的奋斗史而感动。秘鲁的国会主席萨拉维里在宴请我们代表团一行时说，“在秘鲁，华人就是勤奋的代名词”。

下午 4 点 45 分，从海豚酒店出发访问秘鲁中华通惠总局。总局位于利马唐人街附近，为秘鲁华侨、华人的全国性总机构，1886 年正式奉清光绪皇帝御颁圣旨成立，创始人为清廷驻秘鲁公使郑藻如，取名通惠总局，意在“通商惠工”。其宗旨是统筹秘鲁华侨的慈善公益事业，加强华侨之间的相互扶助，继承和发扬中华民族传统美德，维护华侨权益。其成员主要以广东籍侨胞为主。经过 130 多年的发展，通惠总局已经拥有比较完善的章程、组织和稳定的经费收入，有力地保证了侨社的可持续发展。2014 年被国务院侨办列入首批 18 家“华助中心”，2016 年获得“华社之光”的荣誉称号，习近平总书记在 2016 年访问秘鲁时也给予通惠总局高度评价。

通惠总局的主席介绍说，秘鲁是拉美地区华侨华人人数最多、移民历史最悠久的国家之一，当地华侨始终心系祖国。一位曾经列席全国政协十二届五次会议的华侨在发言中表示，一次列席、终生难忘，一次荣誉、终生责任。

结束以后考察利马唐人街。通惠总局的工作人员介绍说，秘鲁人口中的 1/4 具有华人血统。利马有 5000 个以上的中餐馆，全秘鲁有超过 8000 家中餐馆。秘鲁人对中国人非常友好，许多第一次到秘鲁的中国人甚至没有“出国”的感觉。

在调研中我们见到的大部分都是老一代的华侨，他们许多是 30 多年前到这里打拼的，低调务实，文化水平不高，难以融入主流社会。而他们的子女则大部分接受了比较良好的教育，第三代不少也在世界知名大学学习，如何在年轻人中发现和培养人才，增强他们对祖国的认同感，加强与他们的联系，培养新一代的侨领，是一个非常值得关注的问题。

晚上 8 点半左右回到酒店。继续读杜威的著作，写每天的“新父母晨诵”。

晚上 11 点休息。

11 月 24 日　星期六　利马阴

早晨4点半起床工作。写晨诵5篇。发微博。写日记。

早餐以后去秘鲁大使馆经商参处，参加与驻秘鲁中资企业的座谈会。首钢秘铁、中铝秘鲁、万新集团、工银秘鲁、中铁隧道等企业代表先后发言。这些企业都属于“秘鲁中资企业协会”的成员，这个协会是2011年由驻秘鲁大使馆指导推动下成立的，宗旨是促进中秘经贸关系发展，加强中资企业之间及与当地社会的联系和沟通，为中资企业服务，维护中资企业的合法权益。首钢秘铁的董事长孔爱民担任首任会长。在发言中，大家反映拉美国家虽然距离中国遥远，而且政局不太稳定，政策缺少连续性，但是战略地位非常重要，基础设施较差、产业结构单一，恰恰给中国企业“走出去”提供了很大空间。现在已经有一些国有企业在这里站稳脚跟，上下游的配套企业应该尽快跟上。

中国企业在拉美“走出去”有很大空间，要从GDP走向GNP。

晚上9点在马飚副主席房间召开代表团会议，交流访问的体会。为撰写代表团的访问调研报告做准备。大家谈自己的观感体会，认为要进一步提升智利、秘鲁在中国特色大国外交中的战略地位，完善中拉合作布局；对中资企业参与“一带一路”建设情况做出全面评估，引导和支持中资企业更好推动“一带一路”建设向拉美延伸；提早谋划海外侨领新老交替工作，广泛凝聚海外侨胞力量；人民政协对外交往工作应立足新时代的新方位、新使命，坚持双向发力、内外着力。

讨论交流非常热烈，每个人都是收获满满，感想颇多。因为明天就要回国，代表团途中生病的成员也带病参加会议，马飚副主席叮嘱大家早点休息，因此结束了会议。

晚上11点休息。明天开始，又是一个漫长的回国旅程。

调研报告（部分）

回国以后，代表团完成了访问智利、秘鲁的情况报告。报告除了介绍访问的五项成果外，重点讲述了四点体会与建议。

体会之一是中国道路广获认同。智利和秘鲁各界人士对中国道路怀有浓厚兴趣，积极探讨中国成功背后的原因，普遍表示中国发展奇迹不仅显著改变着中国，也深刻影响着世界。我们感到，理解中国发展道路的国家越来越多，认同中国共产党治国理政理念的外方领导人越来越多，看好中国特色社会主义发展前景的有识之士越来越多，对中国寄予的期望也越来越大。

体会之二是中拉合作潜力巨大、前景光明。中国与智利和秘鲁天然的亲近感和共同的使命感，使双方都能够从战略高度和长远角度看待彼此的关系。两国领导人均谈到，目前对华出口产品相对单一，双方人民相互了解还不够深入，迫切希望拓展新的合作领域。这充分表明加强中拉合作大有可为，前景可期。

体会之三是拉美国家普遍欢迎“一带一路”建设。几乎每场外事活动中，外方领导人必谈“一带一路”，必提坚决支持“一带一路”建设全面对接拉美，普遍希望搭上中国发展新一班快车，分享这一全球性合作平台的巨大机遇和红利。建议与拉美在共建“一带一路”框架下，选择互联互通、产能、金融等各国最急需、最迫切的领域开展合作，推动中拉关系迈上更高水平。

体会之四是协商民主在不同政治制度下展现强劲生命力。在秘鲁我们意外地见到了全国协商组织负责人，感到该组织与我国人民政协有许多相似之处。这说明协商民主在不同政治制度下正在展现强劲生命力。

报告中也提出了一些思考与建议：

第一，建议进一步提升智利、秘鲁在中国特色大国外交中的战略地位，完善中拉合作布局。两国矿产资源丰富，但在上下游产业配套、基础设施、物流、高新技术等领域存在较大差距，与我国产业结构互补性强。当前，两国均处于国家发展关键阶段，深化对华合作意愿强烈。建议以中智、中秘建交 50 周年和 2019 年智利主办 APEC 领导人非正式会议为契机，进一步完善中拉整体合作布局，提升智利、秘鲁在中国特色大国外交中的战略地位，加大对两国关键领域和薄弱环节投资力度，将双边关系打造成为新时代平等、互利、创新、开放、惠民的中拉关系样板。

第二，建议国家对中资企业参与“一带一路”建设情况做出全面评估，引导和支持中资企业更好推动“一带一路”建设向拉美延伸。建议国家大力支持引导中资企业注重属地化经营，努力融入当地社会，发展成为具有中资背景的本地企业。鼓励中资企业积极履行社会责任，更加注重保护环境、关注社区、造福民众，坚持依法合规经营，积极运用法律和各类合法途径维护自身权益。加大对民营企业“走出去”的支持力度，有针对性地安排政策性贷款，提供培训交流服务。在国家层面建立中资银行业国别融资总量管控机制，监测我国对单一国家融资总量和集中度，防止发生系统性风险。

第三，建议提早谋划海外侨领新老交替工作，广泛凝聚海外侨胞力量。目前海外华侨正处于新老交替、青黄不接阶段，老华侨大部分出生在中国，血脉的亲缘关系在祖国，语言与生活习惯也更接近祖国。但年轻一代的华侨大部分出生在居住国，语言和生活习惯也西方化。他们融入当地主流社会的意愿更强烈，对回国归乡创业和参与政治事务的兴趣远远不如老一代华侨。这就需要我们加大工作力度，培养年轻侨领的爱国热情和政治荣誉感、责任感。

第四，人民政协对外交往工作应立足新时代的新方位、新使命，坚持双向发力、内外着力。

通过这次出访，我们目睹了西方民主的现状，倾听了智利和秘鲁领导人对中国道路、中国模式、中国方案的高度评价，体察了拉美发展中国家对发展经济、改善民生的艰辛探索，深切感受到中国改革开放特别是中共十八大以来伟大成就的来之不易。建议人民政协要进一步配合国家总体外交，发挥优势作用，创新话语体系，讲好中国故事、多党合作故事、人民政协故事，彰显中国制度的特色和优势，为人类政治文明贡献中国智慧和中国方案。

（以上建议部分参考了全国政协代表团访问智利、秘鲁情况的报告，特此说明并致谢）

议政网事

在互联网的时代，所有的事情都在“网中央”。所有的人都离不开网络。网络，把智者的声音远播，将弱者的声音放大。两会期间，我关于保障教师和学生的休息权的一个短视频，点击量竟然超过了6.4亿！网络议政，也成为中国民主政治的一道美丽风景。

未来网：用阅读筑就民族的精神境界

2018 年 3 月 11 日

在对朱永新委员近一个多小时的访谈里，提到最多的两个字就是“阅读”。

从“全民阅读形象代言人”到新教育的积极探索者，到推出“领读未来计划”，号召更多的阅读推广者，对阅读的亲历践行和对全民阅读的鼓与呼已经成为朱永新生活中的一部分。无论工作繁忙，还是出差在外，每天早晨 5 点开始的阅读写作是他雷打不动的习惯。

从 2003 年两会开始，全国政协委员、民进中央副主席朱永新连续 16 年呼吁建立国家阅读节，把全民阅读作为国家战略，建立国家阅读基金，成立国家阅读推广委员会，加强社区图书馆建设……提出了一系列关于阅读的提案和建议。

为了让孩子们成长得更好，全国政协委员、民进中央副主席朱永新写下了“做一个快乐的读书人的倡议”。

16 年过去了，让朱永新感到欣慰的是，阅读的理念已经被更多的人接受，全民阅读的氛围也越来越浓厚，阅读率连续下降的趋势也得到遏制。

16年始终如一地将“阅读节”进行到底

连续16年始终如一，倡导一个议题的代表或委员还真不多。

今年两会，朱永新委员又一次提出了关于建立国家阅读节的提案。他说，国家阅读节就是把日常生活中的阅读提升为一种仪式，“就像两会是中国人的政治春节一样，国家阅读节也应该成为中国人的精神春节”。

16年始终如一的坚守，朱永新清晰地知道阅读在人生中的重要作用，他最经典的一句话“一个人的精神发育史就是他的阅读史，一个民族的精神境界取决于这个民族的阅读水平”，深刻阐述了阅读对人的成长和国家发展的重要意义。朱永新认为，国民素质的提升有很多路径、有很多方法，但是最廉价最直接最基础的，就是阅读。

如今，建立国家阅读节、倡导全民阅读的提案已经获得一百多个全国政协委员联名呼吁。为了推进全面阅读，今年，朱永新还提交了《关于推进“高铁阅读”的提案》。在朱永新看来，高铁成为老百姓生活的一部分，可是目前高铁上提供的阅读材料十分有限，质量和数量也不容乐观。“这些公共阅读是传播阅读文化的重要途径，能够有效增强人们的阅读意识，促使人们养成阅读的习惯。”朱永新认为，高铁车厢舒适、卫生、安全，提供了良好的阅读环境。这样的一个时间，可以安心地去阅读，把这样的体系建立起来，也可以让国民养成比较良好的习惯。

虽然阅读的理念已经被更多的人接受，但在朱永新看来，深度的阅读可能还不够，最根本原因还是全社会对阅读的认识还没有真正的到位，在教育方面，很大程度上还把应试作为一个重要的方向，阅读还没有得到应有的重视。

但朱永新相信，努力终不会被辜负。在《人民政协报》刊登的朱永新委员日记里，他这样写道：“将阅读节进行到底，为阅读鼓与呼，我会继续努力。”

儿童阅读决定着民族未来

在生活中，朱永新同样用这样的“坚守”和毅力践行每天阅读的习惯。

每天早上5点左右起床，坚持写作和读书，每段旅途中必须携带阅读的各种书籍，每天在微博上推荐一本值得一读的好书。

朱永新告诉未来网记者，良好的习惯是一个人一生最好的财富，“早上5点到早上8点这个时间基本上是很安静的，也没有人打扰，也没有工作，也没有电话，你可以静下心来写作”。

而让国民都养成阅读的习惯，还任重道远。2017年年底，朱永新所在的新教育研究院与团中央一起发起了“领读未来·少年儿童领读者计划”。朱永新说，希望能够培养更多带着青少年阅读的推广人，让更多的人成为阅读的志愿者，成为阅读的推广者。

朱永新认为，“童年的长度决定了国家的高度。儿童阅读的深度决定了民族精神的高度，从这个意义上说，儿童阅读决定着民族未来”。

阅读能力对孩子成长至关重要，“通过阅读他可以走向更广阔的世界，看到他身边以外的东西，看到从古到今，从中到外，会看得更远，会给他一个更好的视野。其次就是他的写作的能力，写作的能力不仅是写作，其实是思考的能力，真正的写作是从思考开始”。然而，在移动互联网的时代，手机阅读随处可见，很多人没有大块的时间静下心来读书写作，对于被称为“互联网原住民”的青少年来说，通过手机等移动终端去获得知识，已经成为常态。

在朱永新看来，数字化的阅读趋势不可逆转，小孩子接受数字化的阅读也是无可厚非的。但是他还是提倡，不要把纸质阅读丢掉，尤其是中小学生要尽可能地学会安静地阅读纸质图书，并养成这样的习惯，因为过分依赖电子媒介，会让孩子很难真正地集中注意力，另外对眼睛、对思维、对注意力都会有一些不良的影响。

推进儿童与成人共读　政府推动书目研制

现实情况中，很多中小学生学业负担重，没有那么多时间去静下心来读书。一份面向全国中小学生、教师和家长群体的阅读调查显示，74.85%的孩子喜欢阅读，但超过半数孩子没有时间阅读。在问题“阻碍你阅读的原因是什么?”中，50.59%的孩子表示“学业重，没有时间和精力”阅读，“中小学生课外负担重的问题”甚至被写入了2018年的《政府工作报告》中。

对此，朱永新认为，现在学业负担重是一方面，关键是很多父母亲没有意识到阅读的重要性，他们宁愿把时间用在补习上，学很多和课堂里面重复的内容，从学校教育来说，布置的简单练习、重复练习多了一点，真正让学生去读书的时间少了一点，也需要改变我们的课堂和改变我们的作业方式。

为了让孩子知道哪些是好书，从 1993 年朱永新担任苏州大学教务长开始，就采用推荐书目等方式，在全校推动阅读。这些年来，朱永新一直在做推荐书目的研制工作。

2011 年 4 月开始，朱永新和他创建的新阅读研究所陆续发布了《中国小学生基础阅读书目》《中国幼儿基础阅读书目》《中国中学生基础阅读书目》《中国企业家基础阅读书目》《中国中小学教师基础阅读书目》《中国父母基础阅读书目》等书目。

朱永新认为书目研制是一项特别重要的工作，在信息时代，越是丰富的信息，越容易导致人的迷失。书目的研制是为一个人的精神提供一份营养全面的科学配餐方案，便于人们按图索骥。他建议，政府进一步推动各类阅读专业的研究，推动书目研制工作，对各类专业民间机构的研究成果购买服务，及时推进阅读的深化。

面对当前越来越多孩子喜欢玩网游而不爱读书的现状，朱永新认为，没有孩子天生就喜欢这个，喜欢那个，需要家长去引导，需要通过亲子阅读去培养孩子的阅读习惯。

“这是最有效的方式，我们很多母亲买了书就丢给他们，他们可能就没有兴趣去看了，你跟孩子一起去讨论、一起去激发，给他们提问题，跟他们讨论问题，可能就会把他们带到读书的世界，另外还是要寻找他们喜欢的书，每个孩子胃口是不一样的，能够找到适合他们胃口的书，可能就会把他们带到书的世界中去，如果一开始就找到他们不感兴趣的书，强制他们去读，反而会把他们阅读的兴趣扼杀。”

在今年的提案中，朱永新还建议以儿童为中心，推进儿童与成人共读，朱永新希望通过亲子共读、师生共读、团队共读等阅读方式，让孩子们能够热爱纸质阅读，让阅读推广工作通过儿童的影响和督促，更为直接有效地影响儿童身边成人的阅读习惯的养成。

在朱永新看来，对于家长教育的引导也非常重要，朱永新指出，最关键是父母要做孩子的榜样，父母要和孩子一起成长，父母要懂得什么样的教育是好的。

倡导全民阅读，是培养文化自信、实现民族复兴的精神索引。需要更多执着的守望者，围绕全民阅读的氛围鼓与呼。

人民网：新时代如何让孩子的书包轻起来

2018年3月11日，朱永新做客人民日报新媒体《大咖有话》两会特别节目——“两会面对面”。

主持人（赵婀娜）：各位网友大家好，您现在正在收看的是人民日报新媒体《大咖有话》两会特别节目——“两会面对面”。今天做客我们节目的嘉宾是我个人非常喜欢和尊敬的教育实践家，在过往20多年的时间，他一直致力于一种健康的、积极的教育理念的实践，同时也推动了很多重要教育政策实践和落地，他是谁呢？他就是民进中央副主席、全国政协常委朱永新老师，跟我们广大网友打一个招呼吧。

朱永新：各位网友大家好，我是大家的老朋友朱永新。

主持人：我们知道两会议程特别紧张，今天是难得政协休会的时间，特别感谢在休息的时间能够接受我们的采访。既然是一个“两会面对面”的特别节目，我想可能广大网友最为关注的也是您今年的提案是什么，以及在今年的两会当中您着重关注的话题是什么。

朱永新：我今年带来了13个提案，跟以往差不多，主要是围绕着教育展开。从大教育的角度来说我最关注的首先是阅读，这是我第16年呼吁要建立国家阅读节，深入地推进全民阅读，所以这是我今年最重要的提案。同时我还带来关于高铁阅读的提案，因为高铁作为中国的“新四大发明”之一，怎么样更好地发挥它的作用，发挥它文明传播的作用，我提出了一些建议。在教育方面我所关注的，比如说教师问题，特别是学前教育阶段的教师严重短缺，怎样发挥国家对在培养教师当中的作用；再比如说教师和学生的休息权问题，因为现在我们节假日占用教师和学生的休息时间太多；再比如说融合教育的问题，现在对智障、残障的孩子是用圈养的方式，圈养方式其实不仅对残疾儿童不利，也对正常儿童不利，他们也很难去了解、关注、尊重这些残疾儿童。

主持人：所以更多是融合的方式。

朱永新：要进行融合教育。再比如我们关注儿童营养的问题，因为儿童营养的问题表面上看是个健康问题，其实它跟生命教育有着非常密切的关系，跟儿童的智力发展、跟教育的关系也非常密切。总而言之，带来了13个和教育问题相关的提案。当然还有一个可能大家比较关心的，就是文山会海的问题。八项规定各个方面贯彻得很好，但文山会海还是有愈演愈烈的趋势，特别是基层的负担非常重，直接影响到我们教育，跟教育关系也非常密切。去年一个校长跟我讲，他一年开了两百多次会，差不多每个工作日都有会。所以说其实所有的提案都是围绕教育展开的。

主持人：正如朱老师所说，您关注的是教育领域的话题，我们知道在您过往经验实践当中更多精力是投入到教育当中去的。跟大家汇报一下，我了解朱老师是之前看过他的一篇文章，这两天在网上传播非常广，标题叫作“一滴水折射出的春之光辉”。想表达的意思就是朱老师其实在过往15年当中从委员到代表再到委员这样的一个履职的经历，应该说是老两会，这么长时间见证了中国社会主义民主政治的进步，见证了它的进程，同时更多的是在这15年当中一直以来都是致力于教育事业的进步和发展。我个人觉得自己就很钟爱教育事业，可是跟您没有办法相比，因为您真的是把全部的精力投入到教育事业当中，您为什么那么钟爱教育事业，情怀在哪里？

朱永新：从家庭来说，我父亲是一个小学教师，后来做小学校长，做乡镇文教助理，他也是全国优秀教师。我觉得从家庭的影响来说，这是一个背景。第二个从我的工作来说，我所有的工作都和教育有关，大学毕业以后做大学教师，后来到政府担任副市长分管教育，后来到民进中央工作。民进是个教育党，我们70%的会员是来自教育界，尤其是基础教育界，所以干的每一份工作都是和教育相关。第三个原因是我自己的专业背景，我大学里学的是师范，研究的也是教育问题，这一生我觉得是学习教育、研究教育、管理教育，所以对教育当然会情有独钟。而且教育这个行业，你越是深入进去，你会越喜爱它，越会发现它挑战无限，当然乐趣也无限。

主持人：我们经常说什么是教育，说教育就是一棵树摇动另外一棵树，一朵云碰撞另外一朵云，所以教育是关于情怀的东西，更多关于人本身成长的过程。但是我们说回到目前现实的教育的改革事业发展当中，客观地讲，这些年我们取得了非常卓越的成就，也攻克了很多现实中的困难，就比如这两天大家关注比较多的浙江和黑龙江，这两个地方探索能不能让孩子上学的时间晚一点，其实是在破解目前孩子休息不足的问题。社会上一方面大力支持让孩子多睡一点觉，一方面表示不现实，没有办法落到实处，您怎么看？

朱永新：习近平总书记讲我们现在社会主要矛盾是人民群众对美好生活的向往和我们整个社会的发展不均衡不充分之间的矛盾。人民对于美好生活的向往，第一位的就是教育。在总书记的报告里面也是讲教育，教育是排在第一位的，所以教育是第一民生，教育和所有的家庭、所有的人都有关系，它成为全社会的焦点，这一点也不奇怪。同时因为每个家庭里面都有孩子，当然孩子的成长也是我们全社会最关注的问题，所以每年两会教育都会成为焦点，成为大家关注的问题。过去还有反腐败大家比较关注，八项规定出台以后，反腐力度加强以后，大家渐渐地转移焦点，转到民生，无论是总理报告，还是“两高”报告，凡是和民生关系密切的，掌声就特别多，因为大家心系民生，从政府到老百姓自己。

教育的问题，其实这些年来渐渐地大家越来越关注学生课业负担的问题，因为大家也都是感觉到孩子们太苦了。其实这个苦不是现在才开始苦，已经苦了好多年了，孩子们说起得最早的是我，睡得最晚的是我，学习最累的是我是我还是我。当然这个原因是多方面的，其实所有批评这个现象、问题的人，可能从另外一方面来说也是制造这个现象，制造这个问题的人，所以我们每个人都在其中。我们很希望去解开这个结，同时每个人都在把这个结打得更紧，所以越解越难。

如果要分析的话，首先从政府的角度来说，政府是有责任的，政府不是没有责任，否则克强总理就不会在《政府工作报告》里面把它作为一个重要的内容。我觉得政府的责任主要是两个方面，第一就是学校发展不均衡，城乡之间教育差距比较大，重点校和一般学校差距比较大，所以大家都在进好学校，因此有了大班额。农村孩子要到镇里、城里去读书，因为那里教育更好。每个人都希望孩子不输在起跑线上，都要进好学校，如果学校之间没有那么大的差距，可能就不会有那么大的压力，现在大家都要上好学校。第二，从政府的角度来说，我们的干部人事制度和劳动收入分配制度设计上也是可以改善的。比如说我们很多单位招聘公务员，招聘人才的时候，就是打着旗号，我必须要博士生，必须要硕士生，甚至是要“985”“211”的毕业生，其实不应该有这样的门槛。除了做科学研究以外，其实在政府公务员里面不应该有这样很严格的学历歧视的。这就导致要想找到好工作，要想有高收入，你必须要进好学校。如果把这两个问题解决了，我觉得至少学生负担可以减轻一点，这是政府方面的原因。

另外我觉得有社会的原因，尤其是全社会的教育素养，也就是说我们应该知道什么是好教育，教育到底是做什么的。你刚才讲那个观点，其实我们一直认为教育是为了让人更幸福，教育是为了让人成为人，让人成为他自己，我觉得这是教育应该追求的。但是我们现在所有的家庭几乎并不是把孩子真正地培养为人，而是把人异化为分数。其实我们知道为什么素养要提高，我们要承认人的差异性，要承认人的多样性。不可能所有的人都做科学家，也不可能所有人都去当姚明，每个人成为最好的自己，把他自己的潜能、把他自己的价值挖掘出来，让他有更多的机会去尝试、去探索，这样才能够真正地去发现你自己的孩子。

现在我们都是用邻居家的孩子来看自己的孩子。邻居家的孩子去补习了，我也去补习；邻居家的孩子学那个，我也学那个。他没有研究好自己的孩子，没有陪伴自己的孩子，这是社会原因。社会对什么是好教育，孩子到底应该怎么成长，基本的教育素养不够，所以我们现在特别关注家庭教育的问题。我专门出版了一套书，叫《这样爱你刚刚好》，从母亲怀孕开始，从0岁开始，告诉父母亲怎么样帮助孩子去成长，在这个年龄阶段做一些什么事情。这本书从 0 岁到 20 岁，每年我们出了一小本书来指导父母。我们在全国新教育学校还建了新父母学校，父母本身也是需要受教育的，需要学习的不仅仅是孩子，和孩子一起成长才是教育最美丽的风景。

从学校的原因来说，我们对学校的评价缺乏比较有效的标准：考试成绩好的就是好学校，分数高的就是好老师。所以这样一来，学校也把主要的精力放在分数上，放在应试上，拼命地搞布置作业，拼命地搞训练。当然和学校本身的素养不够也有关系。其实好的教育并不在于太多的练习，尤其是太多的重复性的练习，有的时候磨刀不误砍柴工。比如我们做的校园，它考试成绩比那些搞应试的学校还棒，我们有很多这样的故事和案例。

主持人：可能底子更厚，思考的方式更健康。

朱永新：第五就是社会补习机构。现在补习机构成了二学校，干的是和学校一样的事，所以补习机构的定位没定好，它怎么和学校差异化发展，怎么去发挥它的素质教育的作用（当然不是说学校不搞素质教育），怎样更好地满足学生个性化的需求，我觉得这一点它没有做到。所以我觉得这是一个复杂的问题，也是复杂的系统工程，需要全社会各个方面共同努力才能真正解决这个问题，否则年年呼吁年年喊，年年照样还是很难。

主持人：我特别尊重朱老师是因为他是一个大教育家和实践家，他刚才所说的一些长期存在的难题，深层次的原因也都提到了。但是我自己也是家长，我也站在广大网友的角度去思考，朱老师您说的这些我都特别认同，也支持理解，我肯定愿意让孩子在一个幸福自由个性化空间去成长。我采访过很多名校长，这些校长也说我们也是懂教育的，我们知道应该把孩子教育成那样，但是环境使然，身边现实情况使然，有的时候朝那个理想的方向会有一点儿力不从心，或者说有一点儿被裹胁，或者焦虑，现实当中究竟怎么办？

朱永新：你说难也难，你说不难也不难。你说难，前面我讲了它是一个系统工程，靠单一方面的力量是很难撬动，很难解开这个结；你说不难也不难，每个父母从自己开始，每个老师从自己开始，每个学校从自己开始。我经常跟老师讲你就是国王，在你的教室里是你说了算的，你按照好的教育，你按照教育理想去做，可以改变你的教室，就可以改变你的孩子。父母亲也是这样，在家庭里面你可以按照一个好的教育理想去做。比如从父母来说，我们有很多这样父母的故事，因为他知道什么是好教育，他和孩子一起共读，一起去郊游，一起去旅行，在旅行中学习，在活动中成长，让孩子去亲近自然。在这样的过程中，孩子的发展没有靠棍棒教育，靠压力教育，让孩子变得很恐惧、很紧张，孩子的天性灵性就得到比较好的发挥。

很多父母亲都是把自己没有实现的梦想寄托在孩子身上，我没有学过琴，对不起，你来帮我完成这个梦想，孩子可能不喜欢琴，你为什么一定要让他学琴呢？他可能对球会更感兴趣，所以让孩子尽可能多地去尝试，在尝试过程中找到自己。所以我们新教育学校一直有一个理念，让学校成为一个最丰富、最多样的地方，让学生在学校和那些最美好的事物相遇，和那些伟大的事物相遇。现在我们只有一件事就是读书，就是学习，就是考试，这样就把学生的多样性给淹没了。教师其实也是这样的，我们大量的案例证明，其实课外补习对学生的成长并没有我们想象中那么大的作用。

教科院做了将近有两万个数据，那种真正参加各种各样的补习班，对于孩子的学习成绩提升是微乎其微的，大概 10% 的人是有用的，也就是说我们差不多 90% 的人做的是无用功，反而把孩子本来可以用来读书，用来游乐，用来个性化发展的时间给耽误了。我一直说人的发展是需要时间和空间的，他没有时间和空间，就没有成长的可能性。所以你把孩子所有的时间空间全部填满了，父母亲按小时来设计孩子的时间，这样孩子就不能够很从容地去成长，成长需要空间的。从我们的研究来看，孩子成长是有规律的。你按照规律去做，就会事半功倍；你违反规律去做，可能就是事倍功半。

主持人：朱老师说得特别好。在朱老师阐述观点的时候，我脑子里想到了一个案例，应该也是之前听原来四中的刘校长说的。有一个场景，四五岁的孩子，他正在努力把自己的小自行车从平面抬到十几级台阶之上，他是很努力做这样的工作，对他来说这是他当下特别重要的任务或者目标，但是由于他力量有限，所以几次都失败了，他还在反复地尝试没有放弃，这个时候他的父亲作为旁观者，一直就在旁边，没有选择上去一把把这个自行车拿上去，只是默默看着他，陪着他。这个时候他母亲说："你们爷俩干吗呢？快点儿，别浪费时间了，马上钢琴课和奥数课就要开始了。"所以我觉得特别形象的一个小的案例，它背后就可以折射出来很多的问题。

朱永新：你刚才讲的对孩子所谓的压力负担是相对的，对孩子来说他感兴趣的事情不是压力和负担。比如说他刚才推他的自行车，其实他很累，但是他不感觉到累，就像我们很多孩子玩游戏一样，花那么多精力那么多时间，他不感觉到累，甚至愿意通宵达旦。所以做他自己喜欢的事情是很重要的，当然不等于所有喜欢的事情都是好事情，有一些喜欢的事情，比如说打游戏、看动画等，他是需要克制的。但是毫无疑问，专注、兴趣、好奇是孩子成长不可缺少的。我们作为父母亲来说也好，作为教师也好，怎么样去尊重发现培养孩子的这种专注能力、好奇心，我觉得这是孩子成长非常重要的一部分。

所以对孩子来说我们要倡导减负，但是并不意味着让孩子无所事事，并不意味着就让孩子除了在学校以外什么都不去学，什么都不去做，什么都不去玩。我觉得在这个过程中，还是应该把握孩子成长的内在规律，尊重孩子自我成长的内在需要，我觉得这个是比较重要的。

主持人：其实关于减负这件事情，第一它是一个老话题，第二也是全世界都没有办法有效解决的问题，为什么呢？因为其实一直以来关于它是不是个伪命题的讨论就一直存在，因为所谓负担是个见仁见智的过程。像您说的如果这个孩子感兴趣的事情，哪怕钻研为什么顺着这个方向走，他可能就会不知疲倦，就不是负担；比如就喜欢数学，攻克别人解答不出来的问题，对他来说不觉得累，对其他不喜欢的，是因为碍于父母和学校的压力勉强做的就变成了负担，所以减负的命题究竟存不存在，究竟是个真命题还是伪命题。

朱永新：当然首先它还是个真命题，否则也不会写进《政府工作报告》，也不会引起社会那么大的关注。总体说来我们学生课业负担是重的，第一就是我们对所有的学生用同一个标准，这个标准可能还定得偏高了。我一直主张我们应该降低一点学习的难度，降低学习的难度，并不会影响一个国家的科学技术的发展水平，影响一个人的智力发展。去年我们邀请耶鲁大学陈志武教授参加中国教育三十人论坛，他说大家瞧不起美国人数学，美国人数学那么糟糕，但是数学家美国出的最多。其实总会有一些人对科学充满着兴趣，对各种各样的现象，对各种各样的问题充满着探索的欲望。我觉得作为一个社会也好，作为我们的教育也好，给所有的人一个最基本的门槛，这个门槛就是让他能够正常地应付社会生活，就够了。同时有一个道德的底线，你作为一个公民，有一个基本的底线情怀，更多的时间空间应该让每个人成为他自己，尤其是过去我们的学校教育是满足大工业的背景，因为懂得一点知识和技能的人才能够成为合格的劳动者，现在我们的科学技术日新月异，教育不断地做加法。

昨天王欢校长也提到了是不是所有东西都要在学校里教，至少不是所有人都去教。你可以全部开成选修课，各种等级的，各种内容，让各个学生自己去选择，我喜欢这个难度，喜欢这个内容，因为每个人选的不一样，就没法进行排名，你在你这个领域排名是第一，我在我这个领域排名是第一，每个人都是第一，每个人都对自己充满着自信，我觉得这才是一个好的教育样态。所以我觉得从教育本身来说，尤其从制度设计来说，是需要变革的。我最近正在研究未来教育的问题，在写一本书叫《未来学校》。大家都在担心学生睡眠少和课业多的问题，我觉得就不需要担心了，我自己来掌握自己的学习进度，有了问题跟老师请教，可能整个上午就不用到学校去了，下午到学校来请教不会的问题就可以了，或者说我约了几个同学；未来也没有什么星期六星期天了，因为时时处处都可以学习，为什么还要有星期六星期天，你想星期一休息就星期一休息。这样未来的学校成为学习中心，各种学习资源，各种优秀的人才都可以在那里去带学生。最近我在看伊里奇的一本书《去学校化社会》，其实在20世纪就有很多教育家提出这样的梦想，未来的学校到底是什么样子，他们提出要不要的问题，我觉得要还是要的，可能不一定叫学校，我把它称为学习中心，这样来说，负担的问题自然就解决了。

主持人：关于未来学校，可能广大网友都知道，这是教育领域探讨的比较前沿的问题，可能是更多打破目前教育的一体化同样模式的方式，更多个性化的开展和无时无刻不在开展教育的方式。但是短期内，朝那个目标肯定有一定的距离。拉回到现实当中我们再说，我们关注到目前我们国家教育政策其实方向是对的、是好的、是良性的，其实也在注重公平前提之下希望能够兼顾到学生个性化、差异化，能够因材施教。比如说刚才您提到了大家关注培训班的问题，从最开始的出发点是希望每一个人能够根据自己不同的兴趣方向、程度有针对性地进行培训，现实当中学校也有，更高级一点的学校希望在选拔人才的时候强调差异化和个性化，但是在现实当中就异化了，要不有招生利益的关联，要不变成纯粹刷题目的机器和模式，为什么好的理念在现实的土壤当中会偶尔出现一些异化的问题，原因在哪里？

朱永新：原因还是在于前面我讲的大的一个应试教育的体系，它是整个一个链条，所以它还是需要综合的整治。但是从目前来说，大家比较关注的是课外补习机构的问题，其实北京大学他们的调查表明，也是大数据，大数据很厉害，80%的补习不是在补习机构，而是任课老师为主的机构，在校教师，所以对在校教师家教，还是要进行严格地管理，你可以选择专门做一场家教，做自由教师，这是他的权利，我觉得是可以的，但是你不可以一边在学校里很多知识还有所保留，一方面到培训机构讲课希望学生到他的课外班上去读书，这是绝对禁止的。

主持人：是违背了教师的师德。

朱永新：这个数据让我也很吃惊，课外补习机构不像我们想象的那样占据了所有课外教育市场，其实只占20%左右的份额，尤其是在二线三线城市，在北京可能情况会不一样。所以我觉得如果我们把在校教师这块，在提高教师待遇前提下（因为教师待遇太低了，不做兼职他没办法养家糊口，所以提高和保证教师待遇不低于公务员），对教师提出职业操守的问题是需要的。

第二对社会培训机构和补习机构也要进行规范。其实我觉得一个比较好的办法是，相当一部分机构可以通过政府采购的方式，让他们为我们学校教育服务来增加我们的教育资源。现在我们教育资源总量还是不够的，现在学生在学校里学数学，课外还要到学而思再去学数学；在学校学英语，课外去新东方学英语，完全是同质化的。为什么政府不直接采购，采购新东方在我们学校开外语，采用学而思在我们学校开数学？说明学校教育相对来说没有满足学生的需要，质量还不够高。我听说北京这几年已经拿出9000多万采购了课外教育机构的服务，有4万多学生受惠。所以我觉得政府还可以通过采购公共产品的方式，购买公共服务的方式，来满足学生的需要。

另外，应该鼓励这些课外机构往个性化、多元化的方向发展，当然因为这是教育部专门出台的文件，严禁它超标，严禁它的一些行为，我觉得它也是需要一个过程。未来应该是个能者为师的时代，一个学生他除了在学校学习以外，也应该允许他向社会上的任何人进行学习，所以补习机构它在相当长的一段时间内，有一个慢慢转型的问题，和学校教育差异化发展的问题，未来可能都会变成教育资源、教育内容的提供者。

主持人：其实朱老师给我们阐述关于校外培训机构的时候，让我有一个深刻的认识：教育的问题真的不能只在教育内部来解决。看起来只是培训的小问题，背后折射出来的是教师薪金待遇问题，比如老师主观能动性、积极性和自己的价值怎么得到更好发挥的问题。还有公办的学校以及校外机构作为有益补充的部分，二者怎么可以有机结合的问题。深层次就是每个机构培养的目标，每个办学主体它的定位是什么，能不能在一个更宏大领域当中，彼此既不互相冲突又不重合，但是同时又能够互相补充的共同向上致力于为孩子成长共同进步的主体。但是目前看起来，因为各个机构的目标还不够明确，各个主体在办学过程中可能还涉及一些不完善、不科学的地方，所以就使得很多事情交叉纠缠在一起。所以说回到目前国家整个教育改革过程当中，难题很多，对于公平，大家特别渴求，我们毕竟要看到，在广大的农村，尤其是一些薄弱贫困的地区，还有那么多的孩子渴望走出大山，希望通过教育改变自己和全家人的命运；大城市里边家长孩子们对于优质教育资源的需求、个性化的需求达到极端迫切的地步，有公平和效率的问题，还有长期目标靠教育实现和短期功利主义的困难，所以您觉得当下教育改革最重要的“牛鼻子”是什么，我们主要的着力点在哪里？

朱永新：这也是《政府工作报告》非常重要的定位，所以克强总理在讲教育的时候，就是讲要发展公平而有质量的教育。我们知道这几年每年《政府工作报告》里面都讲公平和质量，但是提法不一样，2016 年提的是把质量放在前面的，今年是公平而有质量，我觉得从这个方向上来说，可能更符合政府工作的定位。的确公平跟效率或者公平跟质量之间不是说没有矛盾的，但是它也不是截然对立的，其实如果公平没有质量或者说低质量，那种公平也不是真正意义上的公平。同样如果只有质量而没有公平，也不是真正意义上的质量。比如像上海，他去拿第一，广东江苏几个省参加进来就变成第十了，如果是西藏海南再进去，可能还要再低一点。所以从国家层面来说，从政府的角度来说，它永远应该是保基本，应该是把公平放在最重要的位置，我尽可能为所有的人提供基本均等的、尽可能优质的公共服务，我觉得这是政府工作的一个基本方针。

所以政府就不能人为地拉开学校的差距，政府就不能把所有的钱都扎在办一两所好学校，过去我们相当长一段时间是这么干的。我钱有限，办几个花瓶，办几个能够出类拔萃的学校，这个方向是错的，政府就是给所有政府公办学校提供一个最基本的教育基准，尽可能优质，但是它肯定是不断发展的过程，所以我觉得这是政府应该做的事，或者说政府当下必须努力去做的事。

另外一个方面，你要满足更多的个性化的需求，交给民间的力量去做，所以我觉得中国的民办教育还应该鼓励它去发展，尽管我们在义务教育阶段。其实在国际范围内，高等教育，比如美国那么多的名校，哈佛、耶鲁都不是公办学校，都是民营学校，他们不是营利性的，他们都是公益性的。我们应该鼓励各个阶段有民营的加入，包括幼儿园，包括未来的托幼机构，那么到底应该是哪里管？是教育部门负责，还是卫计部门负责，还是民政部门负责，这也是个很重要的问题，0 岁到 3 岁同样很重要。包括高等教育，都是应该鼓励公益机构、社会机构办教育，吸引民间各种各样的资本办教育，我觉得我们很多鼓励政策不够。他们应该可以提供多样化的、个性化的教育，和学校教育错位发展的，这样一种教育体系可以互为补充。有人说那些机构会不会专门变成为贵族去服务，我觉得是有这样的可能性，但是政府并不是说无所作为，政府可以通过购买公共服务的方式，专门拿出资金帮助贫困子弟，比如你有这方面才华，虽然在义务教育阶段校里面不能提供，但是政府可以出钱，让你到民办机构、社会机构进行学习，同时我也可以要求社会机构必须要有公益情怀，必须拿出百分之多少，专门为贫困生，为边远地区提供支持，所以政府可以成为社会公平的平衡器。当他发现这些机构只为少数人服务的时候，他可以通过这种平衡的办法来实现。就像哈佛、耶鲁对不同种族的学生有基本要求，严格按分数来不行，严格按照家庭来也不行，这些学校中产阶级家庭以上比较多，所以给民办教育以更多的空间的同时，要有一定的约束力，这个约束力就是在政府基本公平观的基础上来进行。

主持人：一方面我们不能因为害怕这样的机构成为为少数人服务的专门的机构，而因噎废食，不去作为；另外一方面在大胆实践的过程当中，政府可能要更好地调整自己的角色和定位，更好地发挥有形之手的作用，这才是更为理想的状态。刚才朱老师在跟我们分享观点的时候提到了一个关于未来学校的观点，大家还是比较关心的，尽管说它可能距离目前的现实需求还有一定的距离，但是我们每一个教育工作者或者家长都想了解到您心目中未来学校是什么样，给我们一个美好的愿景和畅想。

朱永新：我这本书快写完了，已经写了十万多字了，未来我说它遥远也很遥远，但是你说它不远也不远。我是主张未来正来，在当下我们完全可以按照未来教育的理想去鼓励民间的教育机构和社会机构办各种各样的个性化的学校，其实这样的学校在国外已经很多了，而且不是现在，你像美国从 20 世纪 60 年代就开始有这样的学校。比如说美国有一所瑟谷学校，瑟谷学校的孩子们进来以后，他没有我们现在正常的几点钟上学，完全是按我在未来学校里面提到的理想去做的。学生以自己的个性化学习为基本方式，老师没有课堂讲授的，学生自己想学习什么，然后他去寻找学习伙伴，他去找老师请教，自我学习，美国从 60 年代就开始有了，但是没有成为美国普遍的方式，政府也没有把它变成一个可以复制的模式，但是允许它存在。我们知道美国有很多这样的，比如密涅瓦大学，不像我们现在这么专业系统的学习，一年的时间教你基本的方法论，怎么样用统计的方法去研究问题，怎么用试验的方法研究问题，怎么用哲学方式、理论方式研究问题，然后自己研究，分别在每个国家每个城市待半年。

再比如说像美国的 Altschool，我觉得我们国家像这样的学校的试点太少，应该鼓励各种各样的教育探索，因为有很多父母，他自己想孩子能够发展得更个性化一些、更自由一些，他认同他的理念，他就去他的学校，所以我觉得我们可能还需要一个更宽松的教育环境，让各种教育思想、各种教育探索能够有足够的空间，也许就在这些探索过程中，未来在成长，未来的学校在起来。10 年以前我们很难想象现在买东西不需要到商店去了，到淘宝就可以解决了，3 年以前我们很难想象存钱不用跑到银行去了，支付宝就够了，为什么教育还一定要到学校去呢？学生为什么不可以时时处处都能够学习？所以我觉得未来的学习是从摇篮到坟墓的终身学习体系，学习和工作之间没有鸿沟，现在我们一定要小学毕业进初中，初中毕业进高中，高中毕业进大学，然后拿到大学证书才能工作，未来可能没有界限，到了十七八岁就可以工作了，用人单位觉得你行，为什么不能用呢？证书不重要，重要的是你学了哪些课程，重要的是具有哪些本领，从学历走向学力，这是未来整个教育的基本方向，真正地让学生能够拥有一个美好的心灵，拥有一个幸福的生活，真正地能够为这个社会、为人类做出他自己独特的贡献，我觉得这是我们的教育、我们的社会应该努力去遵循的。

主持人：我相信您说出来的不只是您的畅想和愿望，也是我们广大网友特别希望在孩子成长中能拥有的这样美好的教育未来。在最后补充一个小的问题，刚才您提到人工智能的发展，我们看到昨天两会记者会上，万钢部长就人工智能回答了一些问题，对教育来说尤其如此，教育其实是离高科技最近的行业，您跟我们描述一下，在未来学校当中人工智能会在其中发挥怎样的作用。

朱永新：未来的学生是个人机结合体。我前两天写了一篇文章谈到人机共教的形式，从教育的角度来说也是人机共教，从学习的角度来说也是人机共学，人工智能可以帮我们很多忙，过去很多死记硬背的知识我们不需要再背了，你只要大致知道在哪个时段就可以了，所以美国教育界有一个理论，凡是谷歌上能够查到的东西就不用去教了，更重要的是发展学生的智慧，发展学生探索问题和解决问题的能力，我觉得这是最重要的。而大数据和人工智能会帮助每个人更好地认识自己，因为你学习的全过程它都会记录下来，你在哪些问题上碰到的问题最多，关键点在哪里，它会及时提醒你。所以我觉得它会成为我们成长的一个比较好的助力，我们学习过程中，它会帮我们去分析，包括你的思维的特点，你解决问题的方式。

当然我一直认为，机器永远不可能完全取代人，因为人的智慧的形成，特别是人的情感生活，未来机器人也会有情感，但是它不可能成为和我们有血有肉的人一样真正的有机体，至少在相当长的时间内，我们还不能把所有的希望寄托在机器身上，我们只会更好地去利用人工智能，利用大数据，帮助我们去改善我们的教育过程和学习的进程，帮助我们变得更聪明。所以我曾经说过，未来老师做两件事，第一你做机器做不了的事，第二你要学会让机器人帮你做事。

主持人：很好，很精辟，所以它是一种辅助优化的手段，但是不能替代教师，尤其是情感的功能。好，特别感谢。在将近一个小时的时间里，我们看到朱老师给我们分享了很多目前社会普遍关切的教育话题，比如说有大家热烈讨论关于学生减负的问题，还有目前我们在教育改革发展当中有一些焦虑、矛盾的问题，它的深层次原因究竟是什么，朱老师给我们进行了详细的剖析。更重要的也是我个人特别喜欢的，朱老师给我们描述了一个未来教育的愿景，在这样一个美好的愿景当中，我们看到了很多在短期内不能够实现，但一定是我们所有人共同需求和共同盼望的目标，比如说所有的学校能够作为一个自己独立的教育的主体，能够有一个明确的、健康教学的定位，同时彼此之间可以差异化错位的发展，形成有机融合的整体；所有的老师可以真的在有尊严的、有价值感的情况下，更好地发挥自身的价值；每个孩子能够根据自己的兴趣爱好和个性所长，找到合适的教育机构进行很好的学习。更重要的是教育其实不是一个短期的功利的行为，它伴随我们每个人的成长，它是一个快乐的过程。特别感谢朱老师今天跟我们的分享，也特别感谢网友的分享。今天我们的《大咖有话》“两会面对面”到此结束，谢谢朱老师。

人民网：民进尽最大努力参与到脱贫攻坚的伟大实践中

2018 年 3 月 19 日

今年全国两会期间，全国政协委员、民进中央副主席朱永新接受了人民网—人民电视的独家访谈。

主持人：请您介绍下今年两会民进中央的提案情况，有哪些重点提案？

朱永新：民进中央今年两会提案工作做了充分的准备，共收到 200 多份提案素材稿，来自民进的 29 个省级组织、9 个专门委员会及一些参政议政平台，如与上海社科院的合作中心、与清华大学共建的政治经济学研究中心、与北师大共同组建的中国教育政策研究院等。同时，还有社情民意信息的转化，最后经过评审和研究，向大会提交了 45 件提案。

提案主要围绕我们的主界别，教育、文化、新闻出版领域。在教育方面，我们提出了十多个提案，有《关于大力发展 0—3 岁婴幼儿托育服务的提案》，0—3 岁婴幼儿托育方面，社会需求很强烈，通过调研发现 50% 的家庭需要托育机构的帮助来解决相关问题。我们还提交了《关于规范营利性民办学校上市的提案》，我们还关注了“缓解制造业技能人才短缺”等问题。新闻出版方面，提出《关于赋予优质民营图书出版企业正式出版资质的提案》，很多传播正能量的图书、获得“五个一工程”的图书，都是由民营图书出版企业出版的，我们建议给予他们出版的机会。同时，我们还提交了《关于进一步推动大运河文化带建设的提案》《关于扎实推进乡村振兴战略的提案》。另外，在科技、医疗、卫生、环境、资源等领域我们也提交了相应提案，如《关于多管齐下推进科尔沁沙地综合治理的提案》《关于调整耕地占补平衡政策的提案》《关于防控我国金融系统性风险的提案》等。政法领域，我们提交了《关于加强宪法实施的提案》《关于全面深化司法体制综合配套改革的提案》等。

主持人：请您介绍下民进中央在参政议政方面的最新工作。

朱永新：3 月 21 日，民进中央将会召开传达贯彻两会精神的会议。两会以后，民进中央将围绕中共中央交给我们的年度大调研主题展开调研，今年大调研有两个题目，一个是乡村振兴，一个是区域协调发展。6 月，我们将在江苏南京举办“2018 年长江保护与发展论坛”。“长江保护与发展”属于国家战略，与区域协调发展战略密切相关。我们的“长江论坛”将围绕区域协调发展，特别是围绕习近平总书记提出的“四新”要求展开，对长江流域的经济、社会、生态协调发展做深入的探讨。本次论坛的主要议题是：新时代背景下的长江大保护战略，长江流域空间规划和区域绿色发展与转型，加快推进长江相关立法，政府机构调整下的长江区域生态环境治理体系，污染攻坚战的区域合作机制，扶贫攻坚与生态文明建设，投资区域生态系统恢复与自然资本价值提升等。

主持人：“教育公平”深受瞩目，“教育均衡”牵动人心，人们期待着更多的“公平”和“均衡”，民进中央在这方面做了哪些调研，有什么最新成果？

朱永新：民进 70% 的会员来自教育界，我们始终关注教育问题，尤其是推进教育公平等问题。2013 年，我们做过一次题为“推进义务教育的均衡发展促进教育公平”的年度大调研。并将调研成果以民进中央的名义发表在《求是》杂志上，题为《探索义务教育均衡发展的“中国之路”》。李克强总理在《政府工作报告》中提出，发展公平而有质量的教育。公平，是教育的基础，也是政府最基础的职能，如何推进教育公平，民进做过深入细致的研究。

第一，围绕职业教育做过两次中央调研。2016 年，围绕“发挥中等职业教育在脱贫攻坚中的特殊作用”为题进行调研。2017 年，调研的主题是“职业教育改革助推制造业发展”，这次的调研成果同时转化成了今年的两会提案。今年两会，我代表民进中央做了题为《发挥中等职业教育在脱贫攻坚中的特殊作用》的大会发言。我们提出要做好“三个工程”，第一，实施“中职教育扶贫国家工程”；第二，实施集中连片贫困地区中职教育能力提升计划；第三，实施“东西部中等职业教育协作计划”。职业教育是离贫困人口最近的一种教育类型，投入产出比最高，最有利于实现我们提出的“一人上学，一家脱贫”战略。同时，去年调研中我们实施产、学、研合作，特别是产、学合作，在校、企合作方面做了深入研究，并提出相关建议，如释放多元主体办学积极性，增加职教体系开放度和灵活性，为技能劳动者建立不断进阶通道，面向农民工和一线劳动者开展大规模技术培训等。现在农民工进城后，除参加有限的企业培训外，很少有其他培训的机会，民进中央提出“送教上门”，利用周末节假日晚上的时间，对农民工进行知识和技能的培训，甚至还为他们颁发学历，目的是为了帮助他们获得不断成长的机会。我们还提出，建立“大国工匠奖”鼓励技能人才。我们认为，职业教育和教育公平的关系非常密切，是最能解决贫困问题的教育类型。

第二，特殊教育和学前教育。我们联合全国政协教科文卫体委员会，专门就特殊教育和学前教育问题进行深入调研，我们曾在“双周”协商座谈会上，就有关调研成果进行了介绍。特殊教育方面，今年我们提交了《关于进一步推进融合教育的提案》。对特殊教育我们提出融合教育模式，尽可能把特殊儿童送进普通学校，同时，普通学校建资源教室，让他们和正常儿童在一起交流。这对特殊儿童的成长有好处，他们也必须适应“多元化”社会，才能更好地成长。另一方面，对于正常儿童来讲，他们应该学会如何认识特殊儿童，理解并尊重特殊儿童，这都需要有共同的生活环境进行培养。学前教育方面，近年来，学前教育规模发展很快，目前已经超额完成《国家中长期教育改革和发展规划纲要（2010—2020 年）》规定的目标。但是，学前教育在大发展的同时也存在一些问题。教师培养跟不上是问题之一。今年我们提交了“关于加强幼儿教师培养”问题的相关提案，民进中央提出，未来我国中等职业学校应重点培养保育员，大专以上院校重点培养幼儿教师。我们认为，应该发挥国家重点师范大学国家队的作用，发挥省级师范大学主体作用来培养幼儿教师，进一步提升幼儿教师水平。

第三，提高基础教育质量。就这个课题民进中央去年也做了深入调研。现在，我国义务教育发展还不平衡，区域之间的教育发展还存在差距。基础教育阶段，硬件建设比过去有很大改善，但在软件投入、教育质量等方面还要进一步下功夫。

主持人：民主党派年度大调研备受社会关注，请您介绍下民进中央的调研情况。

朱永新：中共中央交给各民主党派年度重点调研题目都是围绕国家重点战略，如脱贫攻坚“三大战役”等任务。今年的调研主题是“乡村振兴战略”。乡村振兴战略，是一个大题目，民进中央将选取其中的“乡村治理体系建设”开展调研。“乡村治理体系建设”调研是以保障和改善民生为出发点，围绕乡村教育、文化、经济建设等问题开展。民进中央主席蔡达峰将带队到四川进行调研，四川作为西部大开发的领头羊，是传统农业大省，也是全国六个重点扶贫省之一。中央确定的深度贫困地区有西藏、四省藏区、南疆四地州和四川凉山、云南怒江、甘肃临夏等“三区三州”，四川就占了三分之一，所以我们把四川作为主调研的战场。同时，民进中央常务副主席刘新成将带队到湖南进行调研，湖南是民进脱贫攻坚民主监督的重点省份，我们将结合民主监督，围绕教育和乡村治理的问题进行补充调研。另外，我将会带队到河北进行调研，今年 5 月全国政协将在河北召开“双周”协商座谈会，主题为“加强文化历史名镇保护”，民进将结合“文化名镇保护和乡村文明建设”进行补充调研。民进的大调研是上下联动的工作，民进中央和省级组织一起就调研课题调动力量进行同步调研。今年我们将调动江苏、浙江、重庆、河南、辽宁、湖北、陕西、甘肃等省市的民进组织共同开展调研。中共十九大提出“大兴调查研究之风”，民进中央也将改变调研方式，轻车简从、减少陪同、少开汇报会、避免“光看不说”，走群众路线。同时，我们还要用科学的研究方式进行抽样调查、统计分析、访谈等。我们将以小分队的形式出发，先进行预调研。

主持人：今年民进中央有哪些重点工作？

朱永新：民进中央的重点工作，首先是认真学习贯彻中共十九大精神和民进十二大精神，以及今年全国两会精神。我们要坚持中国共产党领导的多党合作和政治协商制度，要巩固中国共产党与各民主党派形成的团结合作的新型政党关系，不忘合作初心，继续跟着共产党前行，弘扬优良传统，做好政治交接。民进中央将把政治思想教育作为今年工作的重点。今年是“五一口号”发布70周年，民进中央将继续开展“不忘合作初心，继续携手前进”专题教育活动。今年9月，我们将召开民进中央全国宣传思想工作会议来巩固成果。

第二，我们将按照习近平总书记的要求，推动参政党履职进入新境界。民主党派的基本职能是参政议政、民主监督，参加中国共产党领导的政治协商。参政议政方面，我们将重点做好年度调研工作，争取能够发现问题，并提出切实可行的建议，为脱贫攻坚建言献策。民主监督方面，中共中央委托8个民主党派中央对口8个脱贫攻坚任务重的中西部省区，开展脱贫攻坚民主监督工作，这在民主党派的历史上是第一次。在过去，民主监督更多寓于参政议政之中，民主党派通过提建议和撰写社情民意来进行监督。而这次是“真刀实枪”，让民主党派沉到一个省区，全面了解该省的脱贫攻坚工作做得如何，是否做得很扎实、扶贫资金用得是否合理、领导作风是否深入、是形式主义还是实实在在。此外，我们还会围绕参政议政，召开长江保护与发展论坛、中国教师发展论坛、基础教育论坛、海峡两岸中华传统文化与现代化研讨会等。

当然，我们不能仅仅是坐而论道，也应积极参与到脱贫攻坚的具体工作中去参政议政、民主监督。贵州毕节金沙县是民进对口支持的贫困地区，我们投资数十亿在金沙县建设“开明·同心大市场”，解决了当地很多人的就业问题，促进了地方产业发展。在对黔西南州安龙县的对口支援过程中，我们也做了很多实体工作。比如“同心水窖”工程，为贫困教师、贫困学生的家庭建了数以千计的水窖。在该地区的教育扶贫、产业扶贫、易地扶贫搬迁方面，我们也做了很多实实在在的工作，如介绍民进企业家和民进之友到当地去投资，参与经济建设，选派挂职副县长指导帮助地方经济建设等。虽然民进资源有限，但是我们仍然尽最大努力参与到脱贫攻坚的伟大实践中。

人民网：新时代新使命：推进均衡发展　促进教育公平

2018 年 3 月 11 日

主持人：大家好，欢迎关注人民网两会“高谈客论”栏目。今天做客演播室的嘉宾是全国政协委员、民进中央副主席朱永新。朱委员，您好，欢迎做客人民网，先和网友打声招呼吧。

朱永新：各位网友大家好，我是大家的老朋友，也是强国论坛的老朋友，朱永新。

主持人：欢迎朱委员。在今年《政府工作报告》中，您最关注的教育问题有几个，今年的《政府工作报告》回应了几个您一直关注的问题呢?

朱永新：应该说《政府工作报告》的教育问题都是我比较关心的，因为是它提出发展公平和有质量的教育，所以它第一关注公平，比如说把教育经费向边远地区、贫困地区倾斜，比如说降低农村学校的辍学率，比如消除城镇的大班额，加强学前教育资源公平等。同时也关注教育质量的问题，比如说提出要减轻课外作业负担，要支持中西部建设有特色的高水平的大学，发展优化高等教育结构，加强双一流建设。应该说，《政府工作报告》里面，包括对学前教育的重视等，都是我长期以来比较关注的。其实关注的是两个大的领域，一是做好公平，更多的关注农村，关注学前，关注比较薄弱的教育领域，同时关注怎么样更好地提高质量。

主持人：刚刚您提到今年的《政府工作报告》中提出要发展公平而有质量的教育，您认为怎么来实现这样的目标？

朱永新：公平和质量其实并不矛盾，如果只是低水平的公平，而没有质量，还不是一个真正意义上的现代化的教育。同样，反过来，如果只是一小部分学校有质量，大部分没有质量，也不是真正的质量，怎样更好地处理公平和质量之间的关系，也就是经济里面讲的公平与效率的问题。从政府来讲，最关键的是保基本、保底线、保公平，政府应该把最主要的责任放在公平，是公平而有质量。

公平而有质量，首先它是公平的，同时是尽可能优质的，尽可能是有质量的。这就要求，第一，政府首先要把每一所学校办好，而且每一所学校要尽可能在同一个水平上，而不是相差很大。过去在很长一段时间内是效率优先，政府办了很多重点学校，学校和学校之间差距比较大，今后是逐步要缩小这些差距。政府应该在教育资源配置的时候尽可能配置得比较均等，这是政府应该努力去做的。

同时要保证质量，保证质量不能仅仅靠政府，它需要动用民间的力量，让民间的机构、民间的资本能够进入到教育领域，政府就可以采取购买公共服务的方式，去提供更多有个性化的教育。同时，这对公办教育本身也是一个相互竞争、合作和激励的关系。对政府来说，《政府工作报告》当中也提出了，在教育经费方面，重点向农村地区、边远地区和薄弱学校倾斜，要保证农村教师的待遇等。政府的主要责任是保证公平，这是政府应该做的事情。

主持人：就像您提到的公平和质量本身并不是对立的，在公平的前提下来提高教育质量。在今年《政府工作报告》当中还有一点提到要减轻中小学学生的课外负担，对于这一点您是怎样看的呢？您觉得该怎么去解决？有哪些建议？

朱永新：学生的课业负担问题实际上从20世纪90年代开始一直存在到现在，过去一直讲叫“素质教育轰轰烈烈、应试教育扎扎实实”，减负讲了多少年，但是一直没有减下来，很重要的原因在于它是一个复杂的系统工程，仅仅靠学校减负是不够的。最近两会大家都很关心，学校减下来了，社会加上去了，三点半以后怎么办？光学校是不够的。其实学校、家庭还不够，前面我讲了，政府为什么要做到公平呢？学校差距大了以后，大家就都想进好学校，都进好学校就有压力了，压力就会传导到孩子身上，负担就会加重。同时，社会劳动收入分配制度和干部人事制度在一定程度上也会传达到教育里面的学生压力上，收入分配差距比较大，你必须要进好学校，要进名牌大学，才有高收入。干部人事制度，考公务员必须是研究生，必须是大学本科生，必须是“985”“211”，这样也会把压力传导到教育部门去。很多看起来是教育问题，其实背后是社会问题。所以，政府怎么样更好地促进社会公平，政府怎样更好地淡化学历，在收入分配制度和干部人事制度方面做好，让更多人有机会进入高领域，包括公务员岗位上去，这是比较关键的一个问题。

另外还有很重要的问题就是全社会的，我把它称为教育素养或者教育常识，很多父母亲、老师以及社会上对怎样是好的教育，到底应该把孩子培养成什么样的人，教育到底应该做什么，对基本的教育命题还不是十分了解。比如说，所有的父母亲是看着邻居家的孩子，拿自己的孩子和别人的孩子去攀比，其实孩子和孩子不一样。你用别人的孩子对照自己的孩子，你心里面就会很不平衡，就会很苦恼。所有人都是看着别人，而恰恰不关心自己的孩子需要什么，他怎样才能发展得更好。人的成长是需要时间和空间的，我们把孩子的时间、空间都填满了，他根本没有时间自由成长，这算不算好的教育？另外，我们很多母亲说为了孩子未来的幸福，未来的幸福和当下的幸福其实是紧密联系在一起的。说你现在苦一点，以后就会幸福了。很多看起来是正确的观点，其实背后是有问题的。所以，这是教育素养的问题。

另外，是对我们社会上的补习机构进一步规范的问题，怎样和学校之间更好地互补、交叉，不要有更多重复的问题。现在补习机构教的课和学校教的课是一样的，只不过是学校的提高版。这样来说，学校教育和社会教育机构没有一种分工，也没有一种非常好的互补关系。负担重的问题，它是一个复杂的过程。其实最关键的问题是什么叫负担。我一直认为，所谓的减轻负担并不是让学生什么都不做，让学生无所事事，在学校上完学就完了，其实不是这样。最关键的是让学生心里面不感到有负担，负担与其在一定程度上说是作业量的称呼，不如说是心理的称呼，也就是他有心理的压力以后就会成为负担，你让学生做那些他自己感兴趣的事情，做自己感兴趣的作业，练自己感兴趣的技能，他不会觉得负担重。关键是不要千篇一律地让学生做重复性的、机械的练习，不要千篇一律地做学校的作业，而是应该把时间留给学生，让学生能够找到自己喜欢做的事情，那个时候就不叫负担。这是我们现在讲减负减负，把它简单理解成什么都没有，那也不对。人的成长，无论是人的智力的成长还是人的体力的成长，没有一定的负荷，没有一定的挑战，他也很难真正地成长。

主持人：其实从前几年课业负担到这两年讨论比较多的课外负担，都是减负这个老话题呈现出的新特点。我们也是非常高兴现在社会都开始关注这个话题，包括您刚刚提到怎样正确理解孩子的负担。就在前一段时间，教育部和国务院扶贫办印发了《深度贫困地区教育脱贫攻坚实施方案》，咱们的教育扶贫真正从有学上到上好学，有这样目标的转变。朱委员，您认为政府和社会力量分别应该在这样的过程中扮演怎样的角色呢?

朱永新：昨天我在政协做了一个大会发言，就是讲发挥中等职业教育在脱贫攻坚中的特殊作用。其实我们发现教育扶贫是最根本的扶贫。过去讲扶贫先扶智，治贫先治愚。如果没有一种比较好的能够真正地帮助贫困地区的孩子，我们说“书包翻身”，没有这种路径的话，教育脱贫攻坚还有很大的困难，关键是让孩子有一技之长。这次我们提出来要实施中等职业教育扶贫的国家工程，保证建档立卡的贫困家庭孩子能够进入到好的、专业对口的、就业有保证的中等职业学校。当然，我们知道现在整个农村地区，尤其是贫困地区，中等职业学校招生非常困难，它的困难原因，一方面是他们自己办学水平比较差，就业不能保障。就业不能保障，当然不会有人去了。所以，怎么样去提高这些学校的办学水平，我们提出来东西部职业教育协作的国家工程，我们希望像北京、上海这些发达地区的中等职业学校和西部的贫困地区的中等职业学校要建立合作的关系、对口招生的关系、定向招生的关系，这样能保证所有的贫困家庭孩子能够读到一个好的学校，读到一个好的专业，找到一个好的工作。同时怎样能保证呢？越贫困的家庭越希望自己孩子出去打工，早一点儿赚钱。我们提出来，孩子读书，政府要解决他们的学习费用、生活费用，同时要给一笔钱补贴他们的家庭。这样能做到“一人上学，全家脱贫”。这是讲的第一个问题。

第二个问题是讲怎么上好学的问题。现在有学上的问题基本上解决了，但是在农村，包括在城市，也没有得到完全根本的解决，一方面就是农村学校，这次《政府工作报告》当中也提到大班额的问题，由于农村学校相对来讲教育质量不高，所以很多人把孩子送到城里的学校来读书，就造成城里的学校，尤其是县城学校的大班额。有学上和上好学本身是相辅相成的，为了上好学而导致有的时候没学上，这时候政府还是要付出很大的精力，在推进公平的时候，不仅要保证有学上，而且要保证办好每一所学校，尤其办好薄弱学校，办好贫困地区的村小和一般的学校，让他们能够提升教育品质。

其实真正把教育做好了，孩子们上好学的问题也会解决。比如我们在安徽霍邱，安徽霍邱是国家级贫困县，前些年的时候，每个学校的学生都流到县城和其他地方去了，县里不到 500 人。最近这几年通过提高教育质量，参加新教育实验，现在每所学校人数将近 1500 人，也就是说，办好学、上好学以后，同时也会解决有学上的问题。所以上好学、有学上本身也是像公平和质量一样，也是相辅相成的关系。

主持人：聊完贫困地区的教育扶贫，再聊聊这些年大家比较关注的学前教育。像幼师短缺、幼师门槛规范，以及包括儿童性教育方面的问题，大家非常关注。朱委员，您怎样看待咱们国家学前教育发展到现阶段存在的这些问题呢？

朱永新：目前学前教育的确是一个大问题，大家目前比较关注的还是 3—6 岁的幼儿园阶段，这次我们民进中央同时也关注了 0—3 岁的托育的问题，托育问题不单单是教育问题，更多是养护的问题。第一，0—3 岁没人管。0—3 岁到底是民政部门管，还是卫计部门管，还是教育部门管，现在责任还不清晰。第二，没标准。我们做过调查，“二孩”政策推出以后，很多年轻的父母亲都希望把孩子送到托育机构去。一方面，很多老人年岁很高，另一方面，很多老人带着第一胎，他们希望第二胎由社会机构去帮助抚育。现在这种机构很少，也没有标准，也没有办法进行监管，这次我们专门写了一个关于 0—3 岁的托育问题的。当然，3—6 岁的学前教育问题也是一个很大的问题，像前段时间，携程网和“红黄蓝”的问题，引起了全社会对这个问题的关注。最根本的问题其实是教师的问题，是整个教育的问题，做到最后，根本都是教师的问题。我一直说，谁站在讲台上，谁就决定孩子的命运，谁就决定孩子的品质。

现在我们的学前教育有一个比较大的问题是，学前教师的培养，主要靠的是中等职业学校，我们做过调查，将近60%的幼儿教师是来自于中等职业学校，可能相当一部分中等职业学校是不具备培养幼儿教师资格的，都是这些年来才开始发展起来的。这次我专门带来一个提案，希望发挥国家队的作用。所谓国家队，首先是国家的六所重点师范大学，像北师大、华师大、华中师大、华南师大，这样的国家重点师范大学。你知道现在六所国家重点师范大学，每年在培养多少幼儿教师吗？不到600人，而且有相当多的人是进不了幼儿园的，数量太少。第二，省所，每个省的师范院校，在培养幼儿园教师方面也没有发挥主体性的作用。我经常说，国家队的和各个省的重点师范院校要在培养幼儿教师方面下功夫。这次国家出台文件，提出发挥综合大学，就是国家重点，像北大、清华这样的学校，未来在培养教师中的作用。当然，我们不能指望这些大学来培养幼儿教师。所以，我们希望这些学校能够解决一部分重点师范大学培养教师的问题。而师范大学，重点师范大学，腾出精力来好好培养幼儿教师。中职学校应该培育保育员，保育员应该经过中等职业教育。现在保育员是阿姨、妈妈，甚至没有经过培训的都可以做保育员，这是有问题的。我们觉得关键还是教师的问题。

接下来，学前教育，普及速度非常之快，导致教师短缺。教师短缺，还有一个很重要的原因，是门槛比较低，所以收入很低。我们去年到很多地方去调研，很多农村教师的工资是一千多块钱一个月，城里像北京这样的地方也就是两三千元，这样低的收入，很难保证这个行业的品质。所以，我们觉得应该提高幼儿教师的待遇。

提高待遇后，提高质量，两者本身是相辅相成的关系。你待遇高了，自然愿意进来的人就多了，包括很多大学生求职的时候，也愿意来做幼儿教师，现在大家都不愿意，我觉得应该把门槛抬高，待遇提高。这和我们对学前教育的认识有关系。因为过去我们都认为，幼儿教育就是带带孩子，不需要什么知识，也不需要什么能力，只要认真一点就行了，其实它的专业性是很强的。因为3—6岁是人生智力发展最关键的一个时期，这时候是大脑成长最迅速的时期，也是人的语言能力、动手能力、思维能力发展非常重要的关键期，对这个阶段的重视，当然总理在《政府工作报告》当中也提出了对全过程监管的问题。我们民进组在讨论的时候，有些专家对用现代技术监控全过程是不是有必要，大家也提出了不同的意见。的确，我们还要听听专家的声音。但是，毫无疑问，学前教育，我觉得从总理报告来说，是前所未有的重视，全社会也是前所未有的关心。作为教育行政部门，怎样更好地从培养教师入手、从提高待遇入手，进一步提升学前教育的质量，的确是重中之重，必须给予充分重视。

主持人：朱委员，我们了解到，在前一段时间您在一篇文章提到“未来学校”这样的概念，是什么样的原因让您有这方面的关注和思考呢？

朱永新：现在有很大的问题，我们解决问题都是就教育谈教育，就学校谈学校，你就很难从根本上去突破。包括我讲的教师问题、课业负担问题等，因为我从淘宝受到启发，从商业受到的启发，十年以前，我们很难想象有这样的商业模式，坐在家里面所有商品就可以买到了。以前我们很难想象用手机扫码，钱就付掉了。我就在想，怎么去解决教育的瓶颈问题，可能需要借用互联网的思维，必须借用人工智能、大数据这些现代教育手段。也就是说，我们突破学校的限制，我提出教育要进行一个结构性的革命。进行结构性的革命，就是到处都是学校，实时都能学习，打破学校教育、社会教育和家庭教育的一个藩篱，沟通人的学习和职业的全流程。我提出从摇篮到坟墓的终身学习，这可能是解决未来教育的一个难点。

也就是说你要化解这些教育问题，你不跳出教育看教育，不跳出学校看学校，可能我们永远难以解决这些问题。比如素质教育，我们从20世纪80年代就开始讲了，已经讲了快40年。课业负担的问题，我们20世纪90年代就开始提了，提了30年，为什么解决不了。包括最近浙江、东北提出让孩子多睡一个小时，也就是上学时间晚一点，未来如果没有那么严格的时间，能够允许一个人选择自己的上学时间呢？可以上午在家里看看书，学我自己想学的东西，通过网络、通过各种媒体，这个问题可能就解决了。比如教师，现在讲教师资源很紧张，未来的时代是能者为师的时代，所谓能者为师的时代，包括很多委员提出教师公务员，教师作为国家公务员。未来教师可以不退休，可以终身做教师。我们现在五六十岁退休的老师，为什么不继续做老师呢？政府可以采购公共产品，只要自己愿意就可以。包括各种社会补习班、培训机构，我说你在学校里学数学，放了学到学而思学数学，在学校学英文，放了学到新东方学英文，未来，可能政府直接采购新东方的英语课程，我放了学就不要再到新东方去了，我可以采购学而思的数学课程，你就给我来开数学课程。现在还有很多社会的自由教师，像北京我听说有一百多家教师工作室，所谓教师工作室就是他不属于学校的，而直接提供课程。关键是我们现在的学校是必须强制性地要求你在我们学校先学这些课程。未来政府可能给你一个教学卷，你拿到教学卷可以到任何机构学你需要的课程，我觉得学校的数学课程不好，我到学而思去，当然学而思价格贵一点，我自己再贴一点钱，就没有必要学两次了，就选最好一次学就行了。所以，我认为未来教育和未来学校是我们应该去努力践行的一种理想教育的新的模式，就像商业上的淘宝，就像金融上的支付宝一样，需要我们进行一个突破现代教育的时间、空间，去思考问题的思维方式。

主持人：就像人工智能和大数据，可能在整个教育扶贫包括教育均衡发展方面都会发挥它自己的作用。感谢朱委员今天给我们带来的精彩分享，也感谢各位网友的全程关注，再见！

朱永新：谢谢大家！

媒体关注

每年的两会，数以千计的媒体人从全国各地来到首都。虽然他们不是人大代表、政协委员，但是，他们同样代表人民的关切、人民的利益，反映人民的心声、人民的向往。他们是代表委员与人民之间的桥梁，他们也是代表委员履职的见证者和监督员。亿万人民的关注，透过他们的目光投向我们。

《人民政协报》：又到春天，又到履约时

2018 年 2 月 28 日　记者：贺春兰

日前，由第十二届全国政协常委、中国民主促进会中央委员会副主席朱永新撰写的《见证十年—— 一个民主党派成员见证的中国民主政治进程》（十卷本）由山西教育出版社出版。

2007 年年底，朱永新的《我在政协这五年—— 一个民主党派成员见证的中国民主政治进程》出版。之后他担任了全国人大常委会委员，并担任了教科文卫委员会委员。五年之后，他把在担任全国人大常委会五年间的参政议政成果，又集结成《我在人大这五年——一位民主党派成员见证的中国民主政治历程》。

此次是他参政记录的第三次结集出版。

（一）

两会，用全国政协常委朱永新的话说，是“中国人的政治春节”。每年两会，朱永新在紧张参政的同时，都以自己的参政见闻、体验记录为主体写就“春天的故事”，对他而言，“参政也是向人民履约的过程”。从全国政协常委到全国人大常委会委员再到全国政协常委，15 年之后，他先后有多套“春天的故事”结集出版。

记者：怎么想到要出这样的书？你个人认为意义何在？

朱永新：前几年到哈佛考察，在哈佛大学图书馆我看到自己写的《我在政协这五年—— 一个民主党派成员见证的中国民主政治进程》一书。于是问管理人员，为什么采购这样的书？管理员回答说："我们更关注个案，通过一个人的窗口，可以看到一个世界。"

记者：你觉得他们通过你的参政议政的记录可能会发现什么？

朱永新：我国虽然有人大代表和政协委员近6000名，但是这样深入细致地参与并记录两会的并不多见。个人的手记与媒体的新闻具有不同特点，有个人的观察和思考。而且素材具有连续性，可以作现场的比较。如他们会研究中国人如何开两会，两会程序、内容有什么特点，代表委员最关心哪些问题等。

记者：外界常常质疑，中国的人大和政协究竟能否发挥实质的作用。你的实际体验呢？从政协到人大再到政协，你已经有15年的参政历程，15年来，在教育方面，你的参政成就体现在哪里？

朱永新：这样的说法曾经很流行，包括"人大代表举举手，政协委员拍拍手"，"不说白不说，说了也白说"，等等。而事实并非如此。以免费义务教育政策为例，全国人大代表周洪宇在2003年全国两会上提出"农村义务教育应免费"。2005年我也在全国政协提交了《关于全面推进农村免费义务教育，落实义务教育经费的财政分担机制的提案》。当然，同时很多代表和委员也都强力呼吁。当年中央和地方财政就安排专项资金70多亿元，对592个重点贫困县1700万名贫困家庭学生免除学杂费、免费提供教科书和补助寄宿生生活费，还为中西部地区1700多万名贫困家庭学生免费提供教科书。2006年，我所在的苏州市率先实行了区域内义务教育全免费。2007年中共中央一号文件宣布全免农村义务教育学杂费。

2008年，我又提出建立起一套分类指导的城市免费义务教育机制的政协提案，2008年7月30日，国务院常务会议决定，从2008年秋季学期开始，在全国范围内全部免除城市义务教育阶段学生学杂费。对享受城市居民最低生活保障政策家庭的义务教育阶段学生，继续免费提供教科书，对家庭经济困难的寄宿学生补助生活费。

当然，我们不能把这一类政策出台完全归功于人大代表和政协委员的建议与提案，但是，我们的呼吁至少对于推进政策的出台起了一定的作用。

（二）

朱永新曾经写下这样一段话，“人大的会议，不是秀场，更不是商场，而应该是战场。在这里，是民生之战。这里的一行字、几句话，或许就会左右一个人的生活，甚至彻底改变一个人的命运”。

记者：你说人大会（我想也包括政协）不是秀场而应是战场，事实上是吗？你亲历了怎样的代表或者委员围绕着教育问题的激战？

朱永新：在许多问题上代表、委员有不同的看法，也常常会辩论，而这样的辩论结果就可能影响某个政策的决策和走向。所以，我说，人大、政协会议是围绕着民生也有可能影响着中国百姓每个个体命运的战场。我在书中就记录了这样一个故事：2017 年两会上，民进组讨论时对于学前教育就有不同的观点。胡卫委员在发言中提出，现在的学前教育对硬件非常重视，对软件重视不够。过度追求入园率，“圈养”不见得比“散养”要好。来自云南的罗黎辉委员也是教育学研究者，他马上反驳：那么，就把你自己的孩子和上海的学生送到我们云南的山里“散养”，把我们云南农村的孩子送到上海“圈养”吧？会场笑声一片。我解释说，其实教育有三种情况，正确的教育、错误的教育、没有教育。错误的教育不如没有教育，但是正确的教育当然比没有教育要好。胡卫说的“圈养”，其实就是说的低水平的、错误的教育而已。我们想表达的是，学前教育要普及更要质量。

记者：有一年两会上你写过一篇文章，《你不称职，意味着 67 万人缺席》。你觉得你称职吗？你有什么履职心得？

朱永新：作为人大代表，作为政协委员，我称职吗？我也常常问自己。根据当时全国人大代表的选举计算来看，城乡约每 67 万人分配 1 个代表名额，很不容易，我呼吁代表、委员多一点角色意识，真正用心参会。

或许，作为代表、委员，只有从心灵上永葆初心的称职，没有从能力上游刃有余的称职。面对未来，我们都是探索者。所有探索，都意味着既需要如履薄冰的谨慎，也需要勇猛精进的顽强。

我曾经总结了自己当好人大代表和政协委员的三条经验：一是立足专业背

景，将学术研究、本职工作和参政议政结合起来，以学术研究促进本职工作，从本职工作中挖掘提案参政议政。二是立足中国国情，将报国情怀、民主监督、建言献策统一起来，不能不顾国情，不能在参政议政、民主监督的时候照搬西方经验，迷信书本理论，误国误民。三是立足社会民生，将国家大事、百姓生活整合起来，只有了解民间疾苦、民生百态，才能履行好参政议政的职责。这三条经验其实就是一条，用做学问的专业、严谨、认真，来做好代表和委员。

记者：15年参政岁月，跨越了一个大的时代，十八大以来，对参政者有无新的要求和挑战？你最突出的印象和感受是什么？

朱永新：要求更高了，舞台更大了，领域更广了，也更加制度化了。2月6日下午，习近平总书记同各民主党派中央、全国工商联负责人和无党派人士代表座谈并共迎新春时说："中国特色社会主义进入新时代，多党合作要有新气象，思想共识要有新提高，履职尽责要有新作为，参政党要有新面貌，引导广大成员增进对中国共产党和中国特色社会主义的政治认同，使新时代多党合作展现出勃勃生机。"在过去的5年中，先后颁发了《中国共产党统一战线工作条例》《中共中央关于进一步加强中国共产党领导的多党合作和政治协商制度建设的意见》等一系列文件，从制度层面明确了政党协商的地位与作用，同时把脱贫攻坚民主监督的任务交给民主党派，对参政党和人大代表、政协委员来说既是挑战也是机遇。

（三）

在《为人民履职——一个民主党派成员见证的中国民主政治进程》的序言中，全国人大常委会副委员长、民进中央原主席严隽琪写道："他以热情开放的参与态度面向社会、面向学生、面向媒体。"

2018年2月26日上午，记者见证了这样的"开放"：一群特殊孩子的家长为孩子不能参与正常班级的学习很焦急，托人找到朱永新，"让他们来吧，把我的电话给他们"。

记者：严隽琪主席说"你对社会开放"。我知道每年都会有很多诉求不同的老百姓找到你，希望你写提案为他们鼓与呼。面对这些多样的诉求，你会都帮忙代言吗？如何选择？

朱永新：反映社情民意信息，本来就是代表、委员的一项重要职责。但是，不是所有的诉求我都会帮忙代言或能够代言，我一定是有所选择的。两个标准：一是反映的问题具有普遍性，关乎国计民生，值得关心和呼吁；二是我本身对这个问题有所了解，有些问题就是我自己也非常关注的问题。比如在十届全国政协常委期间，我对于特殊教育特别是聋儿教育问题的关注，也是在《人民政协报·教育周刊》的介绍下与这个群体有了广泛深入的接触以后才写出提案的。

记者：严隽琪主席的序言中说，你对媒体也很开放，但也有人质疑这样的开放。

朱永新：有许多代表、委员有真才实学，有精彩建议与提案，但是他们不太愿意对外交流，担心记者采访报道惹麻烦。也有政协委员劝我，多一事不如少一事，太太平平最重要。但我认为，媒体是参政议政的助力器，媒体的关注能够让提案建议更加受到关注，也更有助于问题的解决。

记者：记得早在2003年两会时，你和全国人大代表周洪宇、黄藤、赵丽宏等就已经开始参与《人民政协报·教育周刊》组织的两会代表与新浪网友互动，有人指出，这是中国两会代表与网民互动的起点。到今天，委员和网民通过互联网对话已经是一个普遍的状态，而你也一直坚持着在网络上的表达和书写。你为何一直积极地参与网络对话？

朱永新：在人类历史上，从来也没有任何一项技术能够像互联网这样，如此迅速而深刻地改变着人类生产与生活方式。因此，不重视网络舆情和民意，就是不走群众路线的表现。所以，我愿意通过网络了解民情民意，我提案中关注的很多问题往往就来自于网友的声音。

记者：如何看待网络生态？就教育而言，网络上常有很多非专业观点，或者说事件背后的深层次原因不能被理解，以至于当事人有可能遭遇舆论暴力。而有专业研究的学者似乎又并不愿意积极发声，从而导致了舆论场很多时候的失衡。我国浙江大学出台措施承认也激励学者在微博写文，评论不一，对此，你怎么看？你认为应该有怎样的举措鼓励学者发出更专业的声音？

朱永新：是的。网络舆情也可以被误导、扭曲，在舆论领袖、一些机构或群体的错误引导下，也会造成网络暴力，导致舆论失衡。所以舆论需要引导。我们现在的学术评价制度只关注论文与课题，对于影响决策的政策建议和影响群众的科学普及相对不够关心，所以，学者直面媒体也缺少积极性。在这个意义上，我认为，浙江大学改变评价标准的方向是正确也值得推广的。

记者：严隽琪主席也说“你对学生开放”。近些年，从中学到大学，杀师事件、校园打砸抢等事件不鲜见。我国的师生关系好像备受挑战，你觉得导致这些挑战的原因是什么？我们应该怎样引领和回应？

朱永新：我一直认为，教师与学生是相对的，今天社会上的年轻人因为对新观念、新科技良好的接受能力而在许多方面有时要胜过他们的前辈，年长者反而要向晚辈学习。学校里，教师不一定比学生懂得更多，社会的民主化也决定了师生关系不可能像传统的“师道尊严”，杀师事件和校园打砸事件属于犯罪，与美国的校园枪杀案件类似，与我们的教育与管理制度有关。导致挑战的原因有很多，关键还是社会处于转型期，人们的心态比较焦躁不安。一方面需要更加关注学生的内在需要和心理状态；另一方面也需要教师以更加平等的姿态对待学生，不能把学生作为自己的附庸、廉价劳动力，而要作为平等的朋友、共同成长的伙伴。

（四）

民进和教育有着天然的不解情缘。民进的第一任主席马叙伦是新中国第一任教育部部长，第三任主席叶圣陶先生是著名教育家，主持了新中国第一批教材的编写，是新中国教材的奠基人。朱永新早年学教育、研究教育，后来又成为分管教育的副市长、中国教育学会副会长，无论是个人的经历，还是民进的界别特色，都使朱永新对教育有着特别深厚的情怀。他把自己的教育理论研究与教育实践紧密结合，为自己的教育提案提供支持。

记者：就教育方面而言，15 年来，你觉得我国老百姓的诉求本身有什么变化？是参与渠道更多了还是更少了？

朱永新：总的来说，我国老百姓的政策愿望和诉求是更多了，参与渠道也更多了。随着人们温饱问题的解决，对教育文化等精神层面的需要就更为强烈了。党的十九大报告指出：中国特色社会主义进入新时代，我国社会主要矛盾已经转化为人民日益增长的美好生活需要和不平衡不充分的发展之间的矛盾。人民对于美好生活的向往是什么？2012 年 11 月习近平在与中外记者见面时回答了这个问题，我们的人民热爱生活，期盼有更好的教育、更稳定的工作、更满意的收入、更可靠的社会保障、更高水平的医疗卫生服务、更舒适的居住条件、更优美的环境，期盼着孩子们能成长得更好、工作得更好、生活得更好。

让子女接受良好的教育确实是老百姓美好生活的第一要务。而今天老百姓的诉求已经从有没有学上，到上好学校，再到接受个性化的教育。

记者：你与一线教师始终保持着密切的联系，你如何看待公办教师离职现象？听说你最近在写一本关于未来学校的书，未来的学校是什么样的，是否会解决这个问题？

朱永新：我曾经开玩笑说，在教育学界我不是最有学问的人，但是离一线老师最近。在社会多元化、互联网改变一切的今天，公办教师离职并不奇怪。未来教育将是一个能者为师的时代，时时处处可以学习的“泛在学校”将会出现，这就是我说的未来学习中心，政府购买教育服务业将成为常态。所以，应该用互联网思维重新思考教育，一个新的教育图景才能出现。

澎湃新闻：
朱永新委员建议：建立国家阅读节，把全民阅读提升为国家战略（摘要）

2018 年 3 月 3 日　记者：王俊

2018 年全国两会上，全国政协委员、民进中央副主席朱永新向全国政协十三届一次会议提交了《关于建立国家阅读节，深化全民阅读的提案》（以下简称《提案》）。

《提案》指出，阅读是提升全民素质、进行人才培养必不可少的路径。“在全民阅读已经取得一定成效的情况下，如何进一步深化阅读，让阅读取得更好的效果，让阅读能够为中国的腾飞进一步增添动力，需要进一步努力深化细化实化。”

《中国教育报》：“中国制造 2025”呼唤高技能人才（摘要）

2018 年 3 月 3 日　记者：董鲁皖龙

“振兴制造业是经济脱虚向实、良性发展的关键，需要大量多层次、高素质的技能劳动者。但近年来，我国技能人才严重短缺，难以实现产业与职教共同发展，难以为产业转型升级和‘中国制造 2025’战略目标的实现提供基础性人才和人力资源支撑。”今天上午，就民进中央提交的《关于缓解制造业技能人才短缺问题的提案》，全国政协委员、民进中央副主席朱永新接受记者采访时说。

未来网：
全国政协委员朱永新：乡村振兴靠人才 让退休职工、干部“发挥余热”

2018 年 3 月 14 日　记者：贺卓辉　实习记者：刘文静

近日，习近平总书记在参加山东代表团审议时指出，要推动乡村人才振兴，把人力资本开发放在首要位置，强化乡村振兴人才支撑，打造一支强大的乡村振兴人才队伍。

如何落实习总书记的要求？乡村振兴怎样留住人才？全国政协委员、民进中央副主席、中国教育政策研究院副院长朱永新表示，要关注乡村的职业教育问题，同时要鼓励退休职工、干部“发挥余热”再奉献。

乡村的职业教育究竟该何去何从？

朱永新表示，在乡村振兴的过程中职业教育的发展是一个巨大的问题，尤其是县一级的中等职业教育基本上处于收费的状态，不容易招到学生。现在要求职业教育的比例达到 50%，但是有些乡村连 30% 都达不到。由于招不到学生，很多地方的职业教育占比仅有 30%，甚至更低。

根据教育部发布的《2016 年全国教育事业发展统计公报》，2016 年全国中等职业教育学校共有 1.09 万所，比上年减少 309 所。其中中等职业教育招生 593.34 万人，比上年减少 7.91 万人。此外，近两年的中等职业教育规模也在逐步缩小。

朱永新认为，靠本地的职业教育很难实现自身的发展，必须要有措施。“所以我们提出来要有一个东西部合作的过程，同时城乡要携手共同重新振兴职业教育，为推进乡村的振兴做出贡献，不能让城市跟乡村的职业教育同步萎缩。”

人才怎样才能下到乡村去?

朱永新表示，人才培育也是乡村振兴的关键问题，没有人才是不可能实现乡村振兴的。

但他同时指出，虽然下派乡村振兴工作队是一个相对较好的办法，但是工作队进行的是短期行动，很难长期下沉农村。因此，他也正在思考有无更长期有效的办法推动乡村人才队伍建设，比如让城里的退休教师下乡做乡村教师，他们从素质、经验、能力不比现在定向培养的师范生差。

据他介绍，有一些民间机构已经做了一些尝试，比如出资请城里的教师到乡村去工作，教师下乡可以带着配偶，两个人也可以在乡村呼吸新鲜的空气，享受安静健康的生活。

“如果将这个措施扩大化制度化，让退休老教师带上老伴一同下乡教学两三年，政府提供住宿和生活补贴，我觉得会有很多人愿意去。因为这样既能够体验乡村生活，又能够教育乡村的孩子们，可以称之为‘研发工程’。”朱永新如是说。

让退休职工、干部“发挥余热”再奉献

朱永新表示，除了退休老教师，也可以邀请城市里的退休医生下乡村。“城市中优秀的师资、医资大量的闲置，如果国家做一个制度化规定，我认为此类措施就能得到很好的推广。因为中国五六十岁的教师和医生有很多，让他们再奉献个四五年，或者至少有一两年这样一个服务的过程，是一件较为轻松的事情。”

“这个政策实施起来可能会有些难度，所以除了补贴之外，可以给予一些特殊的待遇。如给予退休职工、干部可以永久居住但无产权的乡村住宅，鼓励领导干部利用自己的资源奉献家乡、奉献乡村。总而言之，充分利用城市中的各种人才资源，鼓励教育、文化、科技、卫生等方面的退休职工和干部下乡再奉献。”朱永新如是说。

经济网：
全国政协委员、民进中央副主席朱永新：
儿童营养干预迫在眉睫（摘要）

2018 年 3 月 4 日　记者：曹煦

3 月 3 日，朱永新在接受中国经济周刊—经济网记者采访时表示：少年强则中国强，改善儿童营养健康状况尤其是贫困地区儿童早期营养健康状况，是国家重大的公共卫生问题，也是改善人口素质，实现彻底脱贫的最科学、最经济的战略选择。

澎湃新闻：全国政协委员、民进中央副主席朱永新：建议建立中国教育博物馆（摘要）

2018 年 3 月 4 日　记者：王俊

2018 年全国两会上，全国政协委员、民进中央副主席朱永新向全国政协十三届一次会议提交了《关于建立中国教育博物馆的提案》（以下简称《提案》）。

《提案》指出，能够整体上呈现中国教育传统和中国教育全貌的、综合性的国家级教育博物馆一直都是空白，与我国作为全球教育大国的地位十分不相称。

《人民日报》：师资成融合教育短板（摘要）

2018年3月4日　《人民日报》记者

民进中央副主席、苏州大学教授朱永新认为，完善融合教育支持体系势在必行。首先，国务院及教育行政部门强制保障残障儿童申请入学便利程序即就近申请入学；第二，建议全国人大尽快启动残疾人教育条例实施工作的督导督查，敦促县级人民政府教育部门依法落实成立残疾人教育专家委员会；此外，应持续推动特殊教育学校向特殊教育资源中心转型，重视资源中心和特殊教育学校在开展职后培训方面的重要作用。

新浪新闻：
全国政协委员朱永新：减轻中小学生负担切实保障学生休息权（摘要）

2018 年 3 月 4 日　记者：潘虹旭

中小学生负担过重，一直是备受关注的问题。最近，多地教育部门发文，把中小学生早晨上学时间推后，但这真能保障孩子的休息吗？中国青少年研究中心对东中西部 10 个省份的调研结果显示，2005—2015 年间，近六成中小学生睡眠时间不够国家规定的 9 小时，造成学生休息不足的原因主要是校内外的课业负担过重。

针对这一情况，全国政协委员、多年从事教育研究的朱永新认为，要保障学生的休息权，必须从根本上减轻学生的学业负担。他建议，把中小学生在校时间、课后作业量纳入教育督导范围内，严禁中小学校违规补课。对违规补课的学校，扣除该校教师该年度绩效工资，一律撤销校长职务。同时，依法规范校外培训机构的办学行为。

《中国教育报》：
朱永新委员：
实施乡村教育振兴行动计划（摘要）

2018 年 3 月 4 日　记者：董鲁皖龙　赵彩侠

全国政协委员、民进中央副主席朱永新在今年的两会提案中提出，乡村振兴战略的实施，基础在教育。乡村教育不振兴，就难以实现乡村整体的振兴，难以从根本上提高贫困人群脱贫的内生动力和发展能力。

《北京晚报》：
朱永新委员：把全民阅读提升为国家战略（摘要）

2018 年 3 月 5 日　记者：孙颖

简单随意的活动多，深刻有效的活动少；浅层次短期阅读多，有深度有系统的阅读少；阅读的儿童多，成人少……全国政协委员、民进中央副主席朱永新认为，当下阅读存在“三多三少”的问题，他呼吁设立国家阅读节，把全民阅读提升为国家战略，支持举办共读活动，有效推进全民阅读，让国家阅读节成为中国人的精神春节。

《团结报》：全国政协委员、民进中央副主席朱永新持续建言教育："中国制造2025"呼唤技能型人才（摘要）

2018年3月21日　记者：万李娜

2018年是朱永新担任全国政协委员的第十一个年头。作为教育学家，这次他就乡村教育振兴、中小学教育、学前教育等多个主题提交了提案。

中共十九大报告提出实施乡村振兴战略。朱永新认为，乡村振兴战略的实施，基础在教育。乡村学校是村庄的灵魂，乡村的精神寄托在乡村学校，乡村文化的传承也依靠乡村学校。乡村教育不振兴，就难以实现乡村整体的振兴，难以从根本上提高贫困人群脱贫的内生动力和发展能力。

"老委员新作为"是朱永新在今年两会中的履职关键词。"我深知，当上委员不容易，当好委员更不容易。作为委员的荣誉，值得一生珍惜。我们要做到始终心系国是、情牵民生、德润人心，做一个有定力、有情怀、有担当、有作为的政协委员，为国为民建言谋策，集智聚力不畏艰难。我们不仅应该在接下来的履职中奋发有为，更需要用一生的时间努力践行。"朱永新说。

人民政协网：朱永新委员：营养改善应补上3—5岁幼儿的“缺”（摘要）

2018年3月5日　记者：顾磊

朱永新委员建议，以全国妇联、国家关心下一代工作委员会等全国性社会组织、团体为平台，社区、街道办、村委会等基层组织为依托，广泛吸纳非营利机构、研究机构、企事业机构参与，因地制宜，从多维度、多角度解决儿童营养问题。

《人民政协报》：阅读，我们一起攀高的梯

2018 年 3 月 6 日　记者：田福良

朱永新，管理学博士，教授。第十二届全国政协常委、副秘书长，民进中央副主席，中国教育学会第八届理事会学术委员会顾问。第十、十二、十三届全国政协委员，第十一届全国人大代表。

提起阅读，不能不提的人便是朱永新。他的一句“一个人的精神发育史就是他的阅读史，一个民族的精神境界取决于这个民族的阅读水平”戳中了这个时代的痛点，也激活了人们的思考与共识。

他是一个不折不扣的读书人，无论是工作繁忙，还是出差在外，每天早晨 5：30 开始的阅读写作，每段旅途中携带要阅读的各种书籍，每天在微博上推荐一本值得一读的好书，都是雷打不动的。

他是“全民阅读形象代言人”，在担任全国政协委员和全国人大代表的十六年间，先后提出了建立国家阅读节、把全民阅读作为国家战略、加快全民阅读立法工作等一系列提案与建议，为推进全民阅读鼓与呼。

他是新教育的积极探索者，把“营造书香校园”作为十大

行动之首，用书香校园建设推进书香社会的建设。组织力量研编了《中国人基础阅读书目》，专门成立了新阅读研究所，发起领读者联盟，召开全国领读者大会。

他是全民阅读的“呼”者，更是“行”者。

3月3日早晨5点半，天还未大亮，朱永新却已洗漱完毕，端着一杯热茶坐到了“滴石斋”的书桌前。“滴石斋”是十几年前朱永新为自己的书房取的名字，为勉励自己注重日常的点滴积累之意。翻开《杜威教育文集》第三卷，书香与茶香四溢。

费尔巴哈曾经说过，人是他自己食物的产物。无疑，这不仅仅是就身体而言的，人的精神更是如此，而精神的营养主要就是通过阅读实现的，我们的精神高度与阅读的高度密切相关。朱永新清晰地知道阅读对于一个人成长的价值，更懂得推动全民真正喜爱阅读对于一个国家发展的意义。

“一个国家的强大得益于每一个人的强大，一个民族的兴盛得益于每一个人的成长。人才的竞争，是21世纪发展的保障。阅读，则是提升全民素质、进行人才培养必不可少的路径。”在今年提交的《关于建立国家阅读节，深化全民阅读的提案》中，朱永新这样写道。

再一次在全国两会上为全民阅读鼓与呼，朱永新怀着激情、循着理想行走在阅读推广的道路上。朱永新相信，时光从不辜负任何真诚的努力。

于个体，阅读是一种弥补差距的向上之力

每个人的生命都是一粒神奇的种子，而阅读能够唤醒这种潜藏着的美好与神奇。

人类精神的阶梯就是随着生生不息地阅读而不断延伸的。

阅读不一定能延长生命的长度，但一定可以拓展生命的宽度、厚度和高度。

记者：看您的微博，上面的内容总是和阅读相关。无论是每天推荐的一本值得一读的书，还是以“与大师对话”形式出现的读书笔记，都能看出您每天的阅读量巨大。您的读书习惯是怎样的？是从什么时候开始对阅读有了激情？

朱永新：每天清晨，是城市最安静的时候，也是我阅读和写作的固定时间，在5点到8点左右的这段时间里，我会安静下来，慢下来，慢读，细品，静思。

文字是慢的历史，优美深邃的文字能够让我们的灵魂安静。无论是创造还是欣赏，都需要慢的功夫。

如果没有工作方面的安排或者有少量的应酬，每天晚上 8 点到 11 点左右也是我的阅读时间。我总觉得，以书为伴，是一种享受。书籍有一种神奇的力量，它建立起一个属于你的世界，在这个世界，你就是国王。离群索居不觉得孤独无助，闲暇生活也不觉得无聊发慌，幽静的日子永远灿烂，嘈杂的环境照样安宁。

要说是从什么时候开始对阅读有了激情，我想是在我小的时候就已经与书结缘。小时候，我们全家住在招待所里，因为我母亲在招待所工作。那时，很多住店的客人会带着书，我就请求他们借给我看，但是这些客人大多都是第二天就要走了，所以我拿到书以后，往往是一个晚上就把书看完，第二天再把书还给人家。在那样一个年代，能够找到几本书去读，也是一个很大的惊喜，或者说是很大的享受。从那时起，我就对读书产生了浓厚的兴趣，也养成了阅读的习惯，这个习惯一直延续到今天。

记者：您刚才几次谈到了“慢”，但实际上，现在是崇尚快节奏的时代，很多人没有大块的时间来读书写作，可以随时随地用手机阅读，您觉得阅读朝着数字化的方向发展会不会是一个趋势？

朱永新：我觉得数字化的阅读是一个不可逆转的趋势。但是，传统的纸质媒体的阅读也不能轻易放弃。为什么？倒不是简单地为了守住这样一个传统。数字化的阅读，对于快速地获取信息是有价值的。但要真正地研究一个问题，深度思考问题，可能还是要回到传统阅读上去。少儿阅读，也要尽可能多地偏向纸质媒体，尤其是班级共读、亲子共读、师生共读，用传统的阅读方式很有必要。

记者：您曾经说过，一个人的精神发育史就是他的阅读史，把阅读提到了一个很高的高度来评价，可不可以阐述一下您对阅读与个体发展关系的理解。

朱永新：阅读是一种生命本体的互相映照。没有阅读就难有个体心灵的成长，难有个体精神的完整发育。每一个人的生命都是一粒神奇的种子，而阅读能够唤醒其中潜藏着的美好与神奇。

人类伟大的智慧和思想往往深藏在那些伟大的经典书籍之中。阅读对于生命唤醒的独特价值在于：生命独自面对另外一种精神与情感的情境时，书籍架设起了人类灵魂交流的场域，使阅读和人精神的沟通变得可能，从而赋予了个体生命更多的意义，让人不断实践高尚的人生价值。这种读者与作者之间、读者与读者之间的互相映照反复出现，也就意味着自我教育的不断实施。

人类的历史有很多的精神丰碑，要达到或者超越那些精神高峰，阅读和思考是唯一的途径。人类精神的阶梯就是随着生生不息地阅读而不断延伸的。阅读不一定能延长生命的长度，但一定可以拓展生命的宽度、厚度和高度。

于民族，阅读开启了我们共同的精神密码

每个人的阅读生活造就了每个人的精神高度，而每个人的精神高度又直接影响到整个民族的精神高度、整个国家的精神高度，从而影响到我们的竞争力。

不爱读书的人，书本与他们有冰冷的疏离感，共读让这些人找到了阅读的温度，使他们渐渐喜欢上阅读，从而养成阅读习惯，甚至成为他们的重要生活方式，进而达到事半功倍的效果。

记者：在很多人看来，阅读是个体行为，您为什么要十几年来一直坚持推广全民阅读？

朱永新：阅读本身作为一件很私人化的事情，充满了仁者见仁、智者见智的不确定性。但将阅读看作仅仅是个体的行为，这样的认识是片面的。每个人的阅读生活造就了每个人的精神高度，而每个人的精神高度又直接影响到整个民族的精神高度、整个国家的精神高度，从而影响到我们的竞争力。一个民族的精神力量，不是取决于这个民族的人口数量，而是取决于国民的阅读能力。一个不读书的民族是创造力贫乏的民族，一个创造力贫乏的民族是没有希望的民族。

所以我们看世界上那些最优秀的民族、那些最伟大的国家，都是把阅读作为一个基础工程，都是把阅读作为一个民族最重要的事情来推进的。很多国家的领导人，如总统、总理、总统夫人等，都是以这个国家最重要的阅读推广人的形象出现的。这是一个决定了我们的灵魂能够走多远，决定了我们的精神能有多高远的重要的事情。

记者：除了推广全民阅读，近些年您也一直关注共同阅读，共同阅读的意义在哪里？

朱永新：一个国家、一个民族，需要自己的共同价值、共同愿景、共同语言密码。如果我们的社会缺乏共同的语言，又怎么可能有共同的理想、共同的道德标准和共同的价值观呢？那么作为一个民族共同的精神密码，共同的语言从哪里来？从我们的历史中来，从我们对于世界文明包括中国经典的共同阅读中来。共同的阅读，是能够形成我们这个民族共同语言和共同精神密码的关键，是形成我们这个民族核心价值体系的重要途径。

心理学有许多关于“共作效应”的著名实验，证明大家一起做同样的事情，当事人的作业绩效会有所提高。如心理学家特里普利特让40个儿童尽量快速地摇动转轴绕线，一组是两两结伴绕线，一组是个人单独绕线，结果发现前者的效率明显高于后者。在教育中，共同阅读的社会效果也是非常明显的。不爱读书的人，书本与他们有冰冷的疏离感，共读让这些人找到了阅读的温度，使他们渐渐喜欢上阅读，从而养成阅读习惯，甚至成为他们的重要生活方式，进而达到事半功倍的效果。

记者：我们强调阅读的重要性，让人们重视阅读、开始阅读并共同阅读，但读什么呢？不同的人群，阅读的书目也应该是有所区别的吧？

朱永新：没错，对于社会上大部分的人来说，阅读书目就像地图对于旅行者一样重要。基本书目推荐是重建民族共同核心价值和文化认同、提高全民阅读水平的一项基础性文化工作，也是一项非常重要的利国利民、功在未来的战略性基础工程。这些年来，我们一直在做推荐书目的研制工作。

早在20世纪末，我在苏州大学就组织教授和全国知名学者进行了中小学生和教师阅读书目的研究和推广，曾陆续出版过《新世纪教育文库》，成为许多中小学开展阅读的重要参考书目。2006年起，我和我的团队研制了“毛虫与蝴蝶——新教育儿童阶梯阅读”的童书书包，受到老师、父母、孩子们的普遍欢迎。2011年4月开始，我们陆续发布了《中国小学生基础阅读书目》《中国幼儿基础阅读书目》《中国中学生基础阅读书目》《中国企业家基础阅读书目》《中国中小学教师基础阅读书目》《中国父母基础阅读书目》等书目，大学生和公务员基础阅读书目也即将推出。在研制书目的过程中，我们注重强调阅读中蕴含的民族文化根本精神和人类的基本价值。

始终如一，为全民阅读鼓与呼

我们欣慰地看到，阅读的理念已经被更多的人接受，全民阅读的氛围越来越浓厚，阅读率连续下降的趋势也得到遏制。

这些年来，我一直认真努力地履行“全民阅读形象代言人”的职责，从未懈怠。这些年来，国家正在以前所未有的力度推动阅读，这让我们振奋。

记者：我们知道，您无论是担任全国政协常委还是担任全国人大常委会委员，从未放弃过对阅读的呼吁，也从未放弃对阅读的研究、实践与推广。能否简单回顾下您一路走来为全民阅读做过的那些事？

朱永新：从 1993 年，我担任苏州大学教务长开始，就采用推荐书目等方式在全校推动阅读。当时还推出了一个“本科四年读 20 本世界名著，考试合格者才毕业”的制度。

从 1995 年开始，我就组织苏州大学的教授和全国的知名学者进行中小学生和教师阅读书目的研究与推广工作，邀请于光远、李政道、张中行、钱仲联等国内著名院士、学者近 40 人担任顾问。

2002 年，新教育实验在苏州昆山玉峰实验学校正式启航。这个实验一开始就推出了“六大行动”，位于“六大行动”之首的是：营造书香校园。我对我的新教育同仁说，即使新教育其他事情什么都没有做，能够真正地把阅读做好，能够通过学校的阅读来撬动中国全社会的阅读，它的贡献也就非常了不起了。

2003 年，我成为全国政协委员。在这一年的两会上，我正式提出了建立国家阅读节的提案。同时，提出了新教育关于阅读的几个主要主张——一个人的精神发育史就是他的阅读史，一个民族的精神境界取决于这个民族的阅读水平，一个没有阅读的学校永远也不可能有真正的教育，一个书香充盈的城市才能成为真正的精神家园。

2011 年 11 月，新教育亲子共读中心在北京成立，后更名为新父母研究所。以推广亲子共读为主要任务的新父母研究所先后在全国 30 多个城市建立了“萤火虫工作站”，直接汇聚了近 3 万名父母。以“点亮自己，照亮他人”为宗旨的萤火虫精神，帮助数万父母、孩子点亮了阅读的心灯。

2012 年，中央电视台举行全国十大读书少年评选活动，海选产生的 30 名候选人中新教育的孩子有 17 名，最后获奖的“十大读书少年”中，新教育的孩子有 6 名。阅读，让这些孩子的生命变得美好，孩子，将让我们的世界变得美好！来自新疆的初中生赛普丁说：“朱老师说一个人的精神发育史就是他的阅读史，我要说，我的阅读史就是改变我自己的家族和民族的历史！”

2016 年 9 月 28 日，新阅读研究所在国家图书馆举行了首届“领读者大会”，成立了由全国阅读推广机构和推广人组成的“领读者联盟”，用民间的方式进一步推进全民阅读。

2017 年 3 月，我担任主编的《新阅读译丛》首批图书《造就美国人》等正式出版，这套文库计划陆续引进国外阅读方面的理论研究与实践探索的优秀著作，为国内全民阅读提供借鉴。

从 2003 年两会开始一直到今年，我连续十六年在全国人大和全国政协呼吁建立国家阅读节，把全民阅读作为国家战略，建立国家阅读基金，成立国家阅读推广委员会，加强社区图书馆建设，把农家书屋建在村小，给实体书店免税，国家领导人带头做阅读的模范，打击盗版，繁荣网络文学，规范中小学图书馆图书采购招标……几十个关于阅读的提案建议，记录着我这些年为阅读的鼓与呼。

记者：这十六年，全民阅读在推进过程中有了哪些发展和改变？

朱永新：十六年过去了，虽然国家阅读节的提案没有成为现实，但我并不孤单，就拿全国政协委员来说，第十二届的邬书林、聂震宁、赵丽宏等委员，以及王安忆、张抗抗等委员，一直与我一起呼吁全民阅读，推动建立国家阅读节。我与新教育同仁、与诸多阅读推广的行动者们一起欣慰地看到，阅读的理念已经被更多的人接受，全民阅读的氛围越来越浓厚，阅读率连续下降的趋势也得到遏制。据不完全统计，全国已有 400 多个城市设立了城市读书节，如苏州、深圳等地的读书节已经发展成为城市的重要文化活动。许多城市和学校也像我们所提议的那样，把每年的 9 月 28 日孔子诞辰日作为自己的阅读节、阅读日。全民阅读促进条例的出台和公共图书馆法的颁布也表明，一系列重大举措正在推动着全民阅读向纵深发展。

而在新教育学校，书香校园已经是一道美丽的风景。比如湖北随县于 2011 年成为新教育实验区，以书香校园建设为抓手一直推进，教育质量逐步在随州市崭露头角并步入前列：中考文化课总分优秀率和平均分全市排名前10的学校，随县均有8所；排名前20的学校，随县均有16所，全县23所初中全部排名前30。比如安徽霍邱新教育实验区，通过新教育实验，通过书香校园建设，外出读书的孩子纷纷回到了家乡。类似这样的新教育实验区、学校、个人的阅读故事和取得的成绩，还有很多很多。

这些年来，我一直认真努力地履行“全民阅读形象代言人”的职责，从未懈怠。这些年来，国家正在以前所未有的力度推动阅读，这让我们振奋。

法律护航，中国应该拥有自己的阅读节

拥有了属于自己国家的阅读节，对国人心理上最直接的影响就是国家开始重视全民阅读。这是一种唤醒的力量，唤醒麻木的灵魂；也是一种催生的力量，催生蛰伏的智慧；更是一种支撑的力量，支撑不倒的信仰。

法律是“硬文化”，文化是“软法律”。为阅读立法为“硬”，为阅读设节为“软”。“软”“硬”兼施，互相助力，才能够从多角度、多侧面，强化公众对阅读的认可，在全社会营造更好的阅读氛围。

记者：您在今年的两会提案中又重提了建立国家阅读节，建议把全民阅读提升为国家战略，您觉得设立阅读节对我们普通的民众来说有什么意义吗？

朱永新：阅读是一个民族涵养精神元气的根本所在，而拥有了属于自己国家的阅读节，对国人心理上最直接的影响就是国家开始重视全民阅读。这是一种唤醒的力量，唤醒麻木的灵魂；也是一种催生的力量，催生蛰伏的智慧；更是一种支撑的力量，支撑不倒的信仰。

节日的本质就是对应平常的日子，把日常生活中重要的部分提升为一种仪式。国家阅读节是一种最简便有效地扩大对阅读的宣传，加强影响力、提高重要性的最好做法。就像两会是中国人的政治春节一样，国家阅读节也应该成为中国人的精神春节，让增强文化自信和阅读推广工作相辅相成。

记者：我们了解到您除了推进设立阅读节之外，其实也在继续推进阅读立法。为什么我们要用法治的力量保障阅读，这是从哪方面考虑？

朱永新：中共十八届四中全会提出依法治国这样一个方略。我觉得做任何事情都要有法可依，阅读也不例外。世界上许多国家都将推动全民阅读视为提升国家综合实力的核心手段之一，从国家战略高度出发，以政府立法形式推进全民阅读，如美国的卓越阅读法，日本的关于推动儿童读书活动的法律，韩国的读书文化振兴法等。关于多少人必须拥有一座图书馆，很多国家也是通过立法来规定的。但在中国，在北京，我们知道像首图也好，北图也好，一到周末，挤得非常厉害，很多社区没有图书馆。我们要建设大量的文化中心，大量的图书中心、阅读中心，或者说社区图书馆。这个东西靠什么，靠呼吁是没有用的，必须立法。政府需要提供良好的阅读条件，给全民阅读提供一个支撑。立法很大意义上是规范政府在全民阅读中的作用、地位和责任。

法律是“硬文化”，文化是“软法律”。为阅读立法为“硬”，为阅读设节为“软”。“软”“硬”兼施，互相助力，才能够从多角度、多侧面，强化公众对阅读的认可，在全社会营造更好的阅读氛围。

阅读的意义在于，它在超越世俗生活的层面上搭建起精神生活的世界。在大地上生活的人类，若只是为生存奔波，而不能时时仰望精神的星空，灵魂就会被尘埃遮蔽。

希望有那么一天，我们在飞机上，在火车站，在许多公共场合，也能够看到我们的国人静静地拿着一本书在阅读，看到阅读成为中国的一道普通而美丽的风景线。

《中国教育报》：尽快完善国家儿童营养战略（摘要）

2018 年 3 月 7 日　记者：董鲁皖龙　赵彩侠

全国政协委员、民进中央副主席朱永新在今年的两会提案中提出，改善儿童营养健康状况是国家重大的公共卫生问题，也是提高人口素质，实现彻底脱贫的最科学、最经济的战略选择，因此要尽快完善国家儿童营养战略。

《中国新闻出版广电报》：全国政协委员朱永新建议：倡导和推进“高铁阅读”（摘要）

2018 年 3 月 8 日　记者：王坤宁　李明远

“高铁正成为老百姓生活的一部分，它不仅仅是一个交通工具，也是传播文明与文化的载体。”全国政协委员、民进中央副主席朱永新认为，目前高铁上提供的阅读材料十分有限，质量和数量有待提升，借鉴国际地铁推广阅读的做法具有十分重要的意义。为此，他倡导和推进“高铁阅读”。

《中国青年报》：朱永新委员：让高铁不仅能订餐还能“订书”（摘要）

2018 年 3 月 8 日　记者：蒋肖斌　陈婧

“高铁阅读”是全国政协委员、民进中央副主席、中国教育政策研究院副院长朱永新提案里的关键词。朱永新告诉记者：“高铁不仅仅是交通工具，也是传播文明与文化的载体。从国际惯例来看，地铁一直是各国尤其是发达国家图书和报刊销售的主要场所，一些畅销书和有影响力的报刊都不会放弃地铁这样重要的传播渠道。‘高铁时代’下，高铁成为老百姓生活的一部分，目前高铁上提供的阅读材料十分有限，质量和数量有待提升，在高铁上借鉴国际地铁推广阅读的做法具有十分重要的意义。”

推进“高铁阅读”带有公益和市场的双重属性，朱永新认为，铁路公司作为国有企业，应该承担起应有的社会责任，同时发挥市场作用，引导已有的阅读基金支持“高铁阅读”，引入文化机构、文化企业、互联网公司等社会力量进行商业运作，探索和创新推进“高铁阅读”的 PPP（政府和社会资本合作）模式。

同时，他建议建设多种形式的“高铁图书馆”，扩展12306网站微信功能，建立高铁数字化阅读平台，仿效目前已经施行的订餐服务开通“订书”服务，满足旅客多样化、个性化的需求，推动精准阅读，提升良好的阅读体验。

中青在线：
朱永新委员：破解“大班额”须深化义务教育均衡发展（摘要）

2018年3月8日　见习记者：孙庆玲　记者：陈婧

“超大班额”“超大规模学校”在许多地方已成为义务教育的“常态”，也是我国基础教育质量提高的瓶颈。如何破解“大班额”问题，全国政协委员、民进中央副主席朱永新认为，须推动城乡义务教育一体化发展，深化义务教育均衡发展。

《中国社会报》：多维度解决儿童营养问题（摘要）

2018 年 3 月 9 日　记者：孙彦川

习近平总书记在十九大报告中强调，“要健全农村留守儿童和妇女、老年人关爱服务体系”。但现有的社会福利政策忽略了 3—5 岁年龄阶段的幼儿，而研究表明，这一阶段正是幼儿大脑发育、认知能力提升的关键时期，有效的营养干预甚至能通过“生长追赶”弥补早期营养不良造成的缺陷。为此，全国政协委员、民进中央副主席朱永新建议以全国妇联、中国关心下一代工作委员会等全国性社会组织、团体为平台，社区、街道办、村委会等基层组织为依托，广泛吸纳非营利性机构、研究机构、企事业单位参与，因地制宜，从多维度、多角度解决儿童营养问题。

朱永新建议，要完善顶层设计，建立全国性的跨部门的儿童营养改善协调机制。提高“贫困地区儿童营养改善项目”覆盖儿童的年龄上限到 36 月龄（幼儿入园前）。同时，将“农村义务教育学生营养改善计划”覆盖儿童的年龄下限降低到 36 月龄（幼儿入园后）。强化在校、在园儿童的“食育”。

《中国教育报》：
朱永新委员：发挥中等职业教育在脱贫攻坚中的特殊作用（摘要）

2018 年 3 月 11 日　记者：焦以璇

“中等职业教育在脱贫攻坚中投入产出比最高，是离农村贫困人口距离最近的教育类型。”在今天下午举行的全国政协十三届一次会议第三次全体会议上，全国政协委员、民进中央副主席朱永新做了题为《发挥中等职业教育在脱贫攻坚中的特殊作用》的大会发言。

那么，发展中职教育该从何处着力？朱永新带来了“一工程、两计划”的建议。

朱永新建议，实施“中职教育扶贫国家工程”，通过职业学校给学位、企业给岗位、财政综合保障“三管齐下”，把建档立卡贫困家庭中的“两后生”（初、高中毕业未能继续升学的劳动力）和未完成学业但有就业潜力的青壮年送进中职学校学习，免除学习期间的学习、生活费用。扶贫对象毕业后，做好就业指导和服务，避免因失业返贫。

《中国食品报》：全国政协委员朱永新：弥补3—5岁年龄段营养干预空档（摘要）

2018年3月12日　记者：罗晨

迄今为止，营养不良仍是世界很多国家面临的严重问题之一。今年全国两会，全国政协委员、民进中央副主席朱永新在《关于完善国家儿童营养战略的提案》中提到，相比6—24月龄和6—12岁这两个年龄段，3—5岁年龄段的儿童处于营养干预的空档。他表示，未来应该由政府有关部门牵头，整合社会多方资源，以多种创新方式开展营养支持与干预，从而真正解决儿童营养问题。

《中国教育报》：未来是人机共教时代（摘要）

2018 年 3 月 13 日　《中国教育报》记者

如果要评选出今年教育行业的热词，那么“人工智能”上榜毫无疑问。在今年的《政府工作报告》中，“人工智能”也出现了多次。当人工智能遇上教育，将会擦出怎样的火花？记者就此采访了几位全国政协委员。

“传统的学校教育无法真正做到对每个孩子有教无类和因材施教，但人工智能带来了这样的机会，通过跟踪记录学生的所有学习过程，发现学习的难点、重点所在，从而帮助学生及时调节学习过程，量身定制学习计划。”全国政协委员、民进中央副主席朱永新表示。

“未来是‘人机共教’的时代。教师作为一种职业不会被取代，并不意味着所有教师都不会被淘汰。重复性、机械性工作都可以交给人工智能，教师需要不断学习，及时关注最新技术进展，掌握如何运用人工智能技术来分析教学过程中的案例和问题。”朱永新说。

《中国新闻出版广电报》：全国政协委员朱永新再次呼吁建立国家阅读节　深化全民阅读（摘要）

2018 年 3 月 16 日　记者：王坤宁　李明远

如何能够让阅读真正浸润心灵，润物细无声？在担任全国政协委员和全国人大代表的 16 年间，全国政协委员、民进中央副主席朱永新一直呼吁建立国家阅读节，今年两会，朱永新再次提交提案，建议建立国家阅读节，深化全民阅读。

朱永新认为，当下推动全民阅读还存在浅层次短期阅读活动多、有深度有系统的阅读少等问题。为把全民阅读的效果进一步扩大，朱永新建议设立国家阅读节，把全民阅读提升为国家战略。

《北京晨报》：
朱永新委员：完善国家儿童营养战略（摘要）

2018 年 3 月 19 日　记者：孔瑶瑶

儿童是祖国的未来，改善儿童营养健康状况尤其是贫困地区儿童早期营养健康状况，是国家重大的公共卫生问题，也是改善人口素质，实现彻底脱贫的最科学、最经济的战略选择。

全国政协委员朱永新在今年全国两会上提交了《关于完善国家儿童营养战略的提案》。他指出，贫困地区 3—5 岁儿童目前是国家儿童营养战略中尚未得到足够重视的群体，而一些社会力量开展的营养支持与干预项目恰恰弥补了这一不足，其中，由安利公益基金会与中国儿童少年基金会和中国发展研究基金会等公益机构联合开展的“为 5 加油——学前儿童营养改善计划”对儿童营养改善成效显著，值得推广。

《经济观察报》：
朱永新：亲历两会 15 年

2018 年 3 月 19 日　记者：刘玉海

作为民进中央副主席，朱永新从 2003 开始当选全国政协委员，2008 年当选全国人大代表并进入全国人大常务委员会；2013 年又转而当选全国政协委员、常委、副秘书长；今年，他又一次当选全国政协委员。

在这 15 年参加全国两会的过程中，朱永新笔耕不辍，将其参政议政的点点滴滴——建议、提案、议案和常委会发言，到各地调研的情况与反思，与媒体、网友的各种沟通交流——行诸文字，最终汇聚成十卷本的著作《见证十年——一个民主党派成员见证的中国民主政治进程》，给我们呈现了一套完整的中国政治运行图。

他在自序中坦言，常常追问自己："作为人大代表，作为政协委员，我称职吗?""有时候，我也安慰自己：我是及格的。""更多时候，我更多的是重任在肩却力有不逮的惭愧。"

值此书出版且 2018 年全国两会召开之际，《经济观察报》记者在北京采访了参加本届全国政协会议的朱永新。朱永新表示，这套书以他的亲身经历，为我们诠释了中国基本政治制度的运行过程。

当选代表/委员

《经济观察报》：您当选全国政协委员，是通过民进这个民主党派，那2008年开始您当选全国人大代表，是通过回到江苏省当选的吗？

朱永新：是这样。人大虽然没有民主党派的界别，但是体现中国共产党领导的多党合作和政治协商的基本政治制度，所以民主党派的代表性人物一般也会同时推荐去参选全国人大代表，中央的一部分人大代表名额都要放到地方去——当然，不一定是在其家乡所在的省市。比如，我们民进中央的主席蔡达峰，本来家在上海，但他这次在江苏代表团。我上次当选全国人大代表是在江苏，因为我是江苏人。

《经济观察报》：以前好像是放到与当选者有关的省份，比如家乡或者曾经工作过的地方，这一届好像是放到完全没有交集、不相关的省份去参选。

朱永新：对，以前考虑籍贯、工作过的地方会更多一些。

《经济观察报》：您在江苏被选举为全国人大代表，选举时您需要回江苏吗？

朱永新：实际过程是这样：中央把我的材料放到江苏去选，必须是江苏省人民代表大会选举。在江苏省选举的全国人大代表中，除了本省的，其中有一部分就是中央的。不止我一个人，还有其他人，都会放到地方代表团去——中央机关的这些人，都会放到不同的省去选。

《经济观察报》：那作为江苏代表团的全国人大代表，除了开全国人民代表大会的时候参加江苏团的小组讨论外，还和江苏有其他关联吗？

朱永新：除了必须在江苏人大代表团参加讨论、小组讨论，作为在江苏当选的人大代表，每年还要参加江苏的一些调研活动，一般会去两次左右，有时候会更多，主要是就地方的经济社会发展问题参加江苏省人大组织的调研活动。

小组讨论与大会发言

《经济观察报》：从具体参政议政过程来看，人大有小组讨论、全团讨论；政协除了各党派、界别的小组会，还有政协大会发言，这期间党和国家领导人还会到一些代表团、政协界别参加讨论，那么不同的会，讨论的内容有什么区别吗？

朱永新：人大一般都是代表团会议和小组会议，代表团就是全团，比如江苏省就是一个代表团；江苏省这个团会分几个小组——比如，我2008—2013年就是在徐州、无锡、苏州这三个市代表所在的一个小组。

一般来说，小组讨论更多，全团讨论一般围绕政府工作报告、“两高”报告、预算与决算报告、重要立法等进行讨论，有时党和国家领导人会来参加会议，另外还有对海内外媒体开放的全团会议。因为代表团人数较多，全团讨论的发言，一般都事先征求意见，因为要考虑到代表性、有序性，既要有各个阶层、方方面面的代表，同时也要反映本省的特点，展示风貌，或者是就当年比较热门的一些话题，找最适合讲的人来讲。

《经济观察报》：全国政协的大会发言，是怎样确定发言人选和主题的？

朱永新：每个政协委员都可以向政协大会秘书处提交书面发言稿，如今年政协大会就收到433份大会发言。一般情况下，考虑到多党合作，8个民主党派会各有一个发言的名额，总工会、妇联、共青团和无党派人士也都有名额，其他不固定。像今年这次政协大会发言的一共27个人，除掉上述名额，每次只有一二十个大会发言机会是用于竞争性的，两千多个政协委员，要想获得发言机会是很不容易的，要看你提交的稿子。能真正被选上，很不容易。像我上一届的大会发言《人心就是力量》，就是通过竞争被选上的。

每个民主党派一般是由副主席轮流发言，或者根据副主席的专业特点安排发言，也可以邀请常委发言。在指定发言的基础上，也可以自己另外写发言稿去申请、竞争。民进最多的一年，有3个人获得大会发言机会。

当然，代表党派的大会发言题目也要与大会秘书处反复商量，不是你报什么就讲什么。因为要考虑选题不能交叉重复，内容要有时代感、聚焦重点问题等。我们今年大会发言的题目就换了三次，最后讲的是《发挥中等职业教育在脱贫攻坚中的特殊作用》。

建议与提案的反馈

《经济观察报》：提建议、提案等是代表、委员履职的主要途径之一，有关部门对这些提案、建议后续是如何处理的？

朱永新：现在比以前越来越重视建议与提案的反馈，每一次建议、提案都有满意、不满意的反馈表。有关部门在正式答复之前一般会和代表、委员本人电话沟通，他会针对你提出的问题，说明部门做了什么，哪些问题下一步怎么做，基本上都跟你做一些沟通，就准备要答复的内容听取你的意见，然后再正式答复。

《经济观察报》：那建议或提案中反映的问题，有没有一直没解决的？

朱永新：不可能所有的问题都能够及时得到解决。比如我从2003年开始提的关于建立国家阅读节的提案，已经提了15年，今年继续提。

《经济观察报》：这个提案是由哪个部门来反馈？

朱永新：原来是国务院法制办，现在法制办要归并到司法部了，因为国家的节日、假日是由法制办来决定的，属于立法的问题。国务院法制办第一次的答复是，“国家原则上不增加新的节日”。我当时就不太满意，因为原则上不增加，说明是可以增加的，并且次年“航海节”就出来了。所以，第二年我再提，后来有几年干脆把我这个提案转成建议了——建议就可以不答复了，最多跟你沟通一下；或者把它送到其他的部门，没有送到法制办去。当然，也有的提案第二年，甚至当年就能得到呼应——当然，不一定是因为你一个人的呼吁，可能是其他很多人都提了，或者刚好党和政府也意识到这个问题了，比如我们那年提义务教育免费的提案，当年就得到呼应。

审议法律草案

《经济观察报》：人大代表尤其是全国人大常委会委员，很重要的一项工作是审议法律草案，您在书中谈到有一年审议刑诉法修正案，这是很专业的领域，而全国人大常委会委员有些可能不懂这个领域，那碰到审议这种不是自己专业领域的法案时，每位参与审议的代表都需要发言吗？

朱永新：不要求所有常委和代表必须发言。但是像我作为人大代表是发言比较多的，因为我给自己的强制性要求是，争取每次常委会都要发言。全国人大常委会审议法案前一般会提前通知，提前把材料给代表，所以我会做一些“功课”、查一些资料，甚至会写好发言稿带到审议现场。这一点，不能说没有代表能做到，但是很少有代表能做到。全国人大常委会人数不多，不到200人，每次会期也相对比较长，比政协常委会会期要长，所以，参加审议的代表如果要想发言，还是有发言机会的。但是因为毕竟每个人都有自己的专业，如果他事先不准备、不全面了解情况的话，是很难做到对这个问题去发表意见的。

《经济观察报》：开会前拿到审议法案的相关资料后，可以去找外部的专业人士咨询吗？还是不能对外透露信息？

朱永新：有些我吃不准的问题，有时候我会去找一些相关领域的专家，听听他们的意见，争取审议时不说外行话。

《经济观察报》：一般来说，全国人大常委会开一次会可能要审议好几部法案，那审议一部法律的时间有多少？每个参与审议讨论的代表有多长发言时间？

朱永新：全国人大常委会审议法案时，一般是分成若干小组，一个小组二三十个人。这样一来，代表发言的机会还是蛮多的。一般每个代表发言时间有五分钟、十分钟，有些代表正好是这个领域的，可能会阐述得比较充分，甚至讲半个小时的都有。但实际上审议法案时不会每个代表都发言，真正发言的人不会超过50%，因为后面发言的人，如果已经和前面已经发言的人所提的意见相同，就不会再发言了；另外，总有一些人没有准备或者吃不准，就不发言了。

预算案审议

《经济观察报》：审议预算是全国人大代表每年重要的工作内容之一，以前有代表公开讲，“看不懂预算报告”，现在有转变吗？

朱永新：预算的问题我曾经专门提过建议：第一就是看不懂。真的是看不懂，连我这样常年大量读书、每次都把预算看了又看的都看不懂，更别说没有那么多时间认真看预算报告的代表。但现在情况已经好多了，最近这几年有图文并茂的关于预算的解说，能够告诉大家政府每个部门花了多少钱，每一项花了多少钱，在什么地方花。总之，想尽各种办法，尽可能让代表看懂——如果想用心去看、去审查，还是能够看懂的。所以，现在“预算报告看不懂”的问题基本上完全解决，但关键是时间较少，审议时间一般也就是两个半天左右。

《经济观察报》：现在预算报告细化到什么程度，代表能详细地知道每个部门的钱花到哪里了吗？

朱永新：每个部门花了多少钱是很清楚的，比如教育部的经费，基础教育花了多少钱、高等教育花了多少钱也是明确的。

《经济观察报》：在高等教育经费里，师资、科研、基建各花了多少钱，能从预算报告看出来吗？

朱永新：预算报告不一定有那么细，但如果人大代表想要了解，都可以提供给你材料。

《经济观察报》：审议预算时，会有财政部领导在全国人民代表大会上给代表就预算报告做解释、情况说明吗？

朱永新：讨论时财政部会在每个小组安排人听取意见，就像"两高"报告讨论时，高院与高检都会派人参加，但一般不会在全体会议上解释，而是发文字稿和相关的图文资料。相对来说，预算审议还不是很细，因为我们两会的会期很短，但是我们全国人大有预算工委，他们可能会事先做很多沟通和把关。

《经济观察报》：全国人大审议预算报告，除了全体大会，还开小组会讨论吗？

朱永新：在全体会上把预算报告材料发给代表供大家讨论，如果代表有意见，可以先汇集到代表团，再向大会提交，但没有辩论。当然，财政部门会派人做一些解释。总体而言，即便代表对预算案有建议，但在人大会议上很少有去改变预算的，一般是代表提了意见之后，在当年追加预算或下一个年度的预算案中有体现。比如教育经费少了，或者科技经费少了，或者军费少了，可能当年在追加预算的时候，会吸收人大代表的意见。

《经济观察报》：全国人民代表大会上除了审议预算，还有决算报告也要审，但审议决算报告时上一年度财政的钱已经花出去了，已经是既成事实，那决算主要是审哪些内容？

朱永新：审议决算报告一方面是看决算和预算之间有多大的差距，因为每年国家除了预算以外还有预算外收入，比如土地出让金，追加到哪里？这个预算和决算之间不完全一样，那最后审议时要看决算和预算之间有多大的差距，为什么这么花？合理不合理？

《经济观察报》：从您做人大代表的那几年来看，您印象中决算和预算差别最大的是什么？

朱永新：以前各种专项转移支付比较多，后来我们提过意见，希望减少专项转移支付，把自主权更多交给区域，因为越是专项转移支付，部委的权力越大。现在专项转移支付逐年在减少。

选举与投票

《经济观察报》：做人大代表很重要的一项权利是投票，总体上人大是投赞成票居多，您怎么看？

朱永新：人大也好、政协也好，都会有赞成票、反对票或弃权票，人大代表、政协委员都有自己的投票权，没有任何法律或者是任何规定要求人大代表和政协委员只能投赞成票。从每年的投票结果来看，也还是有反对票、弃权票——尽管不是很多。这一方面反映出，在投票的过程中，有充分的沟通、协商；另一方面，人大代表有不同的意见，很正常——参会的人大代表至少是代表不同的社会群体，一定对很多问题有不同的看法，所以也不强求统一。

包括以前对“两高”报告的投票，每年都有好几百票弃权或反对，但最近这几年“两高”工作的确做好了，赞成票开始增多，现在已经提升到97%了。总的来说，要相信代表们的判断：工作做得好，得票就高；工作做不好，得票就低。

《经济观察报》：人事选举投票是大家很关注的，是等额选举还是差额选举？有没有预选的程序？

朱永新：全国政协常委的产生是等额选举，当然事先有充分的协商，因为产生的过程本来就是充分协商的过程。比如民进，中央组织部、统战部会跟我们民进中央沟通、磋商，从委员一直到常委，都会有几方面的会商。投票的时候可以投反对票，但一般也不多，因为是等额，政协更多的是体现协商精神。

调　研

《经济观察报》：调研是人大代表、政协委员日常很重要的工作方式，除了政协和人大机关组织的各种调研，作为代表或委员，可以个人做调研吗？

朱永新：全国人大每年会组织视察、调研——以全国人大常委会委员为主——到哪个省去视察，哪个省的部分全国人大常委会委员或代表会参与视察和调研；全国人大每年还会拿出一些专题进行调研，人大代表可以报名，填自己对哪些问题感兴趣，再根据兴趣由全国人大常委会统一调度参加调研。一年几次不一定，全国人大常委会委员的机会要多一些，一年可能会有好几次，但不是硬性要求。

《经济观察报》：您参加的教育方面的调研特别多。

朱永新：对。我们自己的调研不在人大这个范围。因为过去我们有些人大代表自己成立工作室开展调研，现在不太提倡人大代表个人搞工作室，但是个人做调查研究还是鼓励的——因为作为人大代表，你要了解社情民意，必须要做调查研究。像我一年差不多走一百多所学校，不一定每所学校都要深入调查，但是总要了解情况的。

这十年我提到过的很多问题都解决了

《经济观察报》：从 2003 年您开始参加全国两会以来，对教育领域问题有很多呼吁，有哪些呼吁得到了响应和解决？又有哪些还没有实质性进展？

朱永新：从 2003 年到 2013 年，一届全国政协常委、一届全国人大代表，我一共提出了 154 个提案、建议，92%—93% 都是关于教育的。

这十年我提到过的很多问题都解决了，或者说有进展。进展比较大的三个领域是：第一，阅读。虽然阅读节的提案没有成，但国家对阅读的重视程度提升了，社会影响大了，在网络媒体这么发达的情况下，中国的公民阅读量不降反升。另外，国务院法制办也起草了全民阅读促进条例，并准备向社会征求意见。此外，我们一直在呼吁的公共图书馆法、全民阅读指导委员会、国家全民阅读基金等，也在逐步得到重视和落实。

第二，关于农村教育的问题。这十多年我们每年都关注西部、农村、边远地区弱势人群，从实际情况来看，国家这几年教育经费增量部分主要用在西部地区：当时的“双基”（基本普及九年义务教育、基本扫除青壮年文盲）、义务教育教材免费、免费午餐，这方面有了很大的进展。

第三，教师。这几年我大概提了 18 个关于教师的提案，绝大部分都得到了响应。

所以，在人大、政协，你只要用心去发挥作用，是可以有所作为的。

我接下来准备有时间时把我这些提案梳理一下，从2003年开始，这15年来的提案，最后变成政策的到底有哪些——当然跟我之间不是绝对的关系，不是因为我提了就变成了国家政策，可能是很多人提了，也可能是国家本身也意识到这样的一些问题，所以是合力。但不管怎样，毕竟是在推动整个中国的进步。

《经济观察报》：那有没有一直呼吁而没有解决、需要继续呼吁的？

朱永新：当然还是有。比如刚才讲过的阅读节问题；另外像教师培养体系的问题；关于学前教育教师的问题——现在中国学前教育发展速度非常之快，教师能力跟不上，现在学前教育教师大概64%是中等职业学校毕业，而中等职业学校严格来说不具备培养幼儿教师的能力，因为越是教低年级的学生，越需要更好的教育学知识和教育能力。现在实际恰恰相反，教育部直属的师范大学，每年培养的学前教育教师加起来才600多个，而且大部分可能到不了幼儿园。所以，还是应该发挥国家队的作用，同时像北大、清华这样的学校完全应该担负起培养教师的任务，北大、清华都有教育研究院，都培养教育的博士生、硕士生，为什么不能够发挥培养教师的作用？国家在培养教师这个问题上，还是要有更好的规划。

另外，特殊教育的融合问题一直没有得到很好的解决。我们现在的特殊教育学校，采用“圈养”的模式，把那些有心智障碍和身体障碍的孩子放在一起，当然效率是高了，但是缺乏和正常孩子的交流和了解，其实是不利于他们成长的。

再有，我十年前提过教师休息权的问题，但直到今天，教师的负担、学生的负担并没有得到根本性的解决。

我一直建议建立国家的教育资源平台，把全中国各个学段的所有完整的课程体系最好的资源全部放在网络上，免费向社会公众开放，现在很多省市都在自己做，但是国家一直没有规划，这个平台一直没有建起来。

多年以前我还写过一个提案，关于国家的教育政策决策怎么科学化的问题——很多教育政策决策还是缺乏一些必要的科学程序，如听证制度、小规模探索的制度。像前些年的“撤点并校”后来就停了，像京剧进课堂也有一些不同的声音等，这些意见好像没有得到真正的重视。

当然，有的问题是发展中的问题，随着发展就会逐渐解决。所以，关键还是不断地建设。作为委员、代表，我们也有很多种不同的行动去建设。我常说，行动就有收获，坚持才有奇迹。

新华网：
教育是创造美好生活的前提，
阅读是教育大厦的基石
——朱永新谈“阅读与美好生活”（摘要）

2018 年 4 月 23 日　记者：史竞男

中国进入新时代，在人民美好生活的建构中，阅读应该担当什么角色？怎样发挥作用？

在一年一度的“世界读书日”到来之际，全国政协常务委员兼副秘书长、民进中央副主席朱永新在由中国版权协会主办的“远集坊”讲坛上畅谈“阅读与美好生活”。

“奇文共欣赏，疑义相与析”“读万卷书，行万里路”，中国自古以来就有重视读书、推崇读书的文化传统，世界各国关于读书的名言、警句也不胜枚举。阅读在人生和人类生活中的重要性毋庸置疑。1616 年 4 月 23 日，莎士比亚、塞万提斯两位文学巨星同日陨落。1995 年，联合国教科文组织把 4 月 23 日这一天定为世界读书日。从此，全世界读书人有了共同的节日。十多年来，中国政府大力倡导和推动全民阅读。

作为全民阅读的积极倡导者、推动者和践行者，也是新教育实验发起人，朱永新认为，教育是美好生活的第一要务、是创造美好生活的前提，而阅读是教育大厦最重要的基石。

朱永新说，一个人的精神发育史就是他的阅读史，一个民族的精神境界取决于这个民族的阅读水平。多年来，他倡导力行的新教育在阅读理论上进行了不懈探索，他将其归纳为五个方面：对人类，阅读是一种生命本体的互相映照；对教育，阅读是一种最为基础的教学手段；对社会，阅读是一种消弭不公的改良工具；对个体，阅读是一种弥补差距的向上之力；对生命，阅读是一条通向幸福的重要通道。

行动，就有收获；坚持，才有奇迹——这是朱永新和他的“新教育”二十多年阅读实践行动的生动写照：从 1993 年在苏州大学推出必读书制度开始，相继组织研制四大书目、出版《我的教育理想》、提出书香校园理念、成立新教育实验学校、提出建立国家阅读节、推出《新世纪教育文库》、成立新阅读研究所、出版《我的阅读观》《新教育晨诵》系列图书、《新阅读译丛》……

回顾分享了 26 年的足迹后，朱永新总结了新教育在阅读实践上的六大行动：阅读立校——营造书香校园；共同生活——倡导共读理念；幸福童年——探索儿童课程；专业成长——重视教师阅读；精神配餐——研制推荐书目；阅读推广——开展公益活动。

朱永新说：“在党和政府高度重视和各地积极推动下，我国全民阅读指数不断提升、书香校园建设和全民阅读工作成效显著。”但这仅是开始，他呼吁把阅读作为国家和民族的重要文化战略。

人民政协网：
朱永新委员：扶贫先扶智
阻断贫困的代际传递（摘要）

2018年6月26日　人民政协网记者

正在此间举行的全国政协十三届常委会第二次会议上，全国政协委员朱永新在会议现场接受人民政协网记者专访时，围绕本次会议“解决深度贫困地区脱贫问题”的议题提出建议。

朱永新委员建议，扶贫先扶智，要真正阻断贫困的代际传递，还需要在教育上下功夫，让孩子们能够真正学到知识，真正快乐学习，真正掌握技能，真正通过教育去改变精神面貌，改变人生。

《人民政协报》：强大职业教育 破解“技工荒”(摘要)

2018 年 7 月 12 日 《人民政协报》记者

习近平总书记指出：“作为一个制造业大国，我们的人才基础应该是技工。”

“技工即技能劳动者。产业转型升级，对技能劳动者提出了更高的要求。但我国目前的技能劳动者现状却并不乐观：技能劳动者短缺、技能水平不高、供给与需求不匹配，已经成为困扰制造业发展的三大难题。”10 日上午召开的全国政协“发展实体经济，提高供给体系质量”专题协商会上，全国政协副秘书长、民进中央副主席朱永新将关注点落在了“人”身上。

去年，朱永新率民进专题调研组就技能劳动者培养过程中存在的问题进行了系列调研。“很多地方高技能劳动者数量少、比例低、招聘难，且大多在国有大型企业，民营和中小企业很少。据统计，全国高级技工缺口近 1000 万人。其中高级技师、技师和高级工程师的求人倍率分别达到 2.72、2.31 和 2.13。”对此，朱永新显得忧心忡忡。

“应将市场竞争引入职业教育领域，以市场信息调节职业教育的供求。”朱永新表示，政府部门要鼓励企业或企业联合体独立创办职业院校，鼓励企业与职业院校联合创办混合所有制学校或专业，探索公立职业院校民营化转制。设立企业参与实习实训准入制度。同时，还要制定更有效的企业激励性政策。对积极参与员工技能培训的企业给予培训经费税前扣除、教育费附加返还或其他财政补贴（补偿）政策。在科技项目立项、成果评定时将企业参与技能教育作为重要评价依据。对高技术和高学历职业教育毕业生聚集的企业，给予城镇入户名额奖励，帮助企业降低员工的流动性，形成技能的积累。

每次谈起技能劳动者的培养和技能形成制度的完善问题，朱永新总是这样苦口婆心。朱永新最后表示，“四年前，民进中央曾经在两会上提出加快从农民工大国向技工大国的转变。现在看来，这个转变更为迫切也更为关键”。

中国教育装备采购网：朱永新：人工智能将推动中小学生手脑结合（摘要）

2018 年 7 月 17 日　记者：柴军虎　孔德淇　李润文

去年 7 月，国务院印发的“新一代人工智能发展规划”提出实施全民智能教育项目，掀起一股人工智能热潮。面对中小学教育，人工智能该如何发挥培养孩子思维能力和兴趣的作用？

在江苏书展“STEAM 教育与中小学课程改革解读”暨“中小学人工智能系列丛书”新书首发式上，全国政协常务委员兼副秘书长、中国教育学会第八届理事会学术委员会顾问朱永新现场解读了 STEAM 教育与中小学课程改革。

在朱永新看来，中国学生普遍存在“高成就、低欲望”的现象，学习成绩不错，但探究力、好奇心、解决真实情境问题的兴趣始终不够，缺乏探究精神。他认为，在国内中小学校，科学教育仍属于“小学科”，没有得到真正重视。尤其是小学，科学教育教师严重不足。

“中小学生身处于智能社会，必须适应智能社会的学习、生活与工作环境。”朱永新表示，针对国内中小学科学教育，人工智能和教育相结合势在必行，“让人工智能融入中小学课堂，让学生真正理解科学技术的本质，让孩子真正去寻求真相、探究问题，从而培养孩子的创新能力，才是我们每一位教育工作者应担起的社会责任。”

“每个孩子都是天生的科学家，每个孩子对世界、对自然都充满着好奇。”朱永新说，“我们的教育要不断满足他们的好奇心，不断让孩子敢于追梦，培养孩子的综合性视野和解决问题的能力。”朱永新强调，这种项目式学习或主动学习的方式，将成为未来科学学习、科学教育的主流方向。

《人民政协报》：修法之后更待细则

——全国政协常委朱永新建言民办教育发展（摘要）

2018年7月18日　记者：吕巍

2016年11月7日，全国人大常委会关于修改民办教育促进法的决定公布。一年多来，如何贯彻落实民办教育新法，如何推进实施民办教育的分类管理，受到各界广泛关注。

“新法可以说还没有完全落地，民办教育分类管理的新政也没有完全落地。业内人士对于分类管理存在着举棋不定、观望等待、犹豫彷徨的心态，甚至有的准备撤退。”6月29日下午，全国政协教科卫体委员会民办教育发展问题与对策对口协商座谈会上，全国政协常委、副秘书长、民进中央副主席朱永新这样描述修法之后的民办教育举办者现状。

为什么会出现这种新情况新动向？朱永新把原因归结为“太多不明确”。

首先是民办学校的税收优惠政策没有明确。朱永新说，新民办教育促进法规定，“民办学校享受国家规定的税收优惠政策。其中，非营利性民办学校享受与公办学校同等的税收优惠政策”，但营利性民办学校的税收优惠政策有哪些，法律和相关配套文件中却并没有明确指出。在接下来发布的《国务院关于鼓励社会力量兴办教育促进民办教育健康发展的若干意见》第十四条规定了税收优惠的一些激励政策，但仍没有明确营利性民办学校如何享受税收优惠。在今年4月20日教育部公布的《中华人民共和国民办教育促进法实施条例（修订草案）（征求意见稿）》中，也没有看到营利性民办学校的税收政策。

“与此同时，全国人大修法决定授权各省自行制定一些具体政策，但实际各省政策或者出台困难，或者操作性较差。”朱永新说，目前已经有21个省出台了新的实施意见，还有10个省没有出台相关文件。而已经出台了相关文件的多数省份，对于一些关键问题仍然没有说清楚，没有回应民办学校举办者的关切问题。

除了非常关键的税费问题，还有出资者补偿和奖励问题。“国家授权各省进行改革探索、根据实际情况制定方案，但各省对于这样的重大改革，没有依据、没有经验，导致两级政策都不明朗，对于民办教育举办者来说，政策预期不明，地方政府和举办者难以作出理性的选择。”

朱永新认为，这种“观望”和“等待”的态势对民办教育的发展来说是极为不利的。“建议国家税务总局尽快明确营利性民办学校执行什么样的税收政策，保障民办学校分类等级、分类管理这一重大改革的顺利实施。”

朱永新还提到了加快民办教育促进法实施条例的修订进程的问题。“实施条例是对民办教育促进法的具体细化和落实，建议尽快修订出台实施条例，主要明确两个问题：一是进一步明确分类管理和扶持政策。二是要保障民办学校的办学自主权。”朱永新认为，只有允许民办学校招生范围比公办学校更广、招生方式更灵活自主，才能真正让“选择”落地。否则，限制了多元化选择的措施只会让民办学校与公办学校越来越同质化，不利于民办教育健康发展，也丧失了民办中小学存在的价值，最终也会影响公办教育乃至教育全局的协调发展。

“我们要不忘初心，要把更好地促进民办教育发展作为新政实施的总出发点，科学施策，促进民办教育健康持续发展。”朱永新强调。

《中华读书报》：《朱永新教育演讲录》："担当责任并举，生命与使命同行"（摘要）

2018 年 8 月 13 日　记者：段伟

永新先生学问宏富，更深得儒学"经世致用"精髓，有安民济世、匡扶社稷之志。他曾以《中国教育缺什么》为题给学生授课，其著作则有以《创新教育才能创造未来》为题，讲题书题均揭示其治学宗旨。不少对教育改革缺乏了解的国民，担心"教育改革热"意在复古或拷贝国外，《朱永新教育演讲录》作为一个个案，有助于缓解国民的忧虑。

这些年来，我浏览了他近四百万粉丝的微博，研读他的著作，阅读报纸杂志对他的介绍，包括与他在线交流。在我的心中，他是一位有社会责任、社会理想，时刻关心民族前途和人民命运，替社会和人类思考的真正的学者。

教育是为人民的利益、尊严、幸福服务的，是为实现国家富强和民族兴盛服务的，也是为建构政治认同和社会凝聚力服务的。明乎此，才有经世致用之基础。《朱永新教育演讲录》于此多有阐述，在当今教育板结之处撬开了一个缝隙，出现了一束光柱，值得读者思量。

从《一个人的世界有多大》《人才培养与教育创新》中我

们可以了解，永新先生特别喜欢阅读，心无旁骛，沉浸其中，不论经史子集，又或奇门秘要，以一种“不易乎世，不成乎名，确乎其不可拔”的毅力，作为一个功成名就的学者，“担当责任并举，生命与使命同行”，对于今日的社会形式而言，可谓“异数”。

他是凭着悟性，直接通过前人著作体察教育教学的。这样的人，学习重心往往不在言，而是心；不是术，而是道。关注言与术者，一般可以训练为研究者，关注心与道者，则可能成长为教育教学的承载与光大者。承载者非训练造就，乃禀赋所致也。研究者固可宝贵，然终属枝叶；承载者尤其难得，盖因其怀化大本大源也。

故永新先生这一传承发展教育创新之路，须由自身先天的卓然禀赋与后天的因缘造化共同促成。子曰：“文王既殁，文不在兹乎！”我们当今的教育，非赖研究者赓续之，须靠正本清源承载者发扬光大之。永新先生还有一个特点，能帮助有志者在现实环境中创造焕发之条件。须知为学者甚多，能播布其学进而学以致用者甚寡。盖因禀赋各异，难求其全也。

改革开放四十年，我们的教育经历了由新盛到迷茫的挣扎，出现了一大批自负、自虐、崇洋媚外的负能量风云人物，准确表现了挣扎的焦虑、绝望与乖谬。教育的振兴，不可一蹴而就，永新先生对教育的思考践行一刻不停，为了让教师和孩子们“过一种幸福完整的教育生活”，他发起了一个以教师发展为起点，以十大行动为途径的新教育实验。2000 年开始，新教育从苏州开始启航，到现在已经有 18 年的历史，参加实验的学校 4200 余所，县级以上的实验区 142 个，440 多万教师和学生参与实验，是中国民间规模最大的教育实验。

新教育实验探索了职业认同加专业发展的教师成长模式，在教育理论研究与一线教师之间架起了一座桥梁，帮助了数以万计的中国教师成长。新教育实验通过书香校园建设、家校合作共育、未来学习中心的探索，找到了既能提升综合素养，又能提高成绩的路径，有效提升了许多区域的教育品质。江苏、山东、湖北、安徽等许多县域教育整体水平大幅提升。

“精神到处文章老，学问深时意气平。”先生游心艺文，是为了澡身浴德，正是一种大爱促成其“志于道，据于德，依于仁”的教育理想。高屋建瓴，深入浅出，不玄虚，不疏远，举手投足透着随和，叙事论说高妙有味，说古论今，侃文逗艺，透露着浓厚的人生逸趣和教育旨归，表现出传统文化的现时积淀。

“中国教育有弊端，但怒目金刚式的斥责和鞭挞，虽痛快却无济于事。对于中国教育而言，最需要的是行动与建设，只有行动与建设，才是真正深刻而富有颠覆性的批判与重构。”

“教育的目的不是传授已有的东西，而是要把人的创造力量诱导出来，倾听生命拔节的声音。”这是永新先生理解的教育之道。

知道，悟道，拓荒耕耘；行道，守道，点火播种；一种诗意的温情和智慧，感染广大教师一同分享，一同品味，一同守望。

中青在线：朱永新《中国新教育》出版法文版，为第十三种语言翻译本（摘要）

2018年8月25日　记者：蒋肖斌

8月25日，中国人民大学出版社与数字未来出版社在北京国际图书博览会上举行了《中国新教育》法文版新书发布会。

《中国新教育》是《朱永新教育作品集》中的一卷，丛书一共16卷，反映了中国教育的日新月异，并且对于中国教育改革的制度、理念、方法等进行了全方位的综合阐述。这套书的英文版由麦格劳希尔教育集团出版，引起了极大的反响。《中国新教育》法文版是继英文、日文、韩文、俄文、西班牙文、哈萨克文、阿拉伯文、蒙古文、印尼文、罗马尼亚文、柬埔寨文、尼泊尔文之后的第十三种语言的翻译本。

本书作者朱永新是中国民主促进会中央委员会副主席，新教育实验的发起人。从2000年以来，新教育实验在全国146个县级实验区开展，4200多所实验学校的近470万师生参与实验，正以行动改变着中国教育。2016年2月，朱永新在美国亚利桑那州立大学和麦格劳－希尔教育集团组织的2016年度全球Harold W. McGraw，Jr. 教育奖中获得提名，是首位获得提名的中国教育家。

本书的法文版由原法国驻华大使顾山和北京大学教授、法国法兰西道德与政治科学院外籍终身院士董强撰写序言，由法国学者 Mr. Frederic Tatout 担任全书的统稿工作，并由数字未来出版社出版。数字未来出版社总部位于黎巴嫩，目前在全球包括中国在内已经有 17 家分支机构，业务涵盖传统出版、数字产品、传媒等领域，特别在教育出版、教学器材、数字化学习应用等方面，在黎巴嫩和整个阿拉伯地区都拥有巨大的市场影响力。

《光明日报》：
朱永新：新教育实验的播火者（摘要）

2018 年 8 月 26 日　记者：刘道玉

在中国近代史上，首开教育实验之先河非陶行知先生莫属，他于 1927 年创办了南京晓庄试验师范学校，致力于大众化教育。可惜，学校被国民党军政府查封，他本人遭到通缉，晓庄师范学校被迫停办。虽然这个学校仅存在了 3 年的时间，但仍然培养出了 200 多名抗日战争的骨干分子，为中国抗日战争的胜利做出贡献。自 20 世纪 80 年代开始，中国民间出现了民办教育的热潮，但就高等教育而言，他们并没有提出明确的教育改革实验宗旨与目的，而是亦步亦趋地模仿公立大学的模式，并没有为我国高等教育多样化提供任何经验。

但是，21 世纪初，由朱永新先生所倡导的新教育实验，却是一个非常可喜的教育现象，给我国的教育改革吹来了一股清新之风。在我看来，朱永新先生是中国当代新教育实验的播火者，他要把新教育实验之火种播撒到大江南北，让星星之火燎原神州大地。

朱永新先生致力于推动一项被认为是草根性的教育改革，他的这个灵感是怎样产生的呢？他告诉我说："1999 年，我在阅读《管理学大师德鲁克》时，其中一段话震撼了我。熊彼特说：‘到了我这样的年龄，我知道仅仅凭自己的著作流芳百世是不够的，除非我能够改变和影响人们的生活。’”朱永新猛烈地感到，这些年自己虽然写了许多著作，但其实并没有走近教育生活，更谈不上影响和改变教师的生活。于是，他决定改变话语的方式，改变行走的方式，真正地走近教师，走近我们的教育生活。

一切创造都是源于灵感，而朱永新的这个灵感，不仅改变了他研究教育的方式，而且组织了一场规模浩大的新教育实验运动，真有势不可当之势。

从目前有关新教育实验的报道得知，朱永新倡导的新教育实验，是目前中国规模最大、参与人数最多、效果最为显著的一次民间教育科研实验。新教育实验富有成效之处在于，极大程度上解决了教育职业倦怠、理论实践脱节、应试教育与素质教育矛盾等问题，形成了完美教室、卓越课程、理想课堂等一系列扎扎实实的成果。朱永新因此也成了自陶行知以后知行合一的知名教育家。

为什么朱永新的新教育实验具有这么大的影响力？为什么朱永新的新教育实验有如此蓬勃的生机？为什么朱永新的新教育实验获得了如此多的成果？笔者带着这些问题，阅读了辽宁铁岭市教委原副主任、教育文学家傅东缨先生的新著《极目新教育》，感动之余，感到对于笔者的上述提问，此书已经给出了完整的答案。

“极目”一词，自有至小无内，至大无外的广袤视野。此书名为“极目”，或立于人类思维的穹顶，鸟瞰新教育十数年的来龙去脉；或入于新教育的每个情景、每个人物之上，凝神捕捉细致微妙的变化。全书50余万字，洋洋洒洒，写出了新教育轰轰烈烈的发展历史。

细观而视，书中描述了新教育的十余年实践，在历史时空中细腻还原，精致雕塑出其崛起壮大背后的精神实质；作品详细点评了新教育团队，捕捉其闪光点，进而形成了一幅波澜壮阔的奋斗画卷；作品还品评了新教育发展之路，表达出对中国教育的深邃洞察，梳理出新教育的蓬勃走势，对其历史定位进行了睿智分析。

中观而视，书中采用了同步分析的方法，与民国新教育的对照，与欧美的新教育的类比，表现出新教育方兴未艾的张力，展现出朱永新新教育的创新魅力，分析出朱永新新教育科研的伟力。

远观而视，全书将朱永新的新教育置于中国教育史的历史时空之中、世界新教育发展史的链条之上，以详尽的思考、科学的分析、精细的鉴赏，对朱永新倡导的新教育实验进行了历史性的定性、定位。

观古鉴今，继往开来，画意绵绵，诗意汩汩，天眼慧眼，思义断然，理事无碍，事理交融，此书自有“新教育之史记”的风范。

值得一提的是，《极目新教育》一书，既体现了朱永新新教育的蒸蒸日上之境，也透露出作者对新教育乃至更广泛教育背景的极目之境。

在《极目新教育》一书的创作过程之中，东缨先生观察四年，查阅新教育各类资料；采访三年，行路万里追踪新教育行踪；写作两年半，反复增删以求精致书写，以古稀之年，铁杵研磨，最终形成的《极目新教育》一书，方有跃然纸上的灵动，穿破历史的眼光，积蓄能量的突破，画龙点睛的经典。

实际上，傅东缨先生也堪称新教育实验的播火者。他为了写作《极目新教育》一书，可以说达到了废寝忘食和皓首穷经的地步。他之所以不辞劳苦写作《极目新教育》一书，是希望把从新教育实验田中收获的果实再播撒到祖国大地，甚至远播到异国他乡，让新教育实验的做法、经验惠及更多的人，让广大少年儿童沿着成才的康庄大道茁壮成长！

中青在线：朱永新再谈教育改革：评价瓶颈亟待突破

2018 年 11 月 11 日　记者：邱晨辉

“当前中国教育已进入一个新的发展阶段，但是仍然有众多重点和难点问题有待解决，其中教育评价就是一个亟待突破的瓶颈。”在今天举行的中国教育三十人论坛第五届年会新闻发布会上，中国教育三十人论坛成员、民进中央副主席朱永新如是说。

今年举行的全国教育大会明确提出：要扭转不科学的教育评价导向，坚决克服唯分数、唯升学、唯文凭、唯论文、唯帽子的顽瘴痼疾，从根本上解决教育评价指挥棒问题。朱永新说，无论是推进十余年的新一轮基础教育课程改革，还是正在逐步展开的新高考试点改革，围绕的核心都是评价问题。

在他看来，如何重构基础教育评价体系，让教师、学生成为评价结果的受益者，无论是教育政策的制定者、理论研究者，还是一线的教育改革实施者，大家在实践中都有很多困惑，也有很多思考，更有很多卓有成效的有益尝试和积极探索。

朱永新说，重构遵循学生身心发展规律、教育教学规律的科学多元教育评价体系，为每个学生找到最适合的发展路径，就要让评价突出发展、体现过程、注重激励、尊重差异，“但在实际工作中，依然还有很多不到位或做得不够完善的地方。重构教育评价体系，就必须在宏观政策层面科学设计，将过程评价与结果评价科学设置，为学生的个性发展留出自由空间，让每个学生以一种‘好之乐之’的积极心态探索发现”。

据介绍，中国教育三十人论坛第五届年会就将以“重构教育评价体系”为主题，于12月2日—3日在北京举行，届时将汇集专家讨论如何重构教育评价体系。朱永新说，此次年会上，来自海内外专家学者将“直击病灶，把脉开方”，寻找解决之道，以期凝聚社会共识，推动教育改革。

据介绍，中国教育三十人论坛成立于2014年，是新型教育智库，也是一个跨界讨论教育问题的平台，教育家朱永新、杨东平，经济学家钱颖一、汤敏，哲学家、作家周国平等都是该论坛的成员。该平台成立以来已举办20多场论坛。

人民网：在线作业平台成“储蓄所”？朱永新提出“学分银行”概念或可打破减负僵局（摘要）

2018 年 12 月 12 日　人民网记者

日前，中国教育三十人论坛第五届年会暨“重构教育评价体系高峰论坛”在北京召开，这是今年全国教育大会后，首个以“教育评价体系”为主题的论坛，国内外专家学者围绕教育评价体系进行切实讨论。

在论坛期间，朱永新发表《“学分银行”制度与未来教育评价》主题演讲，他认为教育变革要达到以个人建构知识体系为主体，必须把学习的主动权还给学生，因此他提出了“学分银行”的概念。

在“学分银行”体系下，“学分”是度量学习成果的单位，个人账户是所有学生用身份证号建立的，甚至胎教、幼教也可以在上面生成记录，一个人的学习记录是从摇篮到坟墓的全生态的过程，未来的学习会是真正的终身学习。

在“学分银行”的运行世界中，公办和民办是相通的，国内和国外也是相通的，线上和线下也是可并行的。朱永新说道："我们知道网络学习很重要，今后的学习一定是线上和线下学习的结合体。未来我们能不能实现网络学校，允许不允许我们中国的网络教育机构发小学文凭、中学文凭甚至大学文凭，我相信未来应该是有可能的。"

到那时，各个教育阶段之间存在的鸿沟、学历和非学历教育之间存在的鸿沟、公办和民办之间存在的鸿沟、国内和国外的教育资源存在着的鸿沟、知识学习和能力培养之间存在的鸿沟，都能通过"学分银行"这样一个体系有效地填平。

"学分银行"是一个很有价值的畅想，朱永新认为，人人可以学习、处处能够学习、实时可以学习的未来学习中心，对于整个教育体系的重构有非常重要的意义。他说道："这么多年我们在教育上投入那么多，在教育技术上突破也那么多，但是没有很大变革的重要的原因就是没有结构性的变化，这个结构性的变化将会给我们带来整个教育新发展的春天。"

中青在线：
朱永新：教育的下一个 40 年，我们应走向何方（摘要）

2018 年 12 月 12 日　记者：堵力

“下一步，我国教育仍然需要进一步改革开放。到底怎么做？关键词是‘融’，包括‘六融’，即中国教育与世界教育的进一步融合，学校教育与家庭教育、社会教育相融合，公办教育资源与民办教育资源进行深度融合，传统教育与未来学习中心的融合，知识、生活与生命的融合，统一考试与多元评价的融合。”全国政协副秘书长、民进中央副主席朱永新在 12 月 11 日北京召开的“扛历史使命、塑时代新人”第七届中国教育家年会暨中国好教育盛典上这样说。

朱永新以《新时代中国教育改革开放新思想》为题做主旨报告。他用精确的数据总结改革开放四十年教育领域取得的历史性成就，并提炼出我国教育发展的四条经验：把教育放在优先发展的战略地位，把立德树人作为教育的根本任务，始终注意推进教育公平，始终坚持改革和开放。

《湘声报》：从担任副市长开始的实验，朱永新为教育发声探路

2018年12月24日　记者：刘敏婕　实习记者：唐欣颖

与全国政协副秘书长、民进中央副主席这样的“大”头衔相比，60岁的朱永新更喜欢的是自己的“小”身份——发起新教育构想的朱老师。

18年前，由朱永新一系列演讲结集而成的《我的教育理想》一书，在新世纪初如一声春雷般激起了中国教育界许多人士新的热情和理想，拉开了新教育实验的序幕。

2018年年初，记录朱永新连续十年参加全国两会经历的十卷本著作《见证十年——一个民主党派成员见证的中国民主政治进程》出版，被媒体评价为“民间两会史”“教委员代表如何履职的教科书”。

2018年11月中旬，朱永新在长沙接受了《湘声报》记者专访。高大儒雅，幽默亲切，朱永新一如他当年著作封面照片里的模样，只不过头发从乌黑变成了花白。略带江浙口音的他笑着说：“很少有人像我这样幸运，一生做的所有事情都和教育相关，在大学当老师，在政府管教育，民进70%的会员都在教育、文化领域，我参政议政的领域也基本是教育。”

1. 发起新教育实验 18 年

“您今天早上不到 5 点就发微博了。”采访当天，听到记者的开场白，朱永新会心一笑，像勤奋的学生被发现了小秘密一般可爱。

朱永新的新浪微博有 404 万粉丝（腾讯微博有 470 万粉丝），他几乎每天都发微博，而且许多都是在凌晨四五点发出。记录每日的生活工作已经成为他的一种生活方式，有时轻松，有时沉重，很多内容常常成为他专著里的素材，“每天按 1000 字算，一年大概能写 36.5 万字”。

这份坚持源于一个承诺。2002 年，朱永新在教育在线网站上发布《“朱永新成功保险公司”开业启事》一文，成为教育界的经典趣事。

“公司投保条件：每日三省自身，写千字文一篇。一天所见、所闻、所读、所思，无不可入文。十年后持 3650 篇千字文（计 360 万字）来本公司。

理赔办法：如投保方自感十年后未能跻身成功者之列，本公司以一赔百。即现投万元者可成百万富翁（或富婆）。”

至今没人找朱永新理赔，倒是许多教师在网上分享了坚持的收获。“也许有人把它看成一个笑话，而我是认真地把它作为一个承诺。”朱永新说，“赔偿不是目的，号召广大一线教师积极反思和写作才是出发点”。

1999 年，时任苏州市副市长的朱永新到常州湖塘桥小学演讲，提出新教育的最初构想，开始了对中小学一线教学的探索。2002 年，第一所新教育实验学校启航。

“新教育实验的宗旨就是过一种幸福完整的教育生活。学校不能只关心分数，应该把最美好的东西在学校汇聚，让孩子们从中发现自己，寻找兴趣。和美好相遇的过程，就是教育最好的过程。”对于许多渴望改变教育现状的一线教师来说，朱永新的美好理想让他们找到了突围的方向，一批教育的理想主义者在新教育旗帜下开启了逐梦行动。

18 年来，这个理想主义教育行动的影响力不断扩大，28 个省区市的 146 个县区级实验区、4200 多所实验学校、470 余万名教师参与，成为中国民间规模最大的教育改革实验。2018 年，新教育实验获得第二届国家基础教育教学成果一等奖。

多年来，身份和头衔不断提升、叠加，但令朱永新最惬意的，还是在全国各地的中小学校园里，听到师生们叫他一声“朱老师”。他坦言：“其他称呼都会变，都是过眼烟云，唯一不变的是‘老师’的称呼。”

2.“明星委员”的履职经历

“没有改革开放，没有高考，我的人生就是另外一种样子。”作为1977年恢复高考后的第一届大学生，朱永新最近写了一篇文章《成长在改革开放的路上》，介绍自己的成长历程。

1982年，朱永新回到苏州大学担任教育学教师。1987年，由于教学科研成果突出，29岁的他破格从助教晋升为副教授，成为当时江苏省最年轻的副教授。1993年，他担任苏州大学教务处处长，成为当时全国综合性大学最年轻的教务处处长。1997年年底，他又被任命为苏州市人民政府副市长，分管文化、教育、科技等工作，其间苏州在全国率先推出义务教育免费制度以及“村小现代化工程”“名师名校长培养工程”等几大行动。

2003年担任全国政协委员后，朱永新很快成为记者们追访的“明星委员”，因为他的大部分提案和教育有关。为了调研教育经费投入问题，他前往东西部各地近100所学校调研。2004年全国两会上，他的《在西部地区和贫困地区实行免费义务教育制度的建议》《关于缩小东西部教育差距的建议》等提案引起广泛关注，并影响了中央决策。

之后从全国政协委员再到全国人大代表，朱永新的全国两会征程不曾间断。在《见证十年》中，他将履职的点点滴滴——建议、提案、议案和常委会发言，各地调研的情况与反思，与媒体、网友的各种交流都形成文字，勾勒出履职的足迹。

为阅读鼓与呼，也是朱永新15年履职中一以贯之的事情。2003年刚成为全国政协委员，他就提出建立国家阅读节，此后连续多年为阅读鼓与呼，比如建议把全民阅读作为国家战略、建立国家阅读基金等。

2012年，中共十八大报告提出“开展全民阅读活动”；2014年以来“倡导全民阅读”连续5年写入《政府工作报告》，陆续出台了全民阅读促进条例、公共图书馆法。朱永新欣慰地说：“这说明我们发出的声音还是在悄悄地改变这个国家，在影响着人们的行为，在一定程度上也影响了决策。”

“立德、立功、立言”的追求，令朱永新不敢懈怠。他常常追问自己：“作为人大代表、政协委员，我称职吗？”有时候，他安慰自己：“我是及格的。”更多时候是重任在肩，却力有不逮的惭愧。

多年的政协委员经历也让朱永新感慨：“政协委员要学会处理好理想和现实之间的关系，要把握好尺度、理性发声。”他认为，政协委员绝大部分是知识分子，容易从书本或国外经验出发，对中国实际往往关注不够。但要想提出的建议、意见受到重视，就要从当下主题和中国社会迫切需要的角度来提。有的建议很好，但是时机不对，就像公鸡打鸣，打早了没用，恰到时候才会起作用。

“新教育离理想还有距离”

《湘声头条》： 当初发起新教育实验，是什么触动了您？

朱永新： 1999 年我读《管理大师德鲁克》，著名经济学家熊彼特临终前对德鲁克说：“到了我这样的年龄，我知道仅仅凭自己的著作流芳百世是不够的，除非我能够改变和影响人们的生活。”这句话给我很大触动，因为在此之前我更多地向往成为一名纯粹的学者，向往发表著作、出成果、拿项目，在学术上有影响力。

读了这本书之后我才发现，这一切其实都不重要，重要的是我们能不能真正去影响别人，去改变别人的生活。从教育学者的角度来说，就是你能不能影响教师、影响孩子，能不能改变我们的教育。

《湘声头条》： 新教育最开始推广时有遇到困难吗？

朱永新： 不说其他地方，就算在苏州做也不容易，尽管我当时是副市长，但我不想用行政手段推广，所以最开始实施的学校并不是苏州，而是常州，因为常州的校长更积极。

教育改革强加于学校是不行的，他们可能会用形式主义来对付你，只有他们从内心想要变革，才会有动力。

《湘声头条》： 新教育的发展达到了您的预期吗？

朱永新： 从规模、发展速度和影响力来说，新教育实验远远超出了我的预期。但从理想状态来说，新教育离我的理想还是有距离的。我给自己的定位是为中国教育探路，这就需要根本性的变革。

各种新的教育形态其实已经悄然出现，只有真正看清方向，才能够引领新教育迈向未来。

《湘声头条》： 您有想过建一所自己理想中的学校吗？

朱永新： 我们正在努力，未来很有可能会办一所新教育学校。教育是国家行为，得按国家教育标准、遵循国家教育大纲，要完全自由是不可能的。但我经常讲，任何一个校长，关起学校的门他就是国王，任何一个老师，关上教室的门他就是国王，或多或少可以按照他的理念去重构教育，只要完成国家所规定的课程和任务就可以了。

《湘声头条》： 您目前最关注的教育领域的问题是什么？

朱永新： 如何更好地推进教育公平。其实教育就两件事——公平和质量，不管城市还是乡村，孩子是健全还是残疾，每个孩子都应该享受公平而有质量的教育，但我们现在还缺少推进教育公平的力度和有效路径。

“要想写得精彩必须做得精彩”

《湘声头条》： 您出版了《见证十年》，是一开始就有意识地把参加全国两会的历程完整记录下来吗？

朱永新： 2000 年发起新教育实验后，我希望教师们坚持写作。我想告诉他们，我有那么多工作还能坚持写，他们应该也能写。最初是以此为动力记录两会，但写了一段时间后我觉得很有意义，从一个委员和代表的角度记录两会是一种新的视角。而且要想写得精彩，你必须要做得精彩，所以也能督促自己履职。

《湘声头条》： 很多学者出身的官员，因为公务繁忙耽误了学术研究，您在这方面是否会有困扰？

朱永新： 作为一个民主党派领导人，我首先要完成好本职工作，再用余力来做研究，对学术肯定有影响，但我在尽可能寻找两者的平衡点。

我最早研究心理学历史，但到行政岗位后我就放弃了这个领域，重新寻找与我工作结合得最紧密的研究领域，比如当教务处处长我就研究教学管理，当市长我就去研究城市教育，到民进中央后我更关注教育公平。过去是为学术成果而努力，现在我不太写长篇论文，就说一些老百姓能听得懂的话，用另外一种方式做学问。与一般官员或委员、代表相比，我在教育上有专业优势；与学者相比，我有他们所没有的经历，我每年都要走访100多所学校，这是一个纯粹的学者做不到的。

后记

读完校样，觉得还有一些话要说。

今年是中国人民政治协商会议成立70周年，全国政协组织开展了庆祝人民政协成立70周年系列活动，如举办理论研讨会，开展“我和我们的政协”主题活动，表彰全国政协成立以来最有影响力的提案，拍摄反映人民政协70年光辉历程的专题系列片，发行纪念邮票，举办人民政协成立前后珍贵资料和书画展，出版主题图书等。

作为政协委员，我们许多人录制了短视频。作为全国政协重大专项工作委员宣讲团成员，我也在北京政协做了《如何当好政协委员》的专题宣讲活动。这本小书《共识凝聚力量》，既是我2018年在全国政协的履职报告，也是献给人民政协成立70周年的一份薄礼。

感谢山西教育出版社的雷俊林社长、刘立平总编辑、潘峰副总编辑及责任编辑樊丽娜，他们对本书的出版给予了大力支持。2018年初，他们出版了《见证十年》系列的十卷本，记录了我2008年到2017年期间在全国人大和全国政协的履职历程，为中国民主政治进程留下了一份独特的个案资料。出版这样的书，费时费力费钱，但他们无怨无悔，继续出版这样具有编年史意义的参政议政实录，在此谨向他们表示崇高的敬意！感谢全国政协、民进中央领导和民进中央参政议政部的同志们，他们对我撰写这本小书给予了大力支持，尤其是在调研手记的撰写过程中，李宗主等同志协助整理了部分资料。

一滴水可以见太阳。我希望通过这一本小书，能够看到一个民主党派政协委员的言说与行走，看到我们为中国共产党领导的多党合作和政治协商制度做出的努力，也看到我们的基本政治制度的特点与优势。

2019 年 8 月 22 日